ŒUVRES CHOISIES

TOME II

LA VISION BÉATIFIQUE

À LA MÊME LIBRAIRIE

Œuvres choisies. Tome I : *Substances, quidités et accidents*, traduction et notes de Catherine König-Pralong et Ruedi Imbach, introduction de Kurt Flasch, 2008, 224 pages

BIBLIOTHÈQUE DES TEXTES PHILOSOPHIQUES

Fondateur : Henri GOUHIER — Directeur : Jean-François COURTINE

DIETRICH DE FREIBERG

ŒUVRES CHOISIES

Sous la direction de Ruedi IMBACH et Alain de LIBERA

TOME II
LA VISION BÉATIFIQUE

Traité de la vision béatifique

Texte latin traduit et annoté
par
Anne-Sophie ROBIN FABRE

avec la collaboration de
Ruedi IMBACH

Présentation de **Ruedi IMBACH et Alain de LIBERA**
Introduction de **Anne-Sophie ROBIN FABRE**

Ouvrage traduit avec le concours du Centre national du livre et publié avec le soutien de l'Université Paris IV Sorbonne

PARIS
LIBRAIRIE PHILOSOPHIQUE J. VRIN
6, Place de la Sorbonne, V^e
2012

Cette traduction a été réalisée grâce au soutien du programme ANR-08-FASHS-012-01 (THOM : Thomisme et antithomisme au Moyen Âge) hébergé par le Centre Pierre Abélard de l'Université Paris IV Sorbonne.

Elle n'aurait toutefois pu être menée à son terme sans la précieuse collaboration de Dragos Calma, Catherine König-Pralong et Sophie Serra.

Qu'ils soient ici remerciés pour leur aide.

Imprimé en France
ISSN 0249-7972
ISBN 978-2-7116-2436-2

www.vrin.fr

PRÉSENTATION

La traduction française du *Traité de la vision béatifique* de Dietrich de Freiberg ramène l'œuvre à son lieu d'origine. Il est très probable, en effet, que le dominicain allemand ait rédigé son texte quand il exerçait ses fonctions de maître en théologie à l'Université de Paris. Les traces de l'enseignement parisien sont ici ou là manifestes, comme le souligne à juste titre Anne-Sophie Robin Fabre dans son introduction. On peut penser que le séjour de Dietrich à la Haute École parisienne durant la dernière décennie du XIIIe siècle aura plus compté pour lui-même que pour la vie des idées dans la capitale intellectuelle européenne[1]. L'essentiel de l'activité de Dietrich, contemporain et confrère de Maître Eckhart, s'est en effet déroulé en Allemagne. C'est en Allemagne que se trouve la plupart des manuscrits de ses œuvres[2]. C'est en Allemagne qu'ont été redécouvertes les œuvres de ce « maître allemand » et que leur édition critique a été entreprise, sous la direction de Kurt Flasch[3]. Et c'est un des représentants majeurs d'une « culture philosophique allemande » dont Albert le Grand est le père et Maître Eckhart le représentant le plus célèbre, que l'on s'est habitué à voir en lui, depuis les premiers travaux de Loris Sturlese[4].

1. Sur Dietrich en tant que maître universitaire *cf.* C. König-Pralong, *Le bon usage des savoirs. Scolastique, philosophie et politique culturelle*, Paris, Vrin, 2011, p. 216-278.

2. On conserve une quinzaine de manuscrits des œuvres de Dietrich qui, à l'exception de deux manuscrits du Vatican, se trouvent dans des bibliothèques allemandes, suisses ou autrichiennes. Voir à ce propos L. Sturlese, *Dokumente und Forschungen zu Leben und Werk Dietrichs von Freiberg*, Hamburg, Meiner, 1984.

3. Pour une brève présentation du « Corpus philosophorum Teutonicorum » *cf.* A. Beccarisi, *Le Corpus Philosophorum Teutonicorum Medii Aevi (CPTMA), Freiburger Zeitschrift für Philosophie und Theologie*, 57/2 (2010), p. 425-430.

4. Voir à ce propos l'article, en son temps, programmatique de L. Sturlese : « Albert der Grosse und die deutsche philosophische Kultur des Mittelalters », *Freiburger Zeitschrift für*

Comment justifier l'édition bilingue d'un traité difficile, étonnant, voire insolite ? Par deux aspects, distincts, mais complémentaires : d'une part, sa signification historique, d'autre part, sa portée philosophique.

L'*enjeu historique* du texte peut être cerné par la brève évocation d'un écrit conservé à la Bibliothèque de Bâle, récemment réédité [1]. Cet étonnant document anonyme, qui présente 16 différentes conceptions du rôle de l'intellect dans l'obtention du bonheur, permet de formuler trois observations : premièrement, la question de la vision béatifique, donc du face à face de l'âme et de Dieu après la mort, est un problème intensément débattu à la fin du XIIIe siècle ; deuxièmement, l'anonyme se situe d'emblée du côté des partisans de la solution intellectualiste, et défend donc l'idée que la vision béatifique se réalise par l'intellect ; troisièmement, le traité, qui combat surtout la réponse donnée par Dietrich, révèle ou confirme la place particulière qu'occupe sa doctrine sur la vision béatifique dans le contexte précis du début du XIVe siècle. Bref, l'anonyme de Bâle atteste que la position de Dietrich, selon laquelle l'union immédiate à Dieu se réalise par l'intellect agent, était discutée au tournant du XIIIe au XIVe siècle et, par conséquent, que le traité qu'on va lire occupe une place importante dans le débat *théologique* sur la vision béatifique [2]. La place qu'occupe historiquement le texte de Dietrich dans une discussion théologique n'explique cependant pas encore pourquoi il devrait intéresser *l'histoire de la philosophie*. La raison principale ne réside pas dans le simple fait, au demeurant indéniable, que toute question théologique au Moyen Âge implique des positions philosophiques. Il faut chercher la justification dans la démarche précise du dominicain allemand : il ne se contente pas de développer une doctrine de l'intellect à l'occasion d'un débat théologique, il veut montrer par une argumentation *strictement philosophique* pour quelles raisons seul l'intellect agent peut pleinement parvenir à la connaissance de l'essence divine. En somme, il veut résoudre *philosophiquement* le problème théologique qui est posé par la tradition chrétienne.

Philosophie und Theologie, 28 (1981), p. 133-147. Voir aussi A. de Libera, *La mystique rhénane, d'Albert le Grand à Maître Eckhart*, Paris, O.E.I.L, 1984.

1. Anonymus, *Quaestio utrum beatitudo consistat in intellectu agente*, edidit Alessandra Beccarisi, in *Texte aus der Zeit Meister Eckharts II*, herausgegeben von A. Beccarisi, Hamburg, Meiner, 2004, p. 223-238. Le texte est conservé dans le manuscrit F III 22, fol. 182va-183vb de la Bibliothèque universitaire de Bâle.

2. Sur le problème de la vision béatifique au moyen âge *cf.* Ch. Trottmann, *La vision béatifique, des disputes scolastiques à sa définition par Benoît XII*, Rome, Ecole française de Rome, 1995.

Cette démarche radicale qui, à elle seule, mériterait déjà d'attirer la curiosité scientifique n'épuise cependant pas tout le potentiel d'intérêt historique que recèle le *De visione beatifica*. Lorsque, dès les premières lignes, l'auteur prétend que, quand ils parlent de l'intellect agent les philosophes péripatéticiens visent ce qu'Augustin entendait en parlant du « fond secret » de l'esprit (*abditum mentis*)[1], le lecteur se rend immédiatement compte que les catégories historiographiques traditionnelles vont être mises en crise. Si, de plus, on tient compte du rôle que joue Averroès dans l'ensemble de l'œuvre du dominicain[2], la conclusion s'impose : on va devoir réviser la taxinomie des écoles philosophiques médiévales, si l'on veut la situer dans une histoire de la réception de la philosophie antique et arabe.

Toujours d'un point de vue historique, on a depuis longtemps insisté sur l'anti-thomisme de Dietrich. Il est incontestable qu'il combat âprement les positions de Thomas d'Aquin sur l'intellect. Cependant, les travaux récents – et l'introduction d'Anne-Sophie Robin Fabre le confirme – montrent que Dietrich discute avec d'*autres contemporains*. On ne saurait donc l'exclure lorsque l'on tente de reconstruire les débats intellectuels du début du XIVe siècle[3]. Dietrich n'est pas qu'un antithomiste de province, cette province fût-elle de la taille de l'Allemagne. La même observation vaut évidemment, *mutatis mutandis*, pour l'étude de ce que l'on appelle la « mystique rhénane » dont la compréhension restera toujours en deçà du seuil d'intelligibilité adéquat tant que l'on ne tiendra pas compte du contexte albertinien et théodoricien[4]. Le *Traité de la vision béatifique* contient des pages sur l'image et l'image de Dieu qui sont indispensables pour la relecture proposée par Eckhart de *Genèse* 1,26[5].

1. Sur le rapport entre Dietrich et Augustin *cf.* A. Colli, *Tracce Agostiniane nell'opera di Teodorico di Freiberg*, Genova, Marietti, 2010.

2. *Cf.* D. Calma, *Le poids de la citation. Etude sur les sources arabes et grecques dans l'œuvre de Dietrich de Freiberg*, Fribourg, Academic Press, 2010. Mais aussi K. Flasch, *D'Averroès à Maître Eckhart, les sources arabes de la 'mystique' allemande*, Paris, Vrin, 2008.

3. Comment ne pas s'étonner de l'absence de Dietrich dans la prestigeuse somme éditée par R. Pasnau ? *The Cambridge History of Medieval Philosophy*, Cambridge, UP, 2010.

4. Voir à ce propos K. Flasch, *Maître Eckhart, philosophe du christianisme*, Paris, Vrin, 2011.

5. A propos de la doctrine de l'image voir O. Boulnois, *Au-delà de l'image. Une archéologie du visuel au Moyen Âge*, Paris, Seuil, 2008, p. 290-301. Sur les sources de Maître Eckhart, voir *Studi sulle fonti di Maestro Eckhart*, éd. L. Sturlese, Fribourg, Academic Press, 2008.

Pour caractériser la portée proprement *philosophique*[1] du *De visione beatifica*, il faut d'abord insister sur le fait que, en proposant une lecture inspirée à la fois par Averroès et Augustin de certains passages du IIIe livre du *Traité de l'âme* d'Aristote, Dietrich interprète d'une manière nouvelle et inédite la *spontanéité* de la connaissance humaine. Pour le mesurer, il suffit de rappeler que, selon lui, l'intellect agent est une substance toujours en acte, qui, en outre, est le paradigme, l'*exemplar* de tous les étants. Les conséquences anthropologiques de cette théorie de l'intellect sont considérables : c'est le *rapport* même de l'homme *à l'être* qui est profondément transformé. Il est à peine besoin d'insister sur les implications de cette conception de l'intellect agent – ce qu'il y a de plus élevé en l'homme – pour le *rapport à Dieu* lui-même. Dietrich n'hésite pas à dire que cet intellect qui « se connaît lui-même par son essence » procède de manière intellectuelle du Premier principe : il procède de Dieu en intelligeant son principe de telle sorte « que sa substance n'est rien d'autre qu'un concept par lequel il conçoit et intellige son principe ». La dignité de l'homme est ici articulée d'une manière non seulement originale mais des plus radicales.

Assurément, le traité de Dietrich de Freiberg compte parmi les textes les plus singuliers que la spéculation médiévale nous ait légués. Cela tient aux thèses qu'il défend mais aussi à la qualité d'une écriture très particulière, dense et hérissée, et à un style de pensée parfois déroutant. La traduction d'un tel texte pose nécessairement des problèmes particuliers. Celle que nous soumettons au public reste très proche de l'original latin, rédigé dans un style très personnel bien éloigné de la prose de Thomas d'Aquin ou de Guillaume d'Ockham. Il faut incontestablement une certaine dose de patience et de persévérance pour entrer dans cet univers, bien éloigné non seulement du style philosophique contemporain mais encore de ce que nous pensons être « la » pensée scolastique. Convaincus que cet effort vaut la peine lorsqu'il s'agit d'approcher ce qui a pu être authentiquement pensé et peut encore l'être, nous confions au public cette *Vision béatifique*. Une lecture patiente devrait convaincre le lecteur que le dépaysement offert n'est pas un égarement gratuit.

Ruedi IMBACH
Alain de LIBERA

1. Pour toute approche de la pensée du maître dominicain, la synthèse magistrale de Kurt Flasch est tout à fait indispensable : *Dietrich von Freiberg. Philosophie, Theologie, Naturforschung um 1300*, Frankfurt, Klostermann, 2007.

INTRODUCTION

L'œuvre de Dietrich de Freiberg s'ouvre depuis peu au public français [1]. Le personnage lui-même reste cependant, faute de documentation, encore assez énigmatique et si ces dernières années les études ont fleuri à son sujet, brossant un portrait de plus en plus précis et de plus en plus fin, il semble tout de même faire figure d'un auteur toujours réservé aux initiés. La présente introduction n'a pas pour objet de faire l'éloge de cet auteur tout en déplorant l'absence de reconnaissance du maître allemand auprès d'un public plus large, mais elle se propose de compléter, pour le domaine de la noétique, les indications fournies par l'introduction de K. Flasch dans le premier volume de la traduction française des *Œuvres choisies* de Dietrich de Freiberg [2], et cela afin de préciser, d'un autre point de vue, les apports théodoriciens aux questions philosophiques de la fin du XIIIe siècle.

DIETRICH DE FREIBERG ET LE *DE VISIONE BEATIFICA*

Dietrich de Freiberg

Il conviendra donc de commencer notre étude par un rappel succinct de données biographiques pouvant éclairer la compréhension du traité étudié par la suite.

1. Les œuvres de Dietrich de Freiberg ont toutefois déjà, pour certaines d'entre elles, été traduites en français. On se reportera aux volumes : *L'être et l'essence : le vocabulaire médiéval de l'ontologie : deux traités "De ente et essentia" de Thomas d'Aquin et Dietrich de Freiberg* / présentés et trad. par Alain de Libera et Cyrille Michon, Paris, Le Seuil, 1996 et Dietrich de Freiberg, *Œuvres choisies, vol. I : Substances, quidités et accidents*, textes latins traduits et annotés par Catherine König-Pralong, avec la collaboration de Ruedi Imbach, Introduction de Kurt Flasch, Paris, Vrin, (Bibliothèque des textes philosophiques), 2008.

2. *Cf.* Dietrich de Freiberg, *Œuvres choisies, vol. I : Substances, quidités ..., op. cit.*

Originaire de Freiberg, en Saxe, où il naquit vers 1240[1], Dietrich entre probablement dans l'ordre dominicain de cette même ville vers 1258-1260 où, après son noviciat, il reçoit une formation en théologie, logique et sciences naturelles. Il poursuit ses études à Paris vers 1272-1274 jusqu'à une date qui n'est pas exactement connue. On ne peut pas véritablement déterminer s'il était présent à Paris lors de la condamnation de Tempier en 1277. Les indications que nous possédons signalent qu'il était lecteur en théologie à Trèves en 1280-1281 puis qu'il a été nommé provincial de la province dominicaine de Teutonie en 1293. On peut supposer qu'il a été bachelier et a commenté les *Sentences* à Paris[2] durant cette période, toujours est-il qu'il est nommé *magister* à Paris en 1296. Ce titre de *Magister* (*Meister*) permet d'affirmer qu'il possédait une certaine aura puisqu'il est le seul allemand avec Albert le Grand et Eckhart à l'avoir obtenu. Dietrich enseigne ainsi à Paris pour l'année 1296-1297, en compagnie, entre autres, de Godefroid de Fontaines, Jacques de Viterbe, Guillaume de Ware, et Pierre de Limoges[3].

On peut penser qu'il est ensuite rentré en Allemagne. Le seul indice certain que nous possédons est sa présence au chapitre provincial de Coblence en 1303. Enfin, son nom est encore mentionné à propos du chapitre général de Plaisance en 1310. Nous ne possédons plus aucune information après cette date. On a jusqu'à présent affirmé que Dietrich serait décédé vers 1310-1311, cependant, les dernières mises au point biographiques et bibliographiques invitent à repousser sa mort de quelques années, à savoir vers 1318-1320[4].

1. Pour une biographie plus complète de Dietrich, on se reportera à l'ouvrage de Loris Sturlese, *Dokumente und Forschungen zu Leben und Werk Dietrichs von Freiberg*, Hambourg, F. Meiner, 1984. Le dernier ouvrage de K. Flasch, *Dietrich von Freiberg, Philosophie, Theologie, Naturforschung um 1300*, Francfort, Klostermann, 2007, redonne quelques indications biographiques en apportant de nouvelles précisions (p. 19-32). Enfin, le lecteur français trouvera quelques indications biographiques en français dans la notice consacrée à Dietrich dans le *Dictionnaire du Moyen Âge*, éd. C. Gauvard, A. de Libera, M. Zink, Paris, P.U.F., 2002, p. 415-416.

2. *Cf.* K. Flasch, *Dietrich von Freiberg, Philosophie, Theologie ...*, *op. cit.*, p. 31.

3. *Cf.* P. Glorieux, *Répertoire des maîtres en théologie de Paris au XIIIe siècle*, t. I, Paris, Vrin, 1933, tableau III.

4. En raison de la nouvelle datation des œuvres de Dietrich, et en particulier de la trilogie *De tribus difficilibus quaestionibus*, qu'il suggère, Loris Sturlese pense qu'il est plus raisonnable, afin d'allier le nombre important d'œuvres rédigées à la fin de la vie de Dietrich à ses déclarations du prologue du *De intelligentiis* où il fait référence à son âge avancé et au fait qu'en raison de tâches administratives, il a délaissé pendant une longue période l'exercice philosophique, de repousser la date possible de décès de Dietrich. *Cf.* L. Sturlese, *Storia della filosofia tedesca nell Medioevo. Il secolo XIII*, Florence, Leo S. Olschki, 1996, p. 251 et Id.,

Les écrits de Dietrich, que nous possédons, abordent différents domaines de pensée[1]. Ce sont essentiellement des traités philosophiques, qui touchent à la métaphysique, l'ontologie, la noétique, et aussi à la philosophie de la nature, mais son œuvre scientifique est elle-même importante.

Le De Visione beatifica

Le *Traité de la vision béatifique* constitue le deuxième volet de la trilogie *De Tribus difficilibus quaestionibus* comme l'indique son prologue : après avoir traité du principe des corps célestes, le second article de ces questions portera sur « *le principe par lequel nous sommes immédiatement unis à Dieu dans la vision glorieuse et béatifique* », et plus particulièrement sur le questionnement suivant : « *est-ce que celui-ci* [ce principe] *correspond plus précisément à l'intellect agent ou à l'intellect possible ?* »[2].

Il appartient donc à la même catégorie d'œuvres que le *De Accidentibus*[3]et doit être lui aussi considéré comme une réponse aux difficultés soulevées par les *communiter loquentes*[4].

Sa datation, comme celle de la plus grande partie des œuvres de Dietrich, est problématique. Aucun indice véritablement concret ne permet

« Alle origini della mistica speculativa tedesca. Antichi testi su Teodorico di Freiberg », *Medioevo*, 3 (1997), p. 41-44.

1. Ces écrits ont été publiés sous l'égide de Kurt Flasch à la fin des années soixante dix, dans la collection « Corpus Philosophorum Teutonicorum Medii Aevi ». Les œuvres complètes ont été regroupées thématiquement en quatre volumes, dont nous traduisons les titres allemands : I. *Écrits sur la théorie de l'intellect*, éd. B. Mojsisch, Hambourg, F. Meiner, 1977 ; II. *Écrits sur la métaphysique et la théologie*, éd. R. Imbach, M.R. Pagnoni-Sturlese, H. Steffan *et alii*, Hambourg, F. Meiner, 1980 ; III. *Écrits sur la philosophie de la nature et la métaphysique. Questions*, éd. J.-D. Cavigioli, R. Imbach, B. Mojsisch *et alii*, Hambourg, F. Meiner, 1983.

IV *Ecrits scientifique*, éd. M.R. Pagnoni-Sturlese, R. Rehn, L. Sturlese *et alii*, Hambourg, F. Meiner, 1985.

2. Dietrich von Freiberg *Tractatus de tribus difficilibus quaestionibus, prologus generalis*, ed. L. Sturlese, *Opera Omnia*, Hambourg, F. Meiner, 1983, vol. III, p. 9 : *Secundus articulus est de principio ex parte nostri, quo immediate uniuntur beati Deo in illa gloriosa et beatifica visione, utrum videlicet hoc sit intellectus possibilis vel intellectus agens.*

3. *Cf.* Dietrich de Freiberg, *Œuvres choisies, vol. I : Substances, quidités et accidents,* textes latins traduits et annotés par Catherine König-Pralong, avec la collaboration de Ruedi Imbach, Introduction de Kurt Flasch, Paris, Vrin, (Bibliothèque des textes philosophiques), 2008.

4. Cf. *Ibid. Prologue*, p. 45 : « L'entêtement de ceux qui m'en font la demande me pousse à écrire au sujet de trois points qui sont au nombre des questions difficiles que j'avais dû laisser en suspens à cause des porte-parole de la doctrine commune. »

de dater ce traité. La chronologie des œuvres de Dietrich est en effet une question épineuse parce qu'elle se base le plus souvent sur des renvois internes qui ne sont pas explicites. De ce procédé, on peut cependant déduire avec une certaine assurance que la trilogie fait partie des premières œuvres de Dietrich dans la mesure où manque tout renvoi à une autre œuvre tandis que d'autres ouvrages renvoient aux traités composant la trilogie.

Daté d'abord du début des années 1290[1], puis d'après l'enseignement parisien de Dietrich, c'est-à-dire d'après 1296, la chronologie du *Traité de la vision béatifique* a récemment été révisée et fait maintenant débat. Kurt Flasch[2] date le traité théodoricien de son séjour parisien en tant que *magister*, c'est-à-dire de l'année 1296, insistant sur les nombreuses influences parisiennes que l'on peut trouver dans ce traité. A la suite de découvertes philologiques fondées entre autres sur l'analyse d'une phrase d'Avicenne reprise et modifiée par Eckhart et présente aussi chez Dietrich et d'une citation d'Hugues de Saint Victor donnée par les deux auteurs, Loris Sturlese, quant à lui, invite à penser la chronologie du *Traité de la vision béatifique* en rapport avec celle de l'*Opus tripartitum* de Eckhart et propose de situer une nouvelle datation de ce traité entre 1299 et 1304[3].

Nous ne trancherons pas ici cette question, tout en penchant pour une datation relativement précoce de l'ouvrage en raison de son contenu et de sa forme rappelant les exercices universitaires parisiens comme nous le montrerons par la suite.

La construction du traité

Le *De Visione beatifica* est un traité très structuré. Dietrich annonce lui-même de manière explicite les différentes articulations de son raisonnement.

Il divise en effet, à la fin du proème, son traité en quatre grands moments qui serviront à expliciter le processus de la vision béatifique[4]. Chaque étape de pensée est elle-même le plus souvent divisée en différents arguments[1].

1. *Cf.* B. Mojsisch, « Einleitung », Dietrich von Freiberg, *Opera Omnia*, Meiner, Hambourg, 1977, vol. 1, p. 7.

2. K. Flasch, *Dietrich von Freiberg, Philosophie, Theologie, Naturforschung um 1300*, Francfort, Klostermann, 2007, p. 34-35.

3. L. Sturlese, « Hat Meister Eckhart Dietrich von Freiberg gelesen ? Die Lehre vom Bild und von den göttlichen Vollkommenheiten in Eckharts *Expositio libri Genesis* und Dietrichs *De Visione beatifica* », *Recherches sur Dietrich de Freiberg*, J. Biard, D. Calma et R. Imbach (éd.), Turnhout, Brepols, 2009, p. 193-219.

4. Cf. *De visione beatifica*, prooemium, (7) p. 70 : *Ad cuius evidentiam quadruplici via procedendum est : prima ratione sumpta ab ordine ipsius intellectus agentis ad Deum; secundo ratione sumpta ex ordine ipsius ad intellectum possibilem et ad alia entia; tertio*

En étudiant la composition de l'ouvrage, on peut cependant trouver des divisions moins explicites, mais qui obéissent tout de même à une construction logique : thèse / objections / réponse aux objections / solution de l'auteur. Ce procédé, que l'on retrouve à plusieurs reprises dans l'ouvrage, n'est pas sans rappeler celui usité dans l'exercice scolaire de la *disputatio*.

Comme on le sait, la *disputatio* est une méthode d'enseignement de l'université médiévale. Elle correspond à un état avancé d'un autre exercice, la *questio*, laquelle était une discussion par le maître de problèmes précis découlant de la lecture d'un traité et avait la structure suivante : exposé du problème, arguments pour, arguments contre et solution[2]. Elle était donc liée à l'exercice de lecture des textes. Peu à peu, la *questio* s'est détachée des textes : on a isolé la discussion des questions et on y a consacré une séance à part intitulée *disputatio*. Enfin, des disputes sur le thème de questions n'ayant pas de rapport avec la lecture des textes ont été mises en place.

Or, l'usage de tels procédés de la part de Dietrich dans son propre traité, ainsi que la mention du terme *opponens*[3], se référant strictement et exclusivement au contexte universitaire[4], laisse penser que Dietrich

ostendendum quod per intellectum possibilem impossibile est fieri illam immediatam unionem ad Deum in beata visione; quarto considerandum modum illius beatae visionis, quae per intellectum agentem immediate perficitur. (Le titre *De visione beatifica* sera désormais abrégé en *De vis.*)

1. Cf. *De vis.*, 1. (1) p. 72 : *Quantum ad primum considerando sunt quattuor : primum, quod abditum mentis secundum Augustinum, quod est intellectus agens, in sua essentia vera est substantia ; secundum, quod in ipso expressa est similitudo et imago divinae substantiae ; tertium, quod ex his sequitur, videlicet quod ipse essentialiter est Dei capax sua intellectione ; quartum, quod perfecte in Deum conversus est per suam essentiam, quae non differt ab eius operatione.*

Ibid. 1.1.1.3.6. (2), p. 94 : *Ad cuius evidentia considerandum primo, quod abditum mentis (...), secundo quod (...), tertio quod (...) quarto quod (...) quinto quod ...*

2. *Cf.* O. Weijers, *Terminologie des Universités au* XIII*e siècle*, Rome, Edizioni dell Ateneo, 1987, p. 336. Sur ce sujet, on se rapportera aussi à B.C. Bazán, G. Fransen, D. Jacquart, J.-W. Wippel, *Les questions disputées et les questions quodlibétiques dans les Facultés de théologie, de droit et de médecine*, Turnhout, Brepols, 1985 (Typologie des sources du moyen âge occidental, 44-45) ; O. Weijers, *La 'disputatio' à la Faculté des Arts de Paris (1200-1350 environ)*, Turnhout, Brepols, 1995 ; Ead., *Queritur utrum. Recherches sur la 'disputatio' médiévale dans les universités médiévales*, Turnhout, Brepols, 2009.

3. *De vis.*, 1.1.1.(5), p. 74 : *(...) et hoc, quia talis emanatio et distinctio, quam inducit opponens (...).*

4. L'*opponens* est un bachelier qui prend part à l'exercice de la dispute, et existe depuis vraisemblablement la fin du XIIe siècle car il a été identifié dans les *Disputationes* de Simon de Tournai. *Cf.* B.-C. Bazán, G. Fransen, D. Jacquart, J.-W. Wippel, *Les questions disputées et les questions quodlibétiques ..., op. cit.*, p. 39-40 et p. 52. Son rôle est de « présenter des

réutiliserait des passages d'une *disputatio* de la faculté de théologie à laquelle il aurait participé ou à laquelle il aurait assisté et dont il aurait effectué une *reportatio*[1] lors de son séjour parisien de 1296 / 1297.

Il conviendrait donc de replacer le *Traité de la Vision béatifique* dans un contexte universitaire : Dietrich aurait rédigé, certainement lors de son retour en Allemagne, ce traité dans lequel il aurait inséré une matière acquise lors de sa formation à Paris. Des passages tels que ceux que l'on trouve en 1.1.4.[2], où Dietrich expose une thèse puis toute une série d'autorités « *Sic* », c'est-à-dire servant à renforcer l'idée exprimée de la manière scolaire avec des « *item* » et « *idem* » introduisant les références aux auteurs, permettent de penser que Dietrich réutilise son enseignement. Il ne le transcrit pas sous la forme scolaire de la véritable question disputée car il ne fait pas de *reportatio*, au sens technique du terme, ni n'établit d'enseignement à dispenser, ce qui explique qu'il ne retranscrive par exemple que des autorités « *Sic* » sans donner les « *Sed contra* », mais il réemploie, dans la forme plus libre du traité, cette matière issue d'un contexte précis.

Cette présence formelle de travail universitaire dans le traité théodoricien fait pencher pour une datation du traité plus précoce que celle proposée dernièrement. Si Dietrich se trouvait à Paris dans la première partie des années 1290, il faudrait alors situer son traité dans l'immédiate postérité de son séjour français, c'est-à-dire aux alentours de 1297.

arguments contre la thèse proposée ». Il ne doit pas seulement attaquer mais « doit surtout fournir des arguments pour ou contre le sujet débattu. ». (O. Weijers, *Terminologie des Universités ..., op. cit.*, p. 348.). Il doit donc « fournir des arguments qui rendent la question posée problématique, tandis que le *respondens*, qui doit proposer une solution préliminaire, s'engage avec lui dans une discussion dialectique et peut réagir immédiatement aux arguments avancés par l'*opponens*, constituant ainsi avec ce dernier une « équipe dialectique ». » (O. Weijers, *Queritur utrum. Recherches sur la 'disputatio' médiévale dans les universités médiévales*, Turnhout, Brepols, 2009, p. 57).

Je tiens à remercier Mme Weijers pour les précisions qu'elle a bien voulu m'apporter sur ce sujet et pour ses remarques sur le texte de Dietrich.

1. La *Reportatio* correspond aux notes prises pendant les communications des maîtres par les auditeurs ou par des *reportatores* officiels. *Cf.* O. Weijers, *Terminologie des Universités ..., op. cit.*, p. 361.

2. Cf. *De vis.*, 1.1.4., p. 118.

LE PROBLÈME DE LA VISION BÉATIFIQUE

Après avoir donné un aperçu général du traité et de son auteur, il convient de s'intéresser plus particulièrement au problème soulevé par Dietrich.

Justifier l'intérêt de la question de la vision béatifique pour le débat philosophique peut sembler anachronique. Si le problème est tout d'abord et avant tout un problème théologique, comme nous le montrerons par la suite, il s'inscrit toutefois dans une perspective plus large et peut trouver une place légitime dans le champ de la philosophie.

Qu'est la vision béatifique ?

La question de la vision béatifique relève du problème philosophique de la béatitude. Ce dernier rassemble l'ensemble des interrogations sur la possession parfaite du bien souverain.

Une des réponses à cette interrogation réside dans la notion de vision béatifique entendue comme « acte de l'intelligence par lequel les bienheureux connaîtront clairement et immédiatement, Dieu, 'face à face' »[1], selon la tradition scripturaire. Au fait de savoir quel est le plus grand bien que l'homme puisse posséder, une tradition intellectuelle répond donc qu'il s'agit de la vision de Dieu face à face. Cette vision est ainsi appelée « béatifique » (*beatifica*), « bienheureuse » (*beata*), car elle est le bonheur le plus grand auquel l'homme puisse aspirer. Le terme « vision » doit être entendu dans son sens le plus fort : il s'agit d'un acte de connaissance claire et immédiate de son objet.

La notion de bonheur est rattachée à un acte intellectuel, selon la doctrine d'Aristote dans les chapitres 6 à 9 du livre X de l'*Ethique à Nicomaque* où il est établi que seule la contemplation, œuvre de l'intellect, peut conduire à la béatitude[2]. L'homme, caractérisé par son intellect, atteint sa perfection par sa marque propre, à savoir par son intellect[3]. Pour

1. Définition donnée à la notion de « vision béatifique » par Jean Michel Maldame, article « vision béatifique » dans, J.Y. Lacoste (dir.), *Dictionnaire critique de théologie*, Paris, P.U.F., 1998, p. 1233-1235.

2. *Cf.* en particulier : Aristote, *Ethique à Nicomaque*, X, 7, 1177a20-21, trad. J. Tricot, Paris, Vrin, 1958, réed. 1994, p. 509 : « (...), l'intellect est la meilleure partie de nous-mêmes et (...) aussi les objets sur lesquels porte l'intellect sont les plus hauts de tous les objets connaissables. »

3. Aristote, *Ethique à Nicomaque*, X, 7, 1177 a 13-16, trad. J. Tricot, Paris, Vrin, 1958, réed. 1994, p. 508-509 : « Que ce soit donc l'intellect ou quelque autre faculté qui soit regardé comme possédant par nature le commandement et la direction et comme ayant la connaissance des réalités belles et divines, qu'au surplus cet élément soit lui-même divin ou

parvenir au degré suprême du bien, la faculté humaine la plus élevée doit s'exercer sur l'objet le plus haut, à savoir l'intelligence des principes premiers[1].

Cette conception intellectualiste de la béatitude, selon laquelle seul l'intellect peut procurer à l'homme son bien le plus grand, sera reprise à la fin du Moyen Âge par un certain courant de pensée. Elle sera relue à l'aune de la tradition scripturaire et fera ainsi passer la notion de bien suprême de la connaissance des causes premières à la connaissance de Dieu, rendant surnaturelle la béatitude. Thomas d'Aquin peut être un exemple de cette réception/transformation[2]. Héritant de l'acte béatifiant défini comme activité contemplative, il montre toutefois que le bonheur parfait n'est accessible que dans l'opération parfaite de l'intellect[3]. Celle-ci devra, pour être suprême, intelliger ce qui est le plus haut, à savoir l'essence divine. Cependant, cette aspiration n'est pas réalisable dans les conditions de connaissance humaines ici-bas. La béatitude, connaissance parfaite de Dieu, est donc, avant tout, un acte d'espérance pour l'homme.

Deux textes bibliques donnent cependant aussi une assise à cette notion dans la tradition de pensée médiévale de la vision béatifique[4] : un texte paulinien tiré de l'*Epître aux Corinthiens*, I, 13, 12 : « Car nous voyons, à présent, dans un miroir, en énigme, mais alors ce sera face à face. A présent, je connais d'une manière partielle; mais alors je connaîtrai comme je suis connu. » et un extrait de la *Première Epître de saint Jean*, 3, 2 : « (...). Nous savons que lors de cette manifestation nous lui serons semblables, parce que nous le verrons tel qu'il est. » Ces deux références scripturaires

seulement la partie la plus divine de nous-mêmes, c'est l'acte de cette partie selon la vertu qui lui est propre qui sera le bonheur parfait. » et *ibid.* 1178 a 5-8, p. 514 : « Et ce que nous avons dit plus s'appliquera également ici : ce qui est propre à chaque chose est par nature ce qu'il y a de plus excellent et de plus agréable pour cette chose. Et pour l'homme, par suite, ce sera la vie selon l'intellect, s'il est vrai que l'intellect est au plus haut degré l'homme même. Cette vie-là est donc aussi la plus heureuse. »

1. Aristote, *Ethique à Nicomaque*, X, 7, 1177 a 18, *op. cit.*, p. 509 : « Or que cette activité soit théorétique, c'est ce que nous avons dit. ».

2. Pour une étude sur la notion de bonheur chez Thomas d'Aquin et cette réception d'Aristote, on se rapportera à l'ouvrage de Ruedi Imbach et Ide Fouche : Thomas d'Aquin / Boèce de Dacie, *Sur le Bonheur*, « *Translatio* Philosophies Médiévales », Paris, Vrin, 2005.

3. *Cf.* Thomas d'Aquin, *Somme Théologique*, I-II, q. 3, a. 5, [13], premier argument, traduit par R. Imbach et I. Fouche dans Thomas d'Aquin / Boèce de Dacie, *Sur le Bonheur*, *op. cit.*, p. 27 : « Si le bonheur est pour l'homme une opération, il faut qu'il soit sa meilleure opération. Or la meilleure opération de l'homme est celle de sa meilleure faculté rapportée à l'objet le meilleur. Et sa meilleure faculté est l'intellect, dont le meilleur objet est le bien divin, qui n'est assurément pas objet de l'intellect pratique, mais de l'intellect spéculatif. ».

4. Ces deux textes sont d'ailleurs utilisés par Dietrich dans son argumentation. Cf. *De vis.*, 1.2.2.4.2.3 (1) et (2), p. 182 et *Ibid.*, 2.2. (2), p. 216.

permettent de donner tout son poids à la connaissance comme élément essentiel à la réalisation du bonheur: la rencontre avec Dieu, bonheur promis à l'homme, se fera par un acte de vision spirituelle qui permettra de connaître Dieu, c'est-à-dire l'objet intellectuel le plus éminent qui soit, d'une manière parfaite et inédite.

Ces deux appuis – traditions aristotélicienne et scripturaire complétée par les écrits patristiques – représentent donc les deux jalons d'un courant de la pensée médiévale définissant la béatitude comme acte de connaissance surnaturelle de Dieu. C'est par rapport à ce courant de pensée que l'on pourra situer Dietrich et son *Traité de la Vision béatifique*.

Le problème de la vision béatifique au XIII*e siècle*

Le *Traité de la vision béatifique* porte, comme son titre l'indique, sur l'ultime félicité offerte à l'homme, la vision de Dieu face-à-face.

Cette question est relativement courante au Moyen Âge: elle est fréquemment le sujet de questions universitaires[1], elle fait partie des thèmes à discuter lors du commentaire des *Sentences*[2]. De même, le fait qu'elle ait été l'objet de condamnations[3] montre son intégration complète dans le corps des doctrines étudiées au Moyen Âge: c'est parce qu'elle devait être amplement débattue qu'on a jugée nécessaire de réguler la réflexion sur la vision béatifique.

1. A titre d'exemple, on peut citer la question 9 du cinquième *Quodlibet* de Gilles de Rome daté de 1290 qui demande si « les bienheureux forment en eux un verbe [mental] après avoir vu Dieu », la question 6 du huitième *Quodlibet* de Godefroid de Fontaines qui s'interroge sur le fait de savoir si « l'homme peut être bienheureux si les puissances de l'âme diffèrent réellement de son essence » ou encore la question 4 du quatorzième *Quodlibet* de Henri de Gand qui pose l'interrogation suivante: « Est-ce que l'intellect bienheureux peut progresser dans la connaissance de toutes les choses sans progresser dans la connaissance de l'essence divine ? ».

2. La question de la vision béatifique peut être abordée à différents endroits du commentaire: à propos de la connaissance de Dieu en général (Livre I, distinction 3), de la connaissance que les anges ont de Dieu (II, d. 3 et sq.), de la science du Christ (III, d. 14) ou encore et surtout à propos de la béatitude dans sa dimension éthique et psychologique (IV, d. 49). Pour une histoire complète de la question de la vision béatifique au Moyen Âge, on se reportera à la somme de C. Trottmann, *La vision béatifique, des disputes scolastiques à sa définition par Benoît XII*, Rome, Ecole Française de Rome ; Paris : diff. De Boccard, 1995.

3. On peut penser à la condamnation de 1241 dont le premier article porte sur le contenu de la vision béatifique, mais aussi au *Correctoire* de Guillaume de la Mare dont le premier article porte sur le traitement thomasien de la vision béatifique ou encore au concile de Vienne qui en 1311 condamne des thèses, attribuées aux Bégards, qui niaient le rôle de la « lumière de gloire » dans le processus de vision béatifique.

La question de la vision béatifique connaît à cette époque trois formulations qui s'enchaînent chronologiquement et qui mettent en avant l'aspect du problème alors jugé intéressant. On peut discerner, selon C. Trottmann[1], trois étapes dans l'étude du problème de la vision béatifique :

– La première concerne le contenu de la vision béatifique : que verront les bienheureux ? Cette question se pose à la suite de la réception des Pères grecs, de la redécouverte de la théologie négative exaltant la transcendance de Dieu, et de la lecture des textes avicenniens. Elle trouve une réponse définitive avec la condamnation prononcée le 13 janvier 1241 par Guillaume d'Auvergne, alors évêque de Paris, à l'encontre de propositions extraites du *Commentaire des Sentences* du dominicain Etienne de Vénisy[2]. Le contenu de cette vision est alors définitivement fixé : lors de la vision béatifique, qui est la connaissance intellectuelle de l'essence divine, les bienheureux voient l'essence même de Dieu.

– La deuxième porte ensuite sur les modalités de la vision béatifique : comment un intellect créé peut-il voir l'essence infinie de Dieu ? Cette question semble au cœur du débat sur la vision béatifique dans la seconde partie du XIIIe siècle ; schématiquement, les oppositions entre le volontarisme franciscain pour qui l'union ultime à Dieu se réalise par l'amour et l'intellectualisme dominicain, qui met la connaissance intellectuelle à la base de l'accès à Dieu, ont pour cœur cette interrogation. Ces deux grands pôles sont aussi le cadre de conflits internes comme en témoigne celui sur la « lumière de gloire » que l'on trouve au sein de l'intellectualisme.

– La troisième question porte sur le moment de la vision béatifique : quand les bienheureux voient-ils Dieu par essence ? Si la formulation précédente traduisait une véritable approche noétique du problème de la béatitude, celle-ci est beaucoup plus théologique. La théologie scolastique attribuait immédiatement la vision béatifique aux âmes saintes ou purifiées. Le problème se pose véritablement avec Jean XXII qui établit que les âmes des saints ne voient l'essence de Dieu qu'après le jugement dernier et qu'en attendant celui-ci, elles se contentent de l'humanité glorifiée du Christ. Cette querelle déclenchée par le pape d'Avignon ne trouvera sa solution qu'avec son successeur Benoît XII qui affirmera dans

1. C. Trottmann, *La vision béatifique …*, *op. cit.*, p. 6-7 où l'auteur différencie ces trois étapes et formulations du problème de la vision béatifique.

2. Cf. *Chartularium Universitatis Parisiensis*, H. Denifle et E. Chatelain (éd.), Paris, ex typis fratrum Delalain, 1889, t. I, n. 128, p. 170-171.

la constitution *Benedictus Deus* que la vision béatifique est offerte immédiatement aux âmes dûment purifiées[1].

Comment Dietrich aborde-t-il ce problème ?

L'axe par lequel Dietrich aborde la question s'inscrit dans une formulation typique de la fin du XIIIe siècle : son interrogation ne porte pas sur le contenu ou le moment de la vision, mais sur la modalité. C'est ce qui est indiqué et fortement souligné par la présentation du *Traité de la Vision béatifique* dans le prologue du *De Tribus difficilibus quaestionibus*[2] et dans le proème du *De Visione beatifica.* Ce que l'on recherche c'est selon quel principe a lieu la vision.

Dietrich s'inscrit donc pleinement dans le deuxième moment de la tripartition envisagée ci-dessus. Il proposera une réponse soutenant que c'est par l'intellect, et plus précisément par l'intellect agent, que l'homme pourra voir Dieu face-à-face. La connaissance de Dieu se fait donc, selon lui, par une saisie intellectuelle immédiate de l'essence divine.

On peut ainsi qualifier la position de Dietrich d'« intellectualiste » puisqu'elle accorde le primat et même l'exclusivité de la vision de Dieu à l'intellect. Cette dénomination permet de replacer Dietrich dans le débat de la fin du XIIIe siècle sur la vision béatifique que l'on peut schématiquement décrire comme opposant « volontaristes » et « intellectualistes »[3].

Les « intellectualistes », parmi lesquels on peut regrouper, entre autres, Thomas d'Aquin[4], Albert le Grand[5], Bernard de Trilia[6], Richard Knapwell

1. On lira avec intérêt la seconde partie de l'ouvrage de C. Trottmann, *La vision béatifique ..., op. cit.*, entièrement consacrée à la crise avignonnaise sur la vision béatifique.

2. Dietrich de Freiberg, *Tractatus de tribus difficilibus quaestionibus*, *prologus generalis*, ed. L. Sturlese, *Opera Omnia*, Hambourg, F. Meiner, 1983, vol. III, p. 9 : *Secundus articulus est de principio ex parte nostri, quo immediate uniuntur beati Deo in illa gloriosa et beatifica visione, utrum videlicet hoc sit intellectus possibilis vel intellectus agens.*

3. Ces dénominations, trop générales pour être véritablement correctes et conduisant à rassembler sous une même étiquette des personnalités aux positions parfois véritablement divergentes ne sont toutefois utilisées ici que pour proposer un aperçu rapide sur le contexte intellectuel général.

4. *Cf.* entre autres, Thomas d'Aquin, *In IV Sent.*, d. 49, q. 2, a. 1 ; *Contra Gentiles*, III, 50-55 ; *S.T.*, I, q. 12, *De Veritate*, q. 8, a. 1 et 3.

5. *Cf.* Albert le Grand, *Quaestio de visione Dei in patria*, ed. A. Vries, Münster, Aschendorff, 25, 2, 1993, p. 96-101.

6. *Cf.* Bernard de Trilia, *Quaestiones disputatae de cognitione animae separatate*, éd. P. Künzle, Berne, Francke, 1969.

ainsi que les différents auteurs des réponses au *Correctoire*[1] et Dietrich, proposent de penser la connaissance qu'est la vision béatifique sur le mode de la connaissance naturelle, mais augmentée de moyens extraordinaires. La vision de Dieu est ainsi une connaissance intellectuelle parfaite portant sur l'objet intelligible le plus parfait. Elle est l'accomplissement total des potentialités de l'intellect humain : dans la vision de Dieu, l'intellect se déploie totalement et accomplit seul l'opération de la vision béatifique.

Face à cette doctrine, les partisans du « volontarisme », essentiellement les franciscains de « la seconde école franciscaine » comme Matthieu d'Aquasparta[2], Guillaume de la Mare[3], Roger Marston[4], mais aussi des maîtres parisiens comme Henri de Gand[5] ou Gilles de Rome[6], soulignent l'incapacité pour l'intellect humain d'être l'unique agent de la vision béatifique. L'homme ne peut arriver à voir Dieu que si sa connaissance intellectuelle est complétée et achevée par l'amour, car la puissance affective a une plus grande capacité à élever l'âme vers Dieu que l'intellect. Cette position qui fait de la volonté l'instrument majeur de la vision béatifique trouve son ancrage dans l'anthropologie et la morale de ces auteurs, laquelle accorde la primauté à la volonté, c'est-à-dire l'instrument du choix et de la liberté, dans la hiérarchie des facultés humaines. Si la vision béatifique est ainsi un acte de connaissance intellectuelle, l'intellect humain a toutefois des capacités limitées qui sont complétées par l'amour et le mérite, sans lesquels cette connaissance ne peut être totale.

1. Pour une vision synoptique de ces auteurs, on se rapportera à la version manuscrite de la thèse de C. Trottmann, *La vision béatifique ...*, *op. cit.*, t. 1, pages centrales, comportant un tableau éclairant sur ces différentes positions.

2. *Cf.* Matthieu d'Aquasparta, *Quaestiones disputatae de anima beata*, q. VI, Ad Claras Aquas, ex typ. Collegii San Bonaventurae, 1959.

3. *Cf.* Guillaume de la Mare, *Correctorium fratris Thomae* dans P. Glorieux (éd.), *Les Premières polémiques thomistes. I Le Correctorium corruptorii « Quare »*, Paris, Vrin, 1927.

4. *Cf.* Roger Marston, *Quaestiones disputatae de anima*, q. VI, Ad Claras Aquas, ex typ. Collegii San Bonaventurae, 1932.

5. *Cf.* Henri de Gand, *Quodlibet*, I, q. 14 et 15, Raymond Macken (éd.), Leuven - Leiden, University Press - Brill (Ancient and medieval philosophy. Series 2, Henrici de Gandavo opera omnia 5), 1979, XCII et *Quodlibet*, X, q. 14, Raymond Macken (éd.), Leuven-Leiden, University Press-Brill, 1981, CXXV.

6. *Cf.* Gilles de Rome, *Quodlibeta*, III, q. 18, revisa, correcta, et varie illvstrata stvdio Petri Damasi de Coninck, Louvain, Typis H. Nempaei, 1646, p. 186-193, v.g. p. 189 A : « Si visio ergo sit felicitas, hoc est, prout voluntas per visionem tendit in Deum : scilicet, prout per eam voluntas conjungitur Deo mediate : sed ipse actus voluntatis est felicitas, prout per hujusmodi actum voluntas tendit in Deum immediate. Ideo hujusmodi actus voluntatis principalius est felicitas, quia immediate nos conjungit Deo, ut in eo felicitatem ponimus, quam actus intellectus. »

Seul l'intellect sera la source de la vision béatifique pour Dietrich comme on le verra par la suite.

LE CONTENU DU TRAITÉ

Il convient de passer maintenant, après ces remarques préliminaires, à la lecture du traité théodoricien.

Le problème posé par Dietrich

Comme on l'a vu, le problème posé par Dietrich dans son traité sur la *Vision béatifique* est celui de la modalité de cette opération. Quel est l'instrument par lequel s'accomplit cette vision? Comment cet acte se réalise-t-il ? Ces questions seront traitées dans le cadre d'un véritable traité de noétique, c'est-à-dire d'une réflexion philosophique sur l'intellect et ses puissances, dans la mesure où la réponse apportée par Dietrich (et formulée explicitement dès le proème de son traité) est que c'est l'intellect agent, faculté humaine la plus élevée, qui permettra à l'homme de voir Dieu face à face au moment de la vision béatifique. Cette solution sera traitée en termes philosophiques en puisant surtout des concepts dans les doctrines aristotélicienne, arabes et augustinienne. Toutefois, Dietrich garde conscience des limites de son discours[1] liées au traitement d'un sujet relevant de la foi chrétienne et de l'espérance en ce bonheur suprême promis par les Ecritures sur lesquelles Dietrich s'appuie[2].

Dietrich ne nie donc pas que la question de la béatitude suprême soit une question théologique – les sources et les indications théologiques ne sont pas absentes de sa réflexion comme on l'a montré – mais ce qu'il veut proposer ici, c'est l'étude de cette faculté par laquelle cette vision advient, et ce travail ne peut se faire que par une réflexion philosophique, et même noétique. Il ne faut pas perdre en effet de vue que ce traité est, comme on l'a déjà plusieurs fois souligné, le deuxième volet de la trilogie des *Trois questions difficiles* et que comme les deux autres traités, celui de *La Vision béatifique* répond en termes philosophiques à un problème que l'on peut estimer avoir été soulevé au sein de la faculté de théologie.

1. Dietrich souligne en effet à plusieurs reprises ses limites : on en trouvera des exemples en 1.2. 1.1. 4. (2), p. 148 ; 1.3.3. (10), p. 198, etc.

2. *Cf.* Par exemple les renvois à Jean en *De vis.* 1.2. 2.4. 2.3. (1), p. 182 et 2.2. (2), p. 216 et à Paul en *De vis.* 1.2. 2.4. 2.3. (2), p. 182.

La démarche de Dietrich dans le traité de La Vision béatifique

Le traité de *La Vision béatifique* s'ouvre par un préambule concis mais néanmoins fondamental pour la suite de sa réflexion. Dietrich y expose non seulement une certaine définition des concepts majeurs qu'il développera par la suite, mais présente aussi d'emblée le cadre doctrinal dans lequel il s'inscrira, en convoquant, en l'espace de quelques paragraphes, tous les auteurs qu'il utilisera dans son ouvrage et dont il usera comme autorité.

En partant de la description de l'univers dionysien [1], il montre comment la vision béatifique est une nécessité ontologique inscrite en tout étant intellectuel. L'univers est en effet hiérarchisé en trois ordres d'étants dont chacun réplique à l'intérieur de lui-même la division tripartite de la structure générale. Cette hiérarchisation est cependant dynamique : il y a un mouvement permanent qui conduit de l'inférieur au supérieur et par lequel le supérieur transmet ses bontés à l'inférieur. Au thème dionysien de la médiatisation, Dietrich ajoute le thème proclusien de l'assimilation. S'il y a en effet assimilation des inférieurs aux supérieurs, c'est parce qu'il y a ressemblance entre eux [2].

Cette description cosmologique et surtout ontologique est essentielle puisque c'est à partir d'elle que Dietrich expliquera « la participation béatifique à la clarté divine par laquelle les bienheureux voient Dieu par essence. » En effet, selon cette conception ontologique, l'homme qui est un inférieur dans la création de l'univers, peut communiquer et recevoir les bontés de Dieu. Ce processus se fait par ressemblance, puisque l'homme a été fait « à l'image et à la similitude de Dieu » [3]. On retrouve ainsi les deux grands principes ontologiques néoplatoniciens. Ceux-ci vont cependant être transposés dans un autre cadre de pensée. Ce par quoi l'homme ressemble à Dieu, c'est sa puissance intellective. Or, celle-ci se divise en deux selon Augustin, qui parle d'une partie extérieure et d'une partie intérieure, mais aussi selon les aristotéliciens qui différencient un intellect possible et un intellect agent [4]. Si l'on étudie donc plus précisément cette bipartition de la puissance intellective humaine, on note immédiatement que l'intellect agent est supérieur, plus éminent que le possible. On peut donc affirmer qu'il est ce qui est le plus haut en l'homme et est par conséquent l'instrument de son assimilation à Dieu.

1. Dietrich de Freiberg, *Traité de la vision béatifique*, proème, (1) et (2), p. 66-69. (Le titre *Traité de la vision béatifique* sera désormais abrégé en *Traité de la vis.*)
2. Dietrich de Freiberg, *Traité de la vis.*, proème, (2), p. 68-69.
3. *Ibid.*, proème, (3), p. 60-69.
4. *Ibid.*, proème, (4), p. 68-71.

C'est précisément cette étude du moyen de son union à Dieu que Dietrich va entreprendre dans ce traité et il le fera en quatre moments qui correspondront aux quatre parties du traité : en étudiant le rapport de l'intellect agent à Dieu[1], puis le rapport de l'intellect agent et à l'intellect possible et aux autres étants[2], en montrant ensuite que l'intellect possible ne peut pas permettre une assimilation immédiate à Dieu[3] et en examinant par conséquent le mode de la vision par l'intellect agent[4].

Ce préambule est donc central dans l'économie de l'argumentation théodoricienne puisqu'il pose immédiatement la thèse de l'auteur qui sera démontrée durant tout le traité : c'est par l'intellect agent que l'homme peut s'unir à Dieu, puisqu'il doit, selon une nécessité ontologique et cosmologique, s'unir à lui.

Il est aussi doctrinalement important puisque Dietrich expose son interprétation particulière des autorités : sa conception cosmologico-ontologique néoplatonicienne ne se comprend que par une réflexion noétique qui allie non seulement Augustin et Aristote, mais aussi tous les Péripatéticiens : pour qui sait lire, l'augustinisme et l'aristotélisme ne s'excluent pas puisque leurs bases noétiques sont identiques.

Le premier moment de la réflexion théodoricienne est celui de l'étude du rapport de l'intellect agent à Dieu, c'est-à-dire l'examen de la faculté humaine la plus haute. C'est de la nature de l'intellect agent dont il est ici question. Quatre thèses majeures sont affirmées à son sujet.

La première soutient que l'intellect agent est dans son essence substance, et donc ainsi que l'intelliger par l'intellect agent n'est pas un accident[5]. Ceci est d'abord prouvé à l'aide de six arguments et par le recours aux autorités ensuite.

L'intellect agent est en effet, selon Dietrich, substance :

1. parce qu'il est image de Dieu[6] : Dietrich reprend la distinction biblique « à son image et à sa ressemblance » pour réinterpréter la différence intellect agent – intellect possible. En s'appuyant sur les commentaires de la *Glose* sur l'image et la ressemblance, on peut comprendre que ce qui est image en l'homme de Dieu, c'est l'intellect agent et ce qui est ressemblance, c'est l'intellect possible. L'intellect agent est donc bien ce qui est le plus haut en la nature humaine car lui seul est image. Dietrich en

1. Dietrich de Freiberg, *Traité de la vis.*, 1, p. 72-211.
2. *Ibid.*, 2, p. 212-227.
3. *Ibid.*, 3, p. 226-315.
4. *Ibid.*, 4, p. 314-363.
5. *Ibid.*, 1.1, p. 72-139.
6. *Ibid.*, 1.1. 1, p. 72-95.

profite pour redéfinir le terme d'image. Contrairement à la tradition qui recevait la notion d'image comme « configuration extérieure », ce que Dietrich attribue à la ressemblance, la notion d'image est ici comprise comme une « conformité substantielle », c'est-à-dire tout intérieure. Ce qui définit véritablement l'image, c'est la consubstantialité qui unit l'image à ce qu'elle représente. Il faut donc comprendre que si l'intellect agent est image de Dieu, cela signifie qu'il est consubstantiel à Dieu. Cette consubstantialité se révèle par la présence dans le fond secret de l'âme d'une trinité unitaire unissant connaissance, esprit et amour.

2. parce qu'il intellige toujours en acte[1] : si en effet l'intellect agent est toujours en acte, c'est parce qu'il est substantiellement intellect agent par essence. L'intellectualité est son essence, c'est-à-dire que son appellation d'intellect est une prédication essentielle et pas une dénomination extrinsèque. Il n'est pas ainsi assujetti à la variation puissance / acte : il intellige toujours, il ne cesse pas de connaître car il ne cesse pas d'être. Ainsi si l'homme ne sait pas toujours qu'il connaît, il ne cesse pourtant pas de connaître. Ce raisonnement est prouvé selon Dietrich par de nombreuses autorités : non seulement Aristote, mais aussi les Péripatéticiens et Augustin montrent bien que l'intellect agent intellige toujours en acte.

3. parce qu'il s'intellige lui-même[2] : l'intellect agent étant intellect par essence, l'intellectualité est le principe formel de son essence. Ainsi, il tend vers lui-même intellectuellement et s'intellige lui-même par essence en raison de sa substance. Il n'introduit pas de nature extérieure dans sa substance. En intelligeant, c'est donc toujours vers lui-même qu'il se tourne, comme le soulignent aussi le *Liber de Causis* et Augustin.

4. parce qu'il est un certain paradigme et une ressemblance de l'étant[3] : cette qualité lui vient de la propriété de son essence intellectuelle qui fait qu'il n'est pas déterminé à intelliger telle ou telle chose, mais qu'il intellige l'étant dans sa totalité. Si l'intellect agent ne se tourne que vers lui-même pour intelliger, il doit donc posséder en lui en acte la ressemblance avec tout l'étant. Comme le montrent Augustin et Averroès, tous les intelligibles sont connus par l'esprit dans son fond secret car ils sont présents en lui.

5. parce qu'il intellige les autres choses comme il s'intellige lui-même, par son essence[4]. Cet argument se déduit aisément de tous les précédents : l'intellect agent est un intellect par essence et toujours en acte. Il intellige donc toutes les autres choses comme il s'intellige lui-même, c'est-à-dire

1. Dietrich de Freiberg, *Traité de la vis.*, 1.1.2, p. 96-107.
2. *Ibid.*, 1.1.3, p. 106-115.
3. *Ibid.*, 1.1.4, p. 114-121.
4. *Ibid.*, 1.1.5, p. 120-121.

par une intellection simple. En connaissant il informe un objet mais celui-ci n'est autre que lui-même.

6. enfin parce qu'il « excède » son sujet, ce qui correspond à la définition augustinienne de la substance[1]. Cet argument vise à montrer par la négative que l'intellect agent est substance parce qu'il n'est pas un accident. L'intellect agent ne peut pas être un accident, non seulement parce qu'aucune opération au principe accidentel ne peut tendre vers elle-même (comme le fait l'intellect agent), mais aussi parce qu'aucun accident ne se rapporte à son sujet propre et aux autres de la même manière.

Après avoir développé ces six arguments, Dietrich montre que les autorités d'Augustin et des Péripétaticiens, qui suivent Aristote, concordent pour soutenir cette thèse[2].

La deuxième thèse affirme que l'intellect agent est la ressemblance et l'image de la substance divine[3] : cette position a déjà été abordée dans le premier moment puisqu'elle servait d'argument pour soutenir la thèse que l'intellect agent est substance. L'étude effectuée ici en est une sorte de complément. Ce qu'il affirme ici, ce n'est pas tant l'idée que l'intellect agent est image de Dieu, cela on l'a déjà soutenu, c'est plutôt qu'il s'agit là du critère qui lui donne sa nature d'intellect agent essentiellement. L'image, on l'a vu, était définie comme une consubstantialité entre l'image et son objet. Ainsi, l'intellect agent, s'il est image de Dieu, doit lui être consubstantiel. Pour comprendre cela, il faut faire retour à l'origine de l'intellect agent : l'intellect, comme tous les étants, procède de Dieu et y retourne selon le schéma cosmologico-ontologique présenté et adopté par Dietrich dans le préambule du traité. Ce qui différencie cependant tous les étants, c'est le mode selon lequel ils retournent à Dieu. Celui-ci se traduit dans leur intelliger. Les intellects par essence toujours en acte qui sont au sommet de la hiérarchie et le plus près de Dieu procèdent selon la ressemblance et la conformité à l'essence divine. C'est ainsi parce qu'il procède intellectuellement depuis l'essence de Dieu et l'intellige que l'intellect agent est véritablement image de Dieu. Il lui est consubstantiel dans la mesure où sa substance n'est qu'un étant conceptionnel par lequel il conçoit et intellige son principe, sans qui il ne pourrait pas intelliger, même sa propre essence. Dietrich lit chez Augustin cette même position.

1. Dietrich de Freiberg, *Traité de la vis.*, 1.1.7, p. 122-127.
2. *Ibid.*, 1.1.8. – 1.1.10, p. 126-139.
3. *Ibid.*, 1.2, p. 138-185.

La troisième thèse dit que l'intellect agent est capable de Dieu[1]. L'intellect agent émanant de Dieu et retournant à lui par sa substance est donc capable de saisir Dieu. La trinité de l'intellect agent est en effet directement issue de la trinité divine : l'intellect agent est donc capable de saisir Dieu dans la mesure où il a constamment en mémoire, connaît et aime cela même d'où il procède. C'est pour cela que son opération lui est intime et intérieure. A l'inverse, l'intellect possible, s'il peut saisir Dieu, n'y parvient que par une opération extérieure, grâce à une espèce.

Enfin, la quatrième thèse montre que l'intellect agent est parfaitement « tourné » vers Dieu par son essence qui est identique à son opération : puisqu'ontologiquement il émane de l'essence divine et que noétiquement, il se tourne vers son principe, l'intellect agent est tourné vers Dieu[2].

De cette première partie détaillée sur l'intellect agent, Dietrich peut conclure qu'il est le principe suprême de la nature humaine et le principe formel immédiat par lequel l'homme est immédiatement uni à Dieu dans la vision béatifique.

Le deuxième moment de sa réflexion vise à étudier le rôle et la fonction de l'intellect agent en montrant comment il se rapporte aux autres étants, c'est-à-dire à l'intellect possible et aux créatures corporelles[3].

L'intellect agent, dans cette vie, peut être considéré essentiellement comme le principe d'actualisation de l'intellect possible[4]. Cela signifie qu'il est son principe actif, en tant qu'il actualise les intelligés qui se trouvent dans l'intellect possible, qu'il est son agent en tant qu'il le fait passer de la puissance à l'acte et se trouve plus noble que lui, qu'il est la forme qui achève l'intellect possible et enfin qu'il est la médiation permettant la communication des perfections venant de Dieu. Dans l'autre vie[5], on peut supposer que la relation entre l'intellect agent et l'intellect possible sera la même dans la mesure où, selon un adage thomasien, la grâce ne détruit pas la nature mais l'accomplit.

Par rapport aux autres étants[6], l'intellect agent, en tant que créature rationnelle, est supérieur aux créatures corporelles puisqu'il a été créé par

1. Dietrich de Freiberg, *Traité de la vis.*, 1.4, p. 206-209. On se rapportera à la note complémentaire sur l'expression « Capax Dei », p. 365 pour avoir des précisions plus importantes sur cette notion.

2. Dietrich de Freiberg, *Traité de la vis.*, 1.5, p. 208-211.

3. *Ibid.*, 2, p. 212-227.

4. *Ibid.*, 2.1, p. 212-215.

5. *Ibid.*, 2.2, p. 214-217.

6. *Ibid.*, 2.3, p. 216-227.

Dieu avant elles et a eu une connaissance d'elles avant leur création. L'intellect agent leur est donc supérieur par sa nature et sa substance.

Ainsi, après avoir montré dans les deux premières parties de son traité que l'intellect agent est véritablement ce qu'il y a de plus éminent en l'homme, Dietrich va pouvoir soutenir que c'est donc nécessairement par lui que se réalisera la vision béatifique, qui est l'activité humaine la plus élevée. Les deux dernières parties du traité porteront donc plus précisément sur le processus de vision béatifique.

Pour étudier le déroulement de cette opération, Dietrich commence par réfuter une thèse adverse afin de prouver, *a contrario*, la validité de la sienne [1]. Il expose ainsi dans la troisième partie de son ouvrage qu'il est impossible que la vision béatifique advienne par l'intellect possible, et s'oppose de ce fait à une thèse répandue dans le milieu universitaire de son époque. Cette position consiste, selon Dietrich, en l'affirmation que la vision bienheureuse advient par l'intellect possible et que l'intellect agent n'est pas l'instrument de cette opération car il n'intellige rien universellement. L'intellect agent étant exclu de cette vision n'est pas, pour autant considéré comme inactif puisqu'il aide l'intellect possible à accéder à la vision bienheureuse en le soutenant ou l'élevant pour qu'il puisse réaliser cette opération extraordinaire. Cette position doit être écartée selon Dietrich parce qu'elle est absurde. Il donne 8 motifs d'exclusion. Cette position est d'abord jugée contradictoire parce qu'elle affirme que la vision béatifique est l'acte humain le plus parfait, mais qu'elle ne se réalise pas par la faculté humaine la plus parfaite – à savoir l'intellect agent.

En soutenant, ensuite, que l'intellect possible opère habituellement sur les images et est en même temps le vecteur de la vision béatifique, elle se contredit puisque dans le processus de vision béatifique il n'y aura pas d'images.

Enfin, les mouvements d'élévation ou de soutien introduits sont eux aussi problématiques puisqu'ils sont censés fournir à l'intellect possible l'espèce qui l'actualisera dans la vision béatifique. Cependant, ils conduisent alors à soutenir qu'avec eux, l'intellect possible verra Dieu par espèce et non par essence, ce qui est contre la définition de la vision béatifique, et que l'intellect agent, puisqu'il fournit à l'intellect possible l'espèce qui l'actualise, doit donc voir Dieu avant pour pouvoir offrir à l'intellect possible son actualisation.

1. Dietrich de Freiberg, *Traité de la vis.*, 3.1, p. 226-231.

Les quatre derniers motifs d'exclusion concernent les conséquences de cette position qui contredisent les conclusions des deux premières parties du traité de Dietrich. En affirmant que la vision béatifique se réalise par l'intellect possible parce que l'intellect agent n'intellige rien universellement, on en vient à soutenir que l'intellect agent ne serait ni un intellect par essence, ni un véritable étant intellectuel par nature, que rien ne procéderait de lui intellectuellement, et qu'il serait donc d'une nature inférieure à ses effets dans la mesure où il produirait des choses intelligées et séparées sans intelliger lui-même.

Une fois rejetée cette position qu'il a certainement lue ou entendue, l'auteur passe à une réfutation de cette thèse considérée de manière générale pour montrer que quelque soit la manière dont on la formule, cette position – selon laquelle l'intellect possible est l'instrument de la vision béatifique – est fausse car la thèse est en elle-même contradictoire[1]. Dietrich examine alors les quatre modalités que peut prendre cette thèse selon la situation de l'intellect possible par rapport à son acte premier (qui consiste à posséder l'espèce qui l'actualise) et à son acte second (qui consiste en l'intellection). Il montre ainsi que toutes ces modalités sont erronées.

La première soutient que l'intellect possible est en puissance par rapport à l'acte premier et à l'acte second[2]. Cette position est immédiatement rejetée comme contradictoire puisqu'elle affirme que dans la vision bienheureuse, qui est le fait de voir Dieu par essence, l'intellect est en puissance de l'acte même d'intelliger Dieu.

La deuxième modalité affirme que l'intellect possible est en acte par rapport à l'acte premier et en puissance par rapport à l'acte second[3]. Cette deuxième position tombe donc elle aussi sous le même travers que la première en soutenant que dans l'acte de vision de Dieu, l'intellect possible est en puissance de voir. Une autre objection peut être faite à cette seconde position, car en disant que l'intellect possible est en acte son acte premier, c'est-à-dire qu'il possède une espèce intellectuelle par laquelle intelliger, il n'intellige pourtant pas. Or, l'intellection est une opération intransitive, interne, ainsi, du moment où la forme est acquise, c'est-à-dire où l'intellect est en l'acte premier, l'intellection en acte (c'est-à-dire l'acte second en acte) devrait s'ensuivre nécessairement.

1. Dietrich de Freiberg, *Traité de la vis.*, 3.2, p. 230-237.
2. *Ibid.*, 3.2. 1, p. 230-235.
3. *Ibid.*, 3.2. 1, p. 230-235.

La troisième modalité est une des plus importantes pour la thèse de Dietrich, elle est donc développée très amplement[1]. Elle affirme que l'intellect possible est en puissance par rapport à l'acte premier, mais en acte par rapport à l'acte second, c'est-à-dire que tout en étant en puissance par rapport à l'espèce, il intellige tout de même en acte. Cette thèse est aussi développée longuement par Dietrich car il l'attribue eux partisans du « *lumen gloriae* »[2] c'est-à-dire à ceux qui, comme on l'a vu, soutiennent que l'intellect possible doit être élevé et soutenu par la lumière de gloire pour pouvoir voir Dieu par essence[3].

Sept objections (dont la troisième, adressée au concept de *lumen gloriae* est en fait triple) sont formulées à l'encontre de cette position.

La première est que, comme dans le cas de la deuxième position, puisque l'acte premier et second sont identiques dans l'intellect du fait que l'intellection est une activité intransitive, l'intellect possible ne peut pas être en puissance par rapport à un acte et être en acte par rapport à l'autre.

La deuxième consiste à dire que selon un principe universel, rien ne peut exercer une opération sans posséder en acte un principe formel qui joue pour lui le rôle de forme, et cela autant pour l'action que pour la passion. L'intellect possible ne peut donc pas ainsi intelliger en acte et posséder en puissance le principe formel de son action.

La troisième vise plus particulièrement les partisans du « *lumen gloriae* » qui usent de ce concept pensant ainsi se soustraire aux deux objections précédentes. Cette solution de la « lumière de gloire » consiste à affirmer que la vision de Dieu peut se réaliser par l'intellect possible alors que celui-ci est en puissance de son acte premier car la vision béatifique n'est pas réalisée par une espèce qu'il ne possède pas, mais par la lumière de gloire qui élève l'intellect possible jusqu'à la vision de Dieu. Dietrich montre que cette solution n'est toutefois pas tenable puisque si la lumière de gloire est dans l'intellect possible pour l'élever, alors elle sera nécessairement une forme pour l'intellect car tout ce qui est dans l'intellect s'y trouve intellectuellement. La lumière de gloire sera ainsi l'acte premier de l'intellect possible.

La quatrième objection montre que ce qui est pur possible ne peut pas agir et qu'ainsi l'intellect possible doit être actualisé pour opérer. Comme il ne peut être actualisé par composition avec une forme, comme c'est le cas pour la matière, il doit lui-même devenir cette opération en acte. Or,

1. Dietrich de Freiberg, *Traité de la vis.*, 3.2. 2. – 3.2. 9.

2. On se reportera à la note complémentaire sur cette notion, p. 369-370, pour un examen plus approfondi.

3. Dietrich de Freiberg, *Traité de la vis.*, 3.2. 3, p. 236-243.

affirmer cela, c'est soutenir qu'il ne sera plus en puissance par rapport à l'acte premier qui permet l'intellection. Cela conduirait ainsi à dire qu'il est actualisé par deux actes séparés, or un principe aristotélicien affirme que c'est impossible.

La cinquième récuse ceux qui soutiendraient que dans l'essence de l'intellect possible quelque chose existe en fait en puissance par rapport à l'espèce, il faut répondre que cela n'est pas possible car un nouveau rapport qui n'existait pas avant dans l'intellect possible advient en lui lorsqu'il voit Dieu. C'est en effet la forme d'une quiddité absolue qui permet l'actualisation par l'acte premier et autorise ensuite l'actualisation par l'acte second.

La sixième s'adresse toujours aux partisans du *lumen gloriae* en leur montrant que leur position n'est pas tenable car il faut une cause agente à l'action qu'est l'acte second. Or celle-ci ne peut être que l'acte premier. La présence de l'essence divine dans l'intellect ne remplace pas cette espèce car il faut une transformation réelle dans l'intellect lors de la vision béatifique.

Enfin, la dernière objection montre que même si l'on soutient que l'intellect possible intellige par essence et est uniquement en puissance par rapport à l'espèce cela pose problème car dire que l'intellect possible intellige par essence signifie que l'intellection est intrinsèque à l'intellect possible. Or, ainsi, on ne pourrait pas expliquer pourquoi l'intellect possible intelligerait parfois et parfois non.

Ces objections contre la troisième modalité sont complétées par des approfondissements sur des points doctrinaux utilisés dans son argumentation : un développement sur l'opération par essence et un sur l'adage qui affirme que « tout ce qui est reçu est là sur le mode de celui qui reçoit. »

La quatrième modalité pose que l'intellect posséderait en acte à la fois l'acte premier et l'acte second[1]. Dietrich montre que même cette ultime position est irrecevable car admettre que l'intellect possible possède une espèce en acte signifie que la vision de Dieu se fait alors par espèce et qu'elle n'est donc pas une vision immédiate. S'ensuit un long « traité » ontologique où Dietrich examine le statut des étants – c'est à ce moment qu'il introduit son concept ontologique central pour comprendre le statut de l'intellect : l'étant conceptionnel. Le but de ce développement ontologique est de montrer que, compte tenu de sa nature, l'intellect possible ne peut intelliger autrement qu'à l'aide d'une espèce. Opérant ainsi à l'aide d'une espèce en acte, il ne pourra donc jamais voir Dieu par essence. Cela tient à la nature de son opération qui est déterminée par son être et le restreint à une

1. Dietrich de Freiberg, *Traité de la vis.*, 3.2.9, p. 268-315.

catégorie d'objets déterminés. De par nature, l'intellect possible intellige à l'aide d'une espèce et ne peut donc pas voir Dieu par essence.

Deux objections sont enfin introduites pour valider la position de Dietrich sur l'impossibilité pour l'intellect possible de voir Dieu par essence. La première objection rappelant la thèse condamnée en 1241 sur l'impossibilité pour un intellect créé de voir Dieu par essence, thèse que Dietrich rejette par ses positions ontologiques et cosmologiques d'influence néoplatonicienne qui lui permettent de soutenir que l'intellect par essence voit Dieu puisqu'il émane de lui et y retourne par son intellection[1]. La seconde vise la thèse théodoricienne qui dit qu'un nouveau rapport advient à l'intellect lorsqu'il voit Dieu[2]. Si un nouveau rapport s'instaure, cela signifie qu'une nouvelle forme s'ajoute alors à la substance de l'intellect. Or cette forme fera tendre l'intellect vers l'extérieur et l'opération ne sera plus intransitive car la forme fait opérer sur quelque chose de différent de soi. Dietrich repousse cette objection en montrant que la forme dont il est question dans la vision béatifique n'est pas principe d'une opération car l'intellect agent possède déjà en lui-même le principe de son opération.

Ayant donc montré l'impossibilité pour la vision béatifique d'advenir grâce à l'intellect possible, Dietrich traite dans une quatrième et dernière partie de la manière dont est réalisée, par l'intellect, la vision bienheureuse dans laquelle nous voyons Dieu immédiatement[3].

Cette dernière partie commence par rappeler ce qui a été dit sur l'intellect agent et qui justifierait qu'il soit l'instrument de la vision béatifique, même si cette question relève d'un domaine où aucune certitude ne peut être soutenue[4]. L'intellect agent est en effet ce qu'il y a de plus haut en l'homme et ce par quoi l'homme est l'image de Dieu. Son opération est aussi la plus haute, car il intellige par son essence, ce qui est l'opération la plus intime qui soit. Ces rappels sur la nature et l'opération de l'intellect agent montrent que deux raisons de poids permettent de pencher pour la thèse selon laquelle c'est par l'intellect agent qu'advient la vision de Dieu par essence.

Cette position a été défendue par certains philosophes[5]. Dietrich renvoie explicitement à Averroès, mais il emploie ensuite un pluriel pour

1. Dietrich de Freiberg, *Traité de la vis.*, 3.2.9.11, p. 306-311.
2. *Ibid.*, 3.2.9.12-3.2.9.13, p. 310-315.
3. *Ibid.*, 4, p. 314-363.
4. *Ibid.*, 4.1, p. 314-319.
5. *Ibid.*, 4.2, p. 318-331.

désigner cette même thèse, ce qui laisse suggérer qu'il pense aussi aux partisans de la position du Commentateur.

Averroès aurait en effet, selon Dietrich, soutenu que l'intellect agent s'unit parfois à l'homme comme forme et qu'ainsi il peut intelliger par lui tous les étants, c'est-à-dire qu'il intellige comme lui, par l'intellection par laquelle il intellige son essence. Cette union est cependant rare : dans l'intellection habituelle, l'intellect agent s'unit à l'homme, mais à ce moment là son essence et son action ne coïncident pas. C'est uniquement dans certains cas, qui correspondent selon l'interprétation théodoricienne à la vision béatifique, que dans son union avec l'homme l'intellect agent s'unit comme forme et que son opération est son essence.

Averroès montre que l'intellect agent s'unit à l'homme quand il meut l'intellect possible comme cause principale. L'intellect possible est ensuite mû par les choses intelligées en l'homme qui agissent comme une cause seconde. Dans cette intellection, l'intellect agent est donc forme de l'intellect possible. Dietrich montre que cette union ne correspond toutefois pas à la vision béatifique dans la mesure où dans l'intellection habituelle décrite plus haut, l'homme intellige les choses par leur raison et non par leur essence. C'est donc la preuve que dans cette union il n'intellige pas comme l'intellect agent s'intellige lui-même et que son opération et son essence ne sont donc pas identiques.

Un second argument est avancé par Averroès : en progressant dans la connaissance, l'intellect humain sera en mesure d'aborder de plus en plus d'objets. Il pourra même parvenir à la connaissance de tous les objets et connaître ainsi comme l'intellect agent. Pour Dietrich, cet argument n'est pas valable car si l'intellect humain connaît ainsi la totalité des objets, il ne connaîtra pas la totalité en tant que telle, il ne connaîtra qu'une somme d'objets car la totalité elle-même ne peut pas être appréhendée par une raison.

Après avoir donc réfuté les arguments des philosophes selon lesquels la connaissance par l'intellect agent correspond à la connaissance de l'intellect agent, c'est-à-dire à la manière dont l'intellect agent connaît, Dietrich va proposer sa propre position[1]. Il met en évidence le point selon lequel du fait de ses conceptions cosmologico-ontologiques qui soutiennent que le monde est un tout hiérarchisé, mais médiatisé, chaque supérieur est en communication avec son inférieur en tant qu'il est sa forme. Cela signifie donc que cosmologiquement et ontologiquement, la jonction de l'intellect agent à l'intellect possible est réalisable. Cependant, pour que

1. Dietrich de Freiberg, *Traité de la vis.*, 4.3, p. 330-363.

cette union ait lieu, il faut que l'intellect possible soit actualisé. Il le sera en étant la forme de son inférieur, c'est-à-dire de la cogitative, source des images. Lorsque l'intellect possible est forme pour la cogitative, ils appréhendent tous les deux le même objet, mais par l'approche correspondant à leur nature. Il en devrait donc en aller de même pour l'union de l'intellect agent et de l'intellect possible. L'intellect agent sera la forme de l'intellect possible actualisé par l'espèce reçue des images de la cogitative et tous deux appréhenderont le même objet, mais l'intellect possible en tant que quiddité et l'intellect agent en tant qu'essence.

Le processus de vision béatifique est donc validé : une fois que l'être intellectuel intellige par l'intellect agent devenu pour lui forme, il intellige par l'intellection par laquelle l'intellect agent s'intellige lui-même. Cela signifie qu'il intellige par l'intellection par laquelle l'intellect agent se connaît par son essence et est ainsi tourné vers Dieu.

Deux objections sont avancées sur cette union, mais elles sont immédiatement repoussées afin d'assurer l'irréfutabilité de la thèse de Dietrich.

Ce dernier rappelle enfin la thèse qu'il soutient et a démontrée, pour clôturer son traité.

La matière du traité : ses sources

Afin de mieux saisir les fondements de la position théodoricienne, il peut être intéressant d'avoir une vue synoptique des différentes sources dont il fait usage dans son traité et qu'il cite explicitement afin de voir quelles lectures alimentent sa pensée[1].

Augustin

Le *De Visione* comprend 97 citations explicites de saint Augustin. Il est l'auteur le plus cité du traité. 80 citations se trouvent dans la première partie du traité, c'est-à-dire celle plus particulièrement consacrée à la noétique[2].

Parmi ces citations, le *De Trinitate* est l'œuvre la plus présente avec 66 citations dont 55 dans la première partie. Vient ensuite le *De Immortalitate animae* cité 14 fois.

1. Pour une étude plus approfondie de la présence des philosophes grecs et arabes chez Dietrich de Freiberg, on se reportera à l'ouvrage de Dragos Calma, *Le poids de la citation. Etude sur les sources arabes et grecques dans l'œuvre de Dietrich de Freiberg*, Fribourg, Academic Press, 2010.

2. Pour une étude plus ample de la présence d'Augustin dans les œuvres de Dietrich de Freiberg, on se reportera à l'ouvrage d'Andrea Colli, *Tracce agostiniane nell'opera di Teodorico di Freiberg*, Genova, Marietti, 2010.

Il est intéressant de remarquer que ces citations sont presque toutes littérales – ce qui n'est pas forcément le cas pour Aristote par exemple.

Dietrich cite à chaque fois explicitement le nom de l'œuvre auquel il fait référence et donne même parfois des indications précises, comprenant le numéro du livre et du chapitre. Dietrich mentionne aussi, pour le *De Trinitate*, la « petite division » du traité[1] ce qui témoigne d'une lecture véritable de ce traité comme cela a été souligné[2].

Le rôle joué par Augustin dans la formation de la pensée théodoricienne est important comme en témoigne le nombre élevé de citations explicites de cet auteur, son utilisation fréquente comme autorité et la réutilisation de ses expressions (comme celle usitée tout le long de ce traité de « fond secret de l'âme » par exemple). De même, les discussions récurrentes sur l'exégèse de cet auteur et les nombreuses prises de position de Dietrich sur son interprétation face à ceux qui détournent « l'intention d'Augustin » accentuent le rôle majeur de cet auteur dans ce traité.

Les sources néoplatoniciennes

Elles sont importantes et variées, faisant usage de différents auteurs et témoignant d'une connaissance et d'un intérêt notoire pour ce corpus[3].

– Denys : deux mentions explicites du nom de cet auteur se trouvent dans le traité. Elles sont situées dans le préambule. Seul le nom de l'auteur est toutefois ici mentionné, sans indication d'œuvre. Il faut cependant noter que ces mentions se trouvent au commencement de l'œuvre, indiquant de prime abord le cadre de pensée, ici ontologique, dans lequel Dietrich situe sa pensée sur la vision de Dieu.

Il s'agit en fait de deux renvois indirects à la *Hiérarchie céleste.* Toutefois les expressions que Dietrich emploie pour se référer à Denys ne

1. On trouve trois occurrences de cette petite numérotation : *De vis.* 1.1.1.2.3. (3) ; 1.1.2.4. (2) et 1.1.3. (5).

2. *Cf.* L.-J. Bataillon, « Bulletin d'histoire des doctrines médiévales : le 13e siècle (fin) », *RSPT*, 65 (1981), p. 113, n. 36 : « Signalons qu'à trois reprises, Thierry, qui donne généralement des indications détaillées de ses sources, cite le *De Trinitate* d'Augustin non seulement par livre et chapitre, mais en précisant que ces derniers sont *de parvis* (...). Une notation analogue se retrouve dans le petit correctoire inédit du ms. *Amiens 241*, f. 113 v – 116 r ». *cf.* aussi A. Colli, *Tracce agostiniane nell'opera di Teodorico di Freiberg*, Genova, Marietti, 2010.

3. *Cf.* à ce propos : R. Imbach, « Chronique de philosophie, le (néo)-platonisme médiéval, Proclus latin et l'Ecole dominicaine allemande », *Quodlibeta, Articles choisis*, Freiburg (Schweiz), Universitätsverlag, 1996, p. 129-151 et L. Sturlese, « Il dibattito sul Proclo latino nel medioeveo fra l'università di Parigi e lo studium di Colonia », G. Boss et G. Seel (éd.) *Proclus et son influence, actes du colloque de juin 1985*, Zürich, Editions du Grand Midi, 1987, p. 261-285.

rappellent pas le texte dionysien, mais plutôt le texte de Thomas d'Aquin exploitant le texte de Denys. On peut donc penser que Dietrich ne lit pas Denys dans le texte d'origine mais le fait par le filtre du texte thomasien. Ceci est d'autant plus intéressant que Eckhart semble procéder de même lorsqu'il fait référence à la *Hiérarchie céleste* de Denys[1].

– Proclus : le nom « Proclus » est mentionné quatre fois explicitement dans le *De visione*. Dietrich se réfère à chaque fois à l'*Elementatio theologica*. Cet auteur est cité dès le préambule du traité, où trois textes sont cités et où des indications de texte sont données (même si le numéro des propositions ne correspond pas à celui que nous utilisons actuellement : les propositions numérotées 146 et 147 par Boese sont données comme étant les propositions 142 et 143 par Dietrich). Proclus est utilisé en complément de Denys, comme proposant une ontologie semblable et dans laquelle Dietrich s'inscrit. Il est ensuite utilisé en 1.5. où le texte proclusien est cité cinq fois de manière littérale. Il est aussi donné en complément du *Liber de Causis* en 3.2.4. et comme proposant une position analogue. Aucun texte n'est toutefois ici mentionné ni indiqué. Enfin, il est usité une dernière fois au début de la 4e partie, où deux textes avec leurs références sont cités.

– le *Liber de Causis* : le titre de cette compilation est donné sept fois. Il n'y a toutefois que deux mentions qui font référence à un texte précis (en 1.1.3.1. et en 4.2.1). Les cinq autres références ne font que renvoyer de manière allusive à l'ouvrage, tout en donnant toutefois le titre explicitement. Cependant, ce texte est essentiel pour comprendre la connaissance de soi de l'intellect agent.

Boèce

Le nom « *Boethius* » est mentionné neuf fois. Dans cinq cas, le nom des œuvres est donné : trois fois la *Consolation de Philosophie* et deux fois *La Trinité*. Les citations de la *Consolation* sont à chaque fois littérales. Celles de *La Trinité* ne sont qu'allusives. Dans les quatre autres cas, aucun nom d'œuvre n'est mentionné, et pour cause, car il s'agit d'un adage (« *Omne, quod recipitur in alio, est ibi per modum recipientis* ») que Dietrich attribue à Boèce, mais qui ne se trouve pas formulé comme tel chez Boèce et qui semblerait plutôt provenir du *Liber de Causis*[2].

1. *Cf.* à ce sujet l'article de E. Rubino dans L. Sturlese (éd.), *Studi sulle fonti di Meister Eckhart*, t. 1, Fribourg, Academic Press, 2008, p. 113-133.

2. *Cf.* Note complémentaire sur l'adage « Omne, quod recipitur in alio, est ibi per modum recipientis. », p. 366-367.

Aristote

On peut relever cinquante mentions explicites d'Aristote dans le *De Visione beatifica*, auteur le plus cité après Augustin. Il est d'ailleurs intéressant de noter que tous les deux sont souvent mis sur un pied d'égalité, en particulier quant à la distinction de deux puissances cognitives et quant à leur rôle respectif.

Aristote est toujours mentionné sous le nom de *Philosophus*. Douze de ses œuvres sont citées (dont le *Liber de bona fortuna*, ouvrage longtemps attribué à Aristote, mais dont il n'est pas en fait l'auteur), dix références sont effectuées au Philosophe sans mention d'ouvrage et six renvois ne correspondent pas aux indications textuelles données par Dietrich (en particulier pour la *Métaphysique* où cinq références sur quatorze sont erronées). Ces renvois témoignent d'une utilisation d'un corpus aristotélicien très complet puisqu'il utilise les écrits logiques (*Catégories*, *De l'Interprétation, Seconds Analytiques* ...), les écrits de philosophie naturelle (*Physique*, *Du Ciel*, *De la Génération*, *Du Sens, Histoire des Animaux* ...), les écrits de philosophie morale (*Ethique à Nicomaque*) outre le *Traité de l'Âme* et la *Métaphysique*.

Parmi les 50 mentions, 22 réfèrent au *De Anima* et 11 de ces mentions sont regroupées dans la première partie consacrée à la nature de l'intellect agent. Dietrich puise en effet les sources de sa noétique dans cet ouvrage aristotélicien. Il semble que l'on puisse établir, à partir de ces 22 mentions, que Dietrich travaille avec différentes traductions du traité d'Aristote. Un passage du *De Visione beatifica* le montre explicitement : en 1.1.2.3. (1), Dietrich cite explicitement un passage du traité aristotélicien *De l'Âme*, et en donne ensuite une autre traduction correspondant au texte de Michel Scot, c'est-à-dire au texte aristotélicien du *Commentaire du De Anima* d'Averroès[1] (La première citation semble, elle, correspondre à la traduction de Jacques de Venise). Cependant, en comparant l'énoncé de Dietrich aux différentes traductions du traité aristotélicien, on ne peut pas véritablement déterminer quelle traduction est employée car celle-ci semble varier : Dietrich semble utiliser parfois des expressions issues de la traduction de Jacques de Venise, parfois de la traduction de Guillaume de Moerbecke (On peut, à l'inverse, très bien établir, par une comparaison entre les deux

1. *Cf.* Dietrich de Freiberg, *De visione beatifica*, 1.1.2.3. (1), p. 100 : *Quod etiam manifestum est auctoritate. Dicit enim Philosophus III De anima loquens de intellectu agente : « Substantia actu est. » Ubi secundum aliam translationem habetur : « Et in sua substantia actio. »*.

traductions du texte aristotélicien des *Catégories*, que pour ce traité, Dietrich utilise la traduction de Boèce.).

Comme Augustin, auteur qu'il pose sur un pied d'équivalence doctrinale du point de vue de la noétique avec Aristote[1], Aristote est un des piliers de la pensée théodoricienne dans le traité de *La Vision béatifique*. Dietrich reprend les positions majeures du troisième livre du *De l'Âme* d'Aristote, défend le texte aristotélicien et les interprétations que l'on peut en faire, et surtout réutilise le vocabulaire de cet auteur en reprenant à son compte les notions d'« intellect agent » et d'« intellect possible ».

Averroès

Averroès est mentionné 19 fois dans le *De Visione beatifica*, 16 fois en tant que *Commentator*, deux fois sous son nom *Averroes*, et une fois uniquement par son ouvrage. Ces divers emplois témoignent de l'utilisation d'Averroès non seulement comme commentateur d'Aristote et comme auxiliaire à la lecture de ce dernier, mais aussi comme philosophe à part entière, souvent mentionné en compagnie d'autres « péripatéticiens » arabes.

L'œuvre la plus utilisée d'Averroès est son commentaire au livre III du *De Anima* d'Aristote. Certains indices peuvent faire penser à une utilisation de première main du texte d'Averroès : l'utilisation du texte aristotélicien dans sa traduction par Michel Scot dans le commentaire d'Averroès comme on l'a montré précédemment, une indication de découpage du texte aristotélicien correspondant en fait à la division par Averroès du texte aristotélicien[2].

Averroès est utilisé par Dietrich comme commentateur d'Aristote et il reconnaît en lui la validité de cette activité. Dietrich, toutefois, ne reçoit pas nécessairement la doctrine d'Averroès et la rejette même à quelques reprises, sur différents sujets comme sur la conception de l'intellect possible[3] ou sur la conception de la béatitude[4] par exemple.

1. Le proème du traité établit et souligne cette équivalence : *La vision béatifique*, proème, (5), p. 71 : « Ceci est ce que nous trouvons, quoi qu'en d'autres mots mais tout en conservant le sens, chez ces philosophes qui distinguent dans notre puissance intellective un intellect agent d'un intellect possible de sorte que chez ces philosophes, l'intellect agent est la même chose que le fond secret de l'âme chez Augustin et l'intellect possible est identique à la cogitation extérieure d'Augustin. »

2. En *De vis.*, 1.2. 1.1.6. (3), p. 152, Dietrich renvoie au livre II du *De l'Âme* d'Aristote. Or, ce passage se situe dans le livre III d'Aristote dans sa traduction par Jacques de Venise et Guillaume de Moerbecke, mais dans le livre II dans la traduction de Michel Scot du *Commentaire sur le De Anima* d'Averroès.

3. Cf. *De vis.*, 1.1.2.3, p. 100-105.

4. Cf. *De vis.*, 4.2, p. 318-331.

Les Philosophes péripatéticiens

Sont recoupés sous cette appellation les citations des noms de Al Fârâbi, d'Alexandre d'Aphrodise, d'Avicenne et les expressions telles « les philosophes », « les Péripatéticiens ».

On relève ainsi dix mentions. Al Fârâbi et Alexandre sont les plus cités (trois fois chacun). Ils sont toujours cités ensemble et comme ayant une position concordante non seulement entre eux, mais aussi avec Averroès et Aristote. Leur usage est important et témoigne d'une connaissance de ce corpus. Il faut toutefois noter que lorsqu'il cite Alexandre et Al Fârâbi, Dietrich donne un titre erroné de leur ouvrage : il parle en effet du *De Intellectu et intelligibili* d'Alexandre et de Fârâbi et non du *De Intellectu et intellecto* mélangeant ainsi ces ouvrages avec celui d'Albert le Grand.

Les « Péripatéticiens », expression héritée d'Albert le Grand qui en fait un usage très fréquent, sont utilisés par Dietrich pour renforcer l'autorité du texte aristotélicien et pour montrer, vraisemblablement, que l'interprétation qu'il propose n'est pas atypique ou isolée mais correspond à la version qui domine chez un ensemble conséquent d'exégètes.

A qui répond Dietrich dans ce traité ?

Le propos général de Dietrich semble essentiellement dirigé contre les « héritiers » de Thomas d'Aquin ou tout du moins contre ceux reprenant à leur compte sa doctrine.

La thèse centrale du traité théodoricien soutenant que la vision béatifique advient par l'intellect agent est en effet l'exact opposé de celle que l'on peut lire chez Thomas. On trouve chez cet auteur de nombreux textes sur les modalités de la vision béatifique, entre autres : IV *Sent.* d. 49 a. 2; *Somme théologique*, I, q. 12; *Quest. Disp. De V*er., q. VIII; *Somme contre les Gentils*, III, chapitres 49-53. On retrouve dans tous ces textes pourtant différents de par leurs objectifs ou leurs dates une doctrine assez similaire[1] que l'on peut grossièrement résumer comme suit[1] : L'intellect

1. Ce point est en effet souligné par l'article, très éclairant sur ce sujet, de J.-P. Torrell, « La vision de Dieu « per essentiam » selon Thomas d'Aquin », *View and Vision in the Middle Ages – Micrologus. Nature, Science and Medieval Soceties*, V, Florence, Edizioni SISMEL – Il Galluzzo, 1997, p. 43-68, repris dans J. P. Torrell, *Recherches thomasiennes*, Paris, Vrin, 2000, p. 177-197. Il affirme, en effet, p. 182 : « Saint Thomas a parlé en de nombreux endroits de ce sujet, car il y revient aussi bien pour la connaissance des bienheureux que pour celle des prophètes, du premier homme et des anges. (…) Pour autant que j'aie pu m'en rendre compte, il n'y a pas d'évolution sensible en passant d'une œuvre à l'autre, mais il arrive que les œuvres antérieures soient plus explicites que les œuvres plus tardives, de sorte qu'elles sont aussi plus éclairantes pour un premier contact. »

humain a besoin, pour intelliger, d'une espèce qui l'informe pour pouvoir penser. Dans le cas de la vision béatifique, cela pose problème car si cette vision consiste en la pensée, par l'intellect humain, de l'essence divine, il n'y a cependant pas d'espèce créée qui puisse valoir comme ressemblance de l'essence divine.

> Toutes les fois que l'intellect intellige quelque chose en acte, il importe qu'il soit informé par une similitude de ce qui est intelligé, cette similitude étant le principe de l'opération intellectuelle déterminée vers un objet précis, à la manière dont la chaleur est le principe du réchauffement. Si l'intellect intellige donc Dieu, il importe que ceci se produise par une certaine similitude qui informe l'intellect lui-même. Cela ne peut pas se produire ainsi avec l'essence divine puisqu'il faut que l'être de la forme et de ce qui est informé soit un; or l'essence divine diffère de notre intellect par l'essence et par l'être [2].

Parce qu'aucune espèce ne peut dans ce cas informer l'intellect humain, il faut alors penser que c'est l'essence divine elle-même qui sera l'objet de la vision béatifique (c'est-à-dire ce qui est vu dans cette vision) et le medium de la vision (c'est-à-dire ce par quoi la vision se produit et peut avoir lieu).

> Pour que l'essence divine soit vue, il faut donc que l'intellect voie par cette même essence divine de sorte qu'en cette vision, l'essence divine soit à la fois ce qui est vu (quod) et ce par quoi cela est vu (quo) [3].

Cependant, aucun intellect créé ne peut, de lui-même, atteindre cette vision de Dieu par Dieu. L'intellect créé est en effet trop faible pour parvenir à cela. Il faut donc qu'il soit renforcé pour parvenir à la vision de Dieu. L'intellect créé a alors besoin d'une aide divine «la lumière de gloire» qui vient disposer l'esprit créé et l'élève à la vision intellectuelle de Dieu.

1. Pour une lecture plus en détail de cette doctrine, on se reportera aux textes mentionnés, et aux articles suivants: E. Gilson «Sur la problématique thomiste de la vision béatifique», *Archives d'Histoire Littéraire et Doctrinale du Moyen Âge*, 31 (1964), p. 67-88; J.- P. Torrell, «La vision de Dieu «per essentiam» selon Thomas d'Aquin», *View and Vision in the Middle Ages – Micrologus ..., op. cit.*, p. 43-68, repris dans J.-P. Torrell, *Recherches thomasiennes*, *op. cit.*, p. 177-197; J.- B. Brenet, «Vision béatifique et séparation de l'intellect au début du XIVe siècle. Pour Averroès ou contre Thomas d'Aquin?», *Freiburger Zeitschrift für Philosophie und Theologie*, 53-1, 2006, p. 251-309 [tiré à part: Dragos Calma, Emanuele Coccia (dir.), *Les sectatores Averrois. Noétique et cosmologie aux XIIIe-XIVe siècle*], p. 310-342.

2. Thomas d'Aquin, *IV Sent*, d. 49, q. 2, a. 1, arg. 8, trad. A.S. Robin.

3. Thomas d'Aquin, *Somme contre les Gentils*, III, chap. 51, 2, trad. C. Michon, 1999, p. 189-190.

> Tout ce qui doit s'élever au-dessus de sa nature, a besoin d'y être disposé d'une disposition supérieure elle-même à cette nature (…). Or, quand un intellect créé voit Dieu par essence, l'essence même de Dieu devient la forme intelligible de l'intellect : il faut donc que quelque disposition surnaturelle s'y surajoute, pour qu'il s'élève à une telle sublimité. Comme dans la vertu naturelle de l'intellect créé ne suffit pas à voir l'essence divine, ainsi qu'on l'a montré, il est nécessaire que par la divine grâce, l'élu voie s'accroitre et se hausser sa puissance intellectuelle ; nous l'appelons une illumination de l'intellect, comme nous appelons l'intelligible même une lumière, une clarté spirituelle [1].

La solution thomasienne au problème de la vision béatifique consiste donc à soutenir que c'est par l'intermédiaire de la lumière de gloire que l'intellect humain peut parvenir à la vision par essence de Dieu puisque cette dernière permet à l'intellect de l'homme d'exercer son opération usuelle, mais portant cette fois sur un objet inusuel et auquel il ne peut avoir accès sans être fortifié par une disposition habituelle. Thomas d'Aquin n'est pas le premier à proposer cette réponse puisqu'il reprend une position déjà exprimée par Albert le Grand [2], mais il la développe et l'amplifie [3]. C'est cette position soutenue par Thomas dans la lignée d'Albert que Dietrich rejette dans la troisième partie de son traité.

On note aussi la récurrence, dans les textes thomasiens, de termes importants employés par Dietrich dans les thèses qu'il dénonce comme erronées : « *lumen gloriae* », « *elevare* », « *disponere* », « *confortare* » sont

1. Thomas d'Aquin, *Somme théologique* (dorénavant *S.T.*), I, q. 12, a. 5, resp., trad. A. M. Roguet, Paris, Cerf, 1984, p. 227. On peut aussi se reporter, pour une explication de cette solution du *lumen gloriae*, entre autres, à : *Somme contre les Gentils*, III, chap. 53, 6, trad. C. Michon, *op. cit.*, p. 196 : « On appelle « lumière de gloire » cette disposition par laquelle l'intellect créé est élevé à la vision intellectuelle de la substance divine : non parce qu'elle produit l'intelligible en acte comme la lumière de l'intellect agent, mais parce qu'elle rend l'intellect capable de penser en acte. » et *Questions disputées sur la Vérité*, q. 10, a. 11, res, trad. K. S. Ong-Van-Cung, 1998, p. 157 : « Par conséquent, il est nécessaire, si Dieu doit être vu par essence, qu'il ne le soit par aucune *species* crée, mais que son essence même devienne forme intelligible de l'intellect qui le voit, ce qui n'est pas possible si l'intellect créé n'est pas disposé à cela par la lumière de la gloire. Et ainsi, en voyant Dieu par essence, par disposition de la lumière infuse, l'esprit parvient au terme du cheminement, c'est-à-dire à la gloire et ainsi il n'est plus en cette vie. »

2. *Cf.* Albert le Grand, *Quaestio de visione Dei in patria*, ed. A. Vries, Münster, Aschendorff, 25, 2, 1993, p. 96-101.

3. *Cf.* J.-P. Torrell, « La vision de Dieu « per essentiam » selon Thomas d'Aquin », *View and Vision in the Middle Ages…*, *op. cit.*, p. 43-68, repris dans J. P. Torrell, *Recherches thomasiennes*, *op. cit.*, p. 177-197, plus particulièrement p. 187-188.

des concepts fondamentaux de la doctrine thomasienne sur la vision béatifique et en même temps sont des éléments essentiels de dénonciation de la part de Dietrich dans la troisième partie de son traité.

Il faut cependant aussi constater que la question telle qu'elle est posée chez Dietrich (par quel moyen advient la vision béatifique en l'homme) n'est jamais formulée à l'identique chez Thomas. De même, aucune présence littérale des textes thomasiens, ou même de ses arguments dans ses réflexions sur la vision béatifique ne se retrouvent tels quels dans l'ouvrage théodoricien.

L'interrogation soulevée par Dietrich évoquerait plutôt les questions formulées dans les exercices universitaires et les arguments dont il use semblent faire écho à des disputes scolaires. Il semblerait que l'on puisse plutôt dire que Dietrich rebondit sur cette pratique universitaire et sur les échos qu'a trouvés la doctrine thomasienne dans ce milieu. Les textes d'un « disciple » de Thomas d'Aquin peuvent déjà fournir un appareil de réflexion et de concepts plus semblable à celui qui sert de base au texte théodoricien. Bernard de Trilia[1], par exemple, dans ses *Questions disputées sur l'âme séparée*[2], et plus précisément dans les questions VI et VII, est une illustration de l'approfondissement du questionnement thomasien sur la vision béatifique. Il réutilise la doctrine de Thomas selon laquelle l'intellect créé a besoin, pour voir Dieu par essence, d'être élevé par la lumière de gloire et d'être ainsi disposé à cette vision surnaturelle[3], tout en mentionnant à son tour les termes que l'on jugeait essentiels dans la réfutation de Dietrich[4]. Il prolonge toutefois la position thomasienne en

1. Bernard de Trilia : dominicain français, 1240-1292. *Cf.* pour cet auteur, T. Kaeppelli, *Scriptores Ordinis Praedicatorum Medii Aevi*, vol. 1, Rome, Istituto Storico domenicano, 1970, p. 234-237.

2. Bernard de Trilia, *Quaestiones disputatae de cognitione animae separatate*, éd. P. Künzle, Berne, Francke, 1969.

3. Bernard de Trilia, *Quaestiones disputatae de cognitione animae separatate*, éd. P. Künzle, Berne, Francke, 1969, q. VI, p. 178 : *Intellectus autem humanus non est ex ipsa sua natura in ultima dispositione existens respectu formae intelligibilis (…). Quare ad hoc, quod essentia divina uniatur ut forma intelligibilis intellectui creato, requiritur necessario quod intellectus per aliquam dispositionem naturae suae superadditam ad hoc elevetur. Dispositio autem perficiens intellectum possibilem ad actum intelligendi non potest intelligi nisi duplex, quia vel species intelligibilis visionem determinans, vel lumen intellectuale potentiam visivam confortans et coadiuvans. (…), ista dispositio qua intellectus creatus elevatur ad videndum Deum per essentiam, sit lumen aliquod spirituale, non quidem lumen aenigmaticum, quale est lumen fidei, sed potius lumen clarum et limpidum, quod succedit ei, quod est lumen gloriae. (…). Unde lumen gloriae in visione Dei per essentiam non se habet in ratione medii repraesentantis, sed potius solum in ratione medii disponentis et confortantis.*

4. *Cf.* termes donnés ci-dessus.

précisant, par exemple, que c'est dans l'intellect possible qu'agit la lumière de gloire. La proximité lexicale et conceptuelle avec la position rejetée dans le traité théodoricien peut être une preuve de cette réponse de Dietrich aux disciples de Thomas ou tout du moins à des maîtres enseignant la doctrine de Thomas ou s'appuyant sur elle pour fonder leur propre thèse.

Le problème tel qu'il est formulé par Dietrich, comme on l'a évoqué, se rapproche aussi de questions universitaires disputées à Paris.

Chez Gilles de Rome, par exemple, plusieurs de ses questions quodlibétales ont, comme on l'a vu, des formulations proches de certaines posées par Dietrich dans le *Traité de la Vision béatifique*. La question 14 de son troisième *Quodlibet* demande en effet « si l'intellect peut intelliger l'essence divine à l'aide d'une espèce »[1]. Gilles répond que l'intellect humain, lorsqu'il intellige Dieu, y parvient grâce à l'essence divine qui cause elle-même l'intellection parce que la lumière de gloire aura avant disposé et élevé l'intellect humain à recevoir cette intellection hors norme[2]. Ce n'est que par cet auxiliaire, que représente le *lumen gloriae*, que l'intellect humain pourra parvenir à cette intellection, en étant « élevé » et « disposé » à cet acte. On retrouve donc une position telle que celle dénoncée par Dietrich, dans la troisième partie de son traité, proche de celle de Thomas d'Aquin mais soutenue dans le cadre de l'Université parisienne.

Godefroid de Fontaines, dans son VIIIe *Quodlibet* disputé à Paris en 1292-1293 se demande, lui aussi, dans la neuvième question si l'intellect agent exerce une opération dans la vision de Dieu par essence[3],

1. Gilles de Rome, *Quodlibeta*, III, q. 14, revisa, correcta, et varie illvstrata stvdio Petri Damasi de Coninck, Louvain, Typis H. Nempaei, 1646, p. 171-175.

2. Gilles de Rome, *Quodlibeta*, III, q. 14, revisa, correcta, et varie illvstrata stvdio Petri Damasi de Coninck, Louvain, Typis H. Nempaei, 1646, p. 174 A : *Si ergo per speciem velimus intelligere ipsam intellectionem, cum divina essentia hoc modo intelligatur ab intellectu creato (quia existens praesens ibi intellectui causat intellectionem suiipsius) eo quod intellectio non sit ipsa divina essentia, intelligitur per speciem; quia intelligitur per ipsam intellectionem. Sed si per speciem velimus intelligere aliquid aliud ab intellectione, ut, id quod intellectionem causat : tunc divina essentia non intelligitur per speciem aliam : quia ipsa per seipsam causat intellectionem sui ipsius in intellectu.*

Hoc quidem modo imaginabimur divinam essentiam hoc facere, nam ipsa semper est praesens intellectui. Attamen intellectus non semper est dispositus, ut possit suscipere intellectionem ejus : quia lumen naturale non habilitat, nec disponit intellectum sufficienter ad hoc, nec etiam lumen fidei sed adveniente lumine gloriae intellectus elevabitur et disponetur, ut possit recipere intellectionem essentiae divinae.

3. Godefroid de Fontaines, *Quodlibets*, VIII, q. 9, *Le huitième Quodlibet de Godefroid de Fontaines* (*Texte inédit*), J. Hoffmans (éd.), Louvain, Institut supérieur de philosophie de l'université, (Les philosophes belges; textes et études 4, fasc. 1), 1924 : « Utrum intellectus agens habeat operationem in aperta visione essentiae divinae. »

interrogation semblable à celle soulevée par Dietrich dans son *De Visione beatifica*. Cette question est encadrée par deux autres aux thèmes proches ceux de Dietrich : la question huit se demande en effet si l'intellect agent appartient à l'image de Dieu en l'homme ou s'il n'est qu'une partie de la mémoire qui est elle-même image de Dieu et la question dix si l'intellect agent exerce une opération sur les images. Les réponses apportées par Godefroid de Fontaines sont souvent à l'opposé de celles proposées par Dietrich et tombent souvent en partie sous le coup des dénonciations de ce dernier, sans toutefois y correspondre littéralement. Elles montrent surtout un usage d'autorités très semblables à celles dont use Dietrich. L'essentiel des réponses s'appuient en effet sur le livre XIV de *La Trinité* d'Augustin, sur le livre III du *Traité de l'Âme* d'Aristote et sur le *Commentaire du livre III du Traité de l'Âme d'Aristote* par Averroès, sources majeures de Dietrich, comme on l'a précédemment vu, témoignant ainsi de lectures communes et d'un cadre de références proche.

Enfin Henri de Gand aborde dans son enseignement parisien des interrogations proches de celle de Dietrich. C'est peut-être avec cet auteur, bien que l'on ne trouve aucune concordance littérale entre leurs textes, que les similitudes sont les plus frappantes, non pas du point de vue des réponses adoptées, mais du point de vue, entre autres, des questions formulées et des autorités utilisées.

Henri se demande en effet dans ses différents *Quodlibets* si « l'intellect agent intellige » (*Quodlibet* VIII, q. 12[1]), s'« il y a en nous un intelliger secret » (*Quodlibet* IX, q. 15[2]), si « dans l'homme l'intellect agent fait partie de l'image » (*Quodlibet* XIII, q. 8[3]). Il utilise des autorités proches puisqu'il traite ces interrogations à l'aide de *La Trinité* d'Augustin, à l'aide du troisième livre du *Traité de l'Âme* d'Aristote et de son commentaire par Averroès. Il donne de plus une interprétation relativement semblable de ces autorités. Ceci est particulièrement vrai pour Augustin et la notion, augustinienne, d'*abditum mentis*. Dans la question 15 de son *Quodlibet* IX, Henri de Gand reprend la notion augustinienne d'*abditum mentis*. Il explique que c'est précisément dans ce fond secret de l'âme que se trouve en l'homme la trinité constitutive de l'âme : mémoire, connaissance et amour. Fidèle à la doctrine de l'évêque d'Hippone, il souligne, comme le fait aussi Dietrich en s'opposant à une interprétation que l'on retrouve chez

1. Henri de Gand, *Quodlibeta*, Paris, venundatur ab J. Badio Ascensio, 1518.

2. Henri de Gand, *Quodlibet IX*, R. Macken (éd.), Leuven, University Press (Ancient and medieval Philosophy, Series 2, Henrici de Gandavo opera omnia 13), 1983.

3. Henri de Gand, *Quodlibet* XIII, J. Decorte (éd.), Leuven, University Press (Ancient and medieval Philosophy, Series 2, Henrici de Gandavo opera omnia 18), 1985.

Thomas d'Aquin, que cette trinité est toujours en acte, et qu'elle n'existe pas en tant qu'habitus [1]. La première partie de cette question n'est d'ailleurs pas sans évoquer la réflexion théodoricienne élaborée dans le début de la première partie du *Traité de la Vision béatifique* sur la trinité dans l'âme.

Enfin, Henri de Gand développe des thèses à l'orientation relativement semblable à celle de Dietrich. C'est en effet le cas sur le problème du *lumen gloriae*. Ils le rejettent tous les deux, le jugeant redondant dans le processus de vision béatifique. Dans la question 13 de son *Quodlibet* IX, Henri affirme que lors de la vision bienheureuse, l'intellect n'aura pas besoin d'un nouvel habitus (la lumière de gloire) pour voir Dieu car il utilisera l'habitus de sagesse (*habitus sapientiae*) qu'il possède déjà dans cette vie, ce dernier étant porté à sa perfection lors de la vision béatifique. Il y a donc une continuité dans le processus de connaissance humaine, que cette connaissance ait lieu de manière naturelle ou supranaturelle. Affirmer au contraire que l'on a besoin d'un nouvel habitus créé dans la vision béatifique présume que la condition de l'âme, dans la vie future, sera radicalement différente de sa condition présente.

On a vu que Dietrich rejetait, lui aussi, la nécessité de la lumière de gloire lors de la vision béatifique et prônait au contraire une continuité du processus de connaissance humaine, y compris dans la connaissance surnaturelle. La question n'est pas soulevée dans le même cadre chez Henri et Dietrich (elle est soulevée dans une réflexion noétique sur l'intellect agent chez Dietrich et dans une discussion sur l'identité entre la grâce et la gloire chez Henri) ni traitée de la même manière, mais on peut tout de même voir un parallélisme intéressant entre leur deux positions.

On peut encore rajouter, dans les personnages avec lesquels discuterait Dietrich, Matthieu d'Aquasparta. Ce franciscain est en effet cité littéralement et réfuté par Dietrich dans la première partie du traité [2]. Cette discussion porte sur l'interprétation d'un adage provenant à la fois d'un chapitre du *Super Genesim* d'Augustin et du *De Anima* d'Aristote et soutenant que « l'agent est plus noble que le patient ». Dietrich rejette en effet l'interprétation de cette sentence comme affirmant que la noblesse de l'agent est inhérente à son action, non à son être, c'est-à-dire que ce ne serait qu'en agissant que l'agent serait plus noble que le patient. La compréhension de l'adage de cette sorte se trouve en effet dans la sixième des *Questions disputées sur l'âme séparée* du franciscain, en des termes relativement semblables à ceux employés par Dietrich. Thomas d'Aquin

1. Cf. *De vis.*, 1.1. 2.4. (1), p. 104-107.
2. Cf. *De vis.*, 1.1. 2.2. (2), p. 100.

soutenait lui aussi une position proche, mais dans des termes différents de ceux évoqués par Dietrich qui rappellent plutôt les termes de Matthieu, maître en théologie à Paris en 1276, c'est-à-dire au moment où Dietrich fait ses études dans la même ville. Il faut surtout noter que si Thomas d'Aquin utilisait cet adage, il n'en proposait toutefois pas une interprétation aussi nette que celle donnée par Matthieu d'Aquasparta dans sa question. Cette « possible » présence d'un texte parisien du maître franciscain dans le traité théodoricien invite ainsi à approfondir l'examen des influences parisiennes chez Dietrich.

Toutes ces influences, directes ou indirectes, des Maîtres parisiens que l'on peut retrouver chez Dietrich invitent, comme on l'avait mentionné plus haut, à situer peut-être le *Traité de la Vision béatifique* dans un contexte universitaire parisien et à lui attribuer une chronologie relativement précoce (aux environs de 1297).

Cette possible discussion que l'on peut trouver avec ces auteurs incite peut-être aussi à tempérer l'« antithomisme »[1] de Dietrich de Freiberg et à y voir une critique plus large de la réception de la philosophie thomasienne, à Paris, qu'une attaque *ad hominem* envers Thomas.

Ce à quoi Dietrich s'opposerait serait ainsi moins la doctrine thomasienne telle qu'elle est exposée par Thomas d'Aquin, dans la mesure où aucune citation littérale de son texte ne puisse être identifiée dans *Le Traité de la Vision béatifique*, que la reprise de cette doctrine, dans des formulations plus scolaires, plus élaborées lexicalement et conceptuellement, comme on l'a montré, chez des Maîtres postérieurs ou contemporains de Thomas d'Aquin.

LES APPORTS PHILOSOPHIQUES DU *DE VISIONE BEATIFICA*

Le *De Visione* propose une réinterprétation de différentes questions philosophiques relativement novatrice. La théorie de l'intellect humain

1. Dietrich de Freiberg est en effet un auteur à qui le qualificatif d'antithomiste a été appliqué de manière récurrente. *Cf.* à ce sujet : R. Imbach, « L'antithomisme de Thierry de Freiberg », *Revue Thomiste* 97 (1997), p. 245-258 ; « *Gravis iactua verae doctrinae.* Prolegomena zu einer Interpretation der Schrift *De Ente et essentia* Dietrichs von Freiberg O.P. », *Freiburger Zeitschrift für Philosophie und Theologie* 26 (1979), p. 369-425, repris dans *Quodlibeta, Articles choisis*, Freiburg (Schweiz), Universitätsverlag, 1996, p. 153-207 ; C. König-Pralong, « Dietrich de Freiberg : métaphysicien allemand antithomiste », *Revue Thomiste*, 108 (2008), p. 57-79 ; A.-S. Robin, « L'antithomisme de Dietrich de Freiberg dans le *De visione beatifica* », *Recherches sur Dietrich de Freiberg*, J. Biard, D. Calma et R. Imbach (éds.), Turnhout, Brepols, 2009, p. 165-191.

théodoricienne paraît en effet inédite et certains de ses arguments principaux, comme ceux permettant de soutenir que l'intellect agent est image de Dieu, sont aussi surprenants par leur nouveauté.

Outre certaines inventions radicales, Dietrich se distingue aussi par ses relectures originales des textes de l'Antiquité et en propose des interprétations différentes aux conséquences philosophiques importantes.

Une nouvelle anthropologie

Le propos de Dietrich, dans son *Traité sur la Vision béatifique*, est l'étude de l'intellect – agent et possible – dans sa nature en tant que tel, et non véritablement de manière incarnée, tel qu'il est en l'homme, c'est-à-dire dans un être composé d'un corps et d'une âme.

On peut toutefois, semble-t-il, parler d'une nouvelle anthropologie formulée par Dietrich en ce que sa recherche porte sur le bonheur le plus élevé pour l'homme et que c'est donc de l'intellect humain qu'il parle mais aussi dans la mesure où la dimension incarnée de l'homme semble ne pas intéresser Dietrich dans ce traité.

Une nouvelle conception cosmologique de l'homme

Le cadre cosmologique théodoricien est, comme on l'a vu dans le Préambule du traité, influencé par le néo-platonisme, plus particulièrement par celui de Denys, de Proclus et par le *Liber de Causis*. Ceci le conduit à avoir une conception hiérarchique de l'univers : il est constitué de trois niveaux hiérarchisés qui sont cependant tous en lien les uns avec les autres et communiquent entre eux dans la mesure où cette tripartition est dynamique [1]. Dans cette division, l'intellect agent est situé immédiatement après Dieu. Il communique donc avec lui, comme tous les étants de cet univers, mais d'une manière particulière puisque cette communication se fait immédiatement, sans intermédiaire, contrairement aux étants qui, situés plus bas dans la hiérarchie, ont une communication avec les étants supérieurs médiatisée par les intermédiaires. Cette relation à Dieu se fait selon le schéma de l'émanation : les étants procèdent de Dieu puis reviennent à lui par conversion, tout ce processus se déroulant sur un mode intellectuel.

Dans ce schéma, l'homme se trouve donc avoir une communication directe avec Dieu grâce à son intellect agent qui procède immédiatement de Dieu. L'émanation de ce dernier est en effet la plus élevée que puisse avoir une créature, elle est décrite comme « la plus haute et la plus noble » [2]

1. Cf. *De vis.*, *prooemium*, p. 66-69.
2. Cf. *De vis.* 1.2. 1.1. 7. (2), p. 156.

puisque tandis que les autres créatures retournent à Dieu par leur raison ou leur idée, l'intellect agent retourne à lui par l'intellection de son essence. L'intellect agent acquiert donc dans la cosmologie une nouvelle situation : il n'est plus éloigné de Dieu par d'autres intelligences, comme dans la cosmologie avicennienne par exemple, mais il est le premier degré de créature.

Cette conception cosmologique, et en même temps ontologique, permet ainsi à Dietrich de réduire à son minimum la distance existant entre l'homme et Dieu. On peut donc parler d'un nouveau statut ontologique acquis par l'homme, puisque l'homme n'est plus séparé de Dieu par des intermédiaires (il procède immédiatement de lui), et qui plus est, est dans une relation plus intime car c'est le « fond secret de son âme », c'est-à-dire la partie la plus intérieure de sa faculté intellective, qui provient de Dieu[1].

Cette intimité et intériorité dans la relation de l'homme, par son intellect agent, à Dieu est aussi renforcée par la nouvelle conception de l'image proposée par Dietrich[2]. L'image est en effet désormais définie comme une consubstantialité entre le modèle et son image[3]. C'est donc une idée de dépendance ontologique qui est au cœur de cette notion, et plus seulement de conformité d'apparence. C'est la présence du modèle dans son image qui est au cœur de l'image et qui permet de la différencier de la ressemblance. Cette redéfinition originale du terme très usuel d'image permet à Dietrich d'insérer et d'approfondir dans la cosmologie néoplatonicienne

1. *Cf.* K. Flasch, *Dietrich von Freiberg, Philosophie, Theologie und Naturforschung um 1300*, Francfort, Klostermann, 2007, p. 218 : « Dietrich sah die Möglichkeit, duch strengeres Philosophieren ein intimeres Verhältnis von Intellekt und Gott theoretisch zu begründen. »

2. Sur la notion d'image chez Dietrich, on se reportera à O. Boulnois, *Au-delà de l'image. Une archéologie du visuel au Moyen Âge, V-XVIe siècle*, Paris, Le Seuil, 2008, K. Flasch, « Procedere ut imago : das Hervorgehen des Intellekts aus seinem gottlichen Grund bei Meister Dietrich, Meister Eckhart und Berthold von Moosburg », *Abendländische Mystik im Mittelalter*, Suttgart, Metzler, 1986, p. 125-134 et Id., « Converti ut imago – Rückkehr als Bild : Eine Studie zur Theorie des Intellekts bei Dietrich von Freiberg und Meister Eckhart », *Freiburger Zeitschrift für Philosophie und Theologie*, XLV, (1998), p. 130-150.

3. *Cf.* Dietrich de Freiberg, *Traité de la vis.*, 1.2. 1.1. 6 (6), p. 155-157 : « Il faut donc dire (...) que pour avoir la détermination complète et la plus appropriée de l'image dans les choses créées, il faut que l'image de ce qui est image soit quelque chose de représentatif selon la nature ou selon son essence (...), de plus, [il faut] que l'image soit quelque chose d'exprimé à partir de ce qui est devenu image ; de plus, [il faut] que l'image soit quelque chose d'exprimé selon la raison de la nature ou de l'essence de celui dont est l'image, (...) de plus, [il faut] qu'en exprimant par soi son image, elle soit quelque chose d'expressif d'elle-même dans l'autre et qu'elle soit aussi quelque chose en [ce qui est représenté] par son essence propre et que cela même soit dans son image, mais selon un autre être parce qu'être dans son image est être soi-même dans un autre (...). »

l'argument, d'origine scripturaire, de l'homme fait à l'image de Dieu. L'intellect agent est en effet ce qui rapproche l'homme de Dieu.

Par sa nouvelle théorie de l'homme, Dietrich lui donne un nouveau statut cosmologique et ainsi ontologique (puisque ce dernier est déterminé par la place occupée dans l'univers). L'homme, grâce à son intellect agent, peut être au plus près de Dieu car il possède en lui quelque chose qui émane directement de Dieu. Cette origine va aussi lui fournir des opérations intellectuelles importantes.

L'intellect agent, chez Dietrich, se trouve en effet doté de qualités dont l'attribution à une faculté humaine peut surprendre, puisqu'elles sont généralement le propre de l'être divin.

Dans le premier chapitre de la première partie de son traité, Dietrich donne en effet plusieurs qualités à l'intellect humain : intelliger toujours en acte[1], s'intelliger lui-même par son essence[2], être un paradigme et une ressemblance de l'étant[3], et enfin intelliger les autres choses de la même manière qu'il s'intellige lui-même, c'est-à-dire par son essence[4]. Ces qualités sont, généralement, utilisées par la tradition philosophique médiévale pour décrire l'intellect divin car elles représentent l'activité noétique la plus parfaite qui puisse exister. Si Dietrich, de manière unique, les accorde à l'intellect agent humain pensé comme individuel, c'est en raison de sa théorie de l'image exposée précédemment. En émanant immédiatement de Dieu en une expression immédiate et parfaite, l'intellect agent devra alors posséder les qualités divines, ce qui peut justifier l'attribution à l'intellect agent de ces propriétés inhabituelles chez l'homme.

Cette conception, fondée sur un tel mélange d'autorités, est novatrice. Elle peut sembler reprendre certains aspects d'autres théories noétiques contemporaines, mais elle développe en fait une thèse originale. La théorie théodoricienne est en effet à différencier des doctrines franciscaines du double intellect agent[5]. Il n'y a pas chez Dietrich d'assimilation entre Dieu

1. Cf. *De vis.* 1.1.2, p. 96-107.
2. Cf. *De vis.* 1.1.3, p. 106-115.
3. Cf. *De vis.* 1.1.4, p. 114-121.
4. Cf. *De vis.* 1.1.5, p. 120-121.
5. Cette théorie, développée essentiellement chez les franciscains du XIIIe siècle, soutient que l'intellect agent est double : il désigne à la fois une partie de l'âme humaine et Dieu en tant qu'il éclaire cette partie de l'âme humaine. Les représentants majeurs en sont Roger Marston (*Questiones disputatae de anima*, q. III, Ad Claras Aquas, ex typ. Collegii S. Bonaventurae, 1932, p. 259), Jean Peckham (*Quaestiones tractantes de anima*, éd. H. Spettmann, Münster, Aschendorff, 1918, p. 61, 65 et 68), et dans une certaine mesure Gonsalve d'Espagne (*cf.* B. Martel, *La psychologie de Gonsalve d'Espagne*, Montréal : Institut d'études médiévales; Paris, Vrin, 1968, p. 110-118). Pour ces auteurs, le terme

et l'intellect agent : l'intellect agent n'est pas Dieu, il procède de lui. Il en est dépendant ontologiquement mais il en reste tout de même séparé. Ce n'est pas par l'activité divine qu'il acquiert son titre d'agent, mais c'est parce qu'il émane de Dieu qu'il est agent.

Il faut de même avoir en tête, que tout en étant une substance et en possédant des qualités noétiques divines, l'intellect agent existe de manière individuelle en chaque homme, contrairement aux théories noétiques telles que celles des Péripatéticiens mentionnés par Dietrich. Cet intellect agent est l'intellect humain et même s'il a des capacités élevées, il est en l'homme[1].

L'homme, substance pensante

Une des nouveautés du *Traité de la Vision béatifique* est une de ses thèses initiales soutenant que l'intellect agent est substance. On peut parler de nouveauté par rapport à la position par exemple thomasienne, qui définissait l'intellect agent comme une faculté de l'âme et non comme une substance à part entière[2], mais aussi par rapport à la position gréco-arabe qui qualifiait l'intellect agent comme une substance, mais en faisait une substance séparée du corps humain.

Dietrich affirme non seulement que l'intellect agent est une substance, mais aussi, comme on l'a déjà souligné, qu'il est une substance individuelle, c'est-à-dire qu'il est chaque homme. Soutenir que l'intellect agent est une substance, c'est ainsi faire de l'intellectualité la forme essentielle de l'homme. L'homme est une substance pensante, c'est-à-dire qu'il possède en lui de manière essentielle et non accidentelle la capacité de penser. Intelliger fait partie de son essence, ce n'est pas une activité qui s'ajouterait à sa nature de manière accidentelle.

Substantifier ainsi l'intellect agent, c'est rendre l'homme sujet de sa pensée, non seulement parce que l'intellectualité fait partie de sa substance

d'intellect agent désigne une partie de l'âme humaine, mais ce n'est que lorsqu'il est attribué à Dieu qu'il est employé dans son sens propre. *Cf.* E. Gilson, *Pourquoi saint Thomas a critiqué saint Augustin*, *AHDLMA*, I (1926-1927), p. 5-27, Paris, Vrin, 1981, p. 85 *sq*.

1. *Cf.* l'insistance de K. Flasch sur ce point : K. Flasch, *Dietrich von Freiberg, Philosophie, Theologie und Naturforschung um 1300*, Francfort, Klostermann, 2007, p. 221-222.

2. *Cf.* Thomas d'Aquin, *S.T.*, I, q. 79, a. 1, resp, ed. Leon, t. IV, 1888, p. 258 : « Intellectus sit aliqua potentia animae, et non ipsa animae essentia. Tunc enim solum immediatum principium operationis est ipsa essentia rei operantis, quando ipsa operatio est eius esse, sicut enim potentia se habet ad operationem ut ad suum actum, ita se habet essentia ad esse. In solo Deo autem idem est intelligere quod suum esse. Unde in solo Deo intellectus est eius essentia, in aliis autem creaturis intellectualibus intellectus est quaedam potentia intelligentis. »

individuelle, mais aussi parce qu'il en est le principe et l'agent : il ne dépend que de lui d'intelliger, il n'a pas besoin d'être mis en mouvement pour penser et cette pensée n'a que lui comme support[1].

Une nouvelle ontologie

Le *De visione beatifica* propose, outre une réflexion renouvelée sur la noétique comme on l'a évoqué précédemment, une certaine redéfinition de l'ontologie traditionnelle. Cette redéfinition est consécutive à ses nouvelles positions noétiques : ayant revu la nature de l'intellect agent et son positionnement cosmologique, Dietrich est amené à mettre au point une ontologie donnant toute sa part aux étants intellectuels en parallèle avec les étants de la nature.

La troisième partie du *De Visione beatifica* propose en effet, au cours de sa réflexion sur le rôle de l'intellect agent dans la vision béatifique, une digression sur les étants, permettant de justifier que seul l'intellect agent qui est un intellect par essence soit en mesure d'intelliger l'essence divine. Dietrich élabore ainsi une théorie où à chaque faculté intellectuelle correspond un certain type d'étant intelligible pour cette faculté. Pour justifier une telle thèse, il expose donc ses principes ontologiques fondamentaux. Il prend pour point de départ un texte d'Averroès soutenant que les étants se divisent en deux catégories : les étants dans l'intellect et les étants hors de l'intellect[2], et redéfinit cette distinction comme séparant les étants de la nature et les étants conceptionnels[3]. La nouveauté ontologique

1. Sur ces thèmes de la « substance pensante », on se rapportera aux ouvrages de A. de Libera, *Archéologie du sujet*, t. 1 *Naissance du sujet*, Paris, Vrin, 2007, et t. 2 *La quête du sujet*, Paris, Vrin, 2008.

2. Averroès, *In Aristotelis Metaph.* V, t. Comm. 14 ; ed. R. Ponzalli, *Averrois in Librum V Metaphysicorum Aristotelis Commentarius*, Berne, Francke, 1971, p. 133, l. 123-125 : *Et intendebat distinguere inter hoc nomen ens quod significat copulationem in intellectu et quod significat essentiam quae est extra intellectum.*

3. Dietrich de Freiberg, *De vis.*, 3.2. 9.1. (6), p. 270 : *Dividitur autem ens uno modo in ens reale repertum apud naturam, scilicet in substantiam et alia novem genera praedicamentorum, et in ens in anima seu conceptionale, secundum quod dicit Commentator Super V Metaphysicae.*

Cf. aussi B. Mojsisch, « Sein als Bewußt – Sein. Die Bedeutung des ens conceptionale bei Dietrich von Freiberg », *Von Meister Dietrich zu Meister Eckhart*, hrsg. von K. Flasch, (Beihefte zum Corpus Philosophorum Teutonicorum Medii Aevi, Beih. 2), Hambourg, F. Meiner, 1984, p. 95-105 et Id., « Die Theorie des Bewußtseins (ens conceptionale) bei Dietrich von Freiberg. Aristoteles-Rezeption und Aristoteles- Transformation im 13. Jhdt », *Per perscrutationem philosophicam. Neue Perspektiven der mittelalterlichen Forschung. Loris Sturlese zum 60. Geburtstag gewidmet*, hrsg. von A. Beccarisi, R. Imbach, P. Porro,

de Dietrich ne va pas être d'utiliser cette division, courante au XIIIe siècle, mais de montrer que la division se réalise entre deux catégories d'étants aussi importants et riches. Il développe ainsi dans ses pages une réflexion visant à établir que les étants dans l'intellect ne se réduisent pas à des étants de raison tous de même nature, mais qu'ils sont aussi riches et diversifiés que les étants de la nature puisqu'ils leur sont parallèles. L'étant, que Dietrich appelle selon un néologisme qu'il a lui-même créé, conceptionnel est en effet proportionné à l'étant de nature non seulement selon sa généralité, mais aussi selon ses différents modes[1]. C'est cela que Dietrich met à jour : il montre que l'étant intellectuel reçoit les mêmes divisions que les étants de la nature (essence, substance, qualités virtuelles, qualités accidentelles)[2], que ces étants ont quatre types d'opérations relatifs à leur essence et que leur essence détermine ainsi leur objet de connaissance[3].

Cette étude, dans la lignée des thèses avancées dans le premier traité théodoricien *De Origine rerum praedicamentalium*, va toutefois plus loin que le précédent opus en mettant à jour toute la complexité des étants conceptionnels et en développant une terminologie nouvelle[4].

Le *Traité de la Vision béatifique* propose donc une approche originale de problèmes philosophiques importants et témoigne d'une réflexion incise sur des notions qui seront développées amplement dans les siècles postérieurs[5].

(Corpus Philosophorum Teutonicorum Medii Aevi, Beiheft 4), Hambourg, Meiner, 2008, p. 142-155.

1. Dietrich de Freiberg, *Traité de la vis.*, 3.2. 9.6. (2), p. 294 : *Ubi primo notandum, quod ens conceptionale in sua generalitate, id est secundum quod comprehendit omnes modos apprehendi seu cognoscendi, quibus res est aliquo modo in cognitione, proportionatur enti secundum naturam reali dupliciter. …*

2. *De vis.*, 3.2. 9.6, (5), p. 296-299.

3. *De vis.*, 3.2. 9.7, p. 298-303.

4. Dietrich utilise en effet le terme de « ens conceptionale » qui n'était pas usité dans le *De Origine* et ne reprend pas la division importante du traité précédent entre « être de première intention » et « être de seconde intention ».

5. Les premiers écrits de K. Flasch sur Dietrich, revus et « amoindris » par la suite, mettaient en effet en avant les parallélismes entre la noétique théodoricienne et son développement dans l'idéalisme allemand. *Cf.* à titre d'exemple, K. Flasch, « Kennt die mittelalterliche Philosophie die konstitutive funktion des menschlichen Denkens ? Eine Untersuchung zu Dietrich von Freiberg », *Kant-Studien* 63 (1972), p. 182-206.

LA POSTÉRITÉ DU *DE VISIONE*

La personne de Dietrich de Freiberg est mentionnée dans divers textes en langue vulgaire[1]. De nombreux poèmes soulignent les talents de «*meister diderich*». C'est surtout sur sa prédication, dont nous ne possédons par ailleurs aucune trace que nous renseignent ces textes, aucun n'évoque véritablement son enseignement.

Le *Traité de la Vision béatifique* a connu, tout du moins dans son immédiate postérité, une réception relativement houleuse, essentiellement dans son environnement allemand, signe de nouveauté et d'originalité.

Le Concile de Vienne

Placer le concile de Vienne dans la postérité du *De Visione beatifica* peut paraître présomptueux. L'ouvrage n'est, évidemment, jamais mentionné, mais il semble intéressant de rappeler les arguments de l'une des condamnations qui y fut prononcée car ils ne sont pas sans évoquer les thèses majeures du traité théodoricien.

La constitution «*Ad nostrum qui*», dirigée essentiellement contre les bégards, stipule en effet dans son cinquième article que doit être condamnée la thèse soutenant que l'intellect ne nécessite pas de lumière de gloire qui l'élève à la vision de Dieu et qu'il peut jouir de celle-ci par ses propres capacités naturelles[2]. Deux thèses, que l'on semble pouvoir retrouver chez Dietrich, sont donc déclarées non-conformes: celle soutenant que la vision béatifique ne surpasse pas toutes les forces de la nature, mais qu'elle n'est qu'un accomplissement total et parfait des facultés humaines et celle, découlant de la première, que l'intervention divine par la lumière de gloire permettant à l'intellect humain d'être en mesure de voir Dieu par essence est donc inutile si la vision béatifique n'est que le couronnement de la connaissance humaine.

1. Sur ces sources, on consultera avec profit: L. Sturlese, «Alle origini della mistica speculativa tedesca. Antichi testi su Teodorico di Freiberg.», *Medioevo*, 3 (1977), p. 21-87; K. Ruh, *Geschichte der abendländischen Mystik, t. III «Die Mystik des deutschen Predigerordens und ihre Grundlegung durch die Hochscholastik*, Münich, C.H. Beck, 1996, p. 184-212; N. Largier «*Intellectus in Deum ascensus.* Intellekttheoretische Auseinandersetzungen in Texten der deutschen Mystik.», *Deutsche Vierteljahrs Schrift für Literaturwissenschaft und Geistesgeschichte*, 69 (1995), p. 421-471.

2. *Cf.* H. Denziger, *Enchiridion Symbolorum*, 895 (5), Paris, Cerf, 1996 p. 388: *Quod quaelibet intellectualis natura in se ipsa naturaliter est beata, quodque anima non indiget lumine gloriae, ipsam elevante ad Deum videndum et eo beate fruendum*.

Rien ne spécifie que Dietrich ou son ouvrage aient été directement visés par cette condamnation, mais on peut y voir tout de même une proximité surprenante.

Eckhart de Gründig

Le traité de l'intellect agent et possible de Eckhart de Gründig est un des rares traités se revendiquant des positions théodoriciennes sur ce thème[1]. Ce texte, vraisemblablement rédigé entre 1302 et 1323, c'est-à-dire datant de la première réception de Dietrich, cite non seulement Dietrich de Freiberg et Eckhart, mais défend de plus les thèses théodoriciennes sur l'intellect agent et la vision béatifique, en les opposant à celles de Thomas d'Aquin. Dietrich est en effet présenté comme étant le seul à offrir une doctrine qui permette de penser une béatitude humaine à la fois intellectuelle et individuelle.

L'origine du questionnement de cet auteur est la *S.T.* I, q. 12 a. 2 et 4 de Thomas d'Aquin affirmant que l'intellect créé n'est pas capable, par ses forces naturelles, de voir l'essence de Dieu et qu'il doit, pour y parvenir, être soutenu par la lumière de gloire, c'est-à-dire un don de grâce permettant d'élever l'intellect agent. Eckart de Gründig part de cette position, mais pour s'en distancier immédiatement. Il indique, en effet, que deux auteurs ont proposé des doctrines alternatives à celle de l'Aquinate et après les avoir exposées brièvement, il affirme que celle de Dietrich lui convient mieux car elle est pour lui la seule solution permettant de combiner les différentes implications (éthiques et noétiques) de la question. Eckhart de Gründig reprend ainsi à son compte les positions de Dietrich mais il va même plus loin que ce dernier en tirant des conséquences de sa doctrine, en

1. Ce texte a été originellement publié par W. Preger en 1871 dans *Sitzungberichte der philosophisch-pilologischen und historischen Classe der Bayerischen Akademie der Wissenschaften*, vol. I, Munich, 1871, p. 159-189, texte p. 176-189. N. Winkler a repris cette édition et en a proposé une traduction en allemand dans un article : N. Winkler, « Dietrich von Freiberg und Meister Eckhart in der Kontroverse mit Thomas von Aquin. Intellektnatur und Gnade in der Schrift *Von der wirkenden und der vermögenden Vernunft*, die Eckhart von Gründig zugeschrieben wird », *Dietrich von Freiberg, neue Perspektiven seiner Philosophie, Theologie und Naturwissenschaft*, Freiberger Symposion : 10-13. März 1997, K.-H. Kandler, B. Mojsisch, F.-B. Stammkötter (Hsgb), Amsterdam / Philadelphia, B.R. Grüner, 1999 (Bochumer Studien zur Philosophie ; Bd. 28), p. 188-266 et plus particulièrement p. 225-266 pour la traduction de ce traité. On peut aussi consulter sur ce traité : A. Saccon, « Beatitudine e intelletto nei testi tedeschi del XIV secolo », *La Felicità nel Medioevo, atti del convegno della società italiana per lo studio del pensiero medievale (S.I.S.P.M.), Milano, 12-13 Settembre 2003*, a cura di M. Bettetini e F. D. Paparella, (Fédération Internationale des Instituts d'Etudes médiévales, textes et études du Moyen Âge, 31), Louvain-la-Neuve, 2005, p. 425-445 et plus particulièrement, p. 435-440.

particulier des conséquences éthiques, que Dietrich de Freiberg lui-même n'a pas déduites.

Différents axes de la doctrine théodoricienne sont reçus ici, entre autres, la conception de l'intellect agent et possible, la théorie de l'image. L. Sturlese a montré que l'on pouvait établir certains parallélismes textuels entre ce traité et des passages du *De Visione beatifica*.

Même si l'évocation de la doctrine théodoricienne n'est ni très littérale ni très fidèle, ce texte a tout de même l'avantage de proposer une réception positive de Dietrich.

La « Quaestio utrum beatitudo consistat in intellectu agente »

Cette question anonyme, vraisemblablement œuvre d'un dominicain allemand de la première moitié du XIVe siècle, a été éditée en 2004 par Alessandra Beccarisi[1]. En posant comme point de départ que la vision béatifique se réalise par l'intellect, cette question demande si c'est par l'intellect agent qu'elle advient. Pour formuler sa réponse, elle commence sa réflexion par un aperçu de positions différentes (seize sont examinées) sur l'intellect agent. Dietrich de Freiberg est mentionné, sous le nom de *Magister Theodoricus*, aux positions XIV et XV, juste avant Thomas d'Aquin qui clôt cette étude préliminaire et après les philosophes antiques, arabes, et des maîtres parisiens comme Henri de Gand, Jacques de Viterbe, Godefroid de Fontaines ou encore Durand de saint Pourçain.

Dans les deux positions attribuées à Dietrich, le *De visione beatifica* est cité littéralement, témoignant d'une lecture de la source. Les arguments de Dietrich, comme ceux de tous les auteurs mentionnés, à l'exception de Thomas, sont réfutés.

La première position *Magistri Theodorici* est celle qui soutient que l'intellect agent est identique à *l'abditum mentis* augustinien[2]. Cette idée est rejetée comme invalide logiquement, mais aussi ensuite comme opposée à la véritable doctrine d'Augustin[3]. Une telle position est jugée

1. A. Beccarisi, *Texte aus der Zeit Meister Eckharts*, « Corpus Philosophorum teutonicorum medii Aevi », VII, 2, Hambourg, F. Meiner, 2004, vol. 2, p. 219-238.

2. *Cf.* Anonymus, *Quaestio utrum beatitudo consistat in intellectu agente*, dans A. Beccarisi (éd.), *Texte aus der Zeit Meister Eckharts*, « Corpus Philosophorum teutonicorum medii Aevi », VII, 2, Hambourg, F. Meiner, 2004, vol. 2, p. 232 : *Decima quarta opinio est magistri Theodorici, quod intellectus agens est idem, quod intelligere abditum.*

3. *Cf.* Anonymus, *Quaestio utrum beatitudo consistat in intellectu agente*, dans A. Beccarisi (éd.), *Texte aus der Zeit Meister Eckharts*, « Corpus Philosophorum teutonicorum medii Aevi », VII, 2, Hambourg, F. Meiner, 2004, vol. 2, p. 233 : *Secundo ostendo, quod ista positio non est de mente Augustini*.

« farfelue »[1] : le reproche majeur opposé à Dietrich est de vouloir penser une faculté à la fois cachée et actuelle, ce qui non seulement ne se tient pas pour l'auteur de la question, mais aussi s'écarte de la position d'Augustin qui, selon lui, soutenait que « *l'abditum intelligere* » n'était qu'habituel.

La seconde position faisant problème est celle qui affirme que l'intellect agent est une substance en l'homme et qu'il est intellect par essence[2]. Ces deux thèses sont consécutivement réfutées, la première car la nouvelle théorie de l'image de Dietrich comme consubstantialité paraît outrageuse, et la seconde car le fait de penser un intellect par essence semble s'opposer à l'idée d'un intellect uni au corps puisque l'apport des phantasmes dans le processus de connaissance semble nié. Ainsi, l'auteur propose de comprendre l'intellect agent comme un intellect par essence non en raison de son être mais de son opération.

Comme toutes les autorités qu'il a précédemment introduites, Dietrich est donc réfuté.

Ce qui est tout de même très intéressant dans cette question, c'est sa seconde partie car ici Dietrich est mentionné seul en opposition à Thomas d'Aquin. Cette deuxième moitié de la question est celle qui traite plus précisément le problème de l'intitulé : est-ce que la vision béatifique advient par l'intellect agent. Dietrich est utilisé pour la réponse « *Sic* », toujours avec son *Traité de la vision béatifique*. La thèse centrale de cet ouvrage – que c'est par l'intellect agent que se produit en nous la vision béatifique car elle est l'opération la plus élevée que l'homme puisse accomplir et qu'elle doit par conséquent se produire grâce à la faculté humaine la plus élevée, c'est-à-dire l'intellect agent – est récapitulée en deux arguments qui sont ensuite réfutés. L'auteur de la question suit en effet la position de Thomas d'Aquin consistant à affirmer que c'est par l'intellect possible, jugé plus noble que l'agent car intelligeant les objets intelligibles séparés quand l'intellect agent ne les intellige pas mais se borne à les séparer, que la vision béatifique advient.

Cette question, datée par son éditrice d'avant 1323, est donc un témoin particulièrement intéressant de la réception immédiate du *De Visione*

1. *Cf.* Anonymus, *Quaestio utrum beatitudo consistat in intellectu agente*, dans A. Beccarisi (éd.), *Texte aus der Zeit Meister Eckharts*, « Corpus Philosophorum teutonicorum medii Aevi », VII, 2, Hambourg, F. Meiner, 2004, vol. 2, p. 233 : *Viso, quomodo ficticium sit ponere intelligere abditum actuale.*

2. *Cf.* Anonymus, *Quaestio utrum beatitudo consistat in intellectu agente*, dans A. Beccarisi (éd.), *Texte aus der Zeit Meister Eckharts*, « Corpus Philosophorum teutonicorum medii Aevi », VII, 2, Hambourg, F. Meiner, 2004, vol. 2, p. 233 : *(...), est opinio altera eiusdem dicentis, quod intellectus agens in nobis est substantia et intellectus per essentiam.*

beatifica car il montre non seulement que la position théodoricienne était connue, comme l'attestent les autres ouvrages se référant à ce traité, mais surtout qu'il était lu car les citations littérales abondent.

Jean de Lichtenberg

On peut aussi prendre comme attestation de la réception de Dietrich au XIVe siècle la vingt-deuxième question de Jean Picard de Lichtenberg [1]. Ce texte est en effet étudié là, à la suite de textes qui lui sont certainement postérieurs, car son statut est la source de débats récents et son véritable rapport au *Traité de la Vision béatifique* de Dietrich est encore à l'étude.

Dans sa question sur l'image de la trinité dans l'âme, rédigée vraisemblablement à Cologne entre 1303 et 1305, au moment où il était lecteur, il semble que l'on puisse noter une présence toute implicite de Dietrich, comme le soulignait B. Mojsisch [2]. La première partie de cette question, qui en contient quatre, est en effet consacrée à la définition de l'image en tant que telle. On sait que ce point a été traité et développé d'une manière originale par Dietrich dans la première partie du *Traité sur la vision béatifique*. Cette première partie du texte de Jean Picard de Lichtenberg réemploie les autorités identiques à celles données par Dietrich comme point de départ de sa réflexion sur l'image.

De même, il semble que l'on puisse trouver une certaine concordance littérale entre un passage de chacun de ces deux textes. Comme le montre A. Beccarisi, un extrait du *De visione beatifica*, 1.1.2.4, peut être rapproché de la question de Jean Picard. Ce texte est celui qui porte sur l'interprétation d'une citation de *La Trinité*, XIV d'Augustin : il faudrait interpréter Augustin de sorte que la mémoire, l'intelligence et la volonté constituent trois actes distincts et donc trois réalités distinctes. Dietrich, en accord en cela avec Henri de Gand [3], affirme ainsi qu'Augustin ne parle de l'*abditum mentis* qu'*actualiter* et non *habitualiter*. Jean Picard va, lui, précisément adopter la position inverse et tomber sous le coup des *quidam* dénoncés par Dietrich en affirmant que l'*abditum mentis* ne se réfère qu'à une connaissance habituelle qui appartient justement au souvenir, reprenant ainsi la position, entre autres, de Thomas d'Aquin.

1. Cette question a été éditée par B. Mojsisch dans son ouvrage *Meister Eckhart, Analogie, Univozität und Einheit*, Hambourg, F. Meiner, 1983, p. 147-161.

2. *Cf.* B. Mojsisch, *Meister Eckhart, Analogie…, op. cit.*

3. Henri de Gand, *Quodlibet* IX, q. 15, R. Macken (éd.), Leuven, University Press (Ancient and medieval Philosophy, Series 2, Henrici de Gandavo opera omnia 13), 1983, p. 258-269.

La position de Dietrich est proche de celle soutenue par Henri de Gand : les deux auteurs disent en effet que l'*abditum mentis* correspond à l'intelliger en acte et que cet intelliger précède toute activité de connaissance extérieure.

Kent Emery[1] avait ainsi supposé que la critique d'Henri de Gand par Jean Picard aurait eu pour but de combattre Dietrich sans pour autant prendre les risques qu'aurait comportés une attaque plus « frontale ». Cependant, dans un article récent, A. Beccarisi[2] montre que l'explication proposée par K. Emery n'est pas suffisante et propose de lire la relation entre Dietrich et Jean de Lichtenberg dans une autre perspective : Jean ne critique pas Dietrich, mais uniquement Henri de Gand, tandis que Dietrich critique lui, dans les *quidam* qu'il vise, Jean[3]. Ainsi, pour A. Beccarisi, si Jean ne cite pas Dietrich, ce n'est pas par peur, mais simplement parce que Dietrich n'a pas encore publié ses œuvres, ce qui inviterait à repousser le traité théodoricien comme étant postérieur à 1303 et donc comme ayant été rédigé en Allemagne et non à Paris[4].

Le problème de la datation du *Traité de la Vision béatifique*, mentionné plus haut, refait donc ici surface lorsqu'on étudie la réception de Dietrich.

1. K. Emery Jr, « The Image of God Deep in the Mind. The Continuity of Cognition according to henry of Ghent », dans J.A. Aertsen, K. Emery, A. Speer (Hgg.), *Nach der Verurteilung von 1277. Philosophie und Theologie an der Universität von Paris im letzten Viertel des 13. Jahrhunderts. Studien und Texte* (= Miscellanea Mediaevalia 28). Berlin / New York, de Gruyter, 2001, p. 59-124 et plus précisément, p. 65.

2. A. Beccarisi, « Johannes Picardi de Lichtenberg. Un exemple de thomisme dans l'horizon culturel allemand. », *Deutsche Thomisten des 14. Jahrhunderts : Lektüren, Aneignungsstrategien, Divergenzen /Thomistes allemands du XIVe siècle : lectures, stratégies d'appropriation, divergences*. Hrsg. von / Ed. par Maarten J.F.M. Hoenen, Ruedi Imbach, Catherine König-Pralong, *Freiburger Zeitschrift für Philosophie und Theologie*, 57/2, 2010, p. 286-302 et plus particulièrement p. 289-295 et « Johannes Picardi von Lichtenberg, Dietrich von Freiberg und Meister Eckhart : Eine Debatte in Deutschland um 1308 », dans A. Speer, D. Wirmer (eds), *1308 : eine Topographie historischer Gleichzeitigkeit* (= Miscellanea Mediaevalia 35) Berlin / New York : de Gruyter, 2010, p. 516 - 537.

3. A. Beccarisi, « Johannes Picardi de Lichtenberg. Un exemple de thomisme dans l'horizon culturel allemand. », *Deutsche Thomisten des 14. Jahrhunderts : Lektüren, Aneignungsstrategien, Divergenzen /Thomistes allemands du XIVe siècle : lectures, stratégies d'appropriation, divergences*. Hrsg. von / Ed. par Maarten J.F.M. Hoenen, Ruedi Imbach, Catherine König-Pralong, *Freiburger Zeitschrift für Philosophie und Theologie*, 57/2, 2010, p. 288 : « (...) lorsque Dietrich se réfère aux *communiter loquentes* dans le prologue du traité *De Tribus difficilibus quaestionibus*, il ne fait pas seulement allusion à Thomas d'Aquin ou Gilles de Rome, mais aussi à des collègues qu'il fréquente, à des intellectuels allemands de l'ordre qui pouvaient entraver l'activité littéraire de Dietrich en vertu de leur pouvoir. En tant que lecteur des dominicains à Cologne, Picardi était un représentant de cette aristocratie culturelle qui dominait alors le panorama théologique allemand. »

4. A. Beccarisi, *op. cit. supra*, p. 294-295.

Nous ne rentrerons pas dans la discussion de ce problème ici, mais mentionnons uniquement ce texte de Jean Picard de Lichtenberg pour montrer tout de même la croisée à laquelle se situe le traité théodoricien.

Jourdain de Quedlinburg

Dans un article récent[1], Nadia Bray montre que l'on peut trouver, dans l'ouvrage d'un Augustin allemand du XIVe siècle, Jourdain de Quedlinburg, parmi des thèses qu'il dénonce comme erronées, une dépendance à l'*Exposition evangelii secundum Iohannem* de Eckhart et des similitudes avec le *De visione beatifica* de Dietrich de Freiberg. L'*Opus Ior*[2], ensemble de sermons de ce bachelier de Erfurt et Magdeburg, traite en effet dans ses sermons 50 et 51 des erreurs qui ont été faites sur la compréhension de la filiation divine de l'homme. La propre position de Jourdain résulte en effet de la critique des positions eckhartienne et théodoricienne. C'est la compréhension par Dietrich de l'intellect agent comme image de Dieu, parce qu'image de la trinité, qui est ici critiquée. La trinité ne se trouve pas selon lui dans l'intellect agent uniquement, mais est représentée par l'intellect, la mémoire et la volonté[3]. C'est donc l'interprétation par Dietrich de *La Trinité* d'Augustin qui est ici rejetée. Jourdain souligne de plus que le rapport de la filiation de l'homme suppose certes une ressemblance entre Dieu et l'homme, tout en conservant une dissemblance radicale[4].

Et ensuite réfuté le rejet par Dietrich de l'intervention divine – par le biais du *lumen gloriae* – dans le processus de la vision béatifique. En raison de leur dissemblance fondamentale, Jourdain souligne la nécessité de l'intervention de la grâce dans le processus de vision de Dieu par l'homme afin de combler la distance entre l'être divin et sa créature. La lumière de gloire doit donc élever l'intellect humain pour lui permettre de s'unir à Dieu et pour que l'essence divine devienne pour lui une forme intellectuelle immédiate.

1. N. Bray, « L'*Opus Ior* di Giordano di Quedlinburg come documento delle discussioni posteckhartiane », dans M.-C. Pacheco, J. -F. Meirinhos (éd.), *Intellect et imagination dans la Philosophie Médiévale / Intellect and Imagination in Medieval Philosophy / Intelecto e imaginação na Filosofia Medieval. Actes du XIe Congrès International de Philosophie Médiévale de la Société Internationale pour l'Etude de la Philosophie Médiévale (S.I.E.P.M.), Porto, du 26 au 31 Août*, (Rencontres de philosophie médiévale, 11), Turnhout, Brepols, 2006, vol. III, p. 1575-1586.

2. Iordanus, *Opus Ior*, Città del Vaticano, Biblioteca Apostolica Vaticana, Cod. Palat. Lat. 448.

3. Iordanus, *Opus Ior*, Cod. Palat. Lat. 448, f. 99 va.

4. *Cf.* N. Bray, « L'*Opus Ior* … », *op. cit.*, p. 1579.

Ce sont donc deux des thèses majeures du *De Visione beatifica* qui sont ici dénoncées : la nouvelle nature de l'intellect agent et la nouvelle modalité de la vision béatifique.

Ces différents textes, essentiellement allemands et du XIVe siècle, peuvent donc témoigner de l'immédiate réception du traité théodoricien et souligne l'ampleur des questions, souvent polémiques, qu'il a déclenchées.

Le *Traité de la vision béatifique* est donc un ouvrage important à la fois pour une meilleure approche de la figure de Dietrich de Freiberg par l'étude ici de ses positions noétiques et pour un dessin plus précis encore du paysage intellectuel de la fin du XIIIe siècle.

Si Dietrich a souvent été considéré comme une « météorite (…) rebelle à tous les « ismes » »[1], de par ses développements sur l'intellect et ses activités, il s'inscrit toutefois dans le paysage intellectuel de son époque. En discutant les nombreuses autorités qu'il invoque, il se forge une position individuelle et singulière, semblant ainsi ne pouvoir être rattaché à aucune position dominante à son époque, qu'il invoque Averroès pour le réfuter par la suite, ou condamne des positions proches de celles de Thomas d'Aquin, dont il semble pourtant utiliser les textes comme source de réflexion. Comme l'avaient déjà montré ses réflexions sur l'accident et la substance[2], ses développements sur l'intellect confirment que Dietrich adopte des positions relativement originales sur les grandes questions discutées à son époque. Cependant, il prend aussi part aux discussions en cours à la fin du XIIIe siècle et forge sa pensée au contact de celle des maîtres de son temps.

Si toutes ces influences, qu'elles soient pour lui source d'inspiration ou au contraire de forte distanciation, ne semblent pas encore élucidées actuellement, elles suscitent tout de même la curiosité du lecteur et le poussent donc à chercher de nouvelles voies d'études de cette période intellectuelle.

1. *Cf.* R. Imbach et A. de Libera, « Avant propos » à *Dietrich de Freiberg, Œuvres Choisies I – Substances, quidités et accidents*, Paris, Vrin, 2008, p. 5 : « Météorite tombé de l'autre côté du Rhin, rebelle à tous les « ismes », splendide, mas apparemment isolé – d'un mot : « Teutonique » - Theodoricus de Vribergh est pourtant un grand philosophe. »

2. *Cf.* Dietrich de Freiberg, *Œuvres choisies, vol. I : Substances, quidités …, op. cit.*

NOTES SUR LA TRADUCTION

Nous traduisons ici le syntagme augustinien « *abditum mentis* » par « Fond secret de l'âme » comme il est d'usage de le faire (*Cf.* note 1, p. 71).

Nous traduisons ici le terme « *cogitatio* » par « cogitation » et non par cogitative, puisqu'il s'agit d'un terme augustinien, indépendant de celui de « cogitative » que l'on trouve dans la tradition avicenienne et qui sera aussi utilisé dans la suite du texte par Dietrich (*Cf.* note 2, p. 71).

« *De parvo* » : Cette expression, apposée à une référence au texte augustinien de *La Trinité*, désigne la « petite numérotation » de ce traité, encore d'usage au XIIIe siècle (*Cf.* note 3, p. 105).

Pour différencier le terme latin d'« *imago* » de celui de « *phantasmatum* », tous deux utilisés par Dietrich dans ce traité, nous traduisons « *imago* » par « image » et « *phantasmatum* » par « image sensible » (*Cf.* note 4, p. 125).

Cognitivum et *conceptivum* : ces deux termes latins renvoient à la possibilité pour un être de connaître ou de concevoir. Ils ne sont traduits par un seul terme en français (Cognitif et conceptif) pour éviter la périphrase explicative, mais la morphologie du terme latin est plus significative que la traduction française (*Cf.* note 5, p. 297).

Le verbe « *speculare* » lourd de référence en latin l'est moins en français. Il renvoie au terme grec de *théôria* d'Aristote désignant l'activité la plus haute de l'intellect et de l'homme dans le premier livre de la *Métaphysique* (*Cf.* note 6, p. 329).

LISTE DES ABRÉVIATIONS

Arg. :	argumentum / argument	L. :	liber / livre
A. :	Articulus / article	Lect. :	lectio
AL :	Aristoteles Latinus	Leon. :	editio Leonina
BA :	Bibliothèque augustinienne	Matth. :	Evangelium Matthaei
		Obi. :	Obiectio
C. :	capitulum	Prop. :	propositio / proposition
Comm. :	commentarius	Q. :	quaestio / question
Corp. :	corpus	Sent. :	libri *Sententiarum*
Dist. :	distinctio / distinction	Tim. :	Pauli ad Timotheum epistulae
Gen. :	Genesis / Genèse		
Ioan. :	Evangelium Ioannis	Transl. :	translatio

L'édition des œuvres citées est mentionnée dans les notes latines lors de la première occurence.

MAÎTRE DIETRICH
de l'ordre des frères prêcheurs

TRAITÉ DE LA VISION BÉATIFIQUE
TRACTATUS DE VISIONE BEATIFICA

Prooemium

(1) Sicut habemus a divo Dionysio[1], universitas entium quantum ad ordinis sui dispositionem distinguitur in suprema, media et infima, quae tripartita istinctio quantum ad generalissimos modos et gradus entium ulteriorem adhuc recipit distinctionem, ita videlicet, ut in quolibet dictorum trium inveniantur superiora, media et inferiora. Nec vadit hoc in infinitum, sed necessario est status ad duo extrema, ad aliquod videlicet supremum ex parte una et aliud aliquod infimum ex parte altera, ex quibus dependet gradus et ordo uniuscuiusque eorum, quae locantur in mediis secundum approximationem seu distantiam ab huiusmodi extremis. Et in hoc consistit ratio ordinis, qui est entium per se huius universi, quod est compositum ex tota sua substantia. Unde Augustinus XIX l. *De civitate Dei*[2] : « Ordo est parium dispariumque rerum sua cuique loca tribuens dispositio. »

(2) Secundum hac autem ordinis dispositionem contingit secundum Dionysium[3] inferiora reduci in superiora per media.

1. *Cf.* Dionysius Areopagita, *De caelesti hierarchia*, IV, ed. Dionysiaca, Paris-Bruges, Desclée de Brouwer, 1937-1951, t. II, p. 813-814, secundum Robertum Grosseteste : *(...) ista lex definitur ab omnium supersubstantiali ordinis principatu : secundum unamquamque hierarchiam primos et medios et ultimos esse et ordines et uirtutes et minorum esse diuiniores magistros et manuductores ad diuinam adductionem et illuminationem et communicationem.*

Sed vide quoque : Thomas de Aquino, *In De divinis nominibus*, cap. 11, lectio 2, 910, ed. C. Pera, Taurini-Romae, Marietti, 1950, p. 337 : *Haec quidem pax divina ad omnia transit, omnia uniendo, per hoc quod reducit omnia in quemdam ordinem : qui quidem ordo consistit in hoc quod quaedam extrema coniunguntur aliis extremis per media*.

2. Augustinus Hipponensis, *De civitate Dei*, XIX, 13, 1, BA t. 37, Paris, Desclée de Brouwer, 1960, p. 110.

3. *Cf.* Dionysius Areopagita, *De caelesti hierarchia*, IV, ed. Dionysiaca, 1937-1951, p. 812-813, secundum Robertum Grosseteste : *Docet autem et hoc sapienter theologia per angelos ipsam ad nos provenire, ut divino legali ordine illud lege ponente per prima secunda ad divinum reduci.* Sed vide potius Thomas de Aquino, *In De Divinis nominibus*, cap. 11, lectio 2, 910, ed. C. Pera, 1950, p. 337 : *Nam suprema influunt infimis per media et infima convertuntur ad recipiendum a supremis per media. Summa theologiae*, I^a^, q. 113, a. 2, arg. 2, éd. Leon. 1889, p. 526 : *Praeterea, inferiora reducuntur in Deum a superioribus per media, ut Dionysius dicit.*

Proème

(1) Comme nous le tenons du divin Denys[1], la totalité des étants est, quant à la disposition de son ordre, divisée en supérieurs, intermédiaires et inférieurs. Cette distinction tripartite reçoit aussi, quant aux modes les plus généraux et aux degrés des étants, une distinction supplémentaire, de telle sorte que dans n'importe lequel des trois modes énoncés se trouvent des supérieurs, des intermédiaires et des inférieurs. Ceci ne se poursuit pas à l'infini mais il y a nécessairement un terme aux deux extrémités : à la supérieure d'une part et à l'inférieure, d'autre part. De ces termes dépendent le degré et l'ordre de chacun de ceux qui sont situés au milieu, selon leur proximité ou leur distance à ces extrémités. C'est en ceci que consiste la raison de l'ordre propre aux étants par soi de cet univers composé de sa substance tout entière. Voilà pourquoi Augustin écrit au livre XIX de *La Cité de Dieu*[2] : « L'ordre, c'est la disposition des êtres égaux et inégaux, désignant à chacun la place qui lui convient. »

(2) Or, selon cette disposition de l'ordre, il arrive, d'après Denys[3], que les inférieurs soient reconduits aux supérieurs à travers les intermédiaires.

1. Denys l'Aréopagite, *La hiérarchie céleste*, IV, 3, trad. M. de Gandillac, Paris, Aubier-Montaigne, 1943, p. 202 : « (…) la Loi instituée par le Principe suressentiel de tout ordre prescrit que pour chaque hiérarchie les ordres et les puissances se distribuent en trois degrés, premier, moyen et dernier, et que les plus divins servent d'initiateurs aux inférieurs, les conduisant jusqu'à l'illumination et jusqu'à la communion divine ».

Il semble cependant que Dietrich cite Denys d'après Thomas d'Aquin, *Commentaire sur les noms divins*, chap. 11, lec. 2, éd. C. Pera, 1950, p. 337 : « Cette paix divine passe en toutes choses, les unissant toutes par ce qui reconduit toutes les choses selon un certain ordre, ordre qui consiste en ce que les extrêmes sont reliés aux autres extrêmes par les intermédiaires. »

2. Augustin d'Hippone, *La cité de Dieu*, XIX, 13, 1, BA t. 37, trad. G. Combès, Paris, Desclée de Brouwer, 1960, p. 111.

3. Denys l'Aréopagite, *La hiérarchie céleste*, IV, 3, trad. M. de Gandillac, 1943, p. 201-202 : « En vérité la théologie enseigne sagement que ces prescriptions elles-mêmes vinrent à nous par l'entremise des êtres hiérarchiquement supérieurs de sorte que les êtres inférieurs s'élèvent spirituellement vers le divin. »

Dietrich cite ici aussi probablement d'après Thomas d'Aquin, *Commentaire sur les Noms divins*, chap. 11, lec. 2, 910, éd. C. Pera, 1950, p. 337 : « Car les supérieurs influent vers les inférieurs par les intermédiaires et les inférieurs sont convertis pour recevoir des supérieurs par les intermédiaires; et ainsi toutes les choses sont reliées selon une unique

Ad quod necessarium est entia in huiusmodi ordinibus locata habere ad invicem quandam communicativam confinitatem, quo superiora secundum sui inferius tangant inferiora secundum sui superius, ut eo divinae legis ordine bonitates et perfectiones superiorum communicentur inferioribus et inferiora convertantur in superiora. Unde Proclus propositione 142[1] : « Omnium divinorum processuum fines ad sua principia assimilantur circulum sine principio et sine fine salvantes per conversionem ad principia. » Et infra propositione 143[2] : « Omnium divinorum ornatuum summa ultimis assimilantur supra positorum. » Commentum[3] : « Si enim oportet continuitatem esse divini processus et propriis medietatibus unumquemque ordinem colligari, necesse summitates secundorum copulari finibus primorum. Copulatio autem per similitudinem. Similitudo ergo primorum submissi ordinis ad ultima superlocati. »

(3) Ex dictis sumendum est hoc generaliter, quod ens quodcumque, quod quantum ad summum gradum suae perfectionis in Deum immediate reducitur secundum participationem divinarum bonitatum, necesse est hoc fieri secundum suae substantiae id supremum, quod Deus in natura sua plantavit.

(4) Sic igitur in speciali in proposito intelligendum quantum ad illam divinae claritatis beatificam participationem, qua beati vident Deum per essentiam. Hoc enim necesse est fieri secundum id, quod supremum Deus in natura nostra plantavit, quoniam hoc principio in nobis maxime ad divinam conformitatem et quandam immediationem ad Deum accedimus, quo etiam ad imaginem Dei et similitudinem facti sumus, et hoc est

1. Proclus, *Elementatio theologica*, prop. 146, ed. H. Boese, Leuven, University Press, 1987, p. 72.

2. Proclus, *Elementatio theologica*, prop. 147, ed. H. Boese, 1987, p. 73.

3. Proclus, *Elementatio theologica*, prop. 147, comm., ed. H. Boese, 1987, p. 73.

Pour cette raison, il est nécessaire que les étants situés dans ces ordres aient, les uns par rapport aux autres, une certaine proximité communicative par laquelle les supérieurs touchent, par leurs limites inférieures, les limites supérieures des inférieurs, de sorte que par cet ordre de la loi divine, les qualités et les perfections des supérieurs soient communiquées aux inférieurs et que les inférieurs se convertissent aux supérieurs. C'est pourquoi la proposition 142[1] de Proclus [dit] : « Dans toutes les processions divines il y a assimilation des fins aux principes, et celle-ci, par cette conversion vers les principes, soutient un processus circulaire sans commencement ni fin. » Et plus bas, la proposition 143[2] : « Les degrés les plus élevés de chaque ordre divin ressemblent aux derniers degrés de l'ordre supérieur. » Commentaire[3] : « Puisqu'il doit y avoir continuité dans la procession divine et puisque chaque ordre doit être lié à l'ensemble par des médiations appropriées, les cimes des dérivés sont nécessairement jointes aux dernières limites des premiers. Or cette jonction se fait par ressemblance. Il y aura donc ressemblance des principes de l'ordre inférieur aux termes ultimes de l'ordre supérieur. »

(3) A partir de ce qui a été dit, il faut admettre que de manière générale l'étant, quel qu'il soit, est, par le degré le plus haut de sa perfection, reconduit immédiatement à Dieu selon sa participation aux bontés divines; ceci se produit nécessairement selon ce qui est le plus élevé dans sa substance [et] que Dieu a déposé dans sa nature.

(4) Ainsi, il faut examiner dans notre propos comment se déroule de manière précise la participation béatifique à la clarté divine par laquelle les bienheureux voient Dieu par essence. Il est en effet nécessaire que celle-ci se produise selon ce que Dieu a déposé de plus élevé dans notre nature puisque c'est par ce principe en nous que nous accédons, au plus haut degré, à une conformité divine et à une immédiation à Dieu, [principe] par lequel nous avons été faits à l'image de Dieu et à sa ressemblance. Celui-ci est

amitié connaturelle. Et la paix divine relie non seulement les extrêmes aux extrêmes par les intermédiaires, mais aussi, ensuite, toutes les choses à elle-même, dans la mesure où elle donne à tous à sa manière de telle sorte que tous, même les créatures infimes et tout ce qui est infime dans n'importe quelle créature, jouissent de la paix divine elle-même; et ceci est ce qu'il dit « et aux termes extrêmes de toute chose ». » Aussi : *Somme théologique*, I[a] q. 113 a. 2 arg. 2, trad. A.M. Roguet, Paris, Cerf, 1984, p. 903 : « Les créatures inférieures sont ramenées à Dieu par les créatures supérieures à travers des intermédiaires, selon Denys. »

1. Proclus, *Les éléments de théologie*, proposition 146, trad. J. Trouillard, Paris, Montaigne, 1965, p. 148.

2. Proclus, *Les éléments de théologie*, proposition 147, trad. J. Trouillard, 1965, p. 148.

3. Proclus, *Les éléments de théologie*, proposition 147, comm., trad. J. Trouillard, 1965, p. 148-149. Traduction modifiée.

intellectuale nostrum[1], quod secundum Augustinum XIV *De Trinitate* c. 13 et 14[2] et l. XV c. 63[3], in duo dividitur : unum, quo exteriore cogitationis informatione circa intellectualia intellectualiter versamur, aliud autem, quod in abstruso, ut verbo eius utar, et in abdito mentis intellectualiter fulget, ex quo tamquam ex originali et fontali principio nascitur hoc, quod exteriore cogitatione intellectualiter a nobis agitur.

(5) Istud est, quod quamvis verbis aliis, non tamen in sententia discrepans invenimus apud philosophos, qui distinguunt in intellectuali nostro intellectum agentem ab intellectu possibili, ut idem sit intellectus agens apud philosophos, quod abditum mentis[4] apud Augustinum[5], et intellectus possibilis apud philosophos idem, quod exterius cogitativum secundum Augustinum[6]. Quod ex eo patet, quod, quidquid umquam Philosophus tractavit de intellectu agente et possibili, totum verificatur de abdito mentis et exteriore cogitativa[7] secundum Augustinum et e converso.

(6) Considerata autem natura et condicione istorum duorum, scilicet intellectus agentis et possibilis, et comparatione ipsorum ad invicem et ad alia entia manifestum est, quod intellectus agens incomparabiliter praeeminet et gradu suae entitatis excedit intellectum possibilem et quod ipse est illud supremum, quod Deus in natura nostra plantavit, et ideo, ut praemissum est, secundum ipsum immediatam approximationem ad Deum sortimur in illa beata visione.

(7) Ad cuius evidentiam quadruplici via procedendum est : primo ratione sumpta ab ordine ipsius intellectus agentis ad Deum; secundo ratione sumpta ex ordine ipsius ad intellectum possibilem et ad alia entia; tertio ostendendum quod per intellectum possibilem impossibile est fieri illam immediatam unionem ad Deum in beata visione;

1. Haec sententia invenitur in libro Augustini Hipponensis, *De Natura et origine animae*, IV, 22, 36, BA t. 22, Paris, Desclée de Brouwer, 1975, p. 654 : *Mentem quippe nostram nisi rationale et intellectuale nostrum dicere non solemus*.

2. *Cf.* Augustinus Hipponensis, *De Trinitate*, XIV, 7, 9-10, BA t. 16, Paris, Institut d'études augustiniennes, 1997, p. 366-372.

3. *Cf.* Augustinus Hipponensis, *De Trinitate*, XV, 21, 40, BA t. 16, 1997, p. 530-532.

4. Vide « Notes de traduction » n ° 1

5. *Cf.* Augustinus Hipponensis, *De Trinitate*, XIV, 7, 9, BA t. 16, 1997, p. 366-370.

6. *Locus non inventus*.

7. Vide « Notes de traduction » n°2

notre puissance intellective[1] qui, selon Augustin aux chapitres 13 et 14 du livre XIV[2] et au chapitre 63 du livre XV de *La Trinité*[3], est divisée en deux [instances] : l'une par laquelle nous nous tournons de manière intellectuelle vers les choses intellectuelles, par une information extérieure de la pensée ; l'autre qui, elle, brille intellectuellement dans une profondeur secrète – j'utilise son terme – et dans le fond secret de l'âme, à partir duquel naît, comme du principe originel et d'une source, ce qui est mis en branle par nous intellectuellement, par la pensée extérieure.

(5) Ceci est ce que nous trouvons, quoi qu'en d'autres mots mais tout en conservant le sens, chez les philosophes qui distinguent dans notre puissance intellective un intellect agent d'un intellect possible, de sorte que chez ces philosophes, l'intellect agent est la même chose que le fond secret de l'âme[4] chez Augustin[5], et l'intellect possible est identique à la cogitation extérieure d'Augustin[6]. Il en découle clairement que tout ce que le Philosophe a toujours dit de l'intellect agent et de l'intellect possible est entièrement vérifié du fond secret de l'âme et de la cogitation extérieure[7] selon Augustin, et inversement.

(6) De plus, après avoir considéré la nature et la condition de ces deux intellects, à savoir de l'agent et du possible, ainsi que le rapport de l'un avec l'autre et leur rapport avec les autres étants, il est manifeste que l'intellect agent est incomparablement plus éminent et que par le degré de son entité, il dépasse l'intellect possible et est lui-même cette chose la plus élevée que Dieu a déposée dans notre nature ; c'est pourquoi aussi, comme il l'a été préalablement annoncé, nous recevons par lui une proximité immédiate à Dieu dans cette vision bienheureuse.

(7) Pour que cela devienne évident, il faut procéder par quatre voies : premièrement, au moyen d'un argument concernant le rapport de l'intellect agent à Dieu ; deuxièmement, au moyen d'un argument concernant le rapport de cet intellect à l'intellect possible et aux autres étants ; troisièmement, en montrant que par l'intellect possible, il est impossible qu'advienne cette union immédiate à Dieu dans la vision bienheureuse ;

1. Cette expression provient d'Augustin d'Hippone, *Nature et origine de l'âme*, IV, 22, 36, BA t. 22, trad. J. Plagnieux et F.J. Thonnard, Paris, Desclée de Brouwer, 1975, p. 655 : « Le mot *mens*, en effet, nous le réservons habituellement pour désigner en nous l'élément rationnel et intellectuel. » Nous la traduisons par « notre puissance intellective ».

2. *Cf.* Augustin d'Hippone, *La Trinité* XIV, 7, 9-10, BA t. 16, Paris, Institut d'études augustiniennes, 1997, p. 363-373.

3. *Cf.* Augustin d'Hippone, *La Trinité*, XV, 21, 40, BA t. 16, 1997, p. 531-533.

4. *Cf.* « Notes de traduction », n°1.

5. *Cf.* Augustin d'Hippone, *La Trinité*, XIV, 7, 9, BA t. 16, 1997, p. 367-371.

6. L'expression « cogitation extérieure », souvent citée par Dietrich, ne se trouve pas chez Augustin.

7. *Cf.* « Notes de traduction », n° 2.

quarto considerandum modum illius beatae visionis, quae per intellectum agentem immediate perficitur.

1. *Intellectus agens in ordine ad Deum*

(1) Quantum ad primum consideranda sunt quattuor : primum, quod abditum mentis secundum Augustinum, quod est intellectus agens, in sua essentia vere est substantia ; secundum, quod in ipso expressa est similitudo et imago divinae substantiae ; tertium, quod ex his sequitur, videlicet quod ipse essentialiter est Dei capax sua intellectione ; quartum, quod perfecte in Deum conversus est per suam essentiam, quae non differt ab eius operatione.

1.1. *Intellectus agens ut substantia*

1.1.1. *Intellectus agens ut imago Dei est substantia*

(1) Circa primum sumendum hoc, quod dicitur *Genesis* 1[1], quod Deus fecit « hominem ad imaginem et similitudinem » suam. Ubi glossa « in aeternitate », item glossa ad imaginem, id est « unitatem trinitatis », ad similitudinem glossa « innocentiae et iustitiae », item ibidem ad similitudinem « in morum sanctificatione et iustificatione »[2].

(2) Huiusmodi autem habitus virtutum sanctificationis et iustificationis concernunt necessario actus et habitus intellectuales, quibus per exterius cogitativum seu per intellectum possibilem negotiamur, in quo consistit similitudo ad Deum, quae est per gratiam. Quod autem dicit ad imaginem quoad aeternitatem et unitatem trinitatis, manifestum est, quod hoc pertinet ad naturam. Utrumque autem istorum, scilicet imago et similitudo, pertinet non ad corpus, sed ad mentem, ut ibi dicitur in *Glossa* super *Genesim*[3].

1. *Gen.* 1, 26 : *Et ait faciamus hominem ad imaginem et similitudinem nostram et praesit piscibus maris et volatilibus caeli et bestiis universae que terrae omni que reptili quod movetur in terra.*

2. *Glossa interlinearis in Gen.* 1, 26 in *Biblia latina cum Glossa ordinaria*, Facsimile Reprint of the Editio Princeps Adolph Rusch of Strasburg 1480/1481, ed. K. Froelich et M. T. Gibson, Turnhout, Brepols, 1992, p. 15.

3. *Ibid.*

quatrièmement, en considérant le mode de cette vision béatifique qui est accomplie immédiatement par l'intellect agent.

1. *L'intellect agent dans l'ordre à Dieu*

(1) Pour le premier point, il faut considérer quatre thèses : la première, que le fond secret de l'âme selon Augustin, qui est l'intellect agent, est véritablement, dans son essence, substance ; la deuxième, qu'en lui sont exprimées la ressemblance et l'image de la substance divine ; la troisième, que de ces propos découle, de manière claire, qu'il est lui-même essentiellement capable de Dieu par son intellection ; la quatrième, qu'il est, par son essence qui ne diffère pas de son opération, parfaitement converti vers Dieu.

1.1 *L'intellect agent en tant que substance*

1.1. 1 *L'intellect agent en tant qu'image de Dieu est substance*

(1) Il faut tout d'abord admettre ce que dit la *Genèse* 1[1], à savoir que Dieu a fait « l'homme à son image et à sa ressemblance ». C'est pourquoi la glose [dit] : « dans l'éternité » ; de même la glose au sujet de l'image [dit] : « l'unité de la trinité » ; et au sujet de la ressemblance, la glose [dit] : « de l'innocence et de la justice », enfin de la même manière [la glose dit], au même endroit, au sujet de la ressemblance : « dans la sanctification et la justification des mœurs. »[2]

(2) Ces habitus des vertus de sanctification et de justification concernent nécessairement les actes et les habitus intellectuels par lesquels nous avons une activité, grâce à la cogitation extérieure ou l'intellect possible, en laquelle consiste la ressemblance à Dieu, qui est due à la grâce. Ce que cependant [la glose] dit au sujet de l'image, quant à l'éternité et à l'unité de la Trinité, [ceci] appartient manifestement à la nature ; or, l'une et l'autre, à savoir l'image et la ressemblance, se rapportent non pas au corps, mais à l'esprit, comme il est dit au même endroit dans la glose sur la *Genèse*[3].

1. Cf. *Gen.* 1,26 : « Dieu dit : "Faisons l'homme à notre image, comme notre ressemblance, et qu'ils dominent sur les poissons de la mer, les oiseaux du ciel, le bestiaux, toutes les bêtes sauvages et toutes les bestioles qui rampent sur la terre". »

2. Glose interlinéaire sur *Gen.* 1, 26, dans *Biblia latina cum Glossa ordinaria*, Facsimile Reprint of the Editio Princeps Adolph Rusch of Strasburg 1480/1481, ed. K. Froelich et M.T. Gibson, Turnhout, Brepols, 1992, p. 15.

3. *Ibid.*

(3) Quod ergo dicitur ad similitudinem, hoc pertinet ad exterius cogitativum seu intellectum possibilem et ea, quae sui dispositioni subsunt. Quod autem dicit ad imaginem, quae consistit in aeternitate et unitate trinitatis, refertur ad abditum mentis seu intellectum agentem, quo substantia animae figitur in aeternitate, ut infra patebit, et in quo solo invenitur illa unitas trinitatis et trinitas in unitate, qua est homo ad imaginem Dei, ut infra ostendetur et interim supponatur hic.

(4) Haec autem non possunt convenire intellectui possibili, cum sit ens pure in potentia et « nihil eorum, quae sunt, antequam intelligat », secundum Philosophum III *De anima*[1]. Igitur ex ipso per naturam non figitur substantia animae in sua perpetuitate, sed ipse potius est res delata super aliud, per quod sustentatur in esse, quod habet vel habere potest. Ex natura etiam eius possibili manifestum est, quod nulla distinctio cadit in essentiam eius, quo quantum ad unitatem in trinitate et trinitatem in unitate sit ad imaginem Dei secundum naturam. Huiusmodi enim distinctio, cum sit distinctio secundum rationem actualis originis, non potest inveniri nisi in ente, quod est aliquid secundum actum, quod non est intellectus possibilis.

(5) Et si quis dicat, quod secundum ea, quae pertinent ad intellectum possibilem, invenitur distinctio originis, inquantum ex memoria, quae est habitus specierum, nascitur actualis intelligentia et ex utroque voluntas, dicendum ad hoc, quod in huiusmodi originatione seu emanatione attenditur solum quaedam similitudo originis divinarum personarum, non autem imago, secundum quod manifeste dicit Augustinus XV *De Trinitate* c. 63[2]. Et etiam talis originis distinctio est quaedam verae imaginis in mente similitudo etiam defectiva, ut dicit Augustinus XIV *De Trinitate* c. 13 et 14[3], et hoc, quia talis emanatio et distinctio, quam inducit opponens, non attenditur secundum naturam mentis, sed magis secundum actus et

1. Aristoteles Latinus, *De anima*, III, 4, transl. M. Scoti, *in* Averroes, *In Aristotelis De anima III*, ed. F. S. Crawford, Cambridge (mass), Medieval Academy of America, 1953, p. 387 : *Illud igitur de anima quod dicitur intellectus (et dico intellectum illud per quod distinguimus et cogitamus) non est in actu aliquod entium antequam intelligat*; transl. Jacobi Venetici, *in* Anonymi Magistri artium, *Lectura in librum de anima a quodam discipulo reportata*, ed. R. Gauthier, Grottaferrata, Ed. Collegii S. Bonaventurae ad Claras Aquas, 1985, p. 445 : *Set ad hoc quod possibilis sit uocatus anime intellectus. Dico autem intellectum quo opinatur et intelligit anima; et hic nichil est actu eorum que sunt ante intelligere;* transl. Guillelmi, *in* Thomas de Aquino, *Sentencia libri de anima*, ed. Leon. 1984, p. 201 : *Vocatus itaque anime intellectus (dico autem intellectum quo opinatur et intelligit anima) nichil est actu eorum que sunt ante intelligere.*

2. *Cf.* Augustinus Hipponensis, *De Trinitate* XV, 21, 40, BA t. 16, 1997, p. 530-532.

3. *Cf.* Augustinus Hipponensis, *De Trinitate*, XIV, 7, 9-10; BA t. 16, 1997, p. 366-372.

(3) Ce qui est donc dit sur la ressemblance concerne la cogitation extérieure ou l'intellect possible et les choses qui tombent sous leurs dispositions. Ce qui est, en revanche, dit au sujet de l'image – qu'elle consiste dans l'éternité et dans l'unité de la trinité – [ceci] concerne le fond secret de l'âme ou l'intellect agent par qui la substance de l'âme est fixée dans l'éternité, comme on le verra plus tard, et en qui seulement on trouve cette unité de la trinité et cette trinité dans l'unité par laquelle l'homme est à l'image de Dieu, comme on le montrera par la suite et comme on peut déjà, en attendant, le supposer.

(4) Tout cela ne peut pas convenir à l'intellect possible puisqu'il est un être purement en puissance et qu'il « n'est aucune des réalités avant de penser », selon le Philosophe au livre III du *De l'Âme*[1]. Par conséquent, il n'est pas par lui-même, par nature, figé, grâce à la substance de l'âme, dans sa perpétuité, mais il est plutôt une chose référée à quelque chose d'autre au-dessus de lui, par lequel il est soutenu dans l'être, qu'il a ou peut avoir. Aussi, il est clair à partir de sa nature de possible que nulle distinction ne tombe dans son essence pour qu'il soit, quant à l'unité dans la trinité et la trinité dans l'unité, à l'image de Dieu selon la nature. En effet, cette distinction, puisqu'elle est selon la raison de l'origine actuelle, ne peut se trouver que dans l'étant qui est quelque chose selon l'acte et qui n'est pas l'intellect possible.

(5) Si toutefois quelqu'un disait que, selon les caractéristiques de l'intellect possible, on trouve une distinction d'origine dans la mesure où de la mémoire, qui est l'habitus des espèces, naît l'intelligence actuelle, et de l'une et de l'autre [naît] la volonté, il faudrait dire, à ce sujet, que dans cette production originelle ou émanation, on ne discerne qu'une certaine ressemblance d'origine des personnes divines et non une image, comme le dit clairement Augustin au chapitre 63 du livre XV de *La Trinité*[2]. Par ailleurs, dans une telle distinction d'origine, il existe une certaine ressemblance, même défaillante, de l'image vraie dans l'esprit, comme le dit Augustin aux chapitres 13 et 14 du livre XV de *La Trinité*[3]. Ceci provient du fait que cette émanation et distinction, que l'opposant introduit, ne sont pas discernées selon la nature de l'esprit mais plutôt selon l'acte et

1. Aristote, *De l'Âme*, III, 4, 429a24, trad. R. Bodeüs, Paris, Flammarion, 1993, p. 223 : « Par conséquent, ce qu'on appelle l'intelligence de l'âme (...) n'est effectivement aucune des réalités avant de penser. »

2. *Cf.* Augustin d'Hippone, *La Trinité*, XV, 21, 40, BA t. 16, trad. P. Agaësse, 1997, p. 531-533.

3. *Cf.* Augustin d'Hippone, *La Trinité*, XIV, 7, 9-10, BA t. 16, trad. P. Agaësse, 1997, p. 367-373.

habitus mentis acquisitos. Item sequeretur, quod ante exercitium talium actuum et acquisitionem talium habituum homo non esset ad imaginem Dei nisi in potentia, quod est inconveniens secundum Augustinum XIV *De Trinitate*[1], ubi movet quaestionem de infante et pertractat, quomodo sit ad imaginem Dei etiam secundum actum. Requiritur autem ad perfectam rationem imaginis, ut sit aliquid secundum naturam mentis et semper in actu.

(6) Supposita igitur veritate divinae scripturae, quae claret ex auctoritate supra inducta et sano intellectu eius, qui dicit « hominem factum ad imaginem Dei », necesse est et aliqualiter patet ex iam dictis, quod id, quod secundum suam naturam formaliter est imago Dei in nobis, est substantia.

1.1. 1.1. *Ex proprietate vocabuli, quod est imago*

(1) Quod potest sumi primo ex proprietate vocabuli, quod est imago. Quamvis enim in corporalibus secundum accommodationem usus, quo saepe receditur a proprietate locutionum, attendatur imago secundum quandam exteriorem configurationem lineamentorum corporalium, ut columna sic vel sic figurata dicatur imago alicuius, proprie tamen loquendo magis est hoc quaedam similitudo secundum quartam speciem qualitatis, quae attenditur in his, quae sunt qualitates in quantitatibus. « Proprium est enim qualitatis secundum eam simile vel dissimile dici » secundum Philosophum in *Praedicamentis*[2]. Unde in talibus magis est similitudo quam imago proprie loquendo.

(2) Sed nec ratio imaginis proprie secundum quantitatem accipitur, cui proprium est secundum eam aequale vel inaequale dici[3], sed non hoc esse imaginem huiusmodi.

1. *Cf.* Augustinus Hipponensis, *De Trinitate*, XIV, 8, 11 ; BA t. 16, 1997, p. 372-378.

2. Aristoteles Latinus, *Categoriae vel praedicamenta*, VIII, ed. L. Minio-Paluello (AL I, 1-5), Leiden, E. J. Brill, 1961, transl. Boethii, p. 29 : *Quare proprium erit qualitatis secundum eam simile et dissimile dici ;* transl. Guillelmi, p. 107 : *Quare proprium utique erit qualitatis simile et dissimile dici secundum ipsam*.

3. *Cf.* Aristoteles Latinus, *Categoria vel praedicamenta*, VI, ed. L. Minio-Paluello (AL I, 1-5), 1961, transl. Boethii, p. 17 : *Proprium autem maxime quantitatis est quod aequale et inaequale dicitur ;* transl. Guillelmi, p. 96 : *Proprium autem maxime quanti equale et inequale dici*.

les dispositions acquises de l'esprit. De même il s'ensuivrait qu'avant l'exercice de tels actes et l'acquisition de tels habitus, l'homme ne serait pas à l'image de Dieu si ce n'est en puissance, ce qui serait contraire à Augustin qui, au livre XIV de *La Trinité*[1], pose la question de l'enfant et montre de quelle manière celui-ci serait à l'image de Dieu selon l'acte. Or, ceci est nécessaire pour la raison parfaite de l'image de sorte qu'elle soit quelque chose selon la nature de l'esprit et toujours en acte.

(6) En supposant, donc, la vérité des Écritures Saintes, qui donne de la clarté grâce à l'autorité précédemment introduite et au raisonnement sain de celui qui dit que « l'homme a été fait à l'image de Dieu », il est nécessaire, et d'une certaine manière cela découle de ce qui a déjà été dit, que ce qui, selon sa nature, est formellement image de Dieu en nous, soit substance.

1.1. 1.1. *De ce qui est propre au mot « image »*

(1) [Voyons] tout d'abord ce que l'on peut déduire de ce qui est propre au mot « image ». En effet, bien que, dans les choses corporelles, selon l'usage qu'on fait [de ce terme] et par lequel souvent on s'éloigne du sens propre des mots, on discerne l'image selon une certaine configuration extérieure des traits des choses corporelles, comme dans le cas de la colonne à qui l'on a donné telle ou telle figure et que l'on appelle image de quelque chose; on dirait, en parlant cependant de manière plus appropriée, qu'il s'agit plutôt d'une ressemblance selon la quatrième espèce de la qualité que l'on trouve dans les qualités appartenant aux quantités. « Semblables et dissemblables en revanche ne se disent qu'en fonction des seules qualités », selon le Philosophe dans les *Catégories*[2]; c'est pourquoi, dans de tels cas, pour parler de manière appropriée, il s'agit plutôt de ressemblance que d'image.

(2) Mais la détermination de l'image n'est pas considérée, à proprement parler, selon la quantité, dont le propre est d'être dite égale ou inégale[3]. Or, l'être de l'image n'est pas de cette sorte.

1. *Cf.* Augustin d'Hippone, *La Trinité*, XIV, 8, 11, BA t. 16, trad. P. Agaësse, 1997, p. 373-379.

2. Aristote, *Les catégories*, VIII, 11a15-16, trad. F. Ildefonse, J. Lallot, Paris, Seuil, 2002, p. 111 : « Ainsi, parmi les [caractéristiques] mentionnées, aucune n'est le propre de la qualité; semblables et dissemblables en revanche ne se disent qu'en fonction des seules qualités; en effet, un item n'est semblable à un autre en fonction de rien d'autre qu'en fonction de ce par quoi il est qualifié. De sorte que le propre de la qualité serait le fait que le semblable et le dissemblable se disent en fonction d'elle. »

3. Aristote, *Les catégories*, VI, 6a26-27, trad. F. Ildefonse, J. Lallot, 2002, p. 83 : « Ce qu'il y a de plus propre au quantifié, c'est d'être dit égal et inégal. »

(3) Magis igitur imago proprie dicitur secundum quandam substantialem conformitatem supposita origine unius ab alio ut quaedam consubstantialitas imaginis ad imaginatum, et hoc vel secundum naturae seu essentiae identitatem numeralem, quod non invenitur in corporalibus, sed in spiritualibus et potissime in divinis de Filio, *Col.* 1[1], quod ipse est « imago Dei invisibilis », vel secundum naturae identitatem secundum speciem, ut filius dicitur imago patris in generatione humana, *Genesis* 5[2] : « Adam genuit » filium « ad imaginem suam », vel secundum substantialis conformitatis imitationem tractam ex modo et proprietate originis, secundum quod Deus fecit « hominem ad imaginem et similitudinem » suam, *Gen.* 1[3].

(4) Minus igitur proprie dicitur imago regis in nummo[4], quod solum quaedam similitudo regis est fundata in quarta specie qualitatis. Proprie autem eius imago dicitur in filio propter consubstantialitatem et processum in natura. In spiritualibus igitur, ubi non est differentia inter qualitatem et quantitatem eo, quod in huiusmodi quantitates de genere

1. *Col.* 1, 15 : *qui est imago Dei invisibilis primogenitus omnis creaturae.*

2. *Gen.* 5,3 : *vixit autem Adam centum triginta annis et genuit ad similitudinem et imaginem suam vocavit que nomen eius Seth.* Vide quoque : Thomas de Aquino, *Epistola ad Hebraeos* 1, lect. 2, 27-28, ed. P. Raphaelis Cai, Taurini-Romae, Marietti, 1953, p. 342 : *Unde qui describit figuram animalis, describit imaginem eius. Filius ergo, qui est imago invisibilis dei*, Col. I, 15, *proprie dicitur figura. Sed cuius substantiae eius. Imago enim alicuius est multiplex. Aliquando enim est signum repraesentans speciem in nullo cum ipsa conveniens, sicut imago hominis in pariete, quae in nullo habet veram speciem hominis. Aliquando vero assimilatur ei in specie, non tantum in repraesentando, sed etiam in essendo, sicut filius est imago vera patris*, Gen. V, 3 *: Adam genuit filium ad imaginem suam, id est, in natura speciei*.

3. Cf. *Gen.* 1.26. Vide adnotationem 1, p. 72.

4. *Cf.* Augustinus Hipponensis, *Sermones*, IX, 8, 9, PL 38, p. 82 : *Sicut enim in nummo imago imperatoris aliter est et aliter in filio – nam imago et imago est, sed aliter impressa est in nummo; aliter habetur in filio, aliter in solido aureo imago imperatoris – sic et tu nummus Dei es, ex hoc melior quia cum intellectu et cum quadam uita nummus Dei es ut scias etiam cuius imaginem geras et ad cuius imaginem factus sis, nam nummus nescit se habere imaginem regis*.

(3) On parle d'une manière appropriée d'image [quand on désigne ce qui est] selon une certaine conformité substantielle, en supposant l'origine de l'un à partir de l'autre, comme selon une certaine consubstantialité de l'image à celui qui est représenté par l'image, et ceci d'abord selon l'identité d'après le nombre de la nature ou de l'essence, ce qu'on ne trouve pas dans les choses corporelles mais dans les choses spirituelles, et surtout dans les attributs divins du Fils, selon l'*Epître aux Colossiens*, 1 [1] [qui dit] que [le Fils] lui-même est « l'image du Dieu invisible ». [Cela peut aussi être] selon l'identité d'après l'espèce de la nature lorsqu'on dit qu'un fils est l'image de son père dans la génération humaine, [selon la] *Genèse* 5 [2], « Adam engendra un fils à son image ». [Cela peut enfin être] selon l'imitation de la conformité substantielle tirée du mode et de la propriété de l'origine selon laquelle Dieu fit « l'homme à son image et à sa ressemblance », [d'après la] *Genèse* 1 [3].

(4) On parle d'une manière moins appropriée d'image du roi sur la pièce de monnaie [4] du fait que la ressemblance du roi est fondée sur la quatrième espèce de la qualité, mais [on parle] d'une manière appropriée d'image dans le fils en raison de sa consubstantialité et de sa procession dans la nature. Dans les choses spirituelles donc, où il n'y a pas de différence entre la qualité et la quantité, du fait qu'en elles, les quantités sont du genre

1. *Col.* 1, 15 : « Il est l'Image du Dieu invisible, Premier-Né de toute créature. »

2. *Gen.* 5, 3 : « Quand Adam eut cent trente ans, il engendra un fils à sa ressemblance, comme son image et il lui donna le nom de Seth ».

Voir aussi un développement similaire, avec les mêmes citations bibliques, chez Thomas d'Aquin, *Commentaire sur les épîtres de Paul, Epître aux Hébreux*, chap. 1, lec. 2, trad. Brale, Paris, Vivès, 1874, p. 31-32 : « Ainsi celui qui dépeint la figure d'un animal en représente l'image. "Le Fils de Dieu, qui est l'image du Dieu invisible" (*Col.* I, 15), est dit, dans un sens véritable, figure. La figure de quoi ? "De sa substance". L'image d'un objet est multiple : quelquefois elle représente l'espèce de cet objet, sans avoir rien de commun avec lui, telle est l'image d'un homme empreinte sur une muraille, image qui n'a rien de commun avec l'espèce véritable de l'homme ; quelquefois elle est assimilée à son objet, non pas seulement en le représentant, mais en reproduisant son être même, c'est ainsi que le fils est l'image véritable de son père (*Gen.* V, 3) : "Adam engendra à son image et à sa ressemblance", c'est-à-dire dans la nature même de son espèce. »

3. *Gen.* 1, 26. *Cf.* note 1, p. 73.

4. *Cf.* Augustin d'Hippone, *Sermons*, IX, 8, 9, P.L. 38, p. 82 : « L'image de l'empereur ne se trouve pas en effet de la même manière sur la pièce et dans son fils – L'image est de toute façon une image, mais pas de la même manière quand elle est imprimée sur la pièce. Elle est considérée différemment dans le fils et dans le sous d'or. – De même, tu es ainsi toi-même la pièce de Dieu, mais [ta situation] est meilleure parce que tu es une pièce de Dieu dotée d'intellect et d'une certaine vie de sorte que tu connais tout de même ce dont tu portes l'image et à l'image de qui tu as été fait, alors que la pièce ne sait pas qu'elle porte l'image de l'empereur. »

qualitatum sunt, non attenditur ratio imaginis in accidentalibus dispositionibus, sed solum similitudo. Ratio autem imaginis consistit solum in conformitate substantiae. Igitur id, quod formaliter est imago Dei in nobis, substantia est.

1.1.1.2. *Ex proprietate ipsius rei*

(1) Idem patet arguendo ex proprietate ipsius rei. Imago enim consistit in conformitate ad Deum quoad unitatem in trinitate et trinitatem in unitate ita, ut unitas referatur ad identitatem essentiae eius, quod formaliter est imago. Trinitas autem attenditur in quadam respectiva origine plurium respective distinctorum intra eandem essentiam, ut sic in ipsa imagine inveniatur unitas in essentia, trinitas autem distinctorum per respectus originis, sicut Augustinus ostendit sic se habere in mente versus finem X *De Trinitate* [1] et infra patebit.

(2) Impossibile est autem in aliquo accidente inveniri unitatem talem essentiae et intra eandem essentiam distinctionem seu differentiam secundum rationem originis activae et passivae. Proprium est enim substantiae agere et pati [2]. Cuius ratio est, quia agere non est nisi ratio subsistentis in se secundum rationem propriae quiditatis et formae. Accidens autem non est nisi dispositio veri entis, quod est substantia [3]. Unde nullius actionis elicitivum est per modum agentis [4], et hoc verum est non solum in actionibus,

1. *Cf.* Augustinus Hipponensis, *De Trinitate*, X, 11, 18, BA t. 16, 1997, p. 154-156.

2. *Cf.* Priscianus, *Institutiones grammaticae*, XVII, 14, ed. M. Hertz, Leipzig, Teubner, 1868, p. 116 : *Quia agere et pati substantiae est proprium* (…).

3. *Cf.* Averroes, *Aristotelis opera cum Averrois commentaris*, *Metaphysicorum liber IV*, *comm. 2*, Venetiis apud Junctas, 1562-1574, vol. 8 [reimpr. Frankfurt, Minerva, 1962], 65rF-vI : *Et istae attributiones in unoquoque eorum sunt diversae, praedicamenta enim attibuuntur substantiae, non quia est agens aut finis eorum, sed quia constituunt per illam, et subiectum est eorum, et universaliter non dicuntur entia, nisi quia sunt dispositiones entis;* et l. VII, comm. 1, 155rB : *Et intendebat, quod non sunt accidentia quaesita per se, sed secundum quod sunt dispositiones substantia demonstratae*.

Vide etiam : Theodoricus Teutonicus de Vriberg, *De Accidentibus*, 10 (2), trad. C. König-Pralong et R. Imbach, Paris, Vrin, 2008, p. 78 : *Ipsum non est nisi quaedam dispositio veri entis, quod est substantia*.

4. *Cf.* Theodoricus Teutonicus de Vriberg, *De Accidentibus*, 18 (9), trad. C. König-Pralong et R. Imbach, 2008, p. 114 : *Accidens autem non est sic elicitivum actionis, videlicet effective, sed est quoddam principium seu ratio agendi ei, quod simpliciter et vere effective elicit actionem, quod est substantia*.

des qualités, on ne discerne pas la raison de l'image dans les dispositions accidentelles mais seulement [celle de] la ressemblance. En outre, la raison de l'image consiste seulement dans la conformité de la substance. Ce qui est donc formellement image de Dieu en nous, est substance.

1.1. 1.2. *De ce qui est propre à la chose-même*

(1) Le même argument apparaît clairement pour ce qui est propre à la chose même. L'image consiste en effet en la conformité à Dieu quant à l'unité dans la trinité et quant à la trinité dans l'unité, de sorte que l'unité est rapportée à l'identité de son essence qui est formellement image. Or, on discerne la Trinité dans une certaine origine de plusieurs choses respectivement distinctes dans une même essence, de sorte que dans l'image même, on trouve l'unité dans l'essence, et la trinité des choses distinctes par rapport à leur origine, comme Augustin montre qu'il en va dans l'esprit, vers la fin du livre X de *La Trinité*[1], et comme cela sera clair par la suite.

(2) Or, il est impossible de trouver dans un quelconque accident l'unité d'une telle essence et dans cette même essence la distinction ou la différence selon la raison de l'origine active et passive. C'est en effet le propre de la substance d'agir et de pâtir[2]. Ceci provient du fait qu'agir n'est que la raison de ce qui subsiste en soi, selon la raison de la quidité propre et de la forme. L'accident n'est, lui, qu'une disposition de l'étant véritable qu'est la substance[3]. C'est pourquoi ce qui ne produit aucune action est grâce au mode de l'agent[4]. Cela est vrai non seulement dans les actions

1. *Cf.* Augustin d'Hippone, *La Trinité*, X, 11, 18, BA t. 16, trad. P. Agaësse, 1997, p. 155-157.

2. *Cf.* Priscien, *Institutions grammaticales*, XVII, 14, ed. M. Hertz, 1868, p. 116 : « (…), parce que l'agir et le pâtir sont le propre de la substance (…). »

3. Averroès, *Commentaire de la Métaphysique*, IV, comm. 2, Venetiis apud Junctas, 1562-1574, vol. 8 [reimpr. Frankfurt, Minerva, 1962], 65rF-vI : « Et ces attributions sont diverses dans chacun d'eux, les prédicaments sont en effet attribués à la substance non selon qu'elle est agente ou est leur limite, mais parce qu'ils sont constitués par elle, et qu'elle est leur sujet, et s'ils sont appelés universellement étants, c'est qu'ils sont des dispositions de l'étant » Aussi : *Ibid.*, l. VII, comm. 1, Venetiis apud Junctas, 1562-1574, vol. 8 [reimpr. Frankfurt, Minerva, 1962], 155 rB : « Et il montre que les accidents ne sont pas recherchés par soi, mais selon qu'ils sont des dispositions explicitées par la substance. »

Cf. aussi Dietrich de Freiberg, *Traité des accidents*, 10 (2), trad. C. König-Pralong et R. Imbach, Paris, Vrin, 2008, p. 79 : « [L'accident] (…) n'est rien d'autre qu'une disposition de l'étant véritable, c'est-à-dire la substance. » Cette définition de l'accident est souvent employée par Dietrich, avec ou sans la référence à sa source, Averroès.

4. *Cf.* Dietrich de Freiberg, *Traité des accidents*, 18 (9), trad. C. König-Pralong et R. Imbach, 2008, p. 115 : « Par contre, l'accident n'est pas producteur d'une action de

quae transeunt in subiectum distans differentia absoluta, verum etiam in respectivis emanationibus activis et passivis, in quibus omnibus necessaria est subsistentia principiorum emanantium active vel passive.

(3) Cum igitur talis unitas essentiae et trinitas secundum differentiam originis et emanationis sit in mente quoad hanc mentis portionem, quam dicit Augustinus abditum mentis – et est secundum veritatem intellectus agens – manifestum est ipsum esse substantiam.

1.1.1.3.1. *Ex auctoritate Augustini quantum ad trinitatem in imagine*

(1) Praeterea Augustinus IX *De Trinitate* c. 10[1] loquens de ista imagine quantum ad trinitatem, quae attenditur in ea, dicit, quod mens, notitia, amor sic essentialiter et substantialiter sunt, quod « singulum eorum substantia est », etsi[2] relative ad invicem dicantur. Et infra, c. 13[3], post aliqualem de hoc inquisitionem infert : « Unius ergo eiusdemque essentiae necesse est haec tria sint. » Ecce, quod haec sunt tria et singulum eorum substantia est et omnia tria una essentia seu substantia sunt.

1. *Cf.* Augustinus Hipponensis, *De Trinitate*, IX, 5, 8, BA t. 16, 1997, p. 90 : *Tota uero in totis quemadmodum sint iam supra ostendimus cum se totam mens amat et totam nouit et totum amorem suum nouit totam que amat notitiam suam quando tria ista ad se ipsa perfecta sunt. Miro itaque modo tria ista inseparabilia sunt a semetipsis, et tamen eorum singulum quidque substantia est et simul omnia una substantia uel essentia cum et relatiue dicantur ad inuicem.*

2. Ibi legimus *etsi* pro *et si*, secundum correctionem Alani de Libera, *Recherches sur Dietrich de Freiberg*, ed. J. Biard, D. Calma et R. Imbach, Turnhout, Brepols, 2009, p. 33.

3. Augustinus Hipponensis, *De Trinitate*, IX 4, 7, BA t. 16, 1997, p. 86-88 : *Unius ergo ejusdemque essentiae necesse est haec tria sint : et ideo si tanquam commixtione confusa essent; nullo modo essent tria, nec referri ad invicem possent. Quemadmodum si ex uno eodemque auro tres annulos similes facias, quamvis connexos sibi, referuntur ad invicem, quod similes sunt; omnis enim similis alicui similis est; et trinitas annulorum est, et unum aurum : et si misceantur sibi, et per totam singuli massam suam conspergantur, intercidet illa trinitas, et omnino non erit; ac non solum unum aurum dicetur, sicut in illis tribus annulis deleatur, sed jam nulla aurea tria.*

qui passent dans le sujet distant par une différence absolue, mais aussi dans les émanations respectives actives et passives dans lesquelles est nécessaire, pour toutes, la subsistance des principes émanant activement ou passivement.

(3) Puisqu'une telle unité de l'essence et de la trinité selon la différence d'origine et d'émanation est dans l'esprit, si l'on se réfère à cette partie de l'esprit qu'Augustin appelle le fond secret de l'âme – et qui est en vérité l'intellect agent – il est clair que celui-ci est lui-même substance.

1.1. 1.3. 1. *De ce qui provient de l'autorité d'Augustin au sujet de la trinité dans l'image*

(1) En outre, Augustin, au chapitre 10 du Livre IX de *La Trinité*[1], parlant de la trinité que l'on discerne dans cette image, dit que l'esprit, la connaissance, l'amour sont essentiellement et substantiellement d'une manière telle que chacun d'eux est substance, même s'ils[2] sont dits l'un par rapport à l'autre. Et plus bas, au chapitre 13[3], après une analyse de cette question, il ajoute : « tous trois appartiennent donc nécessairement à une seule et même essence. » Ils sont donc trois, chacun d'eux est substance et tous les trois sont une essence ou une substance.

cette manière-là, à savoir effectivement, mais il est un principe ou une raison d'agir qui appartient à ce qui produit effectivement l'action de manière absolue et véritable, c'est-à-dire la substance. »

1. *Cf.* Augustin d'Hippone, *La Trinité*, IX, 5, 8, BA t. 16, trad. P. Agaësse, 1997, p. 91 : « Nous avons vu plus haut comment chacune est tout entière dans les autres tout entières, quand l'âme s'aime tout entière, se connaît tout entière, connaît son amour tout entier, aime sa connaissance tout entière, quand ces trois réalités sont parfaites par rapport à elles-mêmes. Ainsi, ces trois réalités sont étrangement inséparables les unes des autres ; et pourtant chacune d'elles prise à part est substance, et toutes ensemble sont une seule substance ou une seule essence, bien que prises relativement, on les oppose les unes aux autres. »

2. Nous suivons ici la lecture proposée par A. de Libera (dans *Recherches sur Dietrich de Freiberg*, éd. J. Biard, D. Calma et R. Imbach, Turnhout, Brepols, 2009, p. 33) qui suggère de lire « etsi » plutôt que « et si ».

3. Augustin d'Hippone, *La Trinité*, IX, 4, 7, BA t. 16, trad. P. Agaësse, 1997, p. 87-89 : « Tous trois appartiennent donc nécessairement à une seule et même essence ; fusionnés en un mélange, ils ne sauraient être trois et ne pourraient être en relations mutuelles. Faites d'un seul et même or trois anneaux semblables, bien qu'enchaînés les uns aux autres ; les anneaux sont en relation mutuelle du fait de leur ressemblance : tout semblable en effet est le semblable de quelque chose ; il y a donc une trinité d'anneaux et un or unique. Mais qu'on les fusionne, que chacun se mêle à la masse, la trinité disparaît, n'existe absolument plus. On parlera bien d'un or unique, comme déjà lorsqu'il y avait trois anneaux, mais non plus de trois objets d'or. »

(2) Adducit autem rationem ad hoc c. 10[1], quod haec tria, scilicet singulum eorum sit substantia [et] non sint in subiecto aliquo sicut accidentia, sicut color in subiecto est corpore, dicens, quod nullum accidens « excedit subiectum » suum. Eodem autem amore, quo mens amat se, potest amare alia, et eadem notitia, qua noscit se, noscit et alia. Ergo ista, videlicet notitia et amor, cum videantur excedere subiectum suum, non sunt accidentia, sed substantiae.

(3) Haec autem rationis deductio, si intelligatur de mente quantum ad exterius cogitativum quoad intellectum possibilem, omnino ridiculosa et nullius videtur efficaciae. Nosse enim se et nosse alia non videtur importare nisi differentiam secundum obiecta, non secundum subiecta, sicut eodem calore potest calefieri lignum et lapis. Ex hoc tamen non sequitur, quod calor excedat subiectum suum ita, quod sit in alio subiecto, et eodem sensu visus videtur album et nigrum nec visus excedit subiectum suum, quamvis tendat in diversa obiecta. Sic autem videtur se habere circa intellectum possibilem, qui intelligit se sicut alia secundum Philosophum in III *De anima*[2]. Sicut igitur alia ex hoc, quod tendunt in diversa obiecta, non sequitur, quod excedant subiecta sua, sic videtur se habere circa intellectum.

1.1.1.3.2. *Explicatio eius, quod de intentione Augustini est*

(1) Sunt autem[3], qui dictam rationem Augustini non ultra extendunt nisi quod per eam ostenditur, quod notitia et amor ex hoc, quod

1. Augustinus Hipponensis, *De Trinitate*, IX, 4, 5, BA t. 16, 1997, p. 84 : *Quidquid enim tale est non excedit subiectum in quo est. Non enim color iste aut figura huius corporis potest esse et alterius corporis. Mens autem amore quo se amat potest amare et aliud praeter se. Item non se solam cognoscit mens sed et alia multa*.

2. Aristoteles Latinus, *De anima*, III, 4, transl. Michaeli Scoti, *in* Averroes, *In Aristotelis De anima III*, ed. F. S. Crawford, 1953, p. 419 : *(...), (et hoc continget quando poterit intelligere per se), tunc etiam erit in potentia quoquo modo, sed non eodem modo quo ante erat, antequam scivit aut invenit. Et ipse tunc potest intelligere per se ;* transl. Jacobi Venetici, *in* Anonymi Magistri artium, *Lectura in librum de anima a quodam discipulo reportata*, ed. R. Gauthier, 1985, p. 446 : *Hoc autem accidit cum possit operari per se ipsum. Est quidem et tunc similiter potencia quodam modo, non tamen similiter est et ante addiscere aut invenire ; et ipse autem se ipsum aliquando potest intelligere ;* transl. Guillelmi, *in* Thomas de Aquino, *Sentencia libri de anima*, ed. Leon. 1984, p. 208 : *Hoc autem confestim accidit cum possit operari per se ipsum. Est quidem igitur et tunc potencia quodam modo, non tamen similiter et ante addiscere aut inuenire. Et ipse autem se ipsum tunc potest intelligere*.

3. Verbi gratia : Thomas de Aquino, *Quaestiones disputatae de veritate.*, q. 24, a. 4, arg. 14, ed. Leon., 1973, p. 690 : *Praeterea, secundum Augustinum in libro De Trinitate, illud quod excedit suum subiectum, inest alicui essentialiter non accidentaliter : unde probat quod amor et notitia insunt menti essentialiter, quia mens non solum se ipsam amat et cognoscit sed*

(2) De plus, il ajoute une raison à ceci au chapitre 10[1] : ces trois, puisque chacun d'eux est substance, ne sont pas dans un sujet comme des accidents à la manière de la couleur dans le sujet-corps, car tout accident « se limite à son sujet ». Mais par le même amour par lequel l'esprit s'aime, il peut aimer autre chose et par la même connaissance par laquelle il se connaît, il connaît aussi autre chose. Donc ceux-ci, c'est-à-dire la connaissance et l'amour, puisqu'ils semblent ne pas se limiter à leur sujet, ne sont pas des accidents mais des substances.

(3) Mais, la déduction de ce raisonnement, si elle est comprise au sujet de l'esprit quant à la cogitation extérieure en tant qu'intellect possible, semble entièrement ridicule et sans effet. Se connaître et connaître autre chose ne semblent introduire qu'une différence selon les objets et non selon les sujet. Par la même chaleur, le bois et la pierre peuvent devenir chauds et il ne s'en ensuit pas pour autant que la chaleur ne se limite pas à son sujet et soit ainsi dans un autre sujet. De la même manière, c'est par le même sens de la vue que sont vus le blanc et le noir, et la vue se limite à son sujet bien qu'elle tende vers différents objets. Cela semble valoir également pour l'intellect possible, qui s'intellige lui-même comme il intellige les autres choses, selon le Philosophe dans le livre III du *De l'Âme*[2]. Par conséquent, puisqu'on ne conclut pas que les choses dépassent leurs sujets du fait qu'elles tendent vers des objets divers, il semble qu'il faille procéder de cette sorte pour l'intellect.

1.1. 1.3. 2. *Explication de l'intention d'Augustin*

(1) Il y en a certains[3] qui n'étendent pas la raison énoncée par Augustin au-delà du fait qu'elle montre que la connaissance et l'amour, pour la raison

1. Augustin d'Hippone, *La Trinité*, IX, 4, 5, BA t. 16, trad. P. Agaësse, 1997, p. 85 : « De telles propriétés sont limitées au substrat où elles subsistent. Cette couleur, cette configuration sont celles de tel corps et ne peuvent être celles de tel autre corps. Mais l'âme, par l'amour dont elle s'aime, peut en outre aimer autre chose qu'elle-même. De même, l'âme ne se connaît pas elle seule, mais aussi quantité d'autres choses. »

2. Aristote, *De l'Âme*, III, 4, 429b9-10, trad. R. Bodeüs, 1993, p. 224 : « Et elle-même d'ailleurs, est alors capable de se penser elle-même. »

3. Voir par exemple : Thomas d'Aquin, *Questions disputées sur la vérité*, q. 24, a. 4, arg. 14, éd. Léon., 1973, p. 690 : « En outre, selon Augustin, dans le livre *La Trinité*, ce qui excède son sujet est présent en quelque chose essentiellement et non accidentellement : c'est pourquoi il prouve que l'amour et la connaissance sont présents dans l'esprit essentiellement parce que l'esprit non seulement s'aime et se connaît lui-même, mais aussi aime et connaît les autres. » Voir aussi : *Ibid.* ad 14, p. 692 : « A l'argument 14, il faut répondre que la connaissance et l'amour peuvent être rapportés à l'esprit de deux manières : premièrement comme à celui qui aime et connaît, et ils n'excèdent alors pas l'esprit lui-même et ne s'écartent pas de la

mens noscit se et alia et amat se et alia, ex hoc, inquiunt, non sequitur notitiam et amorem esse accidentia vel mentis vel quarumcumque rerum, quae noscuntur vel amantur.

(2) Quamvis autem haec sententia eorum vera sit, tamen ulterius non deducunt vel ostendunt hoc, quod est de intentione Augustini, quod mens, notitia, amor substantialiter sunt in mente et « singulum eorum substantia » est, ut dicit[1]. Dicendum igitur ad hoc, quod inducitur de accidentibus et de sensu visus, quod secundum intentionem Augustini hoc, quod dicit, quod nullum accidens excedit subiectum suum, intelligendum est, quod nullum accidens eo modo, quo se habet ad subiectum suum, se habet ad aliud subiectum. Solum enim eo modo se habet ad subiectum suum, quod est ei forma vel dispositio, quam est impossibile excedere proprium subiectum. Non autem agit in proprium subiectum, sicut dicit Philosophus in *Praedicamentis*[2], quod ea, quae sunt in tertia specie

etiam alia (...); et ad. 14, p. 692 : *Ad quartum decimum dicendum quod notitia et amor dupliciter possunt comparari ad mentem : uno modo ut ad amantem et cognoscentem, et sic ipsam mentem non excedunt, nec recedunt ab aliorum accidentium similitudine ; alio modo possunt comparari ad mentem ut ad amatam et cognitam, et sic excedunt mentem, quia mens non solum se amat et cognoscit sed etiam alia; et sic recedunt ab accidentium similitudine. Nam accidentia alia illo respectu quo comparantur ad subiectum, non comparantur ad extra inhaerendo ad subiectum. Amor vero et notitia aliquo uno modo comparantur ad subiectum et ad ea quae sunt extra, quamvis aliquis modus sit quo comparantur ad subiectum tantum ; sic ergo non oportet quod amor et notitia sint essentialia menti nisi secundum quod mens per suam essentiam cognoscitur et amatur.*

Eustachius Atrabatensis, *Quaestio disputata tertia*, arg. 1 et sol., *in* : *De humanae cognitionis ratione anecdota quaedam seraphici doctoris sancti Bonaventurae et nonnullorum ipsius discipulorum*, Collegium S. Bonaventura, Quaracchi, 1883, p. 191-192 et 193-194 : « Per argumentum beati Augustini nono *de Trinitate*, capitulo quarto : Nullum accidens excedit suum subiectum ; amor autem et notitia excedunt suum subiectum, scilicet animam : ergo non sunt accidentia vel qualitates animae. *Minor* patet per ipsum ibi : « Mens amore, quo se amat, potest *amare* aliud praeter se. » item : « Non se solam *cognoscit* mens, sed et alia multa ». Haec sunt verba Augustini. (...) Ideo dico, quod non sunt accidentia animae, sed sunt *habitus* vel habilitates *connaturales et consubstantiales* ipsi animae, et per ipsas anima cognoscit et amat quae sunt extra se, quod nullo modo faceret sine ipsis. »

1. *Cf.* Augustinus Hipponensis, *De Trinitate*, XIV, 7, 9-10. Vide adnotationem 2, p. 70.

2. *Cf.* Aristoteles Latinus, *Categoriae vel praedicamenta*, VIII, ed. L. Minio-Paluello (AL I, 1-5), 1961, transl. Boethii, p. 25 : *Passibiles vero qualitates dicuntur non quo ea quae illas susceperint qualitates aliquid patiantur; neque enim mel, quoniam singulum eorum quae dicta sunt secundum sensus qualitatum passionis perfectiva sunt, passibiles qualitates dicuntur;* transl. Guillelmi, p. 103 : *Passive autem qualitates dicuntur non eo quod ipsa que susceperint qualitates passa sint aliquid; neque enim mel eo quod passum sit aliquid dicitur dulce, neque aliorum talium nullum; similiter autem hiis et caliditas et frigiditas passive qualitates dicuntur, non eo quod ipsa que susceperint passa sint aliquid, eo autem quod secundum sensus quelibet dictarum qualitatum sit factiva passionis passive qualitates dicuntur.*

que l'esprit se connaît lui et les autres choses et qu'il s'aime lui-même et les autres choses, que pour cela, disent-ils, il ne s'ensuit pas que la connaissance et l'amour sont des accidents ou de l'esprit ou de quelques autres choses qui sont connues ou aimées.

(2) Mais bien que leur propos soit vrai, ils ne déduisent ni ne démontrent cependant ce qui est l'intention d'Augustin, à savoir que l'esprit, la connaissance et l'amour sont substantiellement dans l'esprit et que « chacun d'eux est substance », comme il l'affirme[1]. Il faut donc affirmer, à propos des arguments avancés sur les accidents et le sens de la vue que, selon l'intention d'Augustin, [dire] que tout accident se limite à son sujet doit être entendu comme suit : aucun accident ne se rapporte à un autre sujet sur le même mode selon lequel il se rapporte à son sujet. En effet, [l'accident] se rapporte à son sujet, qui est pour lui forme et disposition, de sorte qu'il est impossible qu'il ne se limite pas à son sujet propre. Cependant, il n'agit pas dans son sujet propre comme le dit le Philosophe dans les *Catégories*[2], à savoir que ceux qui sont dans la troisième espèce

similitude des autres accidents ; secondement, ils peuvent être rapportés à l'esprit comme à ce qui est connu et aimé, et ainsi ils excèdent l'esprit parce que l'esprit non seulement s'aime et se connaît lui-même mais aussi aime et connaît les autres, et ainsi ils s'écartent de la ressemblance des accidents. En effet les autres accidents ne se rapportent pas de la même manière au sujet et aux choses extérieures par inhérence. Quant à l'amour et la connaissance, ils se rapportent d'une seule manière au sujet et aux choses extérieures, bien que ce mode soit celui par lequel ils se rapportent seulement au sujet; ainsi l'amour et la connaissance ne doivent pas être essentiellement dans l'esprit si ce n'est dans la mesure où l'esprit est connu et aimé par son essence. » ; Eustache d'Arras, *Troisième question disputée*, argument. 1 et sol., dans *De humanae cognitionis ratione anecdota quaedam seraphici doctoris sancti Bonaventurae et nonnullorum ispius discipulorum*, Collegium S. Bonaventura, Quaracchi, 1883, p. 191- 192 et 193 -194 : « [On le voit] par l'argument de saint Augustin, au neuvième livre de *La Trinité*, chapitre quatre : Aucun accident n'excède son sujet; or l'amour et la connaissance excèdent leur sujet, à savoir l'âme : ils ne sont donc pas des accidents ou des qualités de l'âme. La mineure le montre ainsi : « L'esprit, grâce à l'amour par lequel il s'aime, peut aimer les autres en raison de lui-même. » De même : « L'esprit ne se connaît pas uniquement lui-même, mais aussi beaucoup d'autres. » Ce sont les mots d'Augustin. (...). C'est pourquoi je dis qu'ils ne sont pas des accidents de l'âme, mais des habitus ou des habiletés connaturelles et consubstantielles à l'âme elle-même, et par eux, l'âme connaît et aime ceux qui sont hors d'elle, ce qu'elle ne pourrait nullement faire sans eux. »

1. *Cf.* Augustin d'Hippone, *La Trinité*, XIV, 7, 9-10. *Cf.* note 2, p. 71.

2. *Cf.* Aristote, *Les catégories*, VIII, 9a35-9b7, trad. F. Ildefonse, J. Lallot, 2002, p. 103 : « Ce n'est pas parce que les items qui les ont reçues ont subi quelque chose qu'on dit des qualités [qu'elles sont] affectives, en effet, on ne dit pas du miel qu'il est doux parce qu'il a subi quelque chose, et pas plus dans aucun des autres [cas] similaires. Et, de même, on ne dit pas [que] la chaleur et le froid [sont] des qualités affectives parce que les items qui les auraient reçues auraient subi quelque chose mais on dit qu'il s'agit de qualités affectives parce que chacune des qualités mentionnées est apte à produire une affection dans le champ des sensations. »

qualitatis, scilicet «passibiles qualitates», non eo dicuntur passibiles qualitates, quod subiecta eorum ab ipsis aliquid patiantur, sed quia sensibus ingerunt passiones. Si autem aliquid sic esset actus vel forma in aliquo, ut etiam ageret in ipsum vel circa ipsum, impossibile esset illud esse accidens, quoniam proprium est substantiae agere et pati[1]. Si etiam hoc inconveniens concederetur, quod ageret, nihilominus tamen non excederet subiectum suum sic, ut ageret in aliud, quia ageret in suum subiectum ex ea ratione, qua est propria forma et actus huius, secundum quod non excedit subiectum suum, et ideo non posset agere in aliud a subiecto suo, quia ageret in suum subiectum ex eo determinato respectu, quo est ei propria forma et dispositio.

(3) Unde efficaciter concludit ratio Augustini inducta, qua probat singulum praedictorum trium, scilicet mentem, notitiam et amorem, esse substantiam. Mens enim omni eodem modo sua notitia et amore se habet ad se et ad alia, et sic eius notitia et amor excedunt subiectum suum, et hoc quoad eam notitiam et amorem, quae sunt in abdito mentis, ut infra dicetur.

1.1. 1.3. 3. *Reicitur falsa conclusio ex Augustini ratione*

(1) Sed videtur obstare adhuc, quod secundum ea, quae dicta sunt, videtur ex eadem ratione concludi intellectum possibilem esse substantiam.

(2) Quod nullus concederet, cum per suam essentiam sit ens in potentia et fit in actu formaliter per speciem intelligibilem, quam constat non esse substantiam. Id autem, quod est substantia et essentialiter est in potentia, non actuatur essentialiter per formam, quae est accidens.

1.1. 1.3. 4. *Iterum reicitur falsa conclusio ex Augustini ratione*

(1) Videtur tamen ex dicta ratione concludi ipsum intellectum possibilem esse substantiam, quia secundum supra[2] dictum modum excedit subiectum suum. Intelligit enim se et alia.

1. *Cf.* Priscianus, *Institutiones grammaticae*. Vide adnotationem 2, p. 80.
2. *Cf.* Theodoricus Teutonicus de Vriberg, *De visione beatifica*, 1.1. 1.3. 1 (3).

de qualité, c'est-à-dire les qualités passives, ne sont pas appelés des qualités passives parce que leur sujet subit quelque chose de leur part, mais parce que les passions sont introduites par les sens. Or, si quelque chose était acte ou forme dans quelque chose d'autre de sorte qu'il agirait en lui-même ou sur lui-même, il serait impossible que celui-ci soit accident puisque c'est « le propre de la substance que d'agir et de pâtir »[1]. Aussi, si l'on concède ce point litigieux, à savoir que l'accident agirait, il se limiterait cependant néanmoins à son sujet, de sorte qu'il agirait dans quelque chose d'autre parce qu'il agirait en effet dans son sujet pour la raison que celui-ci est sa forme propre et son acte; selon ceci, l'accident se limite à son sujet et ainsi il ne peut pas agir dans quelque chose d'autre que son sujet parce qu'il agirait dans son sujet par ce rapport déterminé selon lequel celui-ci est pour lui forme propre et disposition.

(3) C'est pourquoi le raisonnement d'Augustin, par lequel il prouve que chacune des trois choses dites auparavant, à savoir l'esprit, la connaissance et l'amour, est substance, conclut efficacement. En effet, l'esprit se rapporte de la même façon à soi et aux autres choses par la connaissance et par l'amour, et ainsi sa connaissance et son amour ne se limitent pas à leur sujet, et ce par cette connaissance et cet amour situés dans le fond secret de l'âme comme il sera dit plus bas.

1.1. 1.3. 3. *On rejette la fausse conclusion tirée de l'argument d'Augustin*

(1) Mais il semble que jusqu'ici quelque chose fasse obstacle : il semble que de ce qui a été dit on puisse conclure, par le même raisonnement, que l'intellect possible est substance.

(2) Cette conclusion, nul ne la concèderait puisque par son essence, [l'intellect possible] est un étant en puissance et devient formellement en acte par l'espèce intelligible, dont on constate qu'elle n'est pas substance. Or ce qui est substance et qui est essentiellement en puissance, n'est pas essentiellement actualisé par la forme qui est un accident.

1.1. 1.3. 4. *On rejette de nouveau la fausse conclusion tirée de l'argument d'Augustin*

(1) Il semble cependant, à partir de l'argument énoncé, que l'on puisse conclure que l'intellect possible est lui-même substance parce que, selon le mode énoncé plus haut[2], il ne se limite pas à son sujet. Il s'intellige en effet lui et les autres choses.

1. *Cf.* Priscien, *Institutions grammaticales*, XVII, 14. *Cf.* note 2, p. 81.
2. *Cf.* Dietrich de Freiberg, *Traité de la vision béatifique*, 1.1. 1.3. 1. (3).

(2) Ad quod intelligendum, quod ex saepe dicta ratione non potest concludi de intellectu possibili, quod sit substantia simpliciter. Cum enim actu intelligit se, non sic intelligit se, quod ipse idem actus intelligendi sit obiectum talis intellectionis, sed intelligit se, inquantum intelligit se olim factum in actu per aliam intellectionem, et sic intelligit se sicut alia secundum Philosophum[1] et exponit Commentator[2], quod, sicut alia intelligit per actus et formas suas, quibus talia sunt aliquid in actu, sic intelligit se, inquantum aliquando factus est in actu per speciem intelligibilem aliam ab ea, qua nunc intelligit, et sic ipse sub uno actu intellectionis existens intelligit se sub alio actu intellectionis, sub quo fuit, et sic intelligit se sicut alia, videlicet secundum differentiam intelligentis et intellecti.

(3) Unde secundum hoc non habet in eo locum hoc, quod inducebatur, scilicet quod intelligendo alia a se excedat subiectum suum. Numquam etiam se ipsum intelligit nisi inquantum aliud.

1. *Cf.* Aristoteles Latinus, *De anima*, III, 4. Vide adnotationem 2, p. 84.

2. *Cf.* Averroes, *In Aristotelis De anima III*, t. comm. 15, ed. F. S. Crawford, 1953, p. 434, l. 6-20 : *Cum dubitavit de intellectu materiali utrum intellectum ex eo est ipse intellectus aut aliud aliquo modo, et oportet, si intellectus in eo est ipsum intellectum, ut sit intellectum per se, non per intentionem in eo, et si fuerit aliud aliquo modo, ut sit intellectum per intentionem in eo, incoepit declarare quod est intellectum per intentionem in eo, sicut alie res intellecte, sed differt ab eis in hoc quod illa intentio est in se intellectus in actu, et in aliis rebus est intellectus in potentia. Et dixit : Et est etiam intellectum, sicut intellecta. Id est, et est intellectum per intentionem in eo, sicut alie res intellecte. Deinde demonstrationem super hoc. Et dixit : Formare enim per intellectum, etc. Id est, et necesse est ut sit intellectum per intentionem in eo, quia formare per intellectum et formatum idem sunt in rebus non materialibus. Et si iste intellectus esset intellectus per se, contingeret ut scientia speculativa et scitum essent idem, quod est impossibile*.

(2) A ce propos, il faut comprendre qu'à partir de ce principe, on ne peut pas conclure que l'intellect possible soit absolument substance. En effet, bien qu'il s'intellige lui-même en acte, il ne s'intellige pas d'une manière telle que cet acte d'intelliger soit identique à l'objet de cette intellection, mais il s'intellige dans la mesure où il s'intellige comme ayant été auparavant actualisé par une autre intellection et ainsi, il s'intellige lui-même comme [il intellige] les autres [intelligibles], selon le Philosophe[1]. Le Commentateur[2] expose aussi que de la même manière que [l'intellect possible] intellige les autres [intelligibles] par ses actes et par ses formes, par lesquels ces [intelligibles] sont quelque chose en acte, il s'intellige de la même manière lui-même, dans la mesure où, à un moment donné, il a été actualisé par une espèce intelligible autre que celle par laquelle il intellige maintenant. Et de cette façon, existant lui-même sous un seul acte d'intellection, il s'intellige sous un acte d'intellection différent de celui sous lequel il était [auparavant], et ainsi il s'intellige lui-même comme il intellige les autres [intelligibles], c'est-à-dire selon une différence entre ce qui intellige et ce qui est intelligé.

(3) C'est pourquoi, selon ce principe, n'a pas lieu en l'intellect possible ce qui a été dit auparavant, à savoir qu'en intelligeant autre chose que lui, il ne se limite pas à son sujet. Aussi, il ne s'intellige jamais lui-même, si ce n'est en tant qu'autre.

1. *Cf.* Aristote, *De l'Âme*, III, 4, 429b9-10. *Cf.* note 2, p. 85.

2. *Cf.* Averroès, *Grand commentaire du De l'Âme*, l. III, comm. 15, trad. A. de Libera, dans Averroès, *L'intelligence et la pensée, Grand commentaire du De Anima, l. III*, Paris, Flammarion, 1998, p. 102-103 : « S'étant demandé au sujet de l'intellect matériel si son intelligible n'est autre que l'intellect même ou s'il est autre chose sous un mode quelconque, et puisque si l'intellect est en lui-même l'intelligible, il faut que [l'intelligible] soit intelligible par soi et non grâce à la [présence] en lui d'une forme, tandis que [réciproquement] si c'est autre [chose que l'intellect qui dans l'intellect est] sous un mode quelconque [l'intelligible], il faut que [l'intellect] soit intelligible grâce à la [présence] en lui d'une forme, Aristote entreprend de montrer qu'il est intelligible grâce à [la présence] en lui d'une forme, comme les autres choses intelligibles, mais qu'il diffère d'elles en ce que cette forme est en lui intellect en acte, alors que dans les autres choses, elle est intellect en puissance. Et il dit : *Et il est aussi intelligible, comme le sont les intelligibles*. C'est-à-dire : et il est intelligible par [la présence] d'une forme en lui, comme les autres choses intelligibles. Ensuite il en fournit la démonstration. Et il dit : *En effet, [l'acte de] concevoir par l'intellect, etc.* C'est-à-dire : et il est nécessaire qu'il soit intelligible grâce à la [présence] en lui d'une forme, car [l'acte de] concevoir par l'intellect et ce qui est conçu par l'intellect sont identiques [seulement] dans les choses immatérielles, or si cet intellect était intellect par soi, il faudrait que la science théorique et ce qu'elle connaît soient [en lui] identiques [par soi], ce qui est impossible. »

1.1.1.3.5. *Concessio extra deductionem rationis Augustini*

(1) Posset tamen concedi et vere conceditur extra deductionem saepe dictae rationis Augustini, quod etiam quoad intellectum possibilem verum est, quod haec tria, scilicet mens, notitia, amor, substantialiter et essentialiter sunt in mente ita, quod quodlibet eorum est mens ipsa per essentiam accipiendo amorem, secundum quod nominat solam inclinationem secundum formam rationis seu intellectus circumscripto omni appetitu inferiore. Sic enim non per aliquam formam vel speciem differentem per essentiam, sed se ipsa mens noscit et amat.

(2) Unde Augustinus IX *De Trinitate* c. 13[1] : « Quomodo autem illa tria non sunt eiusdem essentiae, non video, cum mens se ipsa amet et se ipsa noverit. » Quamvis autem istud verbum Augustinus velit intelligi de abdito mentis, si tamen extendamus ipsum ad intellectum possibilem, concordat cum eo hoc, quod dicit Commentator *Super III De anima*[2], quod magis fit unum ex intellectu et specie intelligibili quam ex materia et forma. Ex materia enim et forma fit aliquod tertium, quod nec est materia nec forma. Species autem intelligibilis fit intellectus. Et secundum hoc mens etiam quoad intellectum possibilem se ipsa essentialiter noscit seu intelligit et amat non per aliquid extrinsecum ab essentia sua secundum modum, qui dictus est.

1. Augustinus Hipponensis, *De Trinitate*, IX, 4, 7, BA t. 16, 1997, p. 86-88 : *Quomodo autem illa tria non sint eiusdem essentiae non uideo, cum mens ipsa se amet atque ipsa se nouerit atque ita sint haec tria ut non alteri alicui rerum mens uel amata uel nota sit*.

2. *Cf.* Averroes, *In Aristotelis De anima III*, t. comm. 5, ed. F. S. Crawford, 1953, p. 404, lin. 503-508 : *Et est etiam manifestum quod materia et forma copulantur adinvicem ita quod congregatum ex eis sit unicum, et maxime intellectus materialis et intentio intellecta in actu; quod enim componitur ex eis non est aliquod tertium aliud ab eis sicut est de aliis compositis ex materia et forma*.

1.1.1.3.5. *Concession au-delà de la [stricte] déduction de l'argument d'Augustin*

(1) On pourrait cependant concéder un point, et on le concède effectivement, au-delà de la [stricte] déduction de cet argument d'Augustin : en ce qui concerne l'intellect possible, il est vrai que ces trois, à savoir l'esprit, la connaissance, et l'amour, sont substantiellement et essentiellement dans l'esprit de sorte que n'importe lequel d'entre eux est l'esprit lui-même par essence en recevant l'amour, selon que l'on désigne l'inclination d'après la forme de la raison ou de l'intellect, en écartant tout appétit inférieur. Ainsi, ce n'est pas par une certaine forme ou par une espèce différente par essence, mais par lui-même que l'esprit se connaît et s'aime lui-même.

(2) C'est pourquoi Augustin [dit] au chapitre 13 du livre IX de *La Trinité*[1] : « Comment par contre les trois éléments de l'âme n'appartiendraient pas à la même substance, je ne le vois pas, étant donné que c'est l'âme qui s'aime, l'âme qui se connaît. » Or, bien qu'Augustin veuille que ces mots soient compris au sujet du fond secret de l'âme, si nous les étendons toutefois à l'intellect possible, cela concorde avec ce qu'a dit le Commentateur dans le *Commentaire du livre III du De l'Âme*[2], à savoir que ce qui résulte de [l'union] entre l'intellect et l'espèce intelligible fait un, plus que ce qui résulte de la matière et de la forme. En effet, à partir de la matière et de la forme est créée une troisième chose, différente, qui n'est ni matière, ni forme. En revanche, l'espèce intelligible devient intellect. Et selon ce raisonnement, l'esprit aussi, en tant qu'intellect possible, se connaît ou s'intellige lui-même essentiellement et aime par quelque chose qui n'est pas extérieur à son essence, de la manière dont on a parlé.

1. *Cf.* Augustin d'Hippone, *La Trinité*, IX, 4, 7, BA t. 16, trad. P. Agaësse, 1997, p. 89 : « Comment par contre les trois éléments de l'âme n'appartiendraient pas à la même substance, je ne le vois pas, étant donné que c'est l'âme qui s'aime, l'âme qui se connaît, et que l'union des trois est telle que, aimée ou connue, l'âme ne l'est pas par quelqu'un de ces deux autres éléments. »

2. Averroès, *Grand commentaire du De l'Âme*, III, comm. 5, trad. A. de Libera, dans Averroès, *L'intelligence et la pensée, Grand commentaire du De Anima, l. III*, 1998, p. 73 : « Et il est aussi manifeste que la matière et la forme s'unissent l'une à l'autre d'une manière telle que l'agrégat qui en résulte ne fait qu'un. C'est par excellence le cas de l'intellect matériel et de "l'intention" intelligible en acte : ce qui se compose à partir d'eux, comme c'est le cas des autres composés de matière et de forme. »

1.1.1.3.6. *Locus deductionis rationis Augustini*

(1) Quamvis autem saepe dictae rationis Augustini deductio fundata super hoc, quod dicit accidens non excedere subiectum suum, non habeat locum in formis, quae sunt principia agendi in rebus naturalibus, ut sunt calor et frigus et similia, quo videlicet possit concludi ipsa esse substantias, item nec in viribus sensitivis efficaciam habet, ut ostensum est[1]. Sed nec quoad intellectum possibilem ex ea concludi potest ipsum esse substantiam. Et tamen ipsam Augustinus adducit de mente ostendens haec tria, scilicet mentem, notitiam, amorem, esse unius essentiae et singula horum trium esse substantiam. Ostendendum nunc, quod hoc veritatem habet in illa portione mentis, quam vocat abditum mentis, quod est intellectus agens. Ex quo concludendum est ipsum esse substantiam.

(2) Ad cuius evidentiam considerandum primo, quod abditum mentis, de quo agitur, semper stat in lumine actualis intelligentiae et semper actu intelligit; secundo, quod tali intellectione se ipsum intelligit per suam essentiam; tertio, quod ipsum idem, cum sit intellectus per essentiam et semper in actu suae intellectionis, est quaedam similitudo et exemplar[2] totius entis in eo, quod ens, secundum quod totum ens secundum omnem sui ambitum sibi intellectualiter praesens est et omnia actu intelligit; quarto, quod, sicut se ipsum, sic omnia alia intelligit per suam essentiam et eodem modo, quo se ipsum intelligit, et eadem simplici intellectione; quinto ex hoc concludendum propositum, scilicet quod praedicta ratio Augustini locum habet in abdito mentis et quod ex ea concluditur ipsum esse substantiam.

1. *Cf.* Theodoricus Teutonicus de Vriberg, *De visione beatifica*, 1.1.1.3.1.-1.1.1.3.2.

2. *Cf.* Aristoteles Latinus, *De anima*, III, 6-7, transl. Michaeli Scoti, *in* Averroes, *In Aristotelis De anima III*, ed. F. S. Crawford, 1953, p. 479 et 503 : *Illud enim quod est in actu universaliter est intellectus qui est in actu. (...) Congregemus igitur secundum summam ea que dicta sunt in anima. Dicamus igitur quod anima est quoquo modo alia entia. Entia enim aut sunt intellecta aut sensata. Scire vero res intellectas est secundum modum sentiendi rem sensatam;* transl. Jacobi Venetici, *in* Anonymi Magistri artium, *Lectura in librum de anima a quodam discipulo reportata*, ed. R. Gauthier, 1985, p. 478 et 484 : *Omnino autem intellectus est secundum actum res intelligens. (...) Nunc autem, de anima dicta recapitulantes, dicamus iterum quod anima ea que sunt quodam modo est omnia : aut enim que sunt sensibilia aut que intelligibilia sunt.*; transl. Guillelmi, *in* Thomas de Aquino, *Sentencia libri de anima*, ed. Leon. 1984, p. 229 et 235 : *Omnino autem intellectus est, qui secundum actum, res. (...) Nunc autem de anima dicta recapitulantes, dicamus iterum quod omnia ea que sunt quodam modo est anima : aut enim sensibilia que sunt aut intelligibilia, est autem sciencia quidem scibilia quodam modo, sensus autem sensibilia.*

1.1. 1.3. 6. *Moment de la déduction du raisonnement d'Augustin*

(1) De plus, la déduction tirée du raisonnement susdit d'Augustin est fondée sur le fait qu'il soutient que l'accident se limite à son sujet et qu'il n'a pas sa place dans les formes qui sont les principes d'action dans les choses naturelles comme le sont la chaleur, le froid et ce qui s'y apparente, c'est-à-dire ce par quoi on peut conclure que celles-ci sont des substances, de même [l'accident] n'a pas d'efficience dans les puissances sensitives, comme on l'a montré[1]. On ne peut toutefois pas conclure à partir cette déduction que l'intellect possible est lui-même substance. Augustin expose cependant le même raisonnement au sujet de l'esprit, montrant que les trois, à savoir l'esprit, la connaissance et l'amour appartiennent à une seule essence et que chacun de ces trois est substance. Il faut à présent montrer que ceci est vrai dans une partie de l'esprit, celle qu'on appelle fond secret de l'âme, qui est l'intellect agent. De là, il faut conclure qu'il est lui-même substance.

(2) Pour que ceci devienne clair, il faut premièrement examiner comment le fond secret de l'âme, dont on parle, se tient toujours dans la lumière de l'intelligence actuelle et qu'il intellige toujours en acte; deuxièmement, que par une telle intellection, il s'intellige lui-même par son essence; troisièmement, que lui-même, comme il est intellect par essence et toujours en acte de son intellection, est une certaine ressemblance et le paradigme[2] de tout étant en ce qui est étant du fait que l'étant entier, dans sa totalité, est présent intellectuellement à lui et qu'il intellige tout en acte; quatrièmement, que, de la même manière qu'il s'intellige lui-même, il intellige toutes les autres choses par son essence et de la même manière dont il s'intellige et par la même intellection simple; cinquièmement, de tout ceci, il faut conclure que le raisonnement d'Augustin, énoncé plus tôt, se réfère au fond secret de l'âme et de là il faut déduire qu'il est lui-même substance.

1. *Cf.* Dietrich de Freiberg, *Traité de la vision béatifique*, 1.1. 1.3. 1 et 1.1. 1.3. 2.

2. *Cf.* Aristote, *De l'Âme*, III, 7, 431b17, trad. R. Bodeüs, 1993, p. 238 : « Mais globalement, l'intelligence qui est en activité s'identifie aux affaires qu'elle pense. (…) Mais pour l'instant, résumons ce qu'on a dit de l'âme, en répétant que l'âme est, d'une certaine façon, l'ensemble des réalités. »

1.1.2. *Intellectus agens semper actu intelligit*

1.1.2.1. *Patet ex ratione*

(1) Primum istorum, videlicet quod abditum mentis semper stat in lumine suae actualis intelligentiae, patet, quoniam, cum ipsum in sua substantia sit intellectus per essentiam, quem philosophi intellectum agentem vocant, nec alicui variationi subiciatur quantum ad exitum de potentia ad actum tam quantum ad dispositionem aliquam substantialem quam etiam accidentalem, necesse est ipsum semper fixum esse in eodem modo suae substantiae[1]. Igitur si intelligit, semper intelligit.

(2) Quod autem intelligat, patet, quoniam ipsum est intellectus per essentiam et eius essentia intellectualitas est. Nec dicitur intellectus per solam denominationem quasi ab effectu suo, inquantum efficit intellecta in nobis, sed formali et essentiali praedicatione ex proprio modo et actu quiditativo suae essentiae. Hoc enim importat proprietas et modus suae separationis et impermixtionis cuiuscumque extraneae naturae[2]. Ens enim sic separatum, sic impermixtum nec partibus nec cuicumque extraneae naturae nitens in intraneitate suae essentiae necessario intellectualiter existit.

(3) Quod autem ipse est principium et causa intellectorum in nobis quantum ad intellectum possibilem, hoc efficaciter arguit propositum. Non enim est causa intellectorum instrumentalis seu accidentalis, sed essentialis. Se ipso enim et non instrumentaliter motus ab alio est causa intellectorum. Oporteret enim, si instrumentaliter moveretur ab alio ad faciendum intellecta in nobis, ipsum aliter et aliter moveri ad causandum alia et alia intellecta in nobis, et si hoc, ergo vel moveretur intellectualiter recipiens in se aliam et aliam intellectionem et sic exiret de potentia ad actum intelligendi, quod est impossibile, vel saltem iam haberetur propositum, videlicet quod ipse intelligit. Si autem non moveretur intellectualiter,

1. *Cf.* Albertus Magnus, *De unitate intellectus*, ed. A. Hufnagel, Münster, Aschendorff, 1975, p. 22, l. 26-30 : *Omnium enim Peripateticorum est ista sententia, quod substantia intellectualis, quam Arabes philosophi vocant intelligentiam, est substantia stans et in esse fixa per causam primam et ab ipsa habet in esse necessitatem.*

2. *Cf.* Aristoteles Latinus, *De anima*, III, 5, transl. Michaeli Scoti, Averroes, *In Aristotelis De anima III*, ed. F. S. Crawford, 1953, p. 440 : *Et iste intellectus etiam est abstractus, non mixtus neque passibilis, et est in sua substantia actio;* transl. Jacobi Venetici, *in* Anonymi Magistri artium, *Lectura in librum de anima a quodam discipulo reportata*, ed. R. Gauthier, 1985, p. 459 : *Et hic intellectus separatus et inmixtus et inpassibilis. Et substantia actu est;* transl. Guillelmi, *in* Thomas de Aquino, *Sentencia libri de anima*, ed. Leon. 1984, p. 218 : *Et hic intellectus separabilis et inpassibilis et inmixtus, substancia actu ens.*

1.1.2. *L'intellect agent intellige toujours en acte*

1.1.2.1 *Ce que l'on déduit par la raison*

(1) Grâce au premier des points énoncés, il est clair que le fond secret de l'âme se tient toujours dans la lumière de son intelligence actuelle, puisque lui-même est dans sa substance intellect par essence, qu'il est ce que les philosophes appellent intellect agent, qu'il n'est assujetti ni à une certaine variation quant à son passage de la puissance à l'acte ni à une certaine disposition tant substantielle qu'accidentelle et qu'il est nécessaire que lui-même soit toujours fixé dans le même mode, qui est celui de sa substance[1]. Ainsi, s'il intellige, il intellige toujours.

(2) Il est en outre clair qu'il intellige puisqu'il est lui-même intellect par essence et que son essence est intellectualité. Il n'est pas appelé intellect en raison d'une dénomination simple, comme à partir de son effet, dans la mesure où il produit en nous des intelligés, mais en raison d'une prédication formelle et essentielle, à partir de son mode propre et de l'acte quiditatif de son essence. Ceci implique, en effet, les propriétés et les modes de sa séparation et de son non-mélange avec n'importe quelle nature extérieure[2]. L'étant, ainsi séparé, ainsi non-mélangé ni dans ses parties, ni avec une autre nature extérieure, brillant dans l'intérieur de son essence, existe nécessairement intellectuellement.

(3) Or, que [l'intellect agent] lui-même soit principe et cause des intelligés en nous selon l'intellect possible, notre propos le prouve efficacement. Il n'est pas, en effet, la cause instrumentale ou accidentelle des intelligés, mais il en est la cause essentielle. C'est en effet par lui-même et non de manière instrumentale, mû par un autre, qu'il est cause des intelligés. Si l'intellect agent était mû de manière instrumentale par un autre pour produire en nous des intelligés, il faudrait, en effet, qu'il soit lui-même, d'une manière ou d'une autre, mû pour causer tel ou tel intelligé en nous. S'il en était ainsi, alors, soit il serait mû intellectuellement en recevant telle ou telle intellection et passerait ainsi de la puissance à l'acte d'intelliger, ce qui est impossible; soit il intelligerait par lui-même, et l'on tiendrait désormais pour acquis notre propos, à savoir que lui-même intellige. S'il n'était pas mû intellectuellement, c'est-à-dire non pas selon

1. *Cf.* Albert le Grand, *De l'unité de l'intellect*, éd. A. Hufnagel, 1975, p. 22, l. 26-30: « Cette doctrine – selon laquelle la substance intellectuelle que les philosophes arabes appellent "intelligence" est une substance qui se tient et est fixée dans l'être par la Cause première et a par elle la nécessité dans l'être – est en effet celle de tous les Péripatéticiens. »

2. *Cf.* Aristote, *De l'Âme*, III, 5, 430a18, Trad. R. Bodeüs, 1993, p. 228: « Et cette intelligence est séparée, sans mélange et impassible, puisqu'elle est substantiellement activité. »

videlicet non secundum diversas intellectuales dispositiones, sed secundum alias quascumque, ergo aliae dispositiones extraneae a natura intellectus essent in eo, qui est intellectus per essentiam, ex quo sequeretur ipsum non esse vere separatum et immixtum, quod absurdum est ponere in intellectu.

(4) Relinquitur igitur intellectum agentem esse principium intellectorum et causam essentialem. Ex quo sequitur ex proprietate et natura, quae est per se causae essentialis, quod nobiliore et perfectiore modo praehabet in se causata sua quam sint in se ipsis, id est quam sint in intellectu possibili. Igitur multo magis in intellectu agente quam in intellectu possibili, immo multo nobiliore et separatiore modo huiusmodi intellecta intellectualiter existunt. Aliter enim impossibile esset ipsum esse principium et causam eis. Unde Philosophus comparans intellectum agentem possibili dicit III *De anima*[1], quod « semper nobilius est agens patiente et principium materia ». Cuius sententiae ratio ex immediato hoc dicto descendit.

1.1.2.2. *Aliquorum rudi expositio propositionis 'Omne agens praestantius est patiente' et reiectio eius*

(1) Contemnenda est autem aliquorum rudis expositio, qua exponunt iam dicti Philosophi verbum et Augustini, qui dicit *Super Genesim* l. XII c. 29, quod « omne agens praestantius est patiente »[2]. Verum est, inquiunt, inquantum agit, sed non simpliciter est nobilius seu praestantius.

(2) Sed ista expositio omnino est contra intentionem iam dictorum auctorum. Arguunt enim ipsius causae agere ex nobilitate causae et principii actionis in ipsa, non autem imponunt causis nobilitatem ex ipsa actione. Alias enim non valeret ratio Augustini, quam adducit *Super Genesim* l. XII c. 29, ad probandum, quod corpus non agit

1. Aristoteles Latinus, *De anima* III, 5, transl. Michaeli Scoti, Averroes, *In Aristotelis De anima III*, ed. F.S. Crawford, 1953, p. 440 : *Agens enim semper est nobilius patiente, et principium nobilius materia ;* transl. Jacobi Venetici, *in* Anonymi Magistri artium, *Lectura in librum de anima a quodam discipulo reportata*, ed. R. Gauthier, 1985, p. 459 : *Semper enim honorabilius est agens paciente, et principium materia*; transl. Guillelmi, *in* Thomas de Aquino, *Sentencia libri de anima*, ed. Leon. 1984, p. 218 : *Semper enim honorabilius est agens paciente et principium materia*.

2. Augustinus Hipponensis, *De Genesi ad litteram libri duodecim*, XII, 16, 33, BA t. 49, Paris, Institut d'études augustiniennes, 2000, p. 382 : *Omni enim modo praestantior est qui facit ea re, de qua aliquid facit. Neque ullo modo spiritu praestantius est corpus, immo perspicuo modo spiritus corpore*.

des dispositions intellectuelles différentes, mais selon certaines autres, il y aurait alors dans l'intellect, qui est intellect par essence, des dispositions extérieures à la nature de l'intellect. Il s'ensuivrait donc que lui-même ne serait pas vraiment séparé et non-mélangé, ce qu'il est absurde de poser au sujet de l'intellect.

(4) Il en résulte par conséquent que l'intellect agent est principe et cause essentielle des intelligés. De cela il s'ensuit, selon la propriété et la nature par soi de la cause essentielle, qu'il possède préalablement en lui ses effets d'une manière plus noble et plus parfaite qu'ils ne le sont en eux-mêmes, à savoir que ce qu'ils sont dans l'intellect possible. Les choses intelligées existent donc intellectuellement beaucoup plus dans l'intellect agent que dans l'intellect possible, ou plutôt sur un mode beaucoup plus noble et séparé. Autrement, il serait en effet, impossible que lui-même soit leur principe et leur cause. C'est pourquoi le Philosophe, comparant l'intellect agent à l'intellect possible, dit au livre III du *De l'Âme*[1] que « l'agent est toujours plus noble que le patient et le principe plus noble que la matière ». La raison de cette doctrine découle de ce qui vient d'être dit.

1.1.2.2. *Interprétation grossière de certains du propos : « Tout agent est plus éminent que le patient » et rejet de celle-ci*

(1) Mais, il faut n'avoir que mépris pour la grossière manière dont certains exposent ces paroles du Philosophe et celles d'Augustin, au chapitre 29 du livre XII de *Sur la Genèse*, que tout agent est plus éminent que le patient[2]. Ceci est vrai, disent certains, dans la mesure où il agit, mais il n'est pas absolument plus noble ou plus éminent.

(2) Cette interprétation est cependant complètement contre l'intention des auteurs mentionnés. Ces derniers posent, en effet, l'agir de cette cause en raison de la noblesse de la cause et du principe de l'action en elle-même, mais ils n'établissent pas la noblesse de la cause en raison de l'action elle-même. Autrement, l'argument qu'Augustin introduit au chapitre 29 du livre XII du *La Genèse au sens littéral*, pour prouver que le corps n'agit pas

1. *Cf.* Aristote, *De l'Âme*, III, 5, 430a19, trad. R. Bodeüs, 1993, p. 228-229 : « Toujours, en effet, ce qui produit surpasse en dignité ce qui subit et le principe surpasse la matière. »

2. Augustin d'Hippone, *La Genèse au sens littéral*, XII, 16, 33, BA t. 49, trad. P. Agaësse et A. Solignac, Paris, Institut d'études augustiniennes, 2000, p. 382 : « Car sous tous les rapports, celui qui agit l'emporte sur la réalité sur laquelle il agit ; et, d'aucune manière, le corps ne l'emporte sur l'esprit, mais bien, c'est évident, l'esprit sur le corps. »

in spiritum, nec comparatio Philosophi, qua comparat intellectum agentem possibili tamquam simpliciter nobiliorem[1].

(3) Patet igitur ex dictis, quod abditum mentis, quod est intellectus agens, semper intelligit.

1.1.2.3. *Manifestum est auctoritate*

(1) Quod etiam manifestum est auctoritate. Dicit enim Philosophus III *De anima*[2] loquens de intellectu agente : « Substantia actu est. » Ubi secundum aliam translationem[3] habetur : « Est in sua substantia actio. » Et infra[4] : « Idem autem est secundum actum scientia rei. » Et infra[5] : « Sed

1. Verbi gratia : Thomas de Aquino, *In IV Sent.*, dist. 1, q. 1, art. 4, ed. M.F. Moos, Paris, Lethielleux, 1947, p. 33 : *Ad tertium dicendum quod agens non semper est nobilius patiente simpliciter loquendo, sed inquantum est agens.*; *Quaest. disp. de veritate*, q. 26, a. 8, ad. 1, ed. Leon, 1973, p. 774 : *Ad primum ergo dicendum quod non oportet agens esse simpliciter praestantius patiente sed secundum quid, scilicet in quantum est agens.*

Matthaeus ab Aquasparta, *Quaestiones de anima separata*, q. VI, sol. 1, Quaracchi, 1959, p. 111 : *Et quod ulterius arguit : 'omne agens praestantius est patiente, et omnis spiritus nobilior est omni corpore', dico quod omne agens, inquantum agens, est nobilius, non tamen oportet quod sit simpliciter nobilius, sicut omne perficiens nobilius est perfectibili, in quantum perficiens, non tamen simpliciter : nam accidens perficit substantiam nec est nobilius substantia.*

Vide etiam : Thomas de Aquino, *In IV Sent.*, dist. 32, q. 1, a. 3, arg. 1 ; *Summa theologiae* I, q. 79 a. 2, obi. 3, ed. Leon, 1889, p. 259; *Summa theologiae* II-II, q. 184 a. 7 co., ed. Leon, 1899, p. 461 ; *Summa theologiae* III, q. 8, a. 5 co., ed. Leon, 1903, p. 132; *Summa theologiae*, III, q. 15 a. 4 arg. 1, ed. Leon. 1903, p. 188; *Quaestiones disputatae de veritate*, q. 26, a. 1, arg. 1., ed. Leon, 1973, p. 745; *Quaestiones disputatae de veritate*, q. 27, a. 4, arg. 11, ed. Leon, 1973, p. 802.

2. Aristoteles Latinus, *De anima*, III, 5, transl. Jacobi Venetici, *in* Anonymi Magistri artium, *Lectura in librum de anima a quodam disciplo reportata*, ed. R. Gauthier, 1985, p. 459 : *Et hic intellectus separatus et inmixtus et inpassibilis. Et substantia actu est;* transl. Guillelmi, *in* Thomas de Aquino, *Sentencia libri de anima*, ed. Leon. 1984, p. 218 : *Et hic intellectus separabilis et inpassibilis et inmixtus, substancia actu ens*.

3. Aristoteles Latinus, *De anima*, III, 5, transl. Michaeli Scoti, *in* Averroes, *In Aristotelis De anima III*, ed. F. S. Crawford, 1953, p. 440 : *Et iste intellectus etiam est abstractus, non mixtus neque passibilis, et est in sua substantia actio*.

4. Aristoteles Latinus, *De anima*, III, 5, transl. Michaeli Scoti, *in* Averroes, *In Aristotelis De anima III*, ed. F.S. Crawford, 1953, p. 440 : *Et scientia in actu eadem est cum re.*; transl. Jacobi Venetici, *in* Anonymi Magistri artium, *Lectura in librum de anima a quodam disciplo reportata*, ed. R. Gauthier, 1985, p. 459 : *Idem autem est secundum actum sciencia rei;* transl. Guillelmi, *in* Thomas de Aquino, *Sentencia libri de anima*, ed. Leon. 1984, p. 218 : *Idem autem est secundum actum sciencia rei.*

5. Aristoteles Latinus, *De anima*, III, transl. Michaeli Scoti, *in* Averroes, *In Aristotelis De anima III*, ed. F. S. Crawford, 1953, p. 443 : *Neque quandoque intelligit et quandoque non intelligit*; transl. Jacobi Venetici, *in* Anonymi Magistri artium, *Lectura in librum de anima a*

dans l'esprit, ne serait pas valable; de même la comparaison du Philosophe par laquelle il compare l'intellect agent à l'intellect possible comme étant absolument plus noble ne serait pas recevable[1].

(3) Il est donc clair, d'après ce que l'on a dit, que le fond secret de l'âme, qui est l'intellect agent, intellige toujours.

1.1.2.3. *Ce que l'on déduit par l'autorité*

(1) Et maintenant, [voyons] ce que l'on déduit par l'autorité. Le Philosophe dit, en effet, au livre III du *De l'Âme*[2], en parlant de l'intellect agent: « Il est substance en acte. » Ce qui signifie selon une autre traduction[3]: « L'action est dans sa substance. » Et plus loin[4]: « Or de même, selon l'acte, il est science des choses. » Et plus bas[5] : « Mais il ne faut

1. Voir par exemple : Thomas d'Aquin, *Commentaire sur le livre des Sentences*, IV, d. 1, q. 1, a. 4, éd. M. F. Moos, 1947, p. 33 : « En troisième, il faut dire que l'agent n'est pas toujours plus noble que le patient, en parlant de manière absolue, mais il l'est en tant qu'il est agent. » ; *Questions disputées sur la vérité*, q. 26, a. 8, ad. 1, éd. Léon, 1973, p. 774 : « En premier, il faut donc dire qu'il n'importe pas que l'agent soit absolument plus élevé que le patient, mais il l'est relativement, c'est-à-dire en tant qu'il est agent. »

Matthieu d'Aquasparta, *Questions disputées sur l'âme séparée*, q. VI, sol. aux objections 1, Quaracchi, 1959, p. 111 : « Il argumente ensuite de la manière suivante : "tout agent est plus noble que le patient et tout esprit est plus noble que tout corps". Je dis que tout agent est plus noble en tant qu'il est agent et n'est pas plus noble absolument, de même tout ce qui parachève est plus noble que tout ce qui peut être parachevé dans la mesure où il parachève et n'est pas plus noble de manière absolue : tout accident parachève en effet la substance et n'est pourtant pas plus noble que la substance. »

Cf. aussi pour une utilisation de cet adage : Thomas d'Aquin, *Commentaire sur le livre des Sentences*, l. IV, d. 32, q. 1, a. 3, arg. 1 ; *Somme théologique* I, q. 79, a. 2, obj. 3 ; *Somme théologique* II-II, q. 184, a. 7, co. ; *Somme Théologique* III, q. 8, art. 5, co. ; *Somme théologique*, III, q. 15 a. 4 arg. 1 ; *Questions disputées sur la vérité*, q. 26, art. 1, arg. 1 ; *Questions disputées sur la vérité*, q. 27, a. 4, arg. 11.

2. Aristote, *De l'Âme*, III, 5, 430a18, trad. R. Bodeüs, 1993, p. 228-229 : « Toujours, en effet, ce qui produit surpasse en dignité ce qui subit et le principe surpasse la matière ».

3. Aristote, *De l'Âme*, III, 5, 430a17-19 cité par Averroès, *Grand Commentaire du De l'Âme*, III, 430a17-19, trad. A. de Libera, dans Averroès, *L'intelligence et la pensée, Grand commentaire du De Anima, l. III*, 1998, p. 109 : « Et cet intellect aussi est séparé, non-mélangé ni passible, et il est dans son essence activité. »

4. Aristote, *De l'Âme*, III, 5, 430a19-20, trad. R. Bodeüs, 1993, p. 229 : « La science en exercice, d'autre part, s'identifie à ce dont elle traite. »

5. Aristote, *De l'Âme*, III, 5, 430a22, trad. R. Bodeüs, 1993, p. 229 : « Or il est exclu que l'intelligence tantôt opère, tantôt non. »

non aliquando quidem intelligit, aliquando non.» Quod quidam[1] de intellectu possibili nituntur exponere, videlicet ut, quando intellectus possibilis factus est in actu et actu intelligit, tunc non « aliquando intelligit, aliquando non », sed semper, quod ridiculosum est. Sic enim posset dici de cursu Socratis, scilicet quod, quando currit actu, non aliquando currit, aliquando non, sed semper et necessario, secundum illud Philosophi in *Perihermeneias*[2] : « Esse, quod est, quando est, necessario est. »

(2) Est etiam haec sententia, videlicet quod intellectus agens intelligit, omnium Peripateticorum et omnium secundum eos philosophantium usque

quodam discipulo reportata, ed. R. Gauthier, 1985, p. 459 : *Set non aliquando quidem intelligit, aliquando vero non intelligit;* transl. Guillelmi, *in* Thomas de Aquino, *Sentencia libri de anima*, ed. Leon. 1984, p. 218 : *Set non aliquando quidem intelligit, aliquando uero non intelligit.*

1. Verbi gratia : Sigerus de Brabantia, *Quaestiones in tertium De anima*, q. 13, ed. B. Bazàn, Louvain-Paris, Publications Universitaires-B. Nauwelaerts,1972, p. 45, l. 42-44 : *Unde intellectus possibilis per conversionem eius ad agentem neque aliquando intelligit, aliquando non intelligit, sed semper.*

Albertus Magnus, *De anima*, lib. 3, tract. 2, cap. 16, ed. C. Stroick, Münster, Aschendorff, 1968, p. 205-206 : *Secundum substantiam comparando possibilem intellectum ad agentem … non potest dici quod possibilis aliquando intelligat et aliquando non intelligat, set pocius semper intelligit, quia secundum hanc comparationem non coniungitur nisi intellectui agenti, cuius intelligere est semper.*

Thomas de Aquino, *Summa theologiae* I, 79, 4, arg. 2 et ad. 2 ed. Leon., 1889, p. 267-268 : *Praeterea, philosophus, in III de anima, attribuit intellectui agenti quod non aliquando intelligit et aliquando non intelligit. Sed anima nostra non semper intelligit; sed aliquando intelligit et aliquando non intelligit. Ergo intellectus agens non est aliquid animae nostrae. (…) Ad secundum dicendum quod philosophus illa verba non dicit de intellectu agente, sed de intellectu in actu. Unde supra de ipso praemiserat, idem autem est secundum actum scientia rei. Vel, si intelligatur de intellectu agente, hoc dicitur quia non est ex parte intellectus agentis hoc quod quandoque intelligimus et quandoque non intelligimus; sed ex parte intellectus qui est in potentia.; Contra Gentiles*, II, 78, 11, ed. Leon, 1918, p. 494-495 : *Deinde dicit : sed non aliquando quidem intelligit, et aliquando non intelligit. In quo ostendit differentiam intellectus in actu et intellectus possibilis. Supra enim dixit de intellectu possibili quod non semper intelligit, sed quandoque non intelligit, quando est in potentia ad intelligibilia; quandoque intelligit, quando scilicet est actu ipsa. Intellectus autem per hoc fit actu quod est ipsa intelligibilia, ut iam dixit. Unde non competit ei quandoque intelligere et quandoque non intelligere.*

2. Aristoteles Latinus, *De interpretatione*, IX, ed. L. Minio-Paluello (AL II, 1-2), Leiden, E. J. Brill, 1965, translatio Boethii, p 17 : *Igitur esse quod est quando est, et non esse quod non est quando non est, necesse est; sed non quod est omne necesse est esse, nec quod non est necesse est non esse (non enim idem est omne quod est esse necessario quando est, et simpliciter esse ex necessitate); similiter autem et in eo quod non est.;* transl. Guillelmi, ed. G. Verbeke (AL II, 1-2), 1965, p. 49 : *Esse quidem igitur ens cum fuerit aut non ens non esse cum non fuerit, necesse; non tamen neque ens omne necesse esse, neque non ens necesse non esse (non enim idem est ens omne esse ex necessitate quando est, et simpliciter esse ex necessitate); similiter autem et in non ente.*

pas croire que tantôt il pense et tantôt il ne pense pas. » Certains[1] essaient d'exposer, au sujet de l'intellect possible, que lorsque l'intellect possible est actualisé et qu'il intellige en acte, alors ce n'est pas tantôt qu'il intellige et tantôt pas, mais toujours, ce qui est ridicule. En effet, on pourrait dire la même chose au sujet de la course de Socrate, à savoir que lorsqu'il court en acte, ce n'est pas tantôt qu'il court et tantôt pas, mais toujours et nécessairement selon cette parole du Philosophe dans le *De l'interprétation*[2] : « L'être qui est, lorsqu'il est, est nécessairement ».

(2) Et cette doctrine, c'est-à-dire que l'intellect agent intellige, est aussi commune à tous les Péripatéticiens et à tous ceux qui philosophent comme

1. Voir par exemple : Siger de Brabant, *Questions sur le livre III du De Anima*, q. 13, éd. B. Bazàn, 1972, p. 45, l. 42-44 : « C'est pourquoi l'intellect possible par sa conversion vers l'agent n'intellige pas parfois et parfois non, mais [il intellige] toujours. ».

Albert le Grand, *De l'Âme*, l. III, traité 2, chap. 16, éd. C. Stroick, 1968, p. 205-206 : « Si l'on compare l'intellect possible à l'intellect agent selon la substance (…) on ne peut pas dire que l'intellect possible intellige parfois et parfois n'intellige pas, mais il faut plutôt dire qu'il intellige toujours parce que selon cette comparaison, il n'est pas conjoint, si ce n'est à l'intellect agent qui intellige toujours. »

Thomas d'Aquin, *Somme contre les Gentils*, II, 78, 11, trad. C. Michon, Paris, Flammarion, 1999, p. 320 : « Aristote dit ensuite : *Mais on ne peut dire que parfois l'intellect pense, et que parfois il ne pense pas.* En quoi il manifeste la différence qui sépare l'intellect en acte de l'intellect possible. En effet, il avait dit plus haut de l'intellect possible qu'il ne pense pas toujours, mais que parfois il ne pense pas, quand il est en puissance à l'égard des intelligibles, et que parfois il pense, quand il est en acte ces intelligibles. Or l'intellect passe à l'acte du fait qu'il est ces intelligibles, comme il l'a déjà dit. C'est pourquoi il ne lui appartient pas <à l'intellect en acte> de penser parfois et parfois de ne pas penser. » ; *Somme théologique*, I, q. 79, a. 4, argument. 2 et ad. 2, trad. A. M. Roguet, 1984, p. 79-80 : « Pour Aristote, on ne peut pas dire que l'intellect agent est tantôt en acte d'intellection et tantôt ne l'est pas. Or cela est vrai de notre âme. L'intellect agent n'en fait donc pas partie. (…). Ces paroles du Philosophe ne se rapportent pas à l'intellect agent, mais à l'intelligence en acte. Il avait dit auparavant : « La connaissance en acte est identique à la chose connue. » Ou, si on les applique à l'intellect agent, cela veut dire qu'il ne dépend pas de cet intellect que tantôt l'on pense et tantôt l'on ne pense pas : cela dépend de l'intellect possible. »

2. Aristote, *De l'interprétation*, IX, 19a23-24, trad. C. Dalimier, Paris, Flammarion, 2007, p. 291 [trad. modifiée dans le corps du texte] : « Que l'étant soit quand il est et que le non-étant ne soit pas quand il n'est pas, c'est nécessaire. Néanmoins, il n'est pas nécessaire que tout étant soit ni que tout non-étant ne soit pas. En effet, ce n'est pas la même chose de dire que tout étant est par nécessité quand il est et de dire absolument qu'il est par nécessité (et il en va de même pour le non-étant). »

ad moderni temporis homines, ut patet ex libris et dictis eorum, quae pervenerunt ad nos, quorum enumerationem non patitur angustia praesentis tractatus.

(3) Idem etiam dicit Augustinus l. De Trinitate XIV c. 14 de parvis[1], quod « interiore memoria mens sui meminit et interiore intelligentia mens se intelligit et interiore voluntate se diligit, ubi haec tria semper simul sunt et simul semper fuerunt, ex quo esse coeperunt, sive cogitarentur sive non cogitarentur »[2], scilicet exteriore cogitatione.

1.1.2.4. *Falsa explicatio auctoritatis Augustini et reiectio eius*

(1) Nec potest istud verbum Augustini intelligi, ut quidam[3] nituntur exponere, scilicet quod hi tres actus mentis, scilicet meminisse, intelligere, diligere, sint ibi id est in abdito mentis, de quo ibi loquitur, solum habitualiter et non secundum actualem notitiam et dilectionem. Secundum hoc enim non essent tria, sed unus habitus, nec distingueretur memoria ab intelligentia nec a voluntate secundum actualem respectivam originem eorum ab invicem nec attenderetur in eis imago sanctae

1. Vide « Notes de traduction », n° 3.

2. Augustinus Hipponensis, *De Trinitate*, XIV, 7, 10, BA t. 16, 1997, p. 370 : *Nam si nos referamus ad interiorem mentis memoriam qua sui meminit, et interiorem intelligentiam qua se intellegit, et interiorem voluntatem qua se diligit, ubi haec tria simul semper sunt, et semper simul fuerunt ex quo esse coeperunt, sive cogitarentur, sive non cogitarentur.*

3. Verbi gratia : Thomas de Aquino, *Summa theologiae*, I, q. 93, a. 7, ad. 4, ed. Leon. 1889, p. 409-410 : *Ad quartum dicendum quod aliquis respondere posset per hoc quod Augustinus Hipponensis dicit* XIV *De Trin., quod* mens semper sui meminit, semper se intelligit et amat. *Quod quidam sic intelligunt, quasi animae adsit actualis intelligentia et amor sui ipsius. Sed hunc intellectum excludit per hoc quod subdit, quod* non semper se cogitat discretam ab his quae non sunt quod ipsa. *Et sic patet quod anima semper intelligit et amat se, non actualiter, sed habitualiter. Quamvis etiam dici possit quod, percipiendo actum suum, seipsam intelligit quandocumque aliquid intelligit. Sed quia non semper est actu intelligens, ut patet in dormiente, ideo oportet dicere quod actus, etsi non semper maneant in seipsis, manent tamen semper in suis principiis, scilicet potentiis et habitibus. Unde Augustinus Hipponensis dicit*, XIV *De Trin.*, si secundum hoc facta est ad imaginem Dei anima rationalis, quod uti ratione atque intellectu ad intelligendum et conspiciendum Deum potest, ab initio quo esse coepit, fuit in ea Dei imago.

Vide etiam : Henricus de Gandavo, *Quodlibet*, IX, q. 15, ed. R. Macken, Leuven, University Press, 1983, p. 258-260.

eux jusqu'aux hommes des temps modernes, ainsi qu'on le voit dans leurs livres et paroles qui nous sont parvenus, et que le présent traité ne peut, en raison de son format réduit, se permettre d'énumérer.

(3) De la même façon, Augustin dit, au chapitre 14 du livre XIV de *La Trinité*[1], selon la petite numérotation[2], que « par la mémoire intérieure par laquelle l'âme se souvient d'elle-même, et par l'intelligence intérieure par laquelle elle se comprend et par la volonté intérieure par laquelle elle s'aime, en ce centre où elles trois sont toujours ensemble, ont toujours été ensemble dès l'instant où elles ont commencé d'exister, avec ou sans intervention de la pensée », à savoir par la cogitative extérieure.

1.1.2.4. *Fausse explication de l'autorité d'Augustin et rejet de celle-ci*

(1) On ne peut pas comprendre cette parole d'Augustin de la manière dont certains[3] essaient de l'exposer, à savoir que ces trois actes de l'esprit, c'est-à-dire se souvenir, intelliger, aimer, sont ici, dans le fond secret de l'âme, dont il est question, seulement par habitus et non selon une connaissance et un amour actuels. S'il en était ainsi, en effet, ils ne seraient pas trois mais un seul habitus; la mémoire ne serait pas distincte de l'intelligence ni de la volonté selon l'origine actuelle respective de l'une par rapport à l'autre et on ne discernerait pas en elles l'image de la sainte

1. Augustin d'Hippone, *La Trinité*, XIV, 7, 10, BA 16, trad. P. Agaësse, 1997, p. 371 : « Si en effet nous nous reportons à la mémoire intérieure par laquelle l'âme se souvient d'elle-même, à l'intelligence intérieure par laquelle elle se comprend, à la volonté intérieure par laquelle elle s'aime, en ce centre où elles trois sont toujours ensemble, ont toujours été ensemble dès l'instant où elles ont commencé d'exister, avec ou sans intervention de la pensée. »

2. *Cf.* « Notes de traduction », n° 3.

3. Voir par exemple : Thomas d'Aquin, *Somme théologique*, I, q. 93, a. 7 ad. 4, trad. A. M. Roguet, 1984, p. 802 : « A cet argument on pourrait répondre par la remarque de S. Augustin d'Hippone que "l'esprit se souvient toujours de lui-même, toujours il a l'intelligence et l'amour de lui-même". Certains interprètent cette remarque comme si l'âme avait toujours en acte l'intelligence et l'amour d'elle-même. Mais S. Augustin d'Hippone exclut cette interprétation par ce qu'il ajoute : "L'âme ne pense pas constamment qu'elle se distingue de ce qui n'est pas elle. Et l'on voit ainsi que l'âme a toujours intelligence et amour d'elle-même non pas en acte, mais de façon habituelle. Cependant on pourrait dire qu'en percevant son acte, l'âme a l'intelligence d'elle-même chaque fois qu'elle connaît quelque chose. Mais puisqu'elle n'est pas toujours intelligente en acte, comme c'est évident chez ceux qui dorment, il faut dire que les actes, même s'ils ne demeurent pas toujours en eux-mêmes, demeurent cependant toujours dans leurs principes, qui sont les puissances et les habitus." Ce qui fait dire à S. Augustin d'Hippone : "Si l'âme raisonnable a été faite à l'image de Dieu en ce sens qu'elle peut à l'aide de la raison et de l'intelligence connaître et contempler Dieu, c'est du jour où elle a commencé d'exister que l'image de Dieu a été en elle." »

Henri de Gand, *Quodlibet*, IX, q. 15.

trinitatis nisi solum secundum habitum, quae omnia sunt inconvenientia secundum Augustinum.

(2) Unde in XV *De Trinitate* c. 63[1] de parvis, postquam locutus fuit de memoria, quae est habitualis retentio specierum eorum, quae quis ante cogitavit exteriore cogitatione seu intelligentia, subdit : « Sed illa est abstrusior profunditas nostrae memoriae, ubi gignitur intimum verbum, quod nullius linguae sit, tamquam scientia de scientia et visio de visione et intelligentia, quae apparet in cogitatione, de intelligentia, quae in memoria fuerat, sed latebat. » Ecce, quam eleganter exprimit, quemadmodum scientia, visio, intelligentia exterioris cogitationis, quae omnia nomine verbi intelligit et pertinent ad intellectum possibilem factum in actu, oriuntur ab interiore scientia, visione, intelligentia, quod pertinet ad intellectum agentem, quod est abditum mentis secundum Augustinum.

(3) Manifestum est igitur, quod in abdito mentis secundum Augustinum semper est actualis intelligentia et semper actu intelligit, quod est hic primo propositum.

1.1.3. *Intellectus agens se ipsum intelligit per suam essentiam*

(1) Quantum ad secundum praemissorum, scilicet quod se ipsum intelligat per suam essentiam, considerandum.

(2) Manifestum est enim ex praehabitis, quod abditum mentis, quod est intellectus agens, est intellectus per essentiam. Quidquid autem per essentiam est res in concreto, id ipsum est per essentiam formaliter sub formali abstractione ; verbi gratia : Homo est homo per essentiam, et ipse est homo humanitate per essentiam. Similiter ergo id, quod est intellectus per essentiam, est id, quod est intellectualitate per essentiam. Sicut igitur

1. Augustinus Hipponensis, *De Trinitate*, XV, 21, 40, BA t. 16, 1997, p. 532 : *Sed illa est abstrusior profunditas nostrae memoriae ubi hoc etiam primum cum cogitaremus inuenimus et gignitur intimum uerbum quod nullius linguae sit tamquam scientia de scientia et uisio de uisione et intelligentia quae apparet in cogitatione de intellegentia quae in memoria iam fuerat sed latebat, quamquam et ipsa cogitatio quandam suam memoriam nisi haberet, non reuerteretur ad ea quae in memoria reliquerat cum alia cogitaret*.

Trinité, ou bien [cela serait] seulement selon l'habitus. Tout cela serait inconvenant selon Augustin.

(2) C'est pourquoi, au chapitre 63 du livre XV de *La Trinité*[1], selon la petite numérotation, il ajoute, après avoir parlé de la mémoire, qui est le lieu de conservation par l'habitus des espèces des choses que quelqu'un a auparavant pensées par une cogitation ou une intellection tournée vers l'extérieur: « Mais il y a une profondeur plus secrète de la mémoire, lorsque (...) est engendré ce verbe intime, qui n'appartient à aucune langue, comme un savoir qui vient d'un savoir, une vision qui vient d'une vision, une intelligence manifestée dans la pensée qui vient de l'intelligence déjà présente, mais encore cachée dans la mémoire. » Voilà avec quelle élégance il exprime la manière dont la science, la vision et l'intelligence de la cogitation extérieure qu'il rassemble sous le nom de 'verbe' et qui se rapportent à l'intellect possible actualisé – naissent de la science intérieure, de la vision, de l'intelligence, qui se rapportent à l'intellect agent qui est le fond secret de l'âme selon Augustin.

(3) Il est donc clair, selon Augustin, que dans le fond secret de l'âme, il y a toujours une intelligence actuelle, qui intellige toujours en acte. Ceci est notre première proposition.

1.1.3. *L'intellect agent s'intellige lui-même par son essence*

(1) Il faut maintenant considérer la deuxième des propositions annoncées, à savoir que [l'intellect agent] s'intellige lui-même par son essence.

(2) Il est, en effet, clair, par ce qui a été prouvé, que le fond secret de l'âme, qui est l'intellect agent, est intellect par essence. Or, ce qui est par son essence concret est par essence formellement sous une abstraction formelle, par exemple : l'homme est homme par son essence et, il est homme par l'humanité, par essence. Donc, de la même façon, ce qui est intellect par son essence est ce qui est par l'intellectualité, par essence. Par conséquent,

1. Augustin d'Hippone, *La Trinité*, XV, 21, 40, BA 16, Trad. P. Agaësse, 1997, p. 533 : « Mais il y a une profondeur plus secrète de la mémoire, lorsque l'acte de penser va jusqu'à nous en faire découvrir ce qui en est l'élément primitif, et qu'est engendré ce verbe intime, qui n'appartient à aucune langue, comme un savoir qui vient d'un savoir, une vision qui vient d'une vision, une intelligence manifestée dans la pensée qui vient de l'intelligence déjà présente, mais encore cachée dans la mémoire, encore que si la pensée elle-même n'avait une sorte de mémoire à elle, elle ne reviendrait pas sur les connaissances qu'elle avait laissées dans la mémoire, lorsqu'elle pensait à autre chose. »

in homine anima, quae est forma partis, vel humanitas, quae est forma totius[1], habet habitudinem et rationem principii formalis respectu totius, quod est homo, et hoc modo sibi proprio, id est modo proprio animae seu humanitatis, ita et intellectualitas modo sibi proprio, id est intellectualiter, habet rationem et habitudinem principii formalis respectu essentiae intellectus, et hoc non est nisi ipsum intellectum in se ipsum intellectualiter tendere et per hoc constitui substantiam eius et se ipsum intelligere per essentiam.

(3) Intellectus enim, quidquid est et existit, est et existit intellectualiter in sua substantia. Alias non esset intellectus per essentiam. Sed cum sit quid separatum et immixtum carens partibus et quacumque extranea natura, quod operatur, operatur per suam essentiam, et eius operatio ex parte sui est essentia sua. Sive igitur operetur tendens in aliquid quasi principiative, operatur intellectualiter ex parte sui, sive etiam operetur quasi passive, videlicet in capiendo essentiam suam et fixione eius in esse, totum hoc fit intellectualiter ex parte sui intelligendo se ipsum per essentiam, sicut simile habemus in theorematibus maxime mathematicis, quorum principia seu praemissae intellectualiter ipsa constituunt, et ipsa talia theoremata quasi passive intellectualiter constituuntur. Et si unumquodque ipsorum theorematum esset secundum se intellectus per essentiam, unumquodque intelligeret se ipsum per essentiam.

(4) In tali igitur intellectu, qui est intellectus per essentiam, ut ex dictis colligitur, non est distinguere inter substantiam et operationem, qua in se ipsum recipit suam intellectionem. Omnia enim haec sunt idem, videlicet substantia intellectus et intellectualis operatio eius et ipsum obiectum intellectualis operationis intraneum. Unde Philosophus in III *De anima* dicit, quod « in his, quae sunt sine materia, idem sunt intelligens et quod intelligitur »[2]. A quorum identitate non differt operatio intellectualis, quae

1. *Cf.* Albertus Magnus, *Liber de praedicabilibus*, tractatus II, caput VIII, ed. A. Borgnet, Paris, Vivès, 1890, p. 37-38. et Thomas de Aquino, *De ente et essentia*, c. 2, ed. Leon., 1976, p. 373 : *Et ideo humanitas significatur ut forma quaedam, et dicitur quod est forma totius, non quidem quasi superaddita partibus essentialibus, scilicet formae et materiae, sicut forma domus superadditur partibus integralibus eius, sed magis est forma, quae est totum scilicet formam complectens et materiam, tamen cum praecisione eorum, per quae nata est materia designari.*

2. Aristoteles Latinus, *De anima*, III, 4, transl. Michaeli Scoti, *in* Averroes, *In Aristotelis De anima III*, ed. F. S. Crawford, 1953, p. 434 : *Formare enim per intellectum et formatum per intellectum, in eis que sunt extra materiam, idem sunt. Scientia enim speculativa et scitum secundum hunc modum idem sunt;* transl. Jacobi Venetici, *in* Anonymi Magistri artium,

de la même manière, dans l'homme, l'âme qui est forme de la partie ou l'humanité qui est forme du tout [1], a l'habitus et la raison du principe formel par rapport au tout qu'est l'homme, et ce grâce à ce rapport qui lui est propre, c'est-à-dire grâce à ce mode propre à l'âme ou à l'humanité. De la même manière l'intellectualité, par le mode qui lui est propre, c'est-à-dire intellectuellement, a la raison et l'habitus du principe formel par rapport à l'essence de l'intellect; et ceci n'a lieu que si l'intellect lui-même tend vers lui-même intellectuellement et que de la sorte sa substance est constituée, et qu'il s'intellige lui-même par essence.

(3) L'intellect, en effet, quelle que soit la manière dont il est et existe, est et existe intellectuellement dans sa substance. Autrement, il ne serait pas intellect par essence. Mais, puisqu'il est quelque chose de séparé et de non-mélangé, exempt de parties et d'une quelconque nature extérieure, il opère ce qu'il opère par son essence, et son opération, venant de lui est son essence. Par conséquent, s'il opère en tendant vers quelque chose d'autre, d'une manière quasiment initiatrice, il opère intellectuellement par lui-même, s'il opère d'une manière quasiment passive, c'est-à-dire en saisissant son essence et en étant fixé dans l'être, il réalise tout ceci intellectuellement de lui-même en s'intelligeant lui-même par essence, comme nous le voyons aussi dans les théorèmes, en particuliers mathématiques, dont les principes ou les prémisses se constituent eux-mêmes intellectuellement : ces théorèmes mêmes sont constitués intellectuellement d'une manière quasiment passive; et si l'un de ces théorèmes était par lui-même intellect par essence, il s'intelligerait lui-même par essence.

(4) Dans un tel intellect, qui est intellect par essence, comme on peut le déduire de ce qui a été dit, il ne faut donc pas distinguer la substance de l'opération par laquelle il reçoit en lui-même son intellection. Toutes ces choses, c'est-à-dire la substance de l'intellect et son opération intellectuelle et l'objet même intérieur à l'opération intellectuelle sont, en effet, identiques. C'est pourquoi le Philosophe dit au livre III du *De l'Âme* [2] : « Dans le cas des choses immatérielles, il y a identité du sujet intelligent et de l'objet intelligé ». De cette identité ne diffère pas l'opération intellectuelle qui

1. *Cf.* Albert le Grand, *Les prédicables*, traité II, chap. VIII, éd. A. Borgnet, 1890, p. 37-38; Thomas d'Aquin, *L'être et l'essence*, chap. 2, trad. C. Michon, 1996, p. 89 : « C'est pourquoi l'humanité est signifiée comme une certaine forme, et on dit qu'elle est la forme du tout; non pas comme si elle était surajoutée aux parties essentielles, à savoir la forme et la matière, au sens où la forme de la maison s'ajoute à ses parties intégrales; mais elle est davantage la forme qui est le tout, c'est-à-dire qui embrasse la forme et la matière, à l'exclusion cependant de ce par quoi la matière est capable d'être désignée. »

2. Aristote, *De l'Âme*, III, 4, 430a3-4, trad. R. Bodeüs, 1993, p. 227 : « Dans le cas des choses immatérielles, il y a identité du sujet intelligent et de l'objet intelligé. »

nullam extraneam naturam importat in substantia intellectus, cum sit omnino simplex in essentia.

(5) Est igitur intellectus per essentiam in actu sua intellectuali operatione semper in se ipsum conversus. Et sicut dicitur in *Libro de causis* propositione 15 [1] de qualibet intelligentia, quae est intellectus in actu per essentiam, quod ipse est « rediens ad essentiam suam reditione completa » – praemiserat autem propositione 13 [2], quod « omnis intelligentia intelligit essentiam suam » – eandem etiam sententiam de intellectu per essentiam, quem in nobis vocat abditum mentis, videlicet quod se ipsum semper intelligit, ponit Augustinus *De Trinitate* l. XIV c. 14 de parvis [3]. Secundum eum enim ibidem in abdito mentis mens semper sui meminit, semper se intelligit, semper se amat. Et quod hoc mens faciat non aliquo alio, sed se ipsa, dicit IX *De Trinitate* c. 13 [4], quod mens se ipsa novit et se ipsa amat, et loquitur ibi de notitia et amore, quo mens novit et amat se ipsam.

Lectura in librum de anima a quodam discipulo reportata, ed. R. Gauthier, 1985, p. 447 : *In hiis enim que sunt sine materia, idem est intellectus et quod intelligitur : scientia namque speculativa et quod sic speculativum est, idem est;* transl. Guillelmi, *in* Thomas de Aquino, *Sentencia libri de anima*, ed. Leon. 1984, p. 214 : *In hiis quidem enim que sunt sine materia, idem est intelligens et quod intelligitur ; sciencia namque speculatiua et sic scibile idem est*.

1. Anonymus, *Liber de causis*, XIV (XV), 124, ed. A. Pattin, *Tijdschrift voor Filosofie* 28, 1966, p. 79 : *Omnis sciens qui scit essentiam suam est rediens ad essentiam suam reditione completa*.

2. Anonymus, *Liber de causis*, XII (XIII), 109, ed. A. Pattin, 1966, p. 74.

3. *Cf.* Augustinus Hipponensis, *De Trinitate*, XIV, 7, 9, BA t. 16, 1997, p. 368 : *Hinc admonemur esse nobis in abdito mentis quarundam rerum quasdam notitias, et tunc quodam modo procedere in medium atque in conspectu mentis uelut apertius constitui quando cogitantur ; tunc enim se ipsa mens et meminisse et intellegere et amare inuenit etiam unde non cogitabat quando aliunde cogitabat. Sed unde diu non cogitauerimus et unde cogitare nisi commoniti non ualemus, id nos nescio quo eodemque miro modo si potest dici scire nescimus. Denique recte ab eo qui commemorat ei quem commemorat dicitur : 'Scis hoc sed scire te nescis ; commemorabo et inuenies te scientem quod te nescire putaueras.' Id agunt et litterae quae de his rebus conscriptae sunt, quas res duce ratione ueras esse inuenit lector, non quas ueras esse credit ei qui scripsit sicut legitur historia, sed quas ueras esse etiam ipse inuenit siue apud se siue in ipsa mentis duce ueritate. Qui uero nec admonitus ualet ista contueri magna caecitate cordis tenebris ignorantiae demersus est altius, et mirabiliore diuina ope indiget ut possit ad ueram sapientiam peruenire.*

4. *Cf.* Augustinus Hipponensis, *De Trinitate* IX, 5, 8, BA t. 16, 1997, p. 88 : *At in illis tribus cum se nouit mens et amat se, manet trinitas, mens, amor, notitia ; et nulla commixtione confunditur quamuis et singula sint in se ipsis et inuicem tota in totis, siue singula in binis siue bina in singulis, itaque omnia in omnibus. (…) singula in binis ita sunt quia mens quae se nouit et amat in amore et notitia sua est, et amor amantis mentis sese que scientis in mente*

n'introduit aucune nature extérieure dans la substance de l'intellect puisqu'il est absolument simple dans son essence.

(5) L'intellect par essence en acte est donc, par son opération intellectuelle, toujours converti vers lui-même. C'est ce qui est dit dans le *Livre des causes* à la proposition 15 [1], que toute intelligence qui est intellect en acte par essence, « vers elle fait retour, d'un retour complet » – ceci a déjà été annoncé dans la proposition 13 [2] à savoir que « toute intelligence pense sa propre essence ». Au chapitre 14 du livre XIV, selon la petite numérotation, de *La Trinité* [3], Augustin soutient la même doctrine sur l'intellect par essence que nous appelons fond secret de l'âme, à savoir qu'il s'intellige toujours lui-même. Selon lui, en effet, c'est de la même manière que, dans le fond secret de l'âme, l'esprit se souvient toujours de lui-même, s'intellige toujours lui-même, s'aime toujours lui-même. Que l'esprit ne fait pas ceci par un autre mais par lui-même, il le dit au chapitre 13 du livre IX de *La Trinité* [4] [à savoir] que l'esprit se connaît lui-même et s'aime lui-même, et on parle ici de la connaissance et de l'amour par lesquels l'esprit se connaît et s'aime lui-même.

1. Anonyme, *Livre des causes*, chap. 14, prop. 124, chap. 14, trad. P. Magnard, O. Boulnois, B. Pinchard, J.-L. Solère, Paris, Vrin, 1990, p. 63 [trad. modifiée dans le corps du texte] : « Tout être connaissant qui connaît sa propre essence, vers elle fait retour, d'un retour total. »

2. Anonyme, *Livre des causes*, proposition 109, chap. 12, trad. P. Magnard, O. Boulnois, B. Pinchard, J.-L. Solère, 1990, p. 59.

3. *Cf.* Augustin d'Hippone, *La Trinité*, XIV, 7, 9, BA t. 16, trad. P. Agaësse, 1997, p. 366-370 : « Cet exemple nous révèle que nous portons dans le secret de notre âme certaines connaissances de certaines choses, qui en quelque sorte se produisent au grand jour et se trouvent pour ainsi dire mieux mises en lumière sous le regard de l'âme, lorsque nous y pensons : c'est alors que l'âme découvre qu'elle se rappelait, comprenait, aimait cela même à quoi elle ne pensait pas quand elle pensait à autre chose. Mais quant aux choses auxquelles nous n'avons pas pensé pendant longtemps et auxquelles nous sommes incapables de penser sans y être incités, je ne sais par quel mystère du même genre il se fait que, si j'ose dire, nous ne savons pas que nous les savons. Lorsqu'enfin un homme en invite un autre à se ressouvenir de quelque chose, il est en droit de lui dire : « Tu sais cela, mais tu ne sais pas que tu le sais : je t'en ferai ressouvenir et tu découvriras que tu sais ce que tu croyais ne pas savoir. » Le même éveil peut aussi venir des livres, où se trouvent consignées des choses dont le lecteur, sous la conduite de la raison, découvre la vérité : non une vérité qu'il croit sur le témoignage de l'écrivain, comme il en va en histoire; mais une vérité que lui aussi découvre, soit en lui-même, soit dans cette vérité, qui est la lumière de l'âme. Si quelqu'un, lors même qu'on a attiré son attention, est incapable de comprendre ces choses, c'est que, par un grand aveuglement de cœur, il est plongé bien profond dans les ténèbres de l'ignorance et qu'il a besoin d'un secours divin bien extraordinaire pour parvenir à la vraie sagesse. »

4. *Cf.* Augustin d'Hippone, *La Trinité*, IX, 5, 8, BA t. 16, trad. P. Agaësse, 1997, p. 89-91 : « Mais quand l'âme se connaît et s'aime, ces trois réalités, âme, connaissance, amour restent une trinité et il n'y a ni mélange ni confusion. Chacune est en soi et cependant elles sont mutuellement chacune tout entière dans les autres tout entières, chacune dans les deux autres,

1.1.3.1. *Dubitatio alicuius super eo, quod intellectus illud, quod est, est ex sua intellectualitate et sua intellectualitate se ipsum intelligit, et responsio*

(1) Posset autem aliquis dubitare super eo, quod dictum est, videlicet quod intellectus id, quod est, est ex sua intellectualitate; ergo intelligit sua intellectualitate se ipsum. Similiter, inquam, videtur posse argui de sensu, scilicet quod sensus id, quod est, essentialiter est ex sua sensualitate. Ergo sensus actu semper sentit se ipsum, ut sit ipse sibi ipsi primum et proprium obiectum sentiendi, quod patet esse falsum. Obiectum enim proprium sensus est extrinsecum ut color a visu[1].

(2) Ad quod dicendum, quod secus est et aliter se habet de intellectu et aliter de sensu. Intellectus enim secundum naturam et propriam rationem intellectus inquantum intellectus absolutae quiditatis est, id est in sua quiditate non recipit aliquid alterius naturae ratione suae separationis et impermixtionis, et secundum hoc secundum se per modum substantiae existentiam habet, non delatus super rem aliam, cuius ipse sit actus permixtus.

notitia que eius est, et notitia mentis se scientis et amantis in mente atque in amore eius est quia scientem se amat et amantem se nouit; et IX, 3, 3, BA t. 16, 1997, p. 80 : *Mens enim amare se ipsam non potest nisi etiam nouerit se. Nam quomodo amat quod nescit ? Aut si quisquam dicit ex notitia generali uel speciali mentem credere se esse talem quales alias experta est et ideo amare semetipsam, insipientissime loquitur. Vnde enim mens aliquam mentem nouit si se non nouit ? Neque enim ut oculus corporis uidet alios oculos et se non uidet, ita mens nouit alias mentes et ignorat semetipsam. Per oculos enim corporis corpora uidemus quia radios, qui per eos emicant et quidquid cernimus tangunt, refringere ac retorquere in ipsos non possumus nisi cum specula intuemur. Quod subtilissime obscurissimeque disseritur donec apertissime demonstretur uel ita se rem habere uel non ita. Sed quoquo modo se habeat uis qua per oculos cernimus, ipsam certe uim, siue sint radii siue aliud aliquid, oculis cernere non ualemus; sed mente quaerimus, et si fieri potest etiam hoc mente comprehendimus. Mens ergo ipsa sicut corporearum rerum notitias per sensus corporis colligit sic incorporearum per semetipsam. Ergo et se ipsam per se ipsam nouit quoniam est incorporea. Nam si non se nouit, non se amat.*

1. Verbi gratia Thomas de Aquino, *Quaestio disputata de spiritualibus creaturis*, a. 9, corpus, ed. Leon., 2000, p. 92 : *Ex parte autem sensus, cum inveniamur quandoque sentientes in potentia, quandoque in actu, oportet ponere in nobis aliquam virtutem sensitivam per quam simus sentientes in potentia; quam oportet esse in potentia ad species sensibilium, et nullam earum habere actu in sua essentia; alioquin si sensus haberet in actu sensibilia, sicut antiqui philosophi posuerunt, sequeretur quod semper essemus sentientes in actu.*

1.1.3.1. *Doute sur le fait que cet intellect, qui est, est à partir de son intellectualité et que par son intellectualité, il s'intellige lui-même, et réponse*

(1) Or, quelqu'un pourrait douter de ce qui a été dit, à savoir que cet intellect, qui est, est à partir de son intellectualité, donc qu'il s'intellige lui-même par son intellectualité. Je dirai qu'il semble que l'on puisse argumenter de la même façon sur le sens : le sens est ce qu'il est essentiellement à partir de sa sensitivité ; il s'ensuit alors que le sens en acte se sent toujours lui-même de telle sorte qu'il est pour lui-même le premier objet et l'objet propre de l'acte de sentir, ce qui est évidemment faux. L'objet propre du sens est, en effet, extrinsèque, comme la couleur pour la vue[1].

(2) A ceci, il faut répondre que c'est différent et qu'il en va autrement pour l'intellect et pour le sens. L'intellect, selon la nature et la raison propre à l'intellect en tant qu'il est un intellect ayant une quidité absolue, c'est-à-dire ne recevant pas dans sa quidité quelque chose d'une autre nature en raison de sa séparation et de son non-mélange a en effet selon ceci, par lui-même, l'existence par le mode de sa substance, sans devoir être référé à quelque chose d'autre au-dessus de lui, dont il serait l'acte mélangé.

ou les deux autres en chacune d'elles » ; et IX, 3, 3, BA t. 16, trad. P. Agaësse, 1997, p. 81 : « L'âme ne peut s'aimer sans aussi se connaître : comment en effet aimer ce qu'on ignore ? Dire : c'est à partir d'une connaissance générique ou spécifique que l'âme se croit semblable aux autres âmes qu'elle connaît par expérience et, grâce à cette connaissance, s'aime elle-même, c'est propos d'insensé. Comment l'âme connaît-elle une autre âme, si elle ne se connaît ? L'Œil du corps voit les yeux des autres et ne se voit pas : mais on ne peut dire qu'il en est de même de l'âme, qu'elle connaît l'âme des autres et ne se connaît pas elle-même. Par les yeux du corps, nous voyons des corps : les rayons qu'ils émettent et qui touchent les objets que nous regardons, nous ne pouvons les réfracter et les retourner sur eux-mêmes, à moins de regarder dans un miroir. Ces explications font l'objet de subtiles et obscures discussions, en attendant que soit démontré s'il en est ainsi ou non. Mais quelle que soit cette force qui permet à nos yeux de voir, rayonnement ou autre phénomène, cette force, dis-je, ce n'est pas avec les yeux que nous pouvons la voir ; mais c'est avec l'esprit que nous cherchons et s'il se peut, c'est encore avec l'esprit que nous comprenons l'explication de ce phénomène. Ainsi donc, de même que l'âme recueille au moyen des sens corporels les connaissances qu'elle a des réalités corporelles, de même les connaissances qu'elle a des réalités incorporelles, elle les recueille par elle-même. Elle se connaît donc aussi, elle-même par elle-même, étant incorporelle. Car, si elle ne se connaît, elle ne s'aime pas ».

1. Pour la ressemblance de traitement, voir aussi Thomas d'Aquin, *Question disputée sur les créatures spirituelles*, a. 9, rép. dans Thomas d'Aquin, *Les créatures spirituelles*, trad. J.B. Brenet, Paris, Vrin, 2010, p. 213 : « Pour ce qui est du sens, puisque nous nous trouvons sentir tantôt en puissance, tantôt en acte, il faut admettre en nous un pouvoir de sentir faisant que nous sommes sentant en puissance, lequel pouvoir doit être en puissance à l'égard des espèces sensibles et ne posséder en acte aucune d'elles dans son essence – sans quoi il s'ensuivrait, si le sens possédait en acte les sensibles, comme le soutenaient les philosophes anciens, que nous serions toujours sentant en acte. »

Hinc est, quod eius operatio intellectualis, quae non est quid extraneum ab essentia sua, ut dictum est, primo et per se intra suam essentiam terminatur et intellectualiter afficit, ut ita dicam[1], suam essentiam, quod non est nisi intelligere suam essentiam. Hoc est enim intellectualiter afficere aliquid, id est intelligere illud, et intellectualiter affici ab aliquo, id est intelligi ab eo.

(3) Sensus autem, quoniam ipse est forma in alio tamquam in subiecto, prima et propria sua operatione tendit in aliud, quod proprium est omni ei, quod est forma in alio non separata neque impermixta ut calor in igne et aliae formae, quae sunt virtutes mixtae subiectis suis, quae nec in se nec in propria subiecta operantur. Hinc est, quod sensus non habet ex hoc essentiam suam, quod primo et per se se ipsum sentiat, et sic sensualitas seu sensatio non eo modo essentiat sensum, sicut intellectualitas figit in esse intellectum, qui est intellectus per essentiam secundum sententiam Peripateticorum. Et scribit Commentator *Super III De anima*[2], quod « nihil intelligit extra se », videlicet primo et per se, sed solum in se ipsum conversus est et in suum principium, si habeat altius se principium.

1.1.4. *Intellectus est exemplar quoddam et similitudo entis in eo, quod ens*

(1) Circa tertium praemissorum, videlicet quod intellectus per essentiam est exemplar quoddam et similitudo entis in eo, quod ens, et omnia intelligit, considerandum.

(2) Patet autem hoc ex eo, quoniam intellectus generalis quaedam et universalis natura est secundum proprietatem suae essentiae intellectualis, qua non determinatur ad hoc vel ad aliud tantum intelligendum. Quod manifestum est ex obiecto eius, quod est quiditas non haec vel illa, sed universaliter quaecumque quiditas et ens inquantum ens, id est quodcumque rationem entis habens. Quia igitur eius essentia, quidquid est, intellectualiter est, necesse ipsum intellectum per essentiam gerere in se intellectualiter similitudinem omnis entis, modo tamen simplici,

1. *Cf.* Theodoricus Teutonicus de Vriberg, *De visione beatifica*, 1.1.7. (3).

2. Averroes, *In Aristotelis De anima III*, comm. 25, ed. F. S. Crawford, 1953, p. 463, l. 43-53 : *Id est, si igitur fuerit aliquis intellectus in quo non est potentia contraria actui existenti in eo, id est si fuerit aliquis intellectus qui non invenitur quandoque intelligens in potentia et quandoque intelligens in actu, tunc ille intellectus non intelliget privationem omnino ; immo nichil intelliget extra se.*

Cela signifie que son opération intellectuelle, qui n'est pas quelque chose d'extérieur à son essence, comme il a été dit, a sa fin à titre premier et par soi en son essence et qu'elle informe intellectuellement son essence, comme je le dirai[1], ce qui n'est rien d'autre qu'intelliger son essence. Informer intellectuellement quelque chose signifie en effet l'intelliger, et être intellectuellement informé par quelque chose signifie être intelligé par lui.

(3) Or, parce que le sens est lui-même une forme dans un autre comme dans un sujet, il tend par son opération première et propre vers un autre. Cela caractérise en effet ce qui est une forme dans un autre, ni séparée, ni non-mélangée, comme la chaleur dans le feu et les autres formes qui sont des vertus mélangées à leur sujet, qui n'opèrent ni en soi ni dans leur sujet propre. Cela signifie que le sens n'a pas son essence de manière telle qu'il se sente lui-même à titre premier et par soi, et ainsi la sensitivité ou la sensation ne rendraient pas essentiel le sens de la manière dont l'intellectualité fixe dans l'être l'intellect qui est intellect par essence selon la doctrine des Péripatéticiens. Et leécrit dans le *Commentaire du livre III du De l'Âme*[2], qu'il « n'intellige rien en dehors de lui-même », c'est-à-dire à titre premier et par soi, mais il est seulement converti vers lui-même et vers son principe, s'il a un principe supérieur à lui.

1.1.4. *L'intellect est un certain paradigme et une ressemblance de l'étant en ce qui est étant*

(1) Il faut considérer le troisième des points annoncés, à savoir que l'intellect par essence est un certain paradigme et une ressemblance de l'étant en ce qui est étant, et qu'il intellige tout.

(2) Cela découle du fait que la nature générale et universelle de l'intellect est selon la propriété de son essence intellectuelle par laquelle il n'est pas déterminé à intelliger seulement telle ou telle chose. Ceci est manifeste en raison de son objet qui n'est pas telle ou telle quidité mais toute quidité et l'étant en tant qu'étant, c'est-à-dire ayant n'importe quelle raison de l'étant. Puisque son essence, quelle qu'elle soit, est intellectuellement, il est nécessaire que l'intellect lui-même porte en lui par essence intellectuellement la ressemblance de tout l'étant, et ce, par un mode simple,

1. *Cf.* Dietrich de Freiberg, *Traité de la vision béatifique*, 1.1.7. (3).

2. Averroès, *Grand commentaire du De l'Âme*, III, comm. 25, trad. A. de Libera, dans Averroès, *L'intelligence et la pensée, Grand commentaire du De Anima, l. III*, 1998, p. 131-132 : « C'est-à-dire : si, par conséquent, il y a un intellect dans lequel il n'est pas de puissance contraire à l'acte qui existe en lui, c'est-à-dire s'il y a un intellect qui n'est pas tantôt pensant en puissance tantôt pensant en acte, alors cet intellect ne pensera absolument pas la privation. Au contraire, il ne pensera rien en dehors de lui-même. »

id est secundum proprietatem simplicis essentiae, et ipsum esse intellectualiter quodammodo omne ens.

(3) Quod quidem contingit dupliciter : uno modo in potentia seu potentialiter, ut in intellectu possibili, in quo est « omnia fieri », secundum Philosophum in III *De anima*[1], alio secundum actum, puta in intellectu agente, in quo est « omnia facere ». Alias enim, nisi uterque istorum intellectuum esset quodammodo et intellectualiter omne ens, ille quidem in potentia, scilicet intellectus possibilis, hic autem, id est intellectus agens, in actu, impossibile esset hunc quidem omnia facere, id est intellectum agentem, in illo autem omnia fieri, id est intellectu possibili.

(4) Quia igitur secundum iam dicta in intellectu, qui est intellectus per essentiam et semper in actu, omnia entia intellectualiter resplendent in sua essentia, necesse ipsum intelligere secundum actum omnia entia modo sibi proprio, id est modo simplici, id est modo simplicis essentiae suae et simplicis intellectualis operationis suae.

(5) Et ex hoc arguit Commentator *Super III De anima*[2], quod, si intellectus agens, qui est intellectus per essentiam et semper in actu, aliquando uniatur nobis ut forma, per ipsum intelligemus omnia entia. Quod videtur aliqualiter concordare cum eo, quod legitur[3]

1. Aristoteles Latinus, *De anima*, III, 5, transl. Michaeli Scoti, *in* Averroes, *In Aristotelis De anima III*, ed. F. S. Crawford, 1953, p. 436 et 437 : *Oportet igitur ut in ea (i.e. in anima) sit intellectus qui est intellectus secundum quod efficitur omne, et intellectus qui est intellectus secundum quod facit ipsum intelligere omne, et intellectus secundum quod intelligit omne, quasi habitus, qui est quasi lux. Lux enim quoquo modo etiam facit colores qui sunt in potentia colores in actu;* transl. Jacobi Venetici, *in* Anonymi Magistri artium, *Lectura in librum de anima a quodam discipulo reportata*, ed. R. Gauthier, 1985, p. 459 : *Et huiusmodi quidem est intellectus in quo omnia fiunt; ille vero est quo omnia est facere. Et est habitus quidam, ut lumen : quodam enim modo et lumen facit potencia colores actu colores;* transl. Guillelmi, *in* Thomas de Aquino, *Sentencia libri de anima*, ed. Leon. 1984, p. 218 : *(…), necesse et in anima esse has differencias, et est huiusmodi quidem intellectus in quo omnia fiunt, ille uero quo omnia est facere, sicut habitus quidam, ut lumen : quodam enim modo et lumen facit potencia existentes colores actu colores*.

2. *Cf.* Averroes, *In Aristotelis De anima III*, comm. 20, ed. F. S. Crawford, 1953, p. 444, l. 20-23 : *Iste intellectus, cum fuerit copulatus in nobis et intellexerimus per illum alia entia secundum quod est forma nobis, ipse solus tunc inter partes intellectus est non mortalis.*; comm. 36, p. 500, l. 611-613 : *Et cum ita sit, necesse est ut homo intelligat per intellectum sibi proprium omnia entia* (…).; comm. 36, p. 501, l. 636- 639 : *Sed cum efficietur forma nobis in actu (et hoc erit apud continuationem eius in actu), tunc intelligemus per illum omnia que intelligimus, et agemus per illum actionem sibi propriam.*

3. *Cf.* Gregorius Magnus, *Dialogorum liber*, II, 35, 3, ed. A. de Vogüé, Paris, Cerf, 1979, p. 238 : *Mira autem ualde res in hac speculatione secuta est, quia, sicut post ipse narrauit, omnis etiam mundus, uelut sub uno solis radio collectus, ante oculos eius adductus est*.

c'est-à-dire selon la propriété de l'essence simple, et il est nécessaire que lui-même soit en quelque façon intellectuellement tout l'étant.

(3) Ceci se produit en effet de deux façons : d'une première façon, en puissance ou potentiellement, comme dans l'intellect possible, qui [peut] « tout devenir », selon le Philosophe au livre III du *De l'Âme*[1], d'une autre façon en acte, comme dans l'intellect agent, qui [peut] « tout faire ». Si l'un ou l'autre de ces intellects n'était pas de quelque façon ou intellectuellement, tout l'étant, celui-ci en puissance, à savoir l'intellect possible, ou celui-là en acte, à savoir l'intellect agent, il serait en effet impossible que dans ce dernier, c'est-à-dire l'intellect agent, tout soit faire, et que dans l'autre, c'est-à-dire l'intellect possible, tout soit devenir.

(4) Parce que d'après ce qui a déjà été dit, dans l'intellect, qui est intellect par essence et toujours en acte, tous les étants resplendissent intellectuellement dans son essence, il est nécessaire que lui-même intellige selon l'acte tous les étants par le mode qui lui est propre, c'est-à-dire par un mode simple, à savoir par le mode de son essence simple et de son opération intellectuelle simple.

(5) Sur cette base, le Commentateur argumente dans le *Commentaire du livre III du De l'Âme*[2], que si l'intellect agent, qui est intellect par essence et toujours en acte, est parfois uni à nous comme une forme, par lui nous intelligeons tous les étants. On voit que ceci concorde également avec ce qu'on lit[3]

1. Aristote, *De l'Âme*, III, 5, 430a14-15, trad. R. Bodeüs, p. 229 : « Et c'est ainsi qu'il y a, d'un côté, l'intelligence caractérisée par le fait qu'elle devient toutes choses, et, de l'autre, celle qui se caractérise par le fait qu'elle produit toutes choses (…). »

2. Averroès, *Grand commentaire du De l'Âme*, III, comm. 20, trad. A. de Libera, dans Averroès, *L'intelligence et la pensée, Grand commentaire du De Anima, l. III*, 1998, p. 113 : « Quand il nous est uni et que nous concevons par lui les autres êtres en tant qu'il est forme pour nous, cet intellect [agent] seul, parmi les parties de l'intellect, est, à ce moment, non mortel. » ; Comm. 36, p. 167 : « Et lorsqu'il en est ainsi [que cette jonction avec l'intellect agent est accomplie], il est nécessaire que [par cet intellect], l'homme pense tous les êtres par un intellect qui lui est propre. » ; Comm. 36, p. 168 : « Mais dès qu'il est pour nous forme en acte (ce qui a lieu dans sa jonction en acte avec nous), nous pensons par lui tout ce que nous pensons, et nous effectuons par lui l'action qui lui est propre. »

3. *Cf.* Grégoire le Grand, *Dialogues*, II, 35, 3, trad. P. Antin, Paris, Cerf, 1979, p. 239 : « Une chose très merveilleuse suivit dans cette contemplation, car, comme il l'a raconté par la suite, le monde entier, comme ramassé sous un seul rayon de soleil, fut amené à ses yeux. »

de sancto Benedicto, videlicet quod in quadam mentis elevatione vidit totum universum. Sed qualiter hoc contigerit, Deo committendum iudico.

(6) In eandem autem Peripateticorum sententiam concordat Augustinus, ut ex multis locis librorum suorum patet. Et ut aliquid eorum saltem breviter commemoretur, ecce, quid dicit de secreto seu abdito mentis in libro *De immortalitate animae*[1] versus principium : « Manifestum est immortalem esse animum humanum et omnes veras rationes in secretis eius esse, quamvis eas sive ignorantia sive oblivione aut non habere aut amisisse videatur. » Praemittitur autem ibidem[2] sic : « Sed cum vel nos ipsi nobiscum ratiocinantes vel ab alio bene interrogati de quibusdam liberalibus artibus ea, quae invenimus, non alibi quam in animo nostro invenimus. Nec id est invenire, quod facere vel gignere. Alioquin aeterna gigneret animus inventione temporali. Nam aeterna saepe invenit. Quid enim tam aeternum quam circuli ratio vel si quid aliud in huiusmodi artibus nec non fuisse aliquando nec non fore comprehenditur ? »

(7) Idem in XII *De Trinitate* c. 34[3] de huiusmodi notitiis vel per ratiocinationem seu per ordinatam interrogationem inventis dicit sic : « Credendum est mentis intellectualis conditam ita esse naturam, ut rebus intelligibilibus naturali ordine disponente [...] subiuncta sic ista videat in quadam luce sui generis incorporea, quemadmodum oculus carnis videt, quae in hac corporea luce circumadiacent. »

(8) Item X l. *Confessionum* c. 7[4] : « Cum audio tria genera esse quaestionum, an sit, quid sit, quale sit, sonorum quidem, quibus haec verba confecta sunt, imagines teneo [...], res vero ipsas, quae illis significantur sonis, neque ullo sensu corporis attigi neque uspiam vidi praeter animum meum. [...] Ibi ergo erant, et antequam ea didicissem, sed in memoria non erant. »

1. Augustinus Hipponensis, *De immortalitate animae*, IV, 6, BA t. 5, Paris, Desclée de Brouwer, 1939, p. 182.
2. Augustinus Hipponensis, *De immortalitate animae*, IV, 6, BA t. 5, 1939, p. 180-182.
3. Augustinus Hipponensis, *De Trinitate*, XII, 15, 24, BA t. 16, 1997, p. 256-258.
4. Augustinus Hipponensis, *Confessiones*, X, 10, 17, BA t. 14, Paris, Desclée de Brouwer, 1962, p. 170-172.

sur saint Benoît, c'est-à-dire que lors d'une certaine élévation de l'esprit, il a vu tout l'univers. Mais, de quelle manière ceci se produit-il ? Je pense qu'il faut laisser cela au jugement de Dieu.

(6) De plus, Augustin s'accorde avec cette doctrine des Péripatéticiens, comme cela apparaît en de nombreux passages de ses livres. Et [pour voir] comment l'un d'entre eux le rappelle rapidement, voici ce que disent, au sujet du secret ou du fond secret de l'âme, les lignes principales de son livre *L'immortalité de l'âme*[1] : « Il est pareillement évident que l'âme humaine est immortelle et que tous les vrais rapports des choses subsistent dans ses retraites, encore que, par le fait de l'ignorance ou de l'oubli, elle paraisse ne plus les posséder ou les avoir perdus. » De la même façon, il ajoute au même endroit[2] : « Mais quand, raisonnant avec nous-mêmes ou habilement interrogés par autrui sur telle question qui se rapporte aux disciplines libérales, nous trouvons de quoi répondre, c'est dans l'âme et non ailleurs que nous le trouvons. Or 'trouver', ce n'est pas 'faire' ni 'créer'. Autrement, l'âme 'créerait' par une invention réalisée dans le temps, des vérités éternelles : qu'y a-t-il de si éternel que les rapports du cercle, et autres questions de ce genre ? Le moyen de comprendre qu'ils n'aient pas toujours existé et ne doivent pas exister toujours ? »

(7) De même au chapitre 34 du livre XII *De la Trinité*[3], il dit ainsi au sujet des connaissances trouvées soit par raisonnement soit par interrogations ordonnées : « Il faut plutôt croire que l'âme intellectuelle, par sa nature même, voit les réalités qui relèvent naturellement (…) de l'ordre intelligible : elle les voit dans une lumière immatérielle qui a sa nature propre, comme l'œil de chair voit dans la lumière corporelle les objets qui l'entourent. »

(8) De même, au chapitre 7 du livre X des *Confessions*[4] : « Mais quand j'entends qu'il y a trois espèces de questions : Une chose est-elle ? Qu'est-elle ? Quelle est elle ? Sans doute des sons qui constituent ces mots je retiens les images (…). Mais les choses elles-mêmes, signifiées par ces sons, je ne les ai atteintes par aucun sens corporel, je ne les ai vues nulle part au-delà de mon esprit (…). Elles étaient donc dans mon cœur, avant même d'être apprises par moi ; mais elles n'étaient pas dans la mémoire. »

1. Augustin d'Hippone, *De l'immortalité de l'âme*, IV, 6, BA t. 5, trad. P. de Labriolle, Paris, Desclée de Brouwer, 1939, p. 183.

2. Augustin d'Hippone, *De l'immortalité de l'âme*, IV, 6, BA t. 5, trad. P. de Labriolle, 1939, p. 183.

3. Augustin d'Hippone, *La Trinité*, XII, 15, 24, BA 16, trad. P. Agaësse, 1997, p. 257.

4. Augustin d'Hippone, *Les confessions*, X, 10, 17, BA, t. 14, trad. E. Tréhorel et G. Bouissou, , Paris, Desclée de Brouwer, 1962, p. 171-173.

(9) Eadem autem ratio est de his et quibuscumque aliis intelligibilibus rebus seu rerum rationibus, videlicet quod cognita sunt menti in suo abdito. Quod quidem contingit ex praesentia incommutabilis veritatis ad mentem, quae incommutabilis veritas Deus est et etiam hac vita videtur, ut dicit *De vera religione* c. 53 et 54[1] et multis sequentibus capitulis.

1.1.5. *Intellectus agens sicut se ipsum, sic omnia alia intelligit per suam essentiam*

(1) Ex dictis etiam patet quartum eorum, quae praeenumerata sunt, videlicet quod intellectus, qui est intellectus per essentiam et semper in actu, qualis est intellectus agens, sicut se ipsum, sic omnia alia intelligit per suam essentiam et eodem modo, quo se intelligit, et eadem simplici intellectione. Cum enim ipse per suam essentiam sit exemplar totius entis in eo, quod ens, et secundum hoc sit intellectualiter totum ens, manifestum est, quod intelligendo se ipsum per essentiam eodem modo et eadem simplici intellectione[2] intelligit totum ens, sicut suo modo, scilicet divino, se habet in Deo, videlicet quod intelligendo se intelligit omnia alia.

1.1.6. *Recapitulatio*

(1) Ex dictis igitur summarie colligendo patet id, quod ostendendum proponebatur, videlicet quod ratio praetacta Augustini, qua probat haec tria, scilicet mentem, notitiam, amorem, esse substantialiter in mente et singulum eorum esse substantiam, quia videlicet nullum accidens excedit subiectum suum, mens autem sua notitia et amore excedit se ipsam, ut ibi dictum est – haec autem dictae rationis deductio locum habet in abdito mentis, quod est intellectus agens.

(2) Et hoc ex dictis sumendum est, quia enim intellectus agens est intellectus per essentiam et semper in actu intelligendi, ut primo ostensum est. Ut etiam secundo ostendebatur, ipse intellectus talis

1. *Cf.* Augustinus Hipponensis, *De vera religione*, XXXI, 57-58, BA t. 8, 1951, Paris, Desclée de Brouwer, p. 106-110.

2. Hic legimus potius « intellectione » quam « intelligentia » sicut in manuscripto L. Vide supra 1.1.5 « eadem simplici intellectione » et *infra* 1.1.7 (1).

(9) Or, ce même raisonnement vaut pour celles-ci et pour toutes les autres choses intelligibles ou raisons des choses, à savoir qu'elles sont connues par l'esprit dans son fond secret. Ceci se produit grâce à la présence de vérités immuables pour l'esprit, vérité immuable qui est Dieu et qui est même vue en cette vie, comme le dit [Augustin] aux chapitres 53 et 54 de *La vraie religion*[1] et dans de nombreux chapitres suivants.

1.1.5. *L'intellect agent intellige toutes les autres choses comme il s'intellige lui-même par son essence*

(1) Des précédents propos apparaît le quatrième des points annoncés, à savoir que l'intellect qui est intellect par essence et toujours en acte, c'est-à-dire que l'intellect agent intellige toutes les autres choses comme il s'intellige lui-même par son essence, et ce de la même manière que celle par laquelle il s'intellige et par la même intellection simple. Puisqu'en effet il est, par son essence, le paradigme de tout l'étant en ce qui est étant, et que selon ceci il est intellectuellement tout l'étant, il est manifeste qu'en s'intelligeant lui-même par essence, il intellige [aussi] de la même manière et selon une intellection[2] simple tout l'étant en tant que par son mode, qui est divin, il se rapporte à Dieu, c'est-à-dire qu'en s'intelligeant lui-même, il intellige toutes les autres choses.

1.1.6. *Récapitulation*

(1) En récapitulant ce qui a été dit, il est clair que ce que l'on s'est proposé de montrer [est ceci] : l'argument d'Augustin auquel on a auparavant fait référence – et par lequel il prouve que les trois, à savoir l'esprit, la connaissance et l'amour sont substantiellement dans l'esprit et que chacun d'eux est substance, puisque tout accident se limite à son sujet et que l'esprit ne se limite pas à lui-même par sa connaissance et son amour, comme il est dit à cet endroit – se rapporte au fond secret de l'âme qui est l'intellect agent.

(2) Et, à partir de ce qui a été dit, il faut comprendre que l'intellect agent est en effet intellect par essence et toujours en acte d'intelliger, comme le premier point l'a montré. Le deuxième point a, lui, montré que cet intellect

1. Augustin d'Hippone, *La vraie religion*, XXXI, 57-58, BA t. 8, trad. J. Pegon, Paris, Desclée de Brouwer, 1951, p. 107-111.

2. Il semble qu'il faille lire *intellectione* plutôt qu'*intelligentia* comme le propose le mss L, car c'est, auparavant, toujours avec le terme *intellectione* que cette idée a été exprimée *Cf.* Dietrich von Freiberg, *De Visione beatifica*, B. Mojsisch (ed.), 1.1.5, p. 30, l. 64 et 1.1.7. (1), p. 31, l. 23.

intelligit se ipsum per suam essentiam stans semper in lumine suae actualis intelligentiae, qua in se ipsum semper reflexus est, si tamen potest dici reflexio, ubi vere est directa suae essentiae intellectio. Tertio etiam patuit ipsum secundum rationem intellectualis essentiae esse quoddam exemplar et similitudinem totius entis et omnium entium veras rationes in ipso intellectualiter resplendere et sic omnium entium notitiam sibi inesse secundum actum. Quarto etiam visum est ipsum eodem simplici modo sicut se ipsum, sic omnia alia per suam essentiam intelligere.

1.1.7. *Intellectus per essentiam est substantia, quia excedit subiectum suum, quod nulli accidenti convenire potest*

(1) Ex his, inquam, concludendum est, quod videlicet eodem modo se habet ad se ipsum et ad omnia alia, quia intelligendo se ipsum per essentiam intelligit omnia alia per essentiam eadem simplici intellectione, notitia et amore, et hoc est proprium ei intellectui, qui est intellectus per essentiam, ut sic excedat notitia et amore proprium suum subiectum in habendo se eodem modo ad se ipsum et ad alia.

(2) Quod nulli accidenti convenire potest, et hoc propter duo : primo, quia nulla accidentalis operatio, id est cuius operationis principium est accidens ut calefactionis calor, sentiendi sensus, tendit in se ipsam seu in suum formale principium nec in proprium subiectum, sed in aliud subiecto distinctum. Habitudo enim formae in eo, quod forma, ad proprium subiectum non coincidit cum habitudine agentis ita, ut idem sit forma et agens in proprium subiectum. Alias idem moveret se ipsum, quod est impossibile. Dico autem hic formam, quae sic est actus et dispositio subiecti, ut non sit quid separatum. Alias enim esset subiecto distincta et posset movere proprium subiectum, ut patet in principiis moventibus corpora caelestia. Secundum hoc igitur nec sensus nec calor eodem modo se habent ad alia, sicut se habent ad propria subiecta, et sic non excedunt propria subiecta sua. Excedere enim subiectum suum proprium, prout hic sumitur in proposito, est eodem modo se habere ad alia sicut ad proprium subiectum. Propter hoc etiam intellectus possibilis factus in actu, quia per se et essentialiter innititur phantasmati[1], non excedit proprium subiectum,

1. Vide « Notes de traduction », n°4

s'intellige lui-même par son essence, se tenant toujours dans la lumière de son intelligence actuelle par laquelle il se reflète toujours lui-même, si l'on peut parler de « reflet » lorsque son intellection est dirigée vers son essence. Ensuite, par le troisième point, il est apparu que [cet intellect], selon la raison de son essence intellectuelle, est un certain paradigme et une certaine ressemblance de tout l'étant et que les vrais rapports de tous les étants resplendissent en lui intellectuellement, et qu'ainsi, il a à l'intérieur de lui la connaissance en acte de tous les étants. Par le quatrième point, on a enfin vu que [l'intellect agent] intellige par son essence toutes les autres choses par le même mode simple par lequel il s'intellige lui-même.

1.1.7. *L'intellect par essence est substance parce qu'il ne se limite pas à son sujet, ce qui ne peut convenir à aucun accident.*

(1) Je dis [donc] qu'à partir de ceci, il faut conclure que [l'intellect agent] se rapporte de la même manière à lui-même et à toutes les autres choses, puisqu'en s'intelligeant lui-même par essence, il intellige toutes les autres choses par essence par la même intellection simple, par la connaissance et l'amour. Ceci est propre à l'intellect qui est intellect par essence, de telle sorte qu'il ne se limite pas, par l'amour et la connaissance, à son sujet propre en se rapportant par le même mode à lui-même et aux autres choses.

(2) Ceci ne peut convenir à aucun accident et ce pour deux raisons : premièrement, parce qu'aucune opération accidentelle, c'est-à-dire aucune opération dont le principe opérationnel est un accident, comme la chaleur pour le réchauffement, le sens pour la sensation, ne tend vers elle-même ou vers son principe formel ou vers son sujet propre, mais [elle tend] vers quelque chose distinct de son sujet. La relation de la forme, en effet, dans ce qui est forme pour le sujet propre, ne coïncide pas avec la relation de l'agent, de sorte que la forme et l'agent seraient identiques dans le sujet propre. Autrement, le même se mouvrait lui-même, ce qui est impossible. Or, je parle ici de la forme qui est l'acte et la disposition du sujet de telle sorte qu'elle n'est pas quelque chose de séparé. Sans cela, elle serait en effet distincte du sujet et pourrait mouvoir son propre sujet, comme on le voit dans les principes qui meuvent les corps célestes. C'est pourquoi le sens et la chaleur ne se rapportent donc pas aux autres choses de la même manière qu'elles se rapportent à leur sujet propre, et ainsi, elles se limitent à leur sujet propre. Ne pas se limiter à son sujet propre, en effet, comme on le comprend dans notre propos, signifie se rapporter sur le même mode aux autres choses et à son sujet propre. A cause de cela précisément, l'intellect possible est actualisé, parce que c'est par lui et essentiellement qu'il contient toutes les images sensibles et qu'il se limite à son sujet propre

quia ipsum phantasma proprium subiectum non excedit eo modo, qui dictus est.

(3) Secundo et alia ratione patet non convenire accidenti cuicumque dictus modus excedendi proprium subiectum, qui competit intellectui, qui est intellectus per essentiam. Intellectus enim talis non solum in eo, quod intelligit, sed in eo, quod intelligitur quasi passive, ut sic imaginemur, ipsa intellectione afficitur in sua essentia capiens et habens in hoc suam essentiam fixam in sua substantia et in esse suo, inquantum videlicet stat in sui ipsius intellectione et inquantum est quid intellectum. Sic enim propriissime est quiddam intellectualiter ens, inquantum videlicet intelligitur in sua essentia, non autem omnino ita proprie, inquantum intelligit, dicitur intellectualiter ens. Quod patet ex eo, quia aliquid potest intelligere ut homo, quod tamen ex hoc, quod intelligit, non est aliquid intellectualiter ens, sed quidquid intelligitur, eo ipso est aliquid intellectualiter ens, et tale est intellectus, qui est intellectus per essentiam et semper in actu, et sic talis intellectus, inquantum intelligit se et inquantum intelligitur a se, eodem modo se habet ad se et ad omnia alia, quia, ut dictum est, ipse est intellectualiter omnia entia.

(4) Quamvis autem sensus sit quaedam affectio seu dispositio vel forma sui proprii subiecti, nulla tamen natura vel dispositione sentiendo suum sensibile afficit, et sic alio modo se habet ad suum subiectum et alio ad obiectum, et secundum hunc modum, quo se habet ad suum subiectum, non excedit idem proprium subiectum suum. Sed aliud etiam quodcumque accidens sive activum sive passivum, si aliquo modo afficiatur obiectum suum, ut calor calefactione afficit calefactibile, non tamen eodem modo se habet ad suum subiectum, in quo est, quia se habet ad ipsum per modum formae. Ad obiectum suae actionis habet se in ratione agentis, et consequenter non tendit ex eodem principio calefactionis in idem numero, id est ex eodem calore in eundem numero.

parce que l'image sensible[1] elle-même se limite à son sujet propre, de la manière qu'on a énoncée.

(3) Secondement et pour une autre raison, il est clair que le mode cité de non limitation à son sujet propre qui convient à l'intellect qui est intellect par essence ne convient pas à n'importe quel accident. Un tel intellect, en effet, non seulement en ce qu'il intellige, mais aussi en ce qui est intelligé de manière quasiment passive, comme lorsque nous imaginons, est informé par la même intellection dans sa substance, comprenant et ayant ainsi son essence fixée dans sa substance et dans son être, dans la mesure où il se tient dans l'intellection de lui-même et dans la mesure où il est quelque chose d'intelligé. Ainsi [on parle de manière adéquate] d'étant véritablement intellectuel dans la mesure où il est intelligé dans son essence; il est cependant inadéquat d'appeler un étant 'intellectuel' [simplement] dans la mesure où il intellige. Ceci est en effet clair puisque quelque chose qui peut intelliger, l'homme, par exemple, n'est pas un étant intellectuel [seulement] parce qu'il intellige, mais toute chose qui est intelligée est en elle-même un certain étant intellectuel. Tel est l'intellect qui est intellect par essence et toujours en acte. Ainsi cet intellect, selon le mode dont il s'intellige et est intelligé par soi, se rapporte selon le même mode à lui et aux autres étants pour la raison que, comme il a été dit, lui-même est intellectuellement tous les étants.

(4) De plus, bien que le sens soit une certaine information ou disposition ou forme pour son sujet propre, il n'affecte cependant pas son être sensible par une nature ou une disposition de sentir, et ainsi, il se rapporte différemment à son sujet et à son objet. Aussi, selon la manière par laquelle il se rapporte à son sujet, il se limite de la même manière au sujet qui lui est propre. Mais pour tout autre accident, soit passif, soit actif, si son objet est affecté d'une certaine manière, comme la chaleur par le fait de chauffer affecte ce qui peut être chauffé, ce n'est pourtant pas de la même manière qu'il se rapporte au sujet dans lequel il est, puisqu'il se rapporte à celui-ci sur le mode de la forme. Il se rapporte à l'objet de son action à la manière de l'agent, et la conséquence en est qu'il ne tend pas à partir du même principe du réchauffement vers une même chose numériquement identique, c'est-à-dire à partir de la même chaleur vers une même chose numériquement identique.

1. *Cf.* « Notes de traduction », n° 4.

(5) Intellectus autem, qui est intellectus per essentiam et semper in actu, contrario modo se habet, ut satis dictum est. Ex hoc necessario concluditur secundum Augustinum talem intellectum esse substantiam, quod est propositum.

1.1.8. *Ostenditur ex auctoritate Augustini in libro De immortalitate animae intellectum per essentiam esse substantiam*

(1) Idem ostenditur ex auctoritate et deductionibus rationum Augustini in libro *De immortalitate animae*. Praeter ceteras autem vias, quibus procedit principaliter, prosequitur duas ad ostendendum animum humanum esse immortalem : unam videlicet ex inexistentia disciplinarum[1] seu artium[2] in animo continentium quasdam immutabiles veritates, ex quo concludit animum esse immortalem; secunda via attenditur in ordine et dependentia animi ab illa incommutabili ratione, cui semper coniungitur nec ab ea separari potest, nec ipsa talis ratio se separat umquam ab animo, et in tali coniunctione ratio sic afficit animum, ut ei esse tribuat, c. 10 et 11[3]. Ex quo concludit ipsum animum esse immortalem. Ex quibus ulterius vult concludi ipsam animam rationalem esse immortalem[4].

1. Augustinus Hipponensis, *De immortalitate animae*, I, 1, BA t. 5, 1939, p. 170 : *Si nos sumus qui ratiocinamur, id est animus noster, nec recte ratiocinari sine disciplina potest, nec sine disciplina esse animus, nisi in quo disciplina non est, potest; est in hominis animo disciplina*.

2. Augustinus Hipponensis, *De immortalitate animae*, IV, 6, BA t. 5, 1939, p. 180-182 : *Sed cum uel nos ipsi nobis cum ratiocinantes, uel ab alio bene interrogati de quibusdam liberalibus artibus ea quae inuenimus, non alibi quam in animo nostro inuenimus : neque id est inuenire, quod facere aut gignere ; alioquin aeterna gigneret animus inuentione temporali – nam aeterna saepe inuenit; quid enim tam aeternum quam circuli ratio, uel si quid aliud in huiuscemodi artibus, nec non fuisse aliquando, nec non fore comprehenditur ? – manifestum est etiam, immortalem esse animum humanum, et omnes ueras rationes in secretis eius esse, quamuis eas siue ignoratione siue obliuione, aut non habere, aut amisisse uideatur*.

3. *Cf.* Augustinus Hipponensis, *De immortalitate animae*, VI, 10-11, BA t. 5, 1939, p. 186-190.

4. Augustinus Hipponensis, *De immortalitate animae*, V, 9, BA t. 5, 1939, p. 184-186 : *Quamobrem si anima subiectum est, ut supra diximus, in quo ratio inseparabiliter, ea necessitate qua quaeque in subiecto esse monstrantur, nec nisi uiua anima potest esse anima, nec in ea ratio potest esse sine uita, et immortalis <est> ratio ; immortalis est anima*.

(5) Or, l'intellect, qui est intellect par essence et toujours en acte, se rapporte d'une manière entièrement différente, comme on l'a suffisamment dit. De là, il faut nécessairement conclure, selon Augustin, qu'un tel intellect est substance, ce qui est notre propos.

1.1.8. *On montre, à partir de l'autorité d'Augustin dans le livre L'immortalité de l'âme, que l'intellect par essence est substance*

(1) La même thèse est démontrée à partir de l'autorité et des déductions de l'argument d'Augustin dans le livre *L'immortalité de l'âme*. Outre les voies par lesquelles il procède principalement, il en poursuit deux autres pour démontrer que l'âme humaine est immortelle : une première voie à partir de l'existence dans l'âme humaine de disciplines[1] ou d'arts[2] contenant certaines vérités immuables; de cela, il conclut que l'âme humaine est immortelle. Une seconde voie est suivie en partant de l'ordre et de la dépendance de l'âme humaine envers cette raison immuable à laquelle elle est toujours jointe et dont elle ne peut être séparée, et, [comme] cette même raison ne se sépare jamais de l'âme humaine, dans une telle conjonction, la raison affecte ainsi l'âme humaine de telle sorte qu'elle lui accorde l'être, [comme il le dit] aux chapitres 10 et 11[3]; de cela, il conclut que l'âme humaine elle-même est immortelle. Des autres [voies], par la suite, il veut qu'on déduise que l'âme rationnelle elle-même est immortelle[4].

1. Augustin d'Hippone, *De l'immortalité de l'âme*, I, 1, BA t. 5, trad. P. de Labriolle, 1939, p. 171 : « C'est nous qui raisonnons – je veux dire : si c'est notre âme – et qu'elle ne puisse raisonner correctement sans formation scientifique; si une âme ne peut subsister sans formation scientifique (sauf à en rester totalement frustrée), c'est donc que la science réside dans l'âme de l'homme. »

2. Augustin d'Hippone, *De l'immortalité de l'âme*, IV, 6, B.A t. 5, trad. P de Labriolle, 1939, p. 183 : « Mais quand en raisonnant avec nous-mêmes ou habilement interrogés par autrui sur telle question qui se rapporte aux disciplines libérales, nous trouvons de quoi répondre, c'est dans l'âme et non ailleurs que nous le trouvons. Or, "trouver" ce n'est pas faire ni créer. Autrement, l'âme "créerait", par une invention réalisée dans le temps, des vérités éternelles. Il arrive souvent, en effet, qu'elle "trouve" des vérités éternelles; qu'y a-t-il de si éternel que les rapports du cercle, et autres questions de ce genre ? Le moyen de comprendre qu'ils n'aient pas toujours existé et ne doivent pas exister toujours ? Il est pareillement évident que l'âme humaine est immortelle, et que tous les vrais rapports des choses subsistent dans ses retraites, encore que, par le fait de l'ignorance ou de l'oubli, elle paraisse ne plus les posséder ou les avoir perdus. »

3. *Cf.* Augustin d'Hippone, *De l'immortalité de l'âme*, VI, 10-11, BA t. 5, trad. P de Labriolle, 1939, p. 187-191.

4. Augustin d'Hippone, *De l'immortalité de l'âme*, V, 9, BA t. 5, trad. P de Labriolle, 1939, p. 185-187 : « C'est pourquoi si l'âme est, comme nous l'avons dit plus haut, le sujet

(2) Istae autem rationes de animo quantum ad intellectum possibilem seu exterius cogitativum, quod idem est, nullius efficaciae sunt. Manifestum est enim intellectum possibilem non semper actu intelligere quascumque immutabiles veritates, et sicut primo est in potentia intelligendi, antequam fiat in actu, sic etiam cadit ab actuali suo intelligere, et, quod amplius est, si aliquae talium immutabilium veritatum fuerint repositae in memoria, frequenter per oblivionem abolentur. Coniunctio etiam talis, qua animus dependet et afficitur ab illa incommutabili ratione secundum Augustinum ibidem[1], quia semper secundum actum est, tribuit animo semper esse actuale quoad actualem intelligentiam, quod constat non habere locum in intellectu possibili.

(3) Pertinet igitur dicta coniunctio rationis ad animum secundum abditum mentis, quod est intellectus per essentiam semper in actu, nec incidit umquam separatio ipsorum ab invicem nec alterutrius eorum interitus, ut ibi[2] Augustinus pertractat.

(4) Hoc autem praeter rationes, quas Augustinus ibi adducit, contingit secundum legem essentialium causarum et causatorum, quae ab invicem non separantur nec aliquid ipsorum vergit ad interitum. Quae causalis habitudo est inter incommutabilem illam rationem et abditum mentis, ut in quam plurimis locis[3] loquitur Augustinus nunc vocans rationem aeternam, nunc incommutabilem veritatem, nunc regulas aeternas praesentes menti.

(5) Habito igitur animum esse immortalem ex praesentia in eo disciplinalium et immutabilium veritatum et ex coniunctione sui ad rationem aeternam, ex hoc concludi vult animam rationalem esse incorruptibilem. Ex quo ulterius sequitur ipsum animum quantum ad abditum mentis esse substantiam. Principium enim substantiae substantia est

1. *Cf.* Augustinus Hipponensis, *De immortalitate animae*, VI, 11, BA t. 5, 1939, p. 190 : *Voluntate autem animum separari a ratione non nimis absurde quis diceret, si ulla ab inuicem separatio posset esse rerum quas non continet locus. (...) non ergo exstingui animus potest, nisi a ratione separatus; separari autem non potest, ut supra ratiocinati sumus : non potest igitur interire.*

2. *Cf.* Augustinus Hipponensis, *De immortalitate animae*, VI, 11, vide adnotationem 1, p. 130.

3. *Cf.* Augustinus Hipponensis, *De immortalitate animae*, VI, 11, BA t. 5, 1939, p. 188-190; *De Trinitate*, IX, 7, 12-13, BA t. 16, 1997, p. 96-98.

(2) Or, ces arguments au sujet de l'âme humaine ne sont d'aucune efficacité quant à l'intellect possible ou à son équivalent, la cogitation extérieure. Il est, en effet, évident que l'intellect possible n'intellige pas toujours en acte toutes les vérités immuables, et de même qu'il est d'abord en puissance d'intelliger avant d'être actualisé, de même, aussi, il modifie son état à partir de son intelliger actuel, et qui plus est, si certaines de ces vérités immuables reposaient dans la mémoire, elles seraient fréquemment effacées par l'oubli. Comme l'expose Augustin au même endroit[1], cette conjonction par laquelle l'âme humaine dépend de la raison immuable et est affectée par elle, parce qu'elle est toujours en acte, accorde à l'âme humaine d'être toujours en acte quant à l'intelligence en acte, ce qui ne concerne pas l'intellect possible, comme on le constate.

(3) La conjonction de la raison dont on a parlé appartient donc à l'âme humaine selon le fond secret de l'âme qui est intellect par essence toujours en acte et la séparation de l'un par rapport à l'autre ou de l'un et l'autre de ces deux ne se produit jamais intérieurement, comme Augustin le présente à cet endroit[2].

(4) Or, outre les arguments qu'Augustin introduit ici, ce [que nous venons d'exposer] se produit selon la loi des causes essentielles et de leurs effets, qui ne sont pas séparés l'un de l'autre et dont aucun ne se tourne vers l'intérieur. Cette relation causale est entre la raison immuable et le fond secret de l'âme de telle sorte qu'Augustin, lorsqu'il en parle, à plusieurs endroits[3], l'appelle parfois raison éternelle, parfois vérité immuable, parfois règles éternelles présentes à l'esprit.

(5) Par habitus, l'âme humaine est immortelle en raison de la présence en elle de vérités et de disciplines immuables et en raison de sa conjonction à la raison éternelle. De ces propos, il veut qu'on déduise que l'âme rationnelle est incorruptible. De ce qui sera dit plus loin, il s'ensuivra que l'âme humaine elle-même, quant au fond secret de l'âme, est substance. Le principe de la substance est en effet substance

dans lequel réside inséparablement la raison, en vertu de la nécessité qui s'impose à elle de résider dans un sujet; si l'âme ne peut être qu'une âme vivante; si la raison ne peut être dans l'âme frustrée de vie et que la raison soit immortelle, c'est donc que l'âme est immortelle. »

1. *Cf.* Augustin d'Hippone, *De l'immortalité de l'âme*, VI 11, BA t. 5, trad. P. de Labriolle, 1939, p. 191 : « Il n'est pas moins absurde de supposer que l'âme se sépare de la Raison par sa volonté propre, s'il pouvait y avoir séparation pour des êtres que nul lieu ne contient. (...) L'âme ne peut donc être anéantie, à moins d'être séparée de la Raison; mais elle n'en peut être séparée, nous l'avons démontré plus haut : c'est donc qu'elle ne peut mourir. »

2. Augustin d'Hippone, *De l'immortalité de l'âme*, VI, 11 *Cf.* note 1, p. 129.

3. *Cf.* Augustin d'Hippone, *De l'immortalité de l'âme*, VI, 11, BA t. 5, trad. P. de Labriolle, 1939, p. 189-191; *La Trinité*, IX, 7, 12-13, BA t. 16, trad. P. Agaësse, 1997, p. 97-99.

secundum Philosophum in XII *Metaphysicae*[1]. Secundum deductiones enim praemissas anima rationalis figitur in sua immortalitate ex immortalitate animi, ut sic se intellectualiter habeat in anima, sicut cor vitaliter se habet in animal[2]. Alias enim, nisi, sicut dictum est, abditum mentis se habeat ad animam, nulla praedictarum rationum Augustini valet ad propositum suum concludendum de immortalitate animae.

(6) Si enim saepe dictum abditum mentis, quod est intellectus per essentiam semper in actu, esset quaedam potentia modum accidentis habens in subiecta anima, cuiusmodi sunt virtutes sensitivae et intellectus possibilis, efficaciter et vere posset opponi praedictis, videlicet quod non sequitur animum esse immortalem ex affectione, qua afficitur ex ratione aeterna vel ex inexistentia immutabilium veritatum. Posset enim dici, quod talia, quae dicta sunt, non sunt in animo nisi ex suppositione constantis subiecti, quod est anima, et ita iam supponitur anima in esse immortali, quod debuit probari. Possent enim praedicta, scilicet immutabiles veritates et affectio rationis aeternae, inesse animo, etiam si anima non esset immortalis, et cadente ea in non esse omnia praedicta et ipse animus caderet in non esse, sicut manifeste videmus, quod immutabiles veritates sunt in intellectu possibili, quando actu intelligit eas. Ipse intelligendo afficitur saepe dicta ratione aeterna et ex ea intelligit, quidquid intelligit, secundum Augustinum VIII *De Trinitate* c. II et 12 et XII l. c. 34 et in aliis innumeris locis[3]. His, inquam, non obstantibus nihilominus intellectus possibilis cadit ab huiusmodi immutabilibus veritatibus et ab affectione rationis aeternae

1. Non invenitur ibi sed potius apud Averroem, *Aristotelis opera cum Averrois commentariis, Metaphysicorum*, liber XII, comm. 4, Venetiis apud Junctas, 1562-1574, [reimpr. Frankfurt, Minerva, 1962], 308ra : *Cum ista sint principia substantiae et principia substantiae sunt substantiae, necesse est ut substantia dicitur de istis rebus*. Vide etiam : Thomas de Aquino, *In Aristotelis libros Metaphysicorum*, lib. 7, lec. 8, n. 1459, ed. M. R. Cathala et R.M. Spiazzi, Taurini-Romae, Marietti, 1950, p. 355 : *Principium enim activum substantiae non potest esse nisi substantia; sed principium activum accidentium potest esse non accidens, scilicet substantia*.

2. *Cf.* Theodoricus Teutonicus, *De intellectu et intelligibili*, II, 2, ed. B. Mojsisch, Hamburg, Meiner, 1977, p. 147-148.

3. *Cf.* Augustinus Hipponensis, *De Trinitate*, VIII, 3, 4-5, BA t. 16, 1997, p. 32-38 ; *Ibid.*, XII, 14, 23, BA t. 16, 1997, p. 254-256.

selon le Philosophe au livre XII de *La Métaphysique* [1]. Selon les déductions annoncées, l'âme rationnelle est en effet fixée dans son immortalité par l'immortalité de l'âme humaine, de sorte qu'elle a un rôle intellectuel dans l'âme comme le cœur a un rôle vital dans l'animal [2]. Autrement, comme il a été dit, si le fond secret de l'âme ne se rapportait pas à l'âme, aucune des raisons susdites d'Augustin ne correspondrait à ce qu'il a posé pour déduire l'immortalité de l'âme.

(6) Si le fond secret de l'âme, dont on a souvent parlé, qui est intellect par essence toujours en acte, était en réalité une certaine puissance selon le mode de l'accident dans le sujet âme, à la manière des vertus sensitives et de l'intellect possible, on pourrait véritablement et efficacement s'opposer à ce qui a été dit, à savoir qu'il ne s'ensuivrait pas que l'âme humaine est immortelle grâce à l'information par laquelle elle est informée par la raison éternelle ou à partir de l'existence de vérités immuables. On pourrait donc dire que ces choses ne sont dans l'âme humaine que par la supposition du sujet constant qui est l'âme et ainsi on poserait désormais que l'âme est dans l'être immortel, ce qui devrait être prouvé. Les choses mentionnées, à savoir les vérités immuables et l'affection de la raison éternelle, pourraient être présentes dans l'âme humaine même si l'âme n'était pas immortelle et tombait elle-même dans le non-être, ces choses et l'âme humaine elle-même tomberaient dans le non-être ; de cette manière, on voit clairement que les vérités immuables sont dans l'intellect possible lorsqu'il les intellige en acte. Lui-même, en intelligeant, est affecté par la raison éternelle dont on a déjà souvent parlé et par elle il intellige tout ce qu'il intellige, selon Augustin aux chapitres 11 et 12 du livre VIII et au chapitre 34 du livre XII de *La Trinité* et à de nombreux autres endroits [3]. Je pense que ceci ne contredit pas le fait que l'intellect possible se détache de ces vérités immuables et de l'affection de la raison éternelle,

1. La citation ne se trouve pas chez Aristote, mais chez Averroès, *Commentaire de la Métaphysique*, XII, chap. 4, Venetiis apud Junctas, 1562-1574, [reimpr. Frankfurt, Minerva, 1962], 308ra : « Parce qu'ils sont les principes de la substance et que les principes de la substance sont le propre de la substance, il est nécessaire que l'on parle de substance à propos de ces choses. »

Voir aussi Thomas d'Aquin, *Commentaire de la Métaphysique d'Aristote*, VII, lec. 8, n. 1459, éd. M.R. Cathala et RR.M. Spiazzi, 1950, p. 355 : « En effet, le principe actif de la substance ne peut pas être si ce n'est dans la substance, mais le principe actif des accidents peut être « non-accident ». »

2. *Cf.* Dietrich de Freiberg, *De intellectu et intelligibili*, II, 2, éd. Mojsisch, 1977, p. 147-148.

3. *Cf.* Augustin d'Hippone, *La Trinité*, VIII, 3, 4-5, BA t. 16, trad. P. Agaësse, 1997, p. 33-39 et *ibid.* XII, 14, 23, BA t. 16, trad. P. Agaësse, 1997, p. 255-257.

ex subtractione vel corruptione phantasmatum, quibus intelligendo innititur.

(7) Sic utique contingeret in abdito mentis quantum ad eius casum in non esse, nisi ponamus ipsum esse substantiam et dicto modo se habere ad animam et sic ex eius immortalitate derivari immortalitatem ad animam rationalem.

1.1.9. *Sententia omnium Peripateticorum et Augustini, quod intellectus agens est substantia*

(1) Est etiam haec sententia, scilicet quod intellectus agens est substantia omnium Peripateticorum, ut patet per Alexandrum[1] et Alpharabium[2] in libris *De intellectu et intelligibili*, per Avicennam[3],

1. *Cf.* Alexander Aphrodisiensis, *De intellectu et intellecto*, ed. G. Théry, 1926, p. 77 : *Dixit Ysaac in hoc loco : non autem ob hoc quod nos intelligimus illam, sit ipsa intellectus et intellectum, sed quia hec forma que est sic ; et hec substancia que est separata ab yle, non est receptibilis corruptionis, et ideo Aristoteles intellectum adeptum, scilicet formam que est hujusmodi, vocavit immortalem*.

Vide etiam : Averroes, *In Aristotelis De anima*, III, comm. 5, ed. F. S. Crawford, 1953, p. 389, l. 71-81 ; comm. 8, p. 420, l. 19-36 ; comm. 18, p. 440, l. 85-95 ; comm. 20, p. 448, l. 126.

2. *Cf.* Alpharabius, *De intellectu et intellecto*, ed. E. Gilson, AHDLMA, 4, 1929, p. 121, l. 233-235 : *Unde intelligencia agens, quam nominavit Aristoteles Latinus in tercio tractatu libri* De anima, *est forma separata, que nec fuit in materia, nec erit unquam ;* et p. 124, l. 326-338 : *Sed quod intelligencia agens habeat esse, iam ostensum est in libro de anima. Videtur autem quod intelligencia agens non semper agit, sed aliquando agit aliquando non, unde sequeretur necessario quod ad id quod ageret et ad id quo non ageret esset diversarum comparacionum et sic variaretur de comparacione ad comparacionem, sed variaretur eciam in sua essencia, eo quod perfeccio eius ultima esset in sua substancia aliquando in potencia, aliquando in effectu et tunc quod esset in effectu, sed nos iam posuimus eam esse separatam ab omni materia, postquam igitur hoc ita est, tunc semper est in sua perfeccione ultima*.

Vide etiam : Averroes, *In Aristotelis De anima*, III, comm. 5, ed. F. S. Crawford, 1953, p. 389, l. 71-81 ; comm. 8, p. 420, l. 19-36 ; comm. 18, p. 440, l. 85-95 ; comm. 20, p. 448, l. 126.

3. *Cf.* Avicenna, *Liber de anima seu sextus naturalibus*, V, 6, ed. S. Van Riet, Louvain-la-Neuve-Leiden, Peeters-Brill, 1968, p. 144, l. 68-70 : *Sed anima habet hoc ex hoc quod est substantia recipiens impressa ab eo ; intelligentia vero habet hoc ex hoc quod est substantia principium agens et creans*.

par la soustraction ou la corruption des images sensibles qui lui servent de suppôt dans l'intellection.

(7) De toute manière, ceci se produirait ainsi dans le fond secret de l'âme : il chuterait dans le non-être si l'on ne posait pas qu'il est lui-même substance et que par le mode énoncé il se rapporte à l'âme et qu'ainsi de son immortalité provient l'immortalité de l'âme rationnelle.

1.1.9. *La doctrine de tous les Péripatéticiens et d'Augustin, à savoir que l'intellect agent est substance*

(1) Cette doctrine, à savoir que l'intellect agent est substance, est commune à tous les Péripatéticiens comme le montrent Alexandre[1] et Al Fârâbî[2] dans les livres *De l'intellect et de l'intelligible*, Avicenne[3],

1. *Cf.* Alexandre d'Aphrodise, *L'intellect et l'intelligé*, éd. G. Théry, 1926, p. 77 : « Ysaac dit à cet endroit : or ce n'est pas parce que nous l'intelligeons qu'elle-même est intellect et intelligé, mais parce que cette forme qui est est ainsi ; et cette substance qui est séparée de la matière n'est pas sujette à la corruption, et ainsi Aristote appelait immortel cet intellect acquis, à savoir la forme qui est de cette sorte. » Voir aussi : Averroès, *Grand Commentaire du De l'Âme*, III, trad. A. de Libera, dans Averroès, *L'intelligence et la pensée, Grand commentaire du De Anima, l. III*, 1998 : comm 5. p. 59-60 ; comm. 8, p. 88- 89 ; comm. 18, p. 107- 108, comm. 20, p. 113.

2. *Cf.* Al Fârâbî, *L'intellect et l'intelligé*, trad. E. Gilson, AHDLMA, 4, 1929, p. 137 : « Ainsi l'intelligence agente dont Aristote fait mention au l. III du *De Anima* est une forme séparée, qui n'a pas été dans une matière et n'y sera jamais (...). » et p. 140 : « Que l'intelligence agente existe, c'est ce qui a été montré dans le *De Anima*. Pourtant, il semble qu'elle ne soit pas toujours agente, mais que tantôt elle agisse et tantôt non. Or, pour qu'il en fût ainsi, il faudrait nécessairement que pour pouvoir tantôt agir et tantôt ne pas agir, elle se trouvât dans des états différents et qu'elle variât selon ces différents états ; mais si elle ne se trouvait pas constamment dans son ultime perfection, ce ne sont pas seulement des changements d'état qu'il lui faudrait subir, mais encore des changements d'essence, parce que sa perfection ultime se trouverait dans sa substance tantôt en puissance et tantôt en acte, et qu'alors ce qui serait en elle puissance serait matière par rapport à ce qui s'y trouverait en acte. Or, nous avons affirmé qu'elle est séparée de toute matière et, parce qu'il en est ainsi, elle devra toujours être dans son ultime perfection. »

Voir aussi : Averroès, *Grand commentaire du De l'Âme*, III, comm. 5 trad. A. de Libera, dans Averroès, *L'intelligence et la pensée, Grand commentaire du De Anima, l. III*, 1998, p. 59-60 ; comm. 8, p. 88- 89 ; comm. 18, p. 107- 108, comm. 20, p. 113.

3. *Cf.* Avicenne, *De l'Âme*, V, 6, éd. S. Van Riet, 1968, p. 144 : « Mais l'âme possède cela du fait qu'elle est une substance recevant ce qui est imprimé par lui, alors que l'intelligence possède cela du fait qu'elle est une substance, un principe agent et créateur. »

per Commentatorem *Super III de anima*[1]. Unde etiam quidam[2] eorum conati sunt eum ponere substantiam separatam. Philosophus etiam III *De anima*[3] dicit ipsum omnia facere intellecta. Facere autem proprium est substantiae.

(2) Idem dicit Augustinus de abdito mentis, in quo ponit haec tria, scilicet memoriam, intelligentiam, voluntatem, l. XIV[4], videlicet quod est substantia, l. X *De Trinitate* c. 27[5] : « Haec igitur tria, memoria, intelligentia et voluntas, quoniam non sunt tres vitae, sed una vita, nec tres mentes, sed una mens, consequenter utique nec tres substantiae, sed una substantia. »

1. *Cf.* Averroes, *In Aristotelis De anima*, III, t. comm. 18, ed. F. S. Crawford, 1953, p. 439, l. 73-74 : *Et fuit necesse attribuere has duas actiones anime in nobis, scilicet recipere intellectum et facere eum, quamvis agens et recipiens sint substantie eterne, propter hoc quia hee due actiones reducte sunt ad nostram voluntatem, scilicet abstrahere intellecta et intelligere ea.*; comm. 5, p. 389, l. 71-81.

2. *Cf.* Avicenna, *Liber de anima seu sextus naturalibus*, V, 6, ed. S. Van Riet, 1968, p. 143, l. 57-60 : *Debes etiam scire quod in nostro puro intellectu non est multitudo ullo modo nec ordo formarum; ipse enim est principium omnis formae emanantis ab eo in animam. Debes etiam tenere similiter esse dispositionem separatam pure in hoc quod intelligunt aliqua;* et Averroes, *Aristotelis De anima III*, c. 19, ed. F.S. Crawford, 1953, p. 441, l. 16-18 : *Et fuit necesse ut intelligentia agens sit abstracta, et non mixta neque passibilis, secundum quod est agens omnes formas intellectas*.

3. *Cf.* Aristoteles Latinus, *De anima*, III, 5. Vide adnotationem 1, p. 116.

4. *Cf.* Augustinus Hipponensis, *De Trinitate*, IX, 5, 8, BA t. 16, 1997, p. 90 : *Tota uero in totis quemadmodum sint iam supra ostendimus cum se totam mens amat et totam nouit et totum amorem suum nouit totam que amat notitiam suam quando tria ista ad se ipsa perfecta sunt. Miro itaque modo tria ista inseparabilia sunt a semetipsis, et tamen eorum singulum quidque substantia est et simul omnia una substantia uel essentia cum et relatiue dicantur ad inuicem.*

5. *Cf.* Augustinus Hipponensis, *De Trinitate*, X, 11, 18, BA t. 16, 1997, p. 154 : *Haec igitur tria, memoria, intelligentia, uoluntas, quoniam non sunt tres uitae sed una uita, nec tres mentes sed una mens, consequenter utique nec tres substantiae sunt sed una substantia*.

le Commentateur dans le *Commentaire du livre III du De l'Âme*[1]. Certains d'entre eux[2] se sont même efforcés de le penser comme une substance séparée. De plus, le Philosophe, au livre III du *De l'Âme*[3], dit que lui-même « produit » toutes les choses intelligées. Or, produire est le propre de la substance.

(2) Augustin dit la même chose dans *La Trinité* au sujet du fond secret de l'âme, dans lequel il pose les trois, à savoir la mémoire, l'intelligence et la volonté. Plus précisément au livre XIV[4] [il dit] qu'il est substance [et] au chapitre 27 du livre X[5] : « Ces trois choses, mémoire, intelligence, volonté, ne sont pas trois vies, mais une seule vie ; non pas trois âmes, mais une seule âme ; par conséquent elles ne sont pas trois substances, mais une seule substance. »

1. *Cf.* Averroès, *Grand commentaire du De l'Âme*, III, comm. 18, trad. A. de Libera, dans Averroès, *L'intelligence et la pensée, Grand commentaire du De Anima, l. III*, 1998, p. 108 : « Et il est nécessaire d'attribuer ces deux actions à l'âme [qui est] en nous – recevoir l'intelligible et le produire –, bien que l'agent et le récepteur soient des substances éternelles, du fait que ces deux actions – abstraire les intelligibles et les concevoir – dépendent de notre volonté. » ; Comm. 5, p. 59-60.

2. *Cf.* Avicenne, *De l'Âme*, V, 6, éd. S. Van Riet, 1968, p. 143 : « De plus, tu dois savoir que dans notre pur intellect, il n'y a en aucune manière multitude de formes ou ordre de formes ; lui-même est en effet le principe de toute forme émanant de lui dans l'âme. De plus, tu dois accepter de la même manière qu'il est une disposition purement séparée, du fait qu'ils intelligent certaines choses. » ; Averroès, *Grand commentaire du De l'Âme*, III, comm. 19, trad. A. de Libera, dans Averroès, *L'intelligence et la pensée, Grand commentaire du De Anima, l. III*, 1998, p. 109 : « Et, en tant qu'elle est l'agent, de toutes les formes intelligibles, il faut nécessairement que l'Intelligence agente soit séparée et qu'elle ne soit ni mélangée, ni passible. »

3. *Cf.* Aristote, *De l'Âme*, III, 5, 430a15. *Cf.* note 1, p. 117.

4. *Cf.* Augustin d'Hippone, *La Trinité*, IX, 5, 8, BA t. 16, trad. P. Agaësse, 1997, p. 91 : « Nous avons vu plus haut comment chacune est tout entière dans les autres tout entières, quand l'âme s'aime tout entière, se connaît tout entière, connaît son amour tout entière, aime sa connaissance tout entière, quand ces trois réalités sont parfaites par rapport à elles-mêmes. Ainsi, ces trois réalités sont étrangement inséparables les unes des autres ; et pourtant chacune d'elles prise à part est substance, et toutes ensemble sont une seule substance ou une seule essence, bien que prises relativement, on les oppose les unes aux autres. »

5. *Cf.* Augustin d'Hippone, *La Trinité*, X, 11, 18, BA t. 16, trad. P. Agaësse, 1997, p. 155 : « Ces trois choses, mémoire, intelligence, volonté, ne sont pas trois vies, mais une seule vie ; non pas trois âmes, mais une seule âme ; par conséquent elles ne sont pas trois substances, mais une seule substance. »

1.1.10. *Falsa expositio intentionis Augustini et reiectio eius*

(1) Nec attendendum expositioni aliquorum[1], qui dictam auctoritatem ab intentione et sententia sui auctoris distrahere nituntur dicentes hoc, quod dicitur : « Memoria, intelligentia, voluntas sunt una vita, una mens, una substantia », sic intelligendum esse, ut sit sensus : Sunt una vita, id est sunt in una vita, sunt una mens, id est in una mente, sunt una substantia, id est in una substantia, quae est anima.

1. *Cf.* Thomas de Aquino, *Quaestiones disputatae de veritate*, q. 10, a. 1, ad. 5, ed. Leon, 1970, p. 298-299 : *Ad quintum dicendum, quod vivere addit supra esse, et intelligere supra vivere. Ad hoc autem quod in aliquo imago Dei inveniatur, oportet quod ad ultimum genus perfectionis perveniat quo creatura tendere potest ; unde si habeat esse tantum, sicut lapides, vel esse et vivere, sicut plantae et bruta, non salvatur in hoc ratio imaginis ; sed oportet ad perfectam imaginis rationem, ut creatura sit, vivat et intelligat. In hoc enim perfectissime secundum genus conformatur essentialibus attributis. Et ideo, quia in assignatione imaginis mens locum divinae essentiae tenet, haec vero tria, quae sunt memoria, intelligentia et voluntas, tenent locum trium personarum ; ideo Augustinus Hipponensis menti adscribit illa quae requiruntur ad imaginem in creatura, cum dicit, quod memoria et intelligentia et voluntas sunt una vita, una mens, una essentia. Nec tamen oportet quod ex hoc ipso in anima dicatur mens et vita quo et essentia ; quia non est idem in nobis esse, vivere et intelligere, sicut et in Deo ; dicuntur tamen haec tria una essentia, inquantum ab una essentia mentis procedunt ; una vita inquantum ad unum genus vitae pertinent ; una mens, inquantum sub una mente comprehenduntur ut partes sub toto, sicut visus et auditus comprehenduntur sub parte animae sensitiva.* Et cf. *Summa theologiae*, I[a], q. 77, a. 1, ad 1, ed. Leon, 1889, p. 237 : *Ad primum ergo dicendum quod Augustinus Hipponensis loquitur de mente secundum quod noscit se et amat se. Sic ergo notitia et amor, inquantum referuntur ad ipsam ut cognitam et amatam, substantialiter vel essentialiter sunt in anima, quia ipsa substantia vel essentia animae cognoscitur et amatur. Et similiter intelligendum est quod alibi dicit, quod sunt una vita, una mens, una essentia. Vel, sicut quidam dicunt, haec locutio verificatur secundum modum quo totum potestativum praedicatur de suis partibus, quod medium est inter totum universale et totum integrale. Totum enim universale adest cuilibet parti secundum totam suam essentiam et virtutem, ut animal homini et equo, et ideo proprie de singulis partibus praedicatur. Totum vero integrale non est in qualibet parte, neque secundum totam essentiam, neque secundum totam virtutem. Et ideo nullo modo de singulis partibus praedicatur ; sed aliquo modo, licet improprie, praedicatur de omnibus simul, ut si dicamus quod paries, tectum et fundamentum sunt domus. Totum vero potentiale adest singulis partibus secundum totam suam essentiam, sed non secundum totam virtutem. Et ideo quodammodo potest praedicari de qualibet parte ; sed non ita proprie sicut totum universale. Et per hunc modum Augustinus Hipponensis dicit quod memoria, intelligentia et voluntas sunt una animae essentia.*

1.1.10. *Fausse interprétation de l'intention d'Augustin et rejet de celle-là*

(1) Il ne faut pas porter d'attention à la manière dont certains [1] exposent cette thèse en s'appuyant sur l'autorité énoncée pour la détourner de l'intention et de la doctrine de son auteur en affirmant que la sentence « La mémoire, l'intelligence, la volonté sont une seule vie, un seul esprit, une seule substance » doit être comprise comme signifiant : [ces trois] sont une seule vie, c'est-à-dire qu'ils sont dans une seule vie, ils sont un seul esprit, c'est-à-dire qu'ils sont dans un seul esprit, ils sont une seule substance, c'est-à-dire qu'ils sont dans une seule substance qui est l'âme.

1. *Cf.* Thomas d'Aquin, *Questions disputées sur la vérité*, q. 10, a. 1 ad 5, trad. K.S. Ong-Van-Cung, Paris, Vrin, 1998, p. 31 : « Le vivre s'additionne à l'être et l'intelliger au vivre. Or pour que l'image de Dieu se rencontre en quelque chose, il faut qu'elle parvienne au genre ultime de perfection en lequel la créature peut tendre. C'est pourquoi, si la créature possède seulement l'être comme les pierres, ou bien l'être et le vivre comme les plantes et les bêtes, la raison de l'image n'est pas sauvegardée en elles ; mais il est nécessaire à la raison parfaite de l'image que la créature soit, vive et intellige. En cela en effet, elle est disposée en très parfaite conformité selon le genre avec les attributs essentiels. Et donc, parce que dans la détermination de l'image de la Trinité en nous, l'esprit tient lieu de l'essence divine, ces trois attributs que sont la mémoire, l'intelligence et la volonté, tiennent lieu des trois personnes. Pour cette raison, quand Augustin d'Hippone dit que « la mémoire et l'intelligence et la volonté sont une vie, un esprit, une essence », il ne fait qu'attribuer à l'esprit ce qui est requis pour qu'on trouve l'image de la Trinité dans la créature. Cependant, il ne faut pas conclure à partir de ce qui a été dit que l'esprit, sa vie et l'essence sont identiques, car ce n'est pas en nous la même chose qu'être, vivre et intelliger, comme c'est le cas en Dieu ; ces trois attributs sont cependant une unique essence, dans la mesure où ils procèdent de la seule essence de l'âme ; une vie, dans la mesure où ils relèvent d'un genre unique de vie, un esprit, dans la mesure où ils sont compris comme parties d'un tout, comme la vue et l'ouïe sont comprises comme parties de l'âme sensitive. » ; *Somme théologique*, I q. 77, a. 1 ad 1, trad. A.M. Roguet, 1984, p. 678 : « S. Augustin d'Hippone parle ici de l'âme en tant qu'elle se connaît et s'aime elle-même. De cette façon, la connaissance et l'amour sont substantiellement ou essentiellement dans l'âme pour autant qu'il s'agit de la connaître et de l'aimer elle-même : car la substance, l'essence de l'âme, est connue et aimée. – Même interprétation lorsqu'il parle « d'une seule vie, d'un seul esprit, d'une seule essence. – Ou encore, selon une autre explication, cette manière de parler est juste si l'on pense à la relation qu'un tout potentiel soutient avec ses parties. Le cas de ce tout est intermédiaire entre celui du tout universel et celui du tout intégral. Le tout universel se trouve en chacune de ses parties avec toute son essence et toute sa puissance : ainsi « animal » par rapport à l'homme et au cheval. On ne peut donc attribuer rigoureusement ce tout à l'une quelconque des parties. Quant au tout intégral, il n'est en aucune manière en entier dans chacune des parties. L'attribution ne peut donc se faire à chacune d'elles, prise individuellement ; on peut néanmoins le faire d'une manière impropre, en attribuant ce tout à l'ensemble des parties ; on dit ainsi que le mur, le toit, les fondations sont la maison. Le tout potentiel est bien en chaque partie avec toute l'essence, mais non avec sa puissance entière. On pourra donc en faire l'attribution à l'une quelconque des parties, mais non aussi rigoureusement que dans le cas du tout universel. Et c'est ainsi que S. Augustin d'Hippone entend que la mémoire, l'intelligence et la volonté sont l'essence même de l'âme. »

(2) Quamvis autem haec sententia concedi possit, tamen sub hoc sensu, quem dicunt, non inducit eam Augustinus nec valeret sibi ad suum propositum, quod infert in fine eiusdem capituli, scilicet quod haec tria, memoria, intelligentia, voluntas, solum in hoc differunt, quod ad invicem referuntur. Vult igitur omnia ista, scilicet vitam, mentem, substantiam et similia absolute praedicata, quod vocat « ad se dici »[1], formaliter praedicari et essentialiter de memoria, intelligentia et voluntate ita, ut quodlibet absolute praedicatorum de singulis istorum praedicetur in singulari et de omnibus simul, non in plurali, sed in singulari. Supposito igitur, quod haec tria, memoria, intelligentia, voluntas, in omnibus absolute et formaliter praedicatis sint idem, et coassumpto cum hoc, quod nihilominus invenimus inter ea nonnullam differentiam, concludit, quod solum in hoc differunt, quod « ad invicem referuntur », quod nequaquam sequeretur, si solum dicerentur una vita vel una substantia ex eo, quod sunt in una vita vel in una substantia. Sunt enim in una vita et substantia virtutes vegetativae, sensitivae, motivae secundum locum. Non tamen sequitur ex hoc, quod solum in hoc differant, quod ad invicem referantur, immo adhuc huiusmodi differunt differentiis absolutis.

(3) Ex dictis igitur patet abditum mentis, quod est intellectus per essentiam, esse substantiam, quod est primum eorum quattuor, quae supra enumerata sunt et proposita ad considerandum circa primum principalem articulum huius tractatus.

1.2. *Intellectus agens ut imago Dei*

1.2.1. *Ex ratione et auctoritate*

(1) Secundo videndum, quod in isto intellectu expressa est principaliter similitudo et imago Dei, quod patet ratione et auctoritate, ratione, inquam, primo sumpta ex modo suae processionis a Deo, secundo ratione sumpta a proprietate suae substantiae.

1. *Cf.* Augustinus Hipponensis, *De Trinitate*, X, 11, 18, BA t. 16, 1997, p. 154-156 : *Haec igitur tria, memoria, intelligentia, voluntas, qui non sunt tres vitae, sed una vita ; nec tres mentes, sed una mens : consequenter utique nec tres substantiae sunt, sed una substantia. Memoria quippe, quae vita et mens et substantia dicitur, ad se ipsam dicitur : quod vero memoria dicitur, ad aliquid relative dicitur.*

(2) Or bien que l'on puisse leur concéder cette doctrine, Augustin ne l'introduit pourtant pas selon le sens qu'ils lui donnent et elle ne vaut rien par rapport à ce qu'il suppose et qui est développé à la fin de ce même chapitre, à savoir que ces trois, la mémoire, l'intelligence, la volonté ne diffèrent que dans leur rapport mutuel. Il veut donc que ces trois, à savoir la vie, l'esprit, la substance, et les prédicats absolus similaires, ceux qu'il appelle « ceux qui sont dits par rapport à soi »[1], soient prédiquées formellement et essentiellement de la mémoire, de l'intelligence, et de la volonté de sorte que n'importe lequel des prédicats soit prédiqué absolument de chacun d'eux, dans chacun en particulier, et dans tous simultanément, non au pluriel mais au singulier. En supposant donc que ces trois, la mémoire, l'intelligence, la volonté, en étant toutes prédiquées absolument et formellement, soient identiques, et en ajoutant à ceci que nous ne trouvons tout du moins jamais entre elles la moindre différence, il conclut qu'elles ne différent que dans leur rapport mutuel; ce qui ne s'ensuivrait nullement si elles étaient seulement dites être une seule vie ou une seule substance du fait qu'elles sont dans une seule vie ou dans une seule substance. Elles sont, en effet, dans une seule vie et une seule substance des vertus végétatives, sensitives, motrices selon le lieu. De cela, il ne découle cependant pas qu'elles diffèrent seulement dans leur rapport mutuel, mais au contraire, qu'elles diffèrent par des différences absolues.

(3) Il est donc clair, d'après ce que l'on a dit, que le fond secret de l'âme, qui est intellect par essence, est substance, ce qui constitue le premier des quatre points énumérés plus haut et proposés pour considérer le premier article principal de ce traité.

1. *Cf.* Augustin d'Hippone, *La Trinité*, X, 11, 18, BA t. 16, trad. P. Agaësse, 1997, p. 155-157 : « Ces trois choses, mémoire, intelligence, volonté, ne sont pas trois vies, mais une seule vie; non pas trois âmes, mais une seule âme; par conséquent elles ne sont pas trois substances, mais une seule substance. Lorsqu'on dit que la mémoire est vie, âme, substance, c'est qu'on l'envisage en elle-même; mais lorsqu'on l'appelle proprement mémoire, c'est qu'on l'envisage dans sa relation à quelque chose. »

1.2. 1.1. *Ratio sumpta ex modo processionis intellectus agentis a Deo et reductionis in Deum*

1.2. 1.1. 1. *Quadruplex differentia rerum in entibus*

(1) Primo sic : Videmus enim in entibus quasdam rerum differentias, secundum quas reducuntur in Deum sicut in principium suae productionis secundum rationem causae formalis repertae in Deo secundum quadruplicem differentiam quantum ad modum intelligendi. Invenimus enim in entibus ipsarum rerum species seu id, quod sunt secundum speciem. Sunt etiam in rebus individua seu id, quod sunt inquantum individua. Tertio reperiuntur etiam in universitate rerum quaedam substantiae spirituales intellectuales participantes intellectum quoad scientiam et intellectuales operationes, cuiusmodi sunt spiritus illi, quos angelos dicimus. Quarto et supremo ordine sunt res, quae sunt intellectus per essentiam, qui in diversos gradus distinguuntur secundum philosophos.

1.2. 1.1. 2. *Primus modus reductions aliquorum entium in Deum*

(1) Primum istorum, videlicet rerum species seu id, quod sunt res secundum suam speciem, reducuntur in Deum sicut in principium quoad causam formalem, quae est propria uniuscuiusque speciei ratio, quam nos quoquo modo definitione percipimus. Secundum quarum rationum differentias diversae rerum species processerunt, et secundum unam cuiusque speciei rationem omnia individua illius speciei processerunt seu procedunt in esse. Individui enim inquantum individuum non est ratio proprie.

1.2. *L'intellect agent comme image de Dieu*

1.2. 1. *Ce que disent le raisonnement et l'autorité*

(1) Dans un deuxième temps, il faut voir comment, dans cet intellect, sont exprimées principalement la ressemblance et l'image de Dieu. Ceci se déduit par le raisonnement et par l'autorité. Par un raisonnement, dis-je, d'abord déduit du mode de sa procession depuis Dieu, et par un autre ensuite, déduit de la propriété de sa substance.

1.2. 1.1. *Raisonnement déduit du mode de procession de l'intellect agent depuis Dieu et du mode de retour à Dieu*

1.2. 1.1. 1. *Quadruple différence des choses parmi les étants*

(1) Nous pouvons premièrement établir une différence des choses parmi les étants d'après la manière dont elles retournent à Dieu comme au principe de leur production, selon la raison de la cause formelle, qui est en Dieu, et ceci selon une quadruple différence tenant à leur mode d'intellection. [Premièrement] nous distinguons, parmi les étants, les espèces des choses mêmes, ou ce qu'ils sont selon l'espèce. [Deuxièmement, nous distinguons], parmi les choses, les individus ou ce que les choses sont en tant qu'individus. Troisièmement, nous distinguons aussi, dans la totalité des choses, les substances spirituelles intellectuelles qui participent à l'intellect par la science et par les opérations intellectuelles, comme le sont ces esprits que nous appelons anges. Quatrièmement, et dans l'ordre le plus élevé, il y a les choses qui sont intellects par essence et qui, selon les philosophes, se divisent en différents degrés.

1.2. 1.1. 2. *Premier mode de retour de certains étants à Dieu*

(1) En ce qui concerne le premier de ces modes, les espèces des choses, ou ce que les choses sont selon l'espèce, retournent à Dieu comme à leur principe quant à la cause formelle qui est la raison propre de chacune des espèces et que toute définition nous fait voir. Les diverses espèces des choses procèderaient selon ces différences de raisons et tous les individus de cette espèce procèderaient, ou procèdent, dans l'être selon la raison spécifique de chaque espèce. Ils sont en effet individus dans la mesure où l'individu n'est pas à proprement parler une raison.

Quantum autem ad ipsas species alia ratione processit homo, alia ratione equus secundum Augustinum *libro 83*[1].

(2) Unde in *Epistula ad Nebridium*[2] Augustinus dicit : « Mihi », inquit, « videtur, quod quantum ad hominem faciendum attinet, hominis quidem tantum, non meam vel tuam ibi esse rationem. » Et infra[3] aliquibus interpositis ponit exemplum dicens : « Nam in disciplina metiendi una est anguli ratio, una quadrati. Itaque quotiens demonstrare angulum volo, non nisi una ratio anguli mihi occurrit, sed quadratum nequaquam describerem, nisi quattuor simul angulorum rationem intuerer. » Adverte, quod dicit « rationem », non « rationes ». Ubi igitur in his, quae interponit his auctoritatibus, dicit diversorum hominum diversas esse rationes, intelligendum est « rationes », id est « ideas »[4].

(3) Sic ergo unaquaeque res secundum suam speciem reducitur in Deum sicut in principium secundum formam quantum ad propriam rationem, secundum quam facta est, sicut dicit Augustinus *Super Genesim* l. IV c. 29[5].

1. Augustinus Hipponensis, *De diuersis quaestionibus octoginta tribus*, quaestio 46, 2, BA t. 10, Paris, Desclée de Brouwer, 1952, p. 126 : *Quod si recte dici uel credi non potest, restat ut omnia ratione sint condita. Nec eadem ratione homo qua equus; hoc enim absurdum est existimare.*

2. Augustinus Hipponensis, *Epistulae*, XIV, 4, ed., K. D. Daur, Turnhout, Brepols, 2004, p. 34.

3. Augustinus Hipponensis, *Epistulae*, XIV, 4, *ibid. p.* 35.

4. *Cf.* Henricus de Gandavo, *Quodlibet* II, q. 1, ed. R. Wielockx, Leuven, University Press, 1983, p. 7-8 : *Et hoc intellexit Augustinus, ut credo, respondendo ad quaestionem Nebridii de ideis in quantum sunt rationes producendi res, qualis est nostra quaestio in proposito de eisdem in quantum sunt principium cognoscendi res. 'Mihi', inquit, 'videtur (...)redigantur.' Ecce plane quomodo eadem et una est idea ut respicit essentiam, et in illa unitate manens, multiplicata est ut respicit individua, sicut dictum est. Quod aliquantulum clarificatur per suum exemplum, quod ponit, dicens : 'Verum hoc cum obscurrisimum sit, qua similitudine illustrari possit, ignoro, nisi forte ad artes illas, quae insunt animo nostro, confungiendum est. Nam in disciplina metiendi una est anguli ratio, una quadrati. Itaque quotiens demonstrare angulum volo, non nisi una ration anguli mihi occurrit; sed quadratum nequaquam scriberem, nisi quattuor simul angulorum rationem intuerer'. Adverte quod dicit 'rationem' et 'rationes'. Eadem enim est ratio anguli, quotquot anguli intelliguntur, pluribus applicata.*

5. *Cf.* Augustinus Hipponensis, *De Gen. ad litt.*, IV, 24, 41, BA t. 48, 2000, p. 340 : *Quapropter, cum sancti angeli, quibus post resurrectionem coaequabimur, si uiam – quod nobis Christus factus est – usque in finem tenuerimus, semper uideant faciem dei uerbo que eius unigenito filio, sicut patri aequalis est, perfruantur, in quibus prima omnium creata est sapientia, procul dubio uniuersam creaturam, in qua ipsi sunt principaliter conditi, in ipso uerbo dei prius nouerunt, in quo sunt omnium, etiam quae temporaliter facta sunt, aeternae rationes, tamquam in eo, per quod facta sunt omnia, ac deinde in ipsa creatura, quam sic nouerunt, tamquam infra despicientes eam que referentes ad illius laudem, in cuius incommutabili ueritate rationes, secundum quas facta est, principaliter uident.*

Concernant ces espèces elles-mêmes, l'homme procède selon une raison et le cheval selon une autre, comme le dit Augustin dans son livre des *Quatre vingt trois questions différentes*[1].

(2) Augustin dit à ce sujet dans la *Lettre à Nebridius*[2] : « Il me semble que ce qui fait l'homme, c'est la raison de l'homme en général et non celle-ci qui est la mienne ou la tienne. » Ensuite[3], après avoir ajouté certains arguments, il donne un exemple en disant : « Car dans la géométrie, la raison de l'angle est unique aussi bien que celle du carré. C'est pourquoi, à chaque fois que je veux désigner un angle, ce n'est qu'une seule raison de l'angle qui me vient à l'esprit mais quand je décrirai le carré, je pourrai voir en même temps une raison quadruple d'angles ». Il faut remarquer qu'il dit 'raison' et non 'raisons'. Dans ce qui est établi à l'aide de ces autorités, lorsqu'[Augustin] dit qu'il y a différentes raisons de différents hommes, il faut donc comprendre par 'raisons' les 'idées'[4].

(3) Ainsi, chaque chose retourne, selon son espèce, à Dieu comme à son principe, selon la forme, quant à sa raison propre selon laquelle elle a été faite, comme le dit Augustin au chapitre 29 du livre IV de *La Genèse au sens littéral*[5].

1. Augustin d'Hippone, *Quatre-vingt-trois questions différentes*, 46, 2, BA t. 10, trad. G. Bardy, J.A. Beckaert, J. Boutet, Paris, Desclée de Brouwer, 1952, p. 127 : « Que s'il n'est pas légitime de le dire ou de l'admettre, il reste que tout fut constitué suivant des principes ; et non pas l'homme suivant la même formule que le cheval : hypothèse effectivement absurde. »

2. Augustin d'Hippone, *Lettres*, XIV, 4, éd., K. D. Daur, 2004, p. 34.

3. Augustin d'Hippone, *Lettres*, XIV, 4, *ibid.*

4. *Cf.* Henri de Gand, *Quodlibet*, II, q. 1, pour une utilisation, dans une démonstration semblable, de ce même texte.

5. Augustin d'Hippone, *La Genèse au sens littéral*, IV, 24, 41, BA t. 48, trad. P. Agaësse et A. Solignac, 2000, p. 341 : « Les saints anges auxquels nous serons égaux après la résurrection, si nous suivons jusqu'au bout la voie – je veux dire le Christ qui s'est fait voie pour nous – contemplent toujours la face de Dieu et jouissent de la vue du Verbe, son Fils unique, en tant qu'il est égal au Père : c'est en eux, avant toute autre créature qu'a été créée la sagesse. Il est donc hors de doute qu'ils connaissent l'universalité de la création, où eux-mêmes tiennent la première place, d'abord dans le Verbe de Dieu, comme en celui par qui toutes choses ont été faites, puisqu'en lui sont les raisons éternelles de toutes choses, fussent-elles temporelles ; ensuite dans la créature elle-même, qu'ils connaissent en abaissant en quelque sorte leur regard sur ce qui est au dessous d'eux pour la référer à la gloire du Verbe, car c'est en cette vérité immuable qu'ils voient, comme en leur principe, les raisons d'après lesquelles cette créature a été faite. »

1.2. 1.1. 3. *Secundus modus reductionis aliquorum entium in Deum*

(1) Sicut autem res id, quod sunt secundum speciem, reducuntur in Deum tamquam in principium secundum formam quantum ad uniuscuiusque propriam speciei rationem, sic unumquodque individuum in eo, quod individuum, reducitur in Deum sicut in principium secundum formam, quae est idea et exemplar in mente divina.

(2) Unde Augustinus libro *De 83 quaestionibus*[1] dicit : « Sunt namque ideae quaedam principales formae vel rationes rerum stabiles atque incommutabiles, quae divina intelligentia continentur, et cum ipsae non oriantur neque intereant, secundum eas tamen formari dicitur omne, quod oriri et interire potest, et omne, quod oritur et interit. » Cum igitur res non oriantur nec intereant secundum rationem suae speciei, solum hoc, quod oritur et interit, est individuum. Hinc colligitur ideas proprie loquendo esse formas seu exemplaria singularium individuorum, quamvis etiam minus proprie et extenso nomine possint dici rerum rationes existentes in mente divina.

(3) Unde Augustinus in eodem capitulo[2] immediate praemittit : « Ideas igitur latine possumus vel formas vel species dicere, ut verbum verbo transferre videamur. Si autem eas rationes vocamus, ab interpretanda quidem proprietate discedemus. Rationes enim graece 'logos' appellantur, non ideae. Sed tamen quisquis hoc vocabulo uti voluerit, a re ipsa non abhorrebit. » Unde frequenter et passim ideas nominamus rationes rerum in mente divina, et ipsas, quae sunt proprie rerum rationes in mente divina, dicimus seu vocamus ideas, quamvis ideae rerum et rationes earum in mente divina, si proprie accipiantur ideae et rationes, suis propriis rationibus differant.

(4) Quod praeter ea, quae dicta sunt, patet etiam ex effectu et diverso respectu rerum ad ipsa et ipsorum ad res in modo principiandi. Sunt enim ista, ut supra dictum est, principia secundum rationem formae, sed

1. Augustinus Hipponensis, *De diversis quaestionibus 83*, 46, 2, BA t. 10, 1952, p. 124.

2. Augustinus Hipponensis, *De diversis quaestionibus 83*, 46, 2, BA t. 10, 1952, p. 124. *Cf.* etiam Henricus de Gandavo, *Quodlibet* VII, q. 1-2, 5, ed. G.A. Wilson, Leuven, University Press, 1991.

1.2.1.1.3. *Deuxième mode de retour de certains étants à Dieu*

(1) En outre, de même que les choses, selon ce qu'elles sont selon leur espèce, retournent à Dieu comme à leur principe selon la forme, quant à la raison propre de chaque espèce, de même chaque individu, en ce qui est individu, retourne à Dieu comme à son principe selon la forme, qui est idée et paradigme dans l'esprit divin.

(2) C'est pourquoi Augustin dit dans le livre des *Quatre vingt trois questions différentes*[1] : « Les idées sont en effet les formes principielles ou les raisons des choses, fixes et immuables contenues par l'intelligence divine et bien qu'elles ne naissent ni ne meurent, on peut cependant concevoir selon elles tout ce qui admet une naissance et une mort et tout ce qui naît et meurt. » Donc, comme les choses ne naissent pas et ne meurent pas selon la raison de leur espèce, ne naît et ne meurt que ce qui est individu. On en conclut donc que les idées sont à proprement parler des formes ou des paradigmes des individus singuliers bien qu'on puisse, d'une manière moins appropriée et selon un usage plus large, les appeler raisons des choses existant dans l'esprit divin.

(3) Pour cette raison, Augustin ajoute immédiatement après, dans le même chapitre[2]: « Les idées peuvent être appelées en latin *formae* ou *species* pour montrer que nous traduisons mot à mot. Si cependant nous les appelons *rationes*, nous nous écartons de l'interprétation rigoureuse. Le terme *rationes* correspond en effet au grec *logoi*, non aux idées. Mais pourtant, qui préférera employer ce terme ne s'écartera pas de la chose même. » Pour cela nous appelons fréquemment et indistinctement 'idées' les raisons des choses qui sont dans l'esprit divin et celles qui sont à proprement parler les raisons des choses dans l'esprit divin, nous les disons ou les appelons 'idées' bien que les idées des choses et les raisons de celles-ci dans l'esprit divin diffèrent par leurs déterminations propres, si l'on considère les idées et les raisons dans leur sens propre.

(4) Outre ce qui a été dit, [cette distinction] se voit à partir de l'effet et du rapport qui est différent puisque les choses se rapportent à l'esprit divin et les raisons aux choses dans la production. Ces [idées] sont en effet, comme on l'a dit plus haut, principes selon la raison de leur forme mais de

1. Augustin d'Hippone, *Quatre-vingt-trois questions différentes*, 46, 2, BA t. 10, trad. G. Bardy, J.A. Beckaert, J. Boutet, 1952, p. 125.

2. Augustin d'Hippone, *Quatre-vingt-trois questions différentes*, 46, 2, BA t. 10, trad. G. Bardy, J.A. Beckaert, J. Boutet, 1952, p. 125. (Traduction modifiée).

Cf. aussi Henri de Gand, *Quodlibet*, VII, q. 1-2 pour une utilisation de ce texte dans le même sens et avec des remarques similaires.

differenter. Rationes enim rerum in mente divina sunt rerum principia directe quasi per modum causae formalis formaliter constituentes rem secundum speciem, sicut ea, quae comprehenduntur sub definitione, se habent ad res, quarum sunt definitiones. Ideae autem sunt quaedam formae exemplares, secundum quas et ad quarum imitationem res procedunt seu processerunt.

(5) Differt autem plurimum res fieri ex aliquo tamquam ex formali principio causali et fieri res secundum aliquid imitabile secundum modum formae exemplaris, secundum quam, si saltem appropriate loquamur, processerunt seu procedunt individua inquantum individua a Deo. Nihilominus tamen convenienter et vere dicimus etiam individua ratione constitui a Deo, secundum quod ratio importat ordinem rei ad suas causas efficientem et finalem, Sed sic non accipimus rationem in proposito, sed solum secundum quod ratio est determinativa rei secundum speciem.

1.2.1.1.4. *Tertius modus reductionis aliquorum entium in Deum*

(1) Tertio loco secundum praemissam enumerationem invenimus in universitate rerum quandam maneriem sive genus entium sublimis gradus naturae et perfectionum suarum, et huiusmodi sunt quaedam substantiae spirituales, quas angelos nominamus, quae quantum ad processum suum a Deo praeter iam dictos modos procedendi et reductionis in Deum secundum aliquod formale principium repertum in Deo concernunt quendam specialem et sibi proprium modum processionis et reductionis suae in Deum secundum aliquid formale repertum in Deo. Procedunt enim huiusmodi a Deo in similitudinem divinae substantiae et suarum substantialium perfectionum, quales sunt scientia, sapientia, bonitas, potentia, praesidentia, entium dispositio et gubernatio et si qua sunt similia, quae suo modo communicantur dictis substantiis spiritualibus, et sic dictae substantiae spirituales procedunt a Deo in similitudinem divinae substantiae[1], quae suo modo, id est modo divino et sibi proprio, talibus perfectionibus substat.

1. *Cf.* Eckhartus, *In Gen.*, I, n. 115, LW I/2, ed. L. Sturlese, Stuttgart, Kohlhemmer, p. 154-155 et Avicenna, *Metaphysica*, IX, 7, ed. S. Van Riet, Louvain-la-Neuve-Leiden, Peeters-Brill, 1977-1983, p. 511 secundum L. Sturlese, « Hat Meister Eckhart Dietrich von Freiberg gelesen » in J. Biard, D. Calma, R. Imbach, (ed.), *Recherches sur Dietrich de Freiberg*, Turnhout, Brepols, 2009, p. 203.

manière différente. Les raisons des choses dans l'esprit divin sont en effet immédiatement les principes des choses, presque à la manière de la cause formelle, qui constituent formellement la chose selon l'espèce, comme le font les espèces qui sont contenues dans la définition et qui se rapportent aux choses dont elles sont les définitions. Les idées sont, en revanche, des formes paradigmatiques selon lesquelles et à l'imitation desquelles les choses procèdent ou pourraient procéder.

(5) Or, une chose faite à partir d'un principe en tant que principe causal formel diffère sous plusieurs aspects d'une chose faite selon un modèle imité à la manière de la forme paradigmatique selon laquelle, si l'on peut enfin parler de manière adéquate, les individus en tant qu'individus ont procédé ou procèdent de Dieu. Cependant, nous disons, tout du moins de manière convenable et vraie, que les individus sont constitués par la raison, par Dieu, selon que la raison introduit l'ordre de la chose en vue de ses causes efficiente et finale. Ce n'est pourtant pas en ce sens que nous utilisons le mot raison dans notre propos, mais nous l'entendons seulement comme le fait que la raison est déterminante pour la chose selon l'espèce.

1.2. 1.1.4. *Troisième mode de retour de certains étants à Dieu*

(1) En troisième lieu, selon l'énumération énoncée plus haut, nous trouvons, dans la totalité des choses un mode ou genre d'étants d'une nature et d'une perfection du plus haut degré. Ce sont les substances spirituelles que nous appelons anges, et qui, quant à leur procession depuis Dieu, outre les modes déjà énoncés de procession et de retour à Dieu selon un principe formel en Dieu, mêlent un mode de procession et de retour vers Dieu qui est spécial et leur est propre, selon quelque chose de formel qui est en Dieu. Ils procèdent, en effet, depuis Dieu dans la ressemblance de la substance divine et des perfections de sa substance qui sont la science, la sagesse, la bonté, la puissance, la présidence, la disposition des êtres et leur gouvernement et tout ce qui s'y apparente, s'il y en a, [perfections] qui sont communiquées par leur mode à ces substances spirituelles. Ainsi, ces substances spirituelles procèdent depuis Dieu dans la ressemblance de la substance divine[1] qui subsiste dans de telles perfections à sa manière, c'est-à-dire d'une manière divine et qui lui est propre.

1. *Cf.* Eckhart, *In Gen.*, I, n. 115, LW I/2, p. 154-155 et Avicenne, *Métaphysique*, IX, 7, éd. S. van Riet, 1977-1983, p. 511 selon les indications d'intertextualité soulignées par L. Sturlese, « Hat Meister Eckhart Dietrich von Freiberg gelesen » dans J. Biard, D. Calma, R. Imbach (éds.), *Recherches sur Dietrich de Freiberg*, Turnhout, Brepols, 2009, p. 203.

(2) Propter quod etiam hoc nomine substantiae utimur, non quod in Deo aliqua diversitas sit divinae substantiae et dictarum perfectionum, sed modo humano loquimur quantum ad modum intelligendi, quo divina balbutiendo resonamus.

(3) Sic ergo saepe dictae substantiae spirituales processerunt a Deo non modo secundum rationem determinativam rei secundum suam speciem nec solum secundum rationem ideae, ad quam et secundum quam exemplantur individua, quae duo, id est ratio et idea, attenduntur in mente divina, sed, sicut dictum est, ad similitudinem et imitationem divinae substantiae et substantialium perfectionum.

(4) Unde Hugo l. I *De sacramentis* parte 5 c. 2[1] : « Sola quippe rationalis creatura ad similitudinem Dei facta legitur, et non dicitur, quoniam alia creatura praeter solam rationalem ad similitudinem Dei facta sit, licet omnis creatura in ratione divina et in providentia aeterna ipsius causam et similitudinem habuerit, ex qua et secundum quam perfecta sit in subsistentia sua. Sed magna differentia est et distantia magna similitudinem in Deo habere et ipsum Deum habere similitudinem. Quamvis enim in Deo nihil esse possit quasi minus aut diversum aut aliud a Deo, longe tamen aliud est factum esse aliquid ad similitudinem ipsius, quod in Deo est et in ratione eius et in providentia ipsius, et factum esse ad similitudinem Dei et Deo simile esse. » Et infra[2] : « Et eluxit perfecta imago imitans auctorem suum et apparuit quasi ipsum in altero et idem unum et inventa sunt in secundo quoque, quae et in primo, secundum aemulationem et imitationem et imaginem et similitudinem rationes et causae et similitudines et formae et dispositiones et providentiae futurorum, quae facienda fuerant. »

(5) Iste est igitur tertius modus, quo aliqua entium reducuntur in Deum tamquam in principium quantum ad aliquid formale repertum in ipso, videlicet quantum ad similitudinem substantiae et suarum substantialium perfectionum. Circa quem modum videtur etiam in iam dictis verbis Hugonis innui, quod ex hoc modo reductionis in Deum quaelibet talium spiritualium substantiarum sit facta ad imaginem Dei.

1. Hugo de Sancto Victore, *De Sacramentis Christiane fidei*, I, 5, 3, ed. R. Berndt, Münster, Aschendorff, 2008, p. 114.
2. *Ibid.*, p. 115.

(2) Pour cette raison, nous utilisons ce nom de substance, non pas qu'en Dieu une certaine diversité appartiendrait à la substance divine et aux perfections énoncées, mais parce que nous parlons selon notre mode humain de compréhension par lequel, balbutiant, nous faisons écho à ce qui est divin.

(3) Ainsi, ces substances spirituelles ne procèdent à partir de Dieu ni selon la raison qui détermine la chose selon son espèce, ni seulement à la manière de l'idée par rapport à laquelle et selon laquelle les individus sont les effets du paradigme, c'est-à-dire qu'elles ne procèdent pas selon les deux modes, celui de la raison et celui de l'idée, que l'on admet dans l'esprit divin, mais, elles procèdent, comme on l'a dit, selon la ressemblance et l'imitation de la substance divine et des perfections substantielles.

(4) C'est pourquoi Hugues dit au chapitre 2 de la partie 5 du livre I du *Des Sacrements*[1] : « On lit en effet que seule la créature rationnelle est faite à la ressemblance de Dieu et on ne dit pas cela parce qu'une autre créature, exceptée la créature rationnelle, serait faite à l'image de Dieu, bien que toute créature ait dans la raison divine et dans la providence éternelle, sa propre cause et sa ressemblance à partir de laquelle et selon laquelle elle est parfaite dans sa substance. Mais il y a une grande différence et une grande distance entre [avoir] la ressemblance en Dieu et avoir Dieu lui-même comme ressemblance. En effet, bien qu'en Dieu rien ne puisse être moindre ou différent ou autre que Dieu, il est cependant fort différent que quelque chose ait été fait à sa ressemblance parce qu'il est en Dieu et en sa raison et en sa providence, et que quelque chose ait été fait à la ressemblance de Dieu et soit semblable à Dieu. » Et plus bas[2] : « Et la parfaite image qui imitait son auteur brilla et apparut comme lui-même dans un autre et unique être identique et on trouva donc dans le second ce qui était aussi dans le premier selon l'émulation et l'imitation, l'image et la ressemblance, et il y avait les raisons, les causes, les ressemblances, les formes, les dispositions et les providences des choses à venir qui devaient être faites. »

(5) Ceci est donc le troisième mode par lequel certains étants retournent à Dieu comme à leur principe selon quelque chose de formel qui existe en lui-même, c'est-à-dire selon la ressemblance de sa substance et de ses perfections substantielles. Il semble que ce mode était déjà suggéré par les paroles de Hugues que l'on vient de citer, à savoir qu'à partir de ce mode de retour à Dieu toute substance spirituelle est faite à l'image de Dieu.

1. Hugues de Saint Victor, *Des sacrements*, I, 5, 3, éd. R. Berndt, 2008, p. 114.
2. Hugues de Saint Victor, *Des sacrements*, I, 5, 3, éd. R. Berndt, 2008, p. 115.

(6) Ad quod dicendum, quod quantum ad dictum modum productionis substantiae spiritualis et reductionis ipsius in Deum in iam dictis verbis Hugonis sumitur imago pro quadam propinqua similitudine talis substantiae ad Deum, sicut etiam extenso nomine quamlibet formam creatam vocat imaginem illius summae formae increatae, quae Deus est, Boethius in libro *De Trinitate*[1] et *De consolatione* 5[2] : « Pulchrum pulcherrimus ipse mundum mente gerens similique imagine formans. »

1.2.1.1.5. *Quartus modus reductionis aliquorum entium in Deum*

(1) Quamvis etiam quaelibet dictarum substantiarum spiritualium vere sit facta ad imaginem Dei, sed hoc est secundum altiorem gradum similitudinis ad Deum, in quo attenditur quartus modus reductionis entium in Deum sicut in principium quoad aliquid formale repertum in Deo. Est autem hic modus proprius eorum entium, quae sunt intellectus per essentiam semper in actu, in quorum quolibet proprie et perfecte relucet Dei imago, inquantum quilibet eorum per suam essentiam est Dei imago, ut sic generaliter loquamur. Quomodo autem et qualiter magis in speciali, iam patebit.

(2) Reducitur igitur tale ens, quod est intellectus per essentiam semper in actu, in Deum quoad aliquid formale repertum in Deo non iam secundum aliquod ideale exemplar nec modo secundum aliquam rationem determinantem rebus suas proprias species, quae duo, scilicet exemplar et ratio, attenduntur in mente divina, ut dictum est, nec etiam secundum similitudinem divinae substantiae cum suis substantialibus perfectionibus, de quo modo immediate dictum est, sed potius secundum similitudinem et conformitatem divinae essentiae et eorum, quae ipsius sunt per se, puta subsistere in tribus hypostasibus differentibus secundum respectus originis.

1. *Cf.* Boethius, *De Trinitate*, II, l. 100-103, ed. C. Moreschini, München, K. G. Saur, 2000, p. 170 : *Quod vero non est ex hoc atque hoc, sed tantum est hoc, illud vere est id quod est ; et est pulcherrimum fortissimumque quia nullo nititur*.

2. *Cf.* Boethius, *De consolatione Philosophiae*, III, 9, 1-9, ed. C. Moreschini, München, K. G. Saur, 2000, p. 79 : *O qui perpetua mundum ratione gubernas, terrarum caeli que sator, qui tempus ab aeuo ire iubes stabilis que manens das cuncta moueri, quem non externae pepulerunt fingere causae materiae fluitantis opus uerum insita summi forma boni liuore carens, tu cuncta superno ducis ab exemplo, pulchrum pulcherrimus ipse mundum mente gerens simili que in imagine formans perfectas que iubens perfectum absoluere partes.*

(6) Il faut dire au sujet du mode de procession et de retour de la substance spirituelle à Dieu, que, dans les paroles de Hugues mentionnées auparavant, l'image est comprise comme une forte similitude de cette substance à Dieu. De la même façon, mais par extension, Boèce, dans le livre *Sur la Trinité*[1] et dans la *Consolation* au chapitre 5[2], appelle toute forme créée image de cette forme suprême [et] incréée qu'est Dieu : « Toi-même toute beauté, tu portes dans ton esprit un monde beau, le formes à ton image. »

1.2. 1.1. 5. *Quatrième mode de retour de certains étants à Dieu*

(1) Bien que certaines de ces substances spirituelles soient vraiment faites à l'image de Dieu, [on distingue] tout de même un degré de ressemblance à Dieu plus élevé, dans lequel on trouve le quatrième mode de retour des étants à Dieu comme à leur principe, selon quelque chose de formel qui existe en Dieu. Ce mode est propre aux étants qui sont des intellects par essence toujours en acte, et en chacun d'eux resplendit de manière appropriée et parfaite l'image de Dieu dans la mesure où chacun d'eux est, par son essence, image de Dieu, pour parler de manière courante. Comment et de quelle manière ceci advient dans des cas précis, on va désormais le montrer.

(2) Un tel étant qui est intellect par essence toujours en acte retourne donc à Dieu par quelque chose de formel qui existe en Dieu, ni seulement selon un paradigme idéal, ni seulement selon une raison qui déterminerait, pour les choses, leurs propres espèces, c'est-à-dire par les deux principes, que sont le paradigme et la raison, distingués dans l'esprit divin, comme on l'a dit. [Il ne retourne pas] non plus [à Dieu] selon la ressemblance de la substance divine avec ses perfections substantielles, comme nous venons de l'exposer, mais plutôt selon la ressemblance et la conformité de l'essence divine et de ceux dont c'est le propre d'être par soi, par exemple en subsistant dans trois hypostases différentes selon leurs rapports d'origine.

1. *Cf.* Boèce, *La Trinité*, II, 12, trad. A. Tisserand, *Traités théologiques*, Paris, Flammarion, 2000, p. 147 : « Mais ce qui n'est pas à partir de ceci ou de cela, mais est seulement ceci, un tel être vraiment est ce qu'il est ; et il est le plus beau et le plus puissant parce qu'il n'a pas d'autre fondement que soi. »

2. Boèce, *Consolation de Philosophie*, III, 9, 7-9, trad. E. Vanpeteghem, Paris, Librairie générale française, 2008, p. 175.

1.2.1.1.6. *Completa ratio imaginis*

(1) Sed adhuc istud non sufficit ad completam rationem imaginis, nisi id, quod est imago, sit expressum seu productum ab eo, cuius est imago. Ovum enim non est imago alterius ovi, quantumcumque sit simile, quia non est expressum ab eo.

(2) Sed nec quaecumque expressio seu productio sufficit ad completam rationem imaginis etiam cum iam dictis. Expressio enim seu productio secundum rationem efficientis et effecti inquantum huiusmodi non sufficit, puta si sic poneremus, quod homo faceret hominem manibus suis, quantumcumque sibi similem, proprie talis homo sic factus non esset imago facientis eo, quod efficientia inquantum efficientia admittit quandam extraneitatem effecti ad efficiens, ne videlicet unum sit imago alterius. Efficere enim inquantum huiusmodi est extra se fluere et facere aliud a se. Imaginatum autem expressivum est suae imaginis quasi sui ipsius in altero. Igitur oportet in tali expressione attendere hoc, quod fiat secundum proprietatem naturae seu essentiae imaginati. Unde secundum hoc etiam in generatione humana filius dicitur imago patris. *Gen.* 5 [1] dicitur, quod Adam genuit filium ad imaginem et similitudinem suam.

(3) Sed nec istud adhuc sufficit ad completam rationem imaginis. Deest enim in hac humana generatione consubstantialitas imaginis ad imaginatum, ita videlicet, ut humana essentia patris sit in se ipso secundum propriam naturam et sic etiam in filio. Et quia sic se habet in habentibus cognitionem, videlicet quod cognitum est aliquid in se ipso per suam naturam et idem ipsum est in cognitione, sed secundum aliud esse, ideo formae seu species, quae sunt in sensu vel intellectu, quibus cognoscuntur res, dicuntur imagines rerum, quia, sicut dicit Philosophus in II *De anima* [2], sensatum et sensus in actu idem sunt, sed esse non idem.

1. *Cf.* Gen. 5, 3 : *Vixit autem Adam centum triginta annis : et genuit ad imaginem et similitudinem suam, vocavitque nomen ejus Seth.*

2. Aristoteles Latinus, *De anima*, III, 2, Transl. M. Scoti, *in* Averroes, *In Aristotelis De anima III*, ed. F. S. Crawford, 1953, p. 339 : *Et actio sensibilis et sensu eadem est; in esse autem non sunt eadem in eis ; v.g. sonus qui est in actu, et auditus qui est in actu ;* trans. Jacobi Venetici, *in* Anonymi Magistri artium, *Lectura in librum de anima a quodam discipulo reportata*, ed. R. Gauthier, 1985, p. 408 : *Sensibilis autem actus et sensus idem quidem est et unus, esse autem ipsorum non idem. Dico autem ut est sonus secundum actum et auditus secundum actum.*; transl. Guillelmi *in* Thomas de Aquino, *Sentencia libri de anima*, ed. Leon. 1984, p. 172 : *Sensibilis autem actus et sensus idem est et unus, esse autem ipsorum non idem; dico autem ut sonus secundum actum et auditus secundum actum : est enim auditum habencia non audire, et habens sonum non semper sonat, cum autem operetur possibile audire et sonet possibile sonare, tunc secundum actum auditus simul fit et secundum actum sonus, quorum dicet utique aliquis hoc quidem esse auditionem, hoc uero sonationem.*

1.2.1.1.6. *Détermination complète de l'image*

(1) Mais ce que nous avons dit jusqu'à présent ne suffit pas à rendre entièrement raison de ce qu'est l'image ; à moins que ce qui est image soit exprimé ou produit par ce dont il est l'image. L'œuf n'est pas en effet l'image d'un autre œuf, si similaire qu'il soit, parce qu'il n'est pas exprimé par celui-ci.

(2) Mais n'importe quelle expression ou production ne suffit pas à déterminer complètement l'image, comme on l'a déjà dit. L'expression, en effet, ou la production selon la raison de ce qui est efficient et de l'effet ne suffisent pas : si l'on supposait, par exemple, qu'un homme fabriquait un homme de ses mains, semblable en tout point à lui-même, cet homme fabriqué ne serait pas à proprement parler l'image de celui qui l'a fait parce que l'efficience en tant qu'efficience admet une certaine extériorité de l'effet par rapport à celui qui fabrique, à savoir que l'un ne serait pas l'image de l'autre. Être efficient en tant que tel signifie se répandre hors de soi et faire quelque chose différent de soi. Or l'original exprime son image, comme pour ainsi dire [s'exprime] lui-même dans un autre. Il importe donc, dans une telle expression, de noter ce qui est fait selon la propriété de la nature ou de l'essence de ce qui est devenu image. C'est pourquoi on dit que, dans la génération humaine, le fils est appelé image de son père. Dans la *Genèse* 5[1], il est dit qu'Adam engendra un fils à son image et à sa ressemblance.

(3) Mais ceci non plus ne suffit pas à rendre entièrement raison de ce qu'est l'image. Il manque en effet dans la génération humaine la consubstantialité de l'image avec celui qui est devenu image, de sorte que l'essence humaine du père soit en lui-même selon sa nature propre et de la même façon dans son fils. Il en va ainsi dans les choses qui possèdent la connaissance, c'est-à-dire que le connu est quelque chose en lui-même par sa nature et qu'il est le même dans la connaissance, mais selon un autre être. C'est pour cela que les formes ou les espèces qui sont dans le sens ou dans l'intellect et par lesquelles les choses sont connues, sont appelées images des choses car, comme le dit le Philosophe au livre III du *De l'Âme*[2], le senti et le sens sont identiques en acte mais ils diffèrent dans l'être.

1. *Cf. Genèse* 5, 3 : « Quand Adam eut cent trente ans, il engendra un fils à sa ressemblance comme son image, et il lui donna le nom de Seth. »

2. Aristote, *De l'Âme*, III, 2, 425b26-27, trad. R. Bodeüs, 1993, p. 206 : « Du reste, l'activité du sensible et du sens constitue une seule et même activité, bien que leur essence ne soit pas identique. »

(4) Ulterius autem, si nos poneremus ipsam formam seu speciem sensibilem, qua sensus in actu sentit, expressam esse a sensibili, ut quidam[1] nituntur asserere, et cum hoc ponamus eam condicionem, quae immediate dicta est, scilicet quod sensatum in actu et sensus in actu sit idem et esse non idem, adhuc deficit hic completa ratio imaginis eo, quod huiusmodi conformitas, quae est specierum sensibilium existentium in sensu ad rem sensatam, attenditur in rebus accidentalibus, cuiusmodi sunt ipsae species sensibiles. Imago autem quaecumque alicuius substantiae, si propriissime loquamur, attenditur in substantialibus, ut in principio huius tractatus ostensum est[2].

(5) Quamvis etiam dicamus imagines eas formas, quae secundum aliquam configurationem repraesentant aliquas substantias secundum illud Matth. 22[3] : « Cuius est imago haec et superscriptio ? », sed hoc similiter ratione iam dicta deficit a completa ratione imaginis.

(6) Dicendum igitur summarie ex iam dictis, quod ad completam et propriissimam rationem imaginis in rebus creatis pertinet, ut imago eius, cuius est imago, sit repraesentativum secundum naturam seu essentiam suam, id est imaginati et eorum, quae sunt essentiae per se, item, quod imago sit quid expressum ab imaginato, item, ut sit expressum secundum rationem naturae seu essentiae eius, cuius est imago – sic enim contingit imaginem esse repraesentativam sui imaginati secundum naturam seu essentiam eius et eorum, quae sunt essentiae per se – item in exprimendo a se suam imaginem sit expressivum sui ipsius in altero, immo sit in se aliquid per suam propriam essentiam et id ipsum sit in sua imagine, secundum aliud tamen esse ita, quod esse in sua imagine sit esse in se ipso altero,

1. *Cf.* Thomas de Aquino, *Sentencia libri De anima*, l. II, c. 10, ed. Leon., 1984, p. 109 : *Sic igitur et sensus, postquam factus est in actu a sensibili, est similis ei, set ante non est similis.*

Summa theologiae, Iª q. 84, a. 4 arg. 2, ed. Leon, 1889, p. 319-320 : *Praeterea, intelligibilia se habent ad intellectum, sicut sensibilia ad sensum. Sed sensibilia quae sunt in actu extra animam, sunt causae specierum sensibilium quae sunt in sensu, quibus sentimus. Ergo species intelligibiles quibus intellectus noster intelligit, causantur ab aliquibus actu intelligibilibus extra animam existentibus. Huiusmodi autem non sunt nisi formae a materia separatae. Formae igitur intelligibiles intellectus nostri effluunt ab aliquibus substantiis separatis; Sic igitur et sensus, postquam factus est in actu a sensibili, est similis ei, set ante non est similis.*

2. *Cf.* Theodoricus Teutonicus de Vriberg, *De visione beatifica*, 1. 1. 1.

3. Matth. 22, 20.

(4) Si nous posons ensuite que la forme ou l'espèce sensible par laquelle le sens sent en acte, est exprimée par la chose sensible, comme certains[1] s'efforcent de l'affirmer, et bien que nous posions la condition qui vient d'être énoncée, à savoir que le senti en acte et le sens en acte sont identiques et qu'ils diffèrent dans l'être, la détermination complète de l'image est encore défaillante parce que la conformité des espèces sensibles existant dans le sens avec le senti, se trouve dans les choses accidentelles qui sont les espèces sensibles elles-mêmes. Or, si l'on parle de la manière la plus appropriée, on reconnaît l'image d'une quelconque substance dans les choses substantielles, comme on l'a montré dans le début de ce traité[2].

(5) Aussi, bien que nous appelions images ces formes qui représentent des substances selon une certaine configuration, comme on le lit en *Matthieu* 22[3] : « De qui est l'image que voici ? Et l'inscription ? », il manque tout de même quelque chose pour que la détermination de l'image soit complète, pour la même raison que précédemment.

(6) Il faut donc dire, en somme, d'après ce qui a déjà été énoncé, que pour avoir la détermination complète et la plus appropriée de l'image dans les choses créées, il faut que l'image de ce dont elle est image soit quelque chose de représentatif selon sa nature ou selon son essence, c'est-à-dire selon la nature ou l'essence de ce qui est devenu image et de ceux qui sont essence par soi ; de plus, [il faut] que l'image soit quelque chose d'exprimé à partir de ce qui est imagé ; de plus, [il faut] que l'image soit quelque chose d'exprimé selon la raison de la nature ou de l'essence de celui dont est l'image – ainsi en effet, il convient que l'image soit représentative de ce qu'elle représente en image selon la nature ou l'essence de celui-ci et de ceux qui sont essence par soi –; de plus, [il faut] qu'en exprimant par soi son image, elle soit quelque chose expressif d'elle-même dans l'autre et qu'elle soit aussi quelque chose en [ce qui est représenté] par son essence propre et que cela même soit dans son image, mais selon un autre être parce qu'être dans son image c'est être soi-même dans un autre;

1. *Cf.* Thomas d'Aquin, *Commentaire du traité de l'âme d'Aristote*, l. II, l. 10, trad. J.M. Vernier, Paris, Vrin, 1999, p. 191 : « De la même manière le sens également, après avoir été mis en acte par le sensible, lui est semblable, mais auparavant, il ne lui est pas semblable. » ; *Somme théologique*, I^{a} q. 84, a. 4 arg. 2, Cerf, trad. A.M. Roguet, 1984, p. 734 : « Il y a le même rapport entre l'intelligible et l'intelligence qu'entre les sensibles et le sens. Or les qualités sensibles qui existent en acte hors de l'âme sont causes des espèces sensibles qui sont dans le sens, et par lesquelles nous sentons. Les espèces intelligibles au moyen des quelles notre intelligence connaît, sont donc causées par des intelligibles en acte, qui existent hors de l'âme. Ce sont justement des formes séparées de la matière. Les formes intelligibles qui sont en nous découlent donc de substances séparées. »

2. *Cf.* Dietrich de Freiberg, *Traité de la vision béatifique* 1.1. 1.

3. Matthieu, 22, 20.

item, ut haec, quae dicta sunt, inveniantur in substantiis et quantum ad imaginem et quantum ad imaginatum.

1. 2. 1. 1.7. *Intellectus agens perfecte et proprie imago Dei est ratione suae emanationis a suo principio et reductionis in suum principium*

(1) Haec igitur sunt, quae concurrunt ad completam rationem imaginis in rebus creatis. Imago enim vult esse completa et perfecta conformitas sui ad imaginatum et similitudo repraesentativa, qua non invenitur maior. Et quia secundum dictas condiciones attenditur similitudo et conformitas intellectus, qui est intellectus per essentiam, ad Deum, et tale est abditum mentis secundum Augustinum, quod est intellectus agens secundum Philosophum, ideo in ipso invenitur perfecte et proprie imago Dei.

(2) Quod quidem tali intellectui convenit secundum rationem suae essentiae et ex modo suae emanationis a suo principio. Emanat enim talis intellectus a suo principio, Deo, altiore quodam et nobiliore modo quam res aliae productae a Deo. In productione enim aliarum rerum dixit Deus et factae sunt[1], et sic secundum effectivam virtutem omnipotentiae suae deductae sunt in esse. Talis autem intellectus, de quo sermo est, non modo sic, sicut aliae res, processit in esse, sed secundum quendam formalem defluxum essentiae suae ab illa summa et formalissima essentia, quae Deus est, intellectualiter procedens ab ea et eo capiens suam essentiam, quod intelligit illam summam essentiam. Et sic in sua substantia essentialiter est id, quod est sua sui ipsius intellectione intelligens se ipsum per essentiam suam, quod quidem originaliter et principaliter est ex eo, quod intelligit suum principium, Et sic intellectualiter emanat ab eo ita, quod sua substantia non est nisi quidam conceptus, quo concipit et intelligit suum principium, sine quo nec suam propriam essentiam posset intelligere.

(3) Nec obstat hoc ei, quod dictum est supra[2], scilicet quod talis intellectus nihil intelligit extra se. Principium enim substantiae suae, a quo intellectualiter fluit, magis intimum est quam ipse talis intellectus sibi ipsi, et sic intelligendo suum principium non intelligit aliquid extra se, immo plus intra se quam in eo, quod intelligit suam essentiam.

1. Cf. *Gen.* 1, 3-24.
2. *Cf.* Theodoricus Teutonicus de Vriberg, *De visione beatifica*, 1.1.3.1.

enfin, [il faut] que tout ce qui a été dit se trouve dans les substances, quant à l'image et quant à ce qui est devenu image.

1.2.1.1.7. *L'intellect agent est l'image parfaite et appropriée de Dieu en raison de son émanation depuis le principe et de son retour vers son principe*

(1) Tels sont donc les caractères qui contribuent à la détermination complète de l'image dans les choses créées. L'image tend en effet à être une conformité complète et parfaite de soi à ce qui est représenté par l'image et une ressemblance représentative telle qu'on ne puisse pas en trouver de plus grande. Puisque, selon les conditions énoncées, on discerne la ressemblance et la conformité de l'intellect – qui est intellect par essence – à Dieu, comme c'est le cas pour le fond secret de l'âme selon Augustin, qui est l'intellect agent selon le Philosophe, on reconnaît en lui l'image parfaite et propre de Dieu.

(2) Ceci convient à un tel intellect en raison de son essence et du mode de son émanation depuis son principe. Cet intellect émane, en effet, de son principe, qui est Dieu, d'une manière plus haute et plus noble que les autres choses produites par Dieu. Dans la production des autres choses, Dieu a dit et celles-ci furent,[1] et ainsi selon la vertu effective de sa toute puissance, elles ont été déduites dans l'être. Or cet intellect, dont il est question, ne procède pas dans l'être comme les autres choses, mais selon un certain flux formel de son essence, depuis cette essence suprême et la plus formelle, qui est Dieu : il procède intellectuellement depuis celle-ci et il comprend sa propre essence parce qu'il intellige cette essence suprême. Ainsi, celui qui par l'intellection de soi se connaît soi-même par essence, est dans sa substance d'une manière essentielle, et émane d'une manière originaire et principielle du fait qu'il intellige son principe; il émane donc d'une manière intellectuelle de ce principe de sorte que sa substance n'est rien d'autre qu'un concept par lequel il conçoit et intellige son principe et sans lequel il ne pourrait même pas intelliger sa propre essence.

(3) Ceci ne s'oppose pas à ce que l'on a dit plus haut[2], à savoir que cet intellect n'intellige rien hors de lui-même. Le principe de sa substance, à partir duquel il flue d'une manière intellectuelle, est plus intime à cet intellect que lui-même ne l'est à lui-même, et en intelligeant ainsi son principe, il n'intellige pas quelque chose d'extérieur à lui mais intellige plutôt quelque chose de plus profond que ce par quoi il intellige son essence.

1. Cf. *Genèse* 1, 3-24.
2. *Cf.* Dietrich de Freiberg, *Traité de la vision béatifique*, 1.1.3.1.

(4) Eius autem, quod dictum est, scilicet quod saepe dictus intellectus intelligendo suam essentiam necessarium est ipsum intelligere suum principium, ratio est, quoniam, cum ipse sit intellectus per essentiam semper in actu, ex hoc ipso est intellectualiter quasi quoddam exemplar totius entis et eorum, quae sunt entis per se, ut supra habitum est[1]. Hinc est, quod, sicut in ordine entium, qui est per se quantum ad dispositionem essentialium causarum et causatorum, ad invicem posteriora non inveniuntur sine primis nec aliquid eorum, quae sunt post, sine simpliciter primo, ita intellectus, qui sunt intellectus per essentiam semper in actu, quorum quilibet in aliquo gradu essentialis ordinis entium figitur sua intellectione, quae est eius essentia, nihil intelligunt sine ea intelligentia, qua intelligunt primum et summum intellectum, sicut etiam nullam entitatem haberent sine ente simpliciter primo. Unde idem sequitur de eorum intellectione, quae est essentia eorum. Et sic huiusmodi intellectus per essentiam semper in actu procedit a Deo quodam formali defluxu intellectus ex intellectu inquantum huiusmodi, id est ut tam intellectus procedens sua intellectione, qua intelligit suum principium, procedat ab ipso et ipsum tale principium sit intellectualiter principium a se procedenti, inquantum ab ipso intelligitur, id est inquantum in ipso est ratio intelligibilitatis, qua potest intelligi.

1.2.1.2. *Ex auctoritate*

(1) Unde Augustinus[2] loquens de isto modo principiandi et fluendi intellectum talem a Deo apte vocat ipsum principium rationem aeternam et veritatem incommutabilem et regulas aeternas praesentes menti, et sic de aliis, quae omnia ad intellectum pertinent. Unde in libro *De immortalitate animae*[3] dicit, quod ratio aeterna, de qua ibi loquitur, sic afficit mentem, ut « ei esse tribuat ».

1. Cf. *De Vis.* 1.1.4.

2. *Cf.* Augustinus Hipponensis, *De immortalitate animae*, VI, 11 et *De Trinitate*, IX, 7, 12-13. Vide adnotationem 3, p. 128.

3. Augustinus Hipponensis, *De immortalitate animae*, VI, 11, BA t. 5, 1939, p. 190: *At si illa rationis uis ipsa sua coniunctione afficit animum; neque enim non afficere potest; ita profecto afficit ut ei esse tribuat. Est enim maxime ipsa ratio, ubi summa etiam incommutabilitas intelligitur.*

(4) En outre, au sujet de ce que l'on vient d'énoncer, à savoir que ledit intellect doit nécessairement intelliger son principe en intelligeant son essence, la raison en est que, puisque lui-même est intellect par essence toujours en acte, il est intellectuellement comme un certain paradigme de tout étant et de tout ce qui appartient à l'étant par soi, comme on l'a vu plus haut[1]. C'est pour cela que de même que dans l'ordre des étants, qui est par soi quant à la disposition des causes essentielles et des effets, on ne trouve pas les derniers sans les premiers, ni ceux qui viennent ensuite sans le premier absolument, de même les intellects, qui sont intellects par essence toujours en acte et dont n'importe lequel est fixé dans un certain degré de l'ordre essentiel des étants par son intellection, qui est son essence, n'intelligent rien sans l'intelligence par laquelle ils intelligent l'intellect premier et suprême, de même ils n'auraient aucune entité sans l'étant absolument premier. C'est pour cette raison que ceci peut aussi être affirmé à propos de leur intellection qui est leur essence. Cet intellect par essence toujours en acte procède de Dieu – par un certain flux formel de l'intellect à partir de l'intellect en tant que tel – de sorte que cet intellect – qui procède par l'intellection par laquelle il intellige son principe – procède de lui et que ce même principe soit lui-même d'une manière intellectuelle le principe à partir duquel il procède. [Ceci est possible] dans la mesure où l'intellection se produit à partir de lui, c'est-à-dire dans la mesure où en lui se trouve la raison de l'intelligibilité par laquelle il peut être intelligé.

1.2. 1.2. *Ce qu'on déduit par l'autorité*

(1) C'est pourquoi, Augustin[2], parlant du mode de provenance et de flux de cet intellect depuis Dieu, appelle ce principe, de manière appropriée, raison éternelle, vérité immuable et règles éternelles présentes à l'esprit et [il en va] ainsi de toutes les autres choses qui concernent l'intellect. C'est pour cette raison qu'il dit dans le traité sur *L'immortalité de l'âme*[3] que la raison éternelle, dont on parle ici, affecte l'esprit de sorte « qu'elle lui assigne l'être ».

1. *Cf.* Dietrich de Freiberg, *Traité de la vision béatifique*, 1.1.4.

2. *Cf.* Augustin d'Hippone, *L'immortalité de l'âme*, VI, 11 et *La Trinité*, IX, 7, 12-13. *Cf.* note 3, p. 129.

3. Augustin d'Hippone, *L'immortalité de l'âme*, VI, 11, BA t. 5, trad. P. de Labriolle, 1939, p. 191 : « Mais si cette force de la Raison agit sur l'âme par cette union même – et il est impossible qu'elle n'agisse pas – par cette action elle lui communique assurément l'être. Car l'être appartient, au plus haut degré, à la Raison, chez qui on reconnaît aussi un maximum d'immutabilité. »

(2) Sic ergo patet, quod abditum mentis, quod est intellectus per essentiam, ratione suae emanationis a Deo et reductionis in Deum sicut in principium et habitudinis suae ad Deum quoad similitudinem repraesentationis potissime est imago Dei.

1.2.1.3. *Ratio sumpta a proprietate suae substantiae probatur ex auctoritate*

(1) Cuius repraesentationis similitudo complementum et perfectionem habet ex modo et proprietate substantiae suae, qua repraesentat Deum trinum et unum, unitatem videlicet essentiae divinae et trinitatem personarum distinctarum per respectus originis. Habet enim similiter talis intellectus in sua substantia unitatem essentiae et trinitatem trium solum per respectus originis differentium, quae sunt memoria, intelligentia, voluntas secundum Augustinum X *De Trinitate* c. 27[1].

(2) Cum enim sit intellectus in actu per essentiam, habet in se rationem intelligibilitatis, qua videlicet sua essentia actu intelligatur non solum in ratione obiecti quasi terminans in se motum intelligentiae, qua intelligit se, verum etiam per modum principii, quo ab ipsa oritur talis intelligentia gignens in se sui ipsius intelligentiam non in diversitate essentiae, sed sub distinctione respectiva, et secundum hoc ratione talis intelligibilitatis et ratione talis originis activae dicitur memoria, et ipsum, quod per respectum originis passivae sic gignitur, dicitur intelligentia, et quia talis intellectus, de quo agitur, in eo, quod intelligit se, intimam et actualem sui ipsius complacentiam habet et amorem, sequitur processio voluntatis ab utroque, non per gignitionem, ut voluntas sit proles sicut ipsa intelligentia, sed, sicut dictum est, per processionem, sicut distinguit Augustinus l. IX De Trinitate c. 31[2]

1. *Cf.* Augustinus Hipponensis, *De Trinitate*, X, 11, 18. Vide adnotationem 5, p. 134.

2. *Cf.* Augustinus Hipponensis, *De Trinitate*, IX, 12, 18, BA t. 16, 1997, p. 110-112 : *Partum ergo mentis antecedit appetitus quidam quo id quod nosse uolumus quaerendo et inueniendo nascitur proles ipsa notitia, ac per hoc appetitus ille quo concipitur paritur que notitia partus et proles recte dici non potest. Idem que appetitus quo inhiatur rei cognoscendae fit amor cognitae dum tenet atque amplectitur placitam prolem, id est notitiam gignenti que coniungit. Et est quaedam imago trinitatis, ipsa mens et notitia eius, quod est proles eius ac de se ipsa uerbum eius, et amor tertius, et haec tria unum atque una substantia. Nec minor proles dum tantam se nouit mens quanta est, nec minor amor dum tantum se diligit quantum nouit et quanta est.*

(2) Il est donc clair que le fond secret de l'âme, qui est intellect par essence en raison de son émanation depuis Dieu et de son retour à Dieu comme à son principe, et en raison de sa relation à Dieu comme similitude de sa représentation, est au plus haut degré image de Dieu.

1.2. 1.3. *Le raisonnement tiré de la propriété de sa substance est prouvé par l'autorité*

(1) La ressemblance de cette représentation a son achèvement et sa perfection grâce au mode et à la propriété de sa substance par laquelle elle représente Dieu trine et un, c'est-à-dire qu'elle représente l'unité de l'essence divine et la trinité des personnes distinctes par rapport à leur origine. Un tel intellect a, en effet, de la même façon, dans sa substance, l'unité de l'essence et la trinité des trois [facultés], la mémoire, l'intelligence et la volonté qui, selon Augustin au chapitre 27 du livre X de *La Trinité*[1], ne sont trois qu'en raison de leurs origines différentes.

(2) Puisqu'il est en effet intellect en acte par essence, il a en lui la raison de l'intelligibilité par laquelle son essence est intelligée en acte, non seulement en tant qu'objet comme s'il achevait en lui le mouvement de l'intelligence par laquelle il s'intellige, mais aussi en tant que principe par lequel une telle intelligence naît, à partir d'elle-même, en engendrant en elle son intelligence, non dans la diversité de l'essence mais sous la distinction respective. Selon ceci, par la raison d'une telle intelligibilité et par la raison de l'origine active, on parle de mémoire; et celui qui est ainsi engendré par rapport à l'origine passive est appelé intelligence, et, parce qu'un tel intellect dont il est question, qui s'intellige lui-même, a l'agrément intime et actuel de lui-même et l'amour, s'ensuit la procession de la volonté à partir de ces deux, non par un engendrement, comme si la volonté avait été une progéniture au même titre que l'intelligence, mais, comme on l'a dit plus haut, par une procession, selon la distinction que fait Augustin au chapitre 31 du livre IX[2]

1. *Cf.* Augustin d'Hippone, *La Trinité*, X, 11, 18. *Cf.* note 5, p. 135.

2. *Cf.* Augustin d'Hippone, *La Trinité*, IX, 12, 18, BA t. 16, trad. P. Agaësse, 1997, p. 111-113 : « Il y a donc un désir qui précède ce que l'âme enfante : parce qu'il cherche et qu'il trouve ce que nous voulons connaître, naît ce produit qu'est la connaissance même : par conséquent ce désir qui conçoit et enfante la connaissance ne peut, à proprement parler, être qualifié de produit enfanté et engendré ; et ce même désir qui aspire à la connaissance devient amour du connu, lorsqu'il tient, lorsqu'il étreint cette production en laquelle il se complaît, je veux dire la connaissance, et l'unit au principe qui l'engendre. Et voilà une image de la trinité :

et l. XI c. 21[1] et 32[2].

(3) Nec etiam huiusmodi processio fit in diversitate essentiae, sed solum per originem respectivam. Omnia enim haec tria, scilicet memoria, intelligentia, voluntas, sunt unum per essentiam, una essentia, una mens, una vita, una substantia, et quidquid essentialiter seu absolute de ipsis praedicatur, de singulis eorum in singulari praedicatur et de omnibus simul, non in plurali, sed in singulari praedicatur. Solum autem in hoc differunt, quod ad invicem referuntur, ut manifeste dicit Augustinus l. X *De Trinitate* c. 27[3].

(4) Sunt haec tria etiam sibi invicem coaeva et coaequalia, quorum « nihil prius aut posterius, nihil maius aut minus »[4], semper eodem modo permanentia in tota mentis et ipsius animae perpetuitate.

1. Augustinus Hipponensis, *De Trinitate*, XI, 7, 12, BA t. 16, 1997, p. 192 : *Consequens est autem ut si non est illa uera parens, nec ista uera sit proles. Sed et illa quasi parens et ista quasi proles aliquid insinuant unde interiora atque ueriora exercitatius certius que uideantur. Difficilius iam plane discernitur utrum uoluntas quae memoriae copulat uisionem non sit alicuius eorum siue parens siue proles, et hanc discretionis difficultatem facit eiusdem naturae atque substantiae parilitas et aequalitas. Neque enim sicut foris facile discernebatur formatus sensus a sensibili corpore et uoluntas ab utroque propter naturae diuersitatem quae inest ab inuicem omnibus tribus, de qua satis supra disseruimus, ita et hic potest*.

2. Augustinus Hipponensis, *De Trinitate*, XI, 9, 16-17, BA t. 16, 1997, p. 206 : *Et ideo undecumque procedat, nec parens nec proles dici potest. At enim si non meminimus nisi quod sensimus neque cogitamus nisi quod meminimus, cur plerumque falsa cogitamus cum ea quae sensimus non utique falso meminerimus nisi quia uoluntas illa quam coniunctricem ac separatricem huiuscemodi rerum iam quantum potui demonstrare curaui formandam cogitantis aciem per condita memoriae ducit ut libitum est, et ad cogitanda ea quae non meminimus ex eis quae meminimus aliud hinc, aliud inde, ut sumat impellit*.

3. *Cf.* Augustinus Hipponensis, *De Trinitate*, X, 11, 18. Vide adnotationem 5, p. 134.

4. Symbole d'Athanase (25)-(26) *in* Denzinger, *Enchiridion Symbolorum* (75), Paris, Cerf, 1996, p. 29 : *Et in hac Trinitate nihil prius aut posterius, nihil maius aut minus : Sed totae tres personae coaeternae sibi sunt et coaequales*.

et aux chapitres 21 [1] et 32 [2] du livre XI de *La Trinité*.

(3) Aussi, une procession de cette sorte ne se produit pas dans la diversité de l'essence, mais seulement en raison de l'origine respective. Toutes les trois en effet, à savoir la mémoire, l'intelligence, la volonté, sont une par essence, sont une essence, un esprit, une vie, une substance et un prédicat peut leur être attribué essentiellement ou absolument et peut être attribué à chacune d'elles en particulier, à toutes en même temps, non pas à toutes comme à une pluralité, mais singulièrement. Elles diffèrent ainsi seulement en ce qu'elles se rapportent mutuellement l'une à l'autre, comme le dit clairement Augustin au chapitre 27 du livre X de *La Trinité* [3].

(4) Ces trois sont contemporaines et égales et « rien d'elles n'est avant ou après, rien [n'est] plus grand ou plus petit » [4] : elles sont, de la même manière, toujours présentes dans la totalité de l'esprit et dans la perpétuité de l'âme.

l'âme, sa connaissance, qui est son produit et son verbe engendré d'elle-même, et, en troisième lieu, l'amour : ces trois réalités ne font qu'un, ne sont qu'une seule substance. Le produit engendré n'est pas inférieur à l'âme, tant que celle-ci se connaît à la mesure de son être ; ni inférieur à l'amour, tant qu'elle s'aime à la mesure de sa connaissance et de son être. »

1. *Cf.* Augustin d'Hippone, *La Trinité* XI, 7, 12, BA t. 16, trad. P. Agaësse, 1997, p. 193 : « Il en résulte que s'il n'y a pas véritable paternité, il n'y a pas non plus véritable filiation. Mais cette quasi paternité et cette quasi filiation ont quelque valeur suggestive : elles nous entraînent à voir avec plus de certitude des réalités plus intérieures et plus vraies. Il est maintenant plus difficile de bien discerner si la volonté qui relie la vision à la mémoire n'a pas, avec quelqu'une de deux, un rapport de paternité ou de filiation. Ce qui rend ce discernement difficile, c'est qu'il y a parité et égalité de nature comme de substance. Dans la connaissance d'un objet extérieur, il était facile de distinguer du corps sensible le sens informé, et de l'un et de l'autre la volonté, en raison de la différence de nature qui oppose entre eux ces trois éléments, comme nous l'avons suffisamment expliqué ci-dessus : mais ici il n'en va plus de même. »

2. *Cf.* Augustin d'Hippone, *La Trinité*, XI, 9, 16, BA t. 16, trad. P. Agaësse, 1997, p. 207 : « Donc, de quelque source qu'elle procède, on ne peut dire ni qu'elle engendre, ni qu'elle est engendrée. Mais si nous ne nous souvenons que de ce que nous avons perçu, et si nous ne nous représentons que ce dont nous nous souvenons, pourquoi bien souvent nos représentations sont-elles fausses, alors que le souvenir des objets perçus ne l'est nullement ? La raison en est que la volonté qui unit et sépare les réalités de ce genre (je me suis efforcé de le démontrer, autant que je l'ai pu), en vue d'informer le regard de la représentation, le promène à sa fantaisie au travers des souvenirs cachés dans la mémoire ; afin de l'amener à se représenter des choses qui ne sont pas dans la mémoire à partir de celles qui s'y trouvent, elle le pousse à prendre ici un trait, là un autre. »

3. *Cf.* Augustin d'Hippone, *La Trinité*, X, 11, 18. *Cf.* note 5, p. 135.

4. Symbole d'Athanase (25)-(26), Denzinger, *Symboles et définitions de la foi catholique*, 75, Paris, Cerf, 1996, p. 29 : « Et dans cette Trinité, rien n'est antérieur ou postérieur, rien n'est plus grand ou moins grand, mais toutes les trois personnes sont coéternelles et coégales. »

(5) Unde Augustinus XIV *De Trinitate* c. 14[1] dicit, quod mens semper sui meminit quoad interiorem sui memoriam et quoad interiorem intelligentiam semper se intelligit et quoad interiorem voluntatem semper se diligit, « ubi haec tria semper simul sunt et semper simul fuerunt, ex quo esse coeperunt », « ubi parens prolem tempore numquam antecedit ». Et infra c. 16[2] : « Ecce ergo, mens meminit sui, intelligit se, diligit se. Hoc si cernimus, cernimus trinitatem, nondum quidem Deum, sed iam imaginem Dei. » Et supra c. 6[3] : « Sed ea invenienda est in anima hominis, id est rationali sive intellectuali, imago creatoris, quae immortaliter immortalitati eius est insita. » Sic ergo tria praedicta, scilicet memoria, intelligentia, voluntas, sunt sibi invicem coaeva et immortali perpetuitate fixa in esse.

(6) Sunt etiam coaequalia sibi invicem, non solum singula singulis, sed omnibus singula, quia a se invicem capiuntur, non tantum a singulis singula, verum etiam a singulis omnia, ut dicit Augustinus l. X *De Trinitate* c. 28[4]. In eo autem capiuntur a singulis singula et a singulis omnia, quoniam memoria meminit sui et intelligentiae et voluntatis et intelligentia intelligit se et memoriam et voluntatem et voluntas vult se et memoriam et intelligentiam, ut ibidem[5] pertractat Augustinus.

(7) Secundum praedicta igitur patet, quod perfecta similitudo ad Deum, quae est imago Dei, est abditum mentis, quod est intellectus per essentiam.

1.2. 2. *Intellectus possibilis non est vere imago Dei*

1.2. 2.1. *Intellectus possibilis recedit a proprietate imaginis*

(1) Nec invenitur imago Dei secundum perfectam sui rationem in cogitativo exteriore, quod pertinet ad intellectum possibilem.

1. *Cf.* Augustinus Hipponensis, *De Trinitate*, XIV, 7, 10. Vide adnotationem 1, p. 104.
2. Augustinus Hipponensis, *De Trinitate*, XIV, 8, 11, B.A. t. 16, 1997, p. 374.
3. Augustinus Hipponensis, *De Trinitate*, XIV, 4, 6, B.A. t. 16, 1997, p. 356.
4. *Cf.* Augustinus Hipponensis, *De Trinitate*, X, 11, 18. Vide adnotationem 5, p. 134.
5. *Cf.* Augustinus Hipponensis, *De Trinitate*, X, 11, 18. Vide adnotationem 5, p. 134.

(5) C'est pourquoi Augustin dit, au chapitre 14 du livre XIV[1] de *La Trinité*, que l'esprit se souvient toujours de lui, par sa mémoire intérieure, et qu'il s'intellige toujours, par son intelligence intérieure, et qu'il s'aime toujours, par sa volonté intérieure, « en ce centre où elles trois sont toujours ensemble, ont toujours été ensemble, dès l'instant où elles ont commencé d'exister », « quand ce qui engendre précède d'un certain temps ce qui est engendré ». Et plus bas, au chapitre 16[2] : « Voilà donc que l'âme se souvient d'elle-même, se comprend et s'aime : si nous voyons cela, nous voyons une trinité, qui certes n'est pas encore Dieu, mais déjà image de Dieu. ». Et plus haut au chapitre 6[3] : « Mais c'est dans l'âme de l'homme, âme raisonnable et intelligente, qu'il faut trouver l'image du Créateur, immortellement greffée sur son immortalité ». Les trois choses mentionnées plus haut – à savoir la mémoire, l'intelligence, la volonté – sont donc l'une par rapport à l'autre contemporaines et fixées par l'immortelle perpétuité dans l'être.

(6) Aussi, elles sont mutuellement égales l'une pour l'autre : non seulement chacune pour chacune mais aussi chacune pour toutes, parce qu'elles se comprennent mutuellement, non seulement chacune par chacune, mais aussi toutes ensemble par chacune, comme le dit Augustin au chapitre 28 du livre X de *La Trinité*[4]. En cela, chacune est comprise par chacune et toutes ensemble sont comprises par chacune parce que la mémoire se souvient d'elle et se souvient de l'intelligence et de la volonté ; et l'intelligence s'intellige elle-même et intellige la mémoire et la volonté ; et la volonté se veut elle-même et veut la mémoire et l'intelligence, comme l'expose Augustin au même endroit[5].

(7) Selon ce qui a été précédemment dit, il est donc clair que la parfaite ressemblance de Dieu, qui est l'image de Dieu, est le fond secret de l'âme, qui est intellect par essence.

1.2.2. *L'intellect possible n'est pas véritablement image de Dieu*

1.2.2.1. *L'intellect possible s'écarte de la propriété de l'image*

(1) On ne trouve pas l'image de Dieu selon sa parfaite détermination dans la cogitation extérieure qui est propre à l'intellect possible.

1. *Cf.* Augustin d'Hippone, *La Trinité*, XIV, 7, 10. *Cf.* note 1, p. 105.
2. *Cf.* Augustin d'Hippone, *La Trinité*, XIV, 8, 11, BA t. 6, trad. P. Agaësse, 1997, p. 375.
3. *Cf.* Augustin d'Hippone, *La Trinité*, XIV, 4, 6, BA t. 16, trad. P. Agaësse, 1997, p. 357.
4. *Cf.* Augustin d'Hippone, *La Trinité*, X, 11, 18. *Cf.* note 5, p. 135.
5. *Cf.* Augustin d'Hippone, *La Trinité*, X, 11, 18. *Cf.* note 5, p. 135.

(2) Potentia enim intellectiva, quae est intellectus possibilis, non est substantia et per consequens non est substantia una per essentiam et trina in respectibus originis.

(3) Item intellectus possibilis non semper est in actu suae intellectionis, immo secundum Philosophum[1] « nihil est eorum, quae sunt, antequam intelligat », et sic homo ante intelligere esset solum in potentia ad imaginem et in homine esset imago Dei solum in potentia.

(4) Item actus et operatio et habitudo ad Deum, quae per essentiam competunt intellectui, inquantum est imago Dei, intimius et perfectius competunt quam operatio et habitudo intellectus cuiuscumque ad Deum, quae competunt per aliquam speciem vel quodcumque accidens seu formam accidentaliter informantem ipsum intellectum talem. Intellectus autem possibilis non fit in actu nisi per aliquam speciem.

(5) Item memoria, intelligentia, voluntas, prout pertinent ad intellectum possibilem, non sunt ad invicem coaeva nec semper simul sunt, immo in huiusmodi parens prolem, id est memoria intelligentiam, plerumque tempore antecedit, ut dicit Augustinus XIV *De Trinitate* c. 14[2]. Potest enim memoria multa in se continere, de quibus nihil est in actuali cogitatione, et posterius tempore potest informari cogitatio ex uno vel ex alio eorum, quae sunt in memoria. Docet etiam huiusmodi experientia, quod in huiusmodi plerumque invenitur reciproca generatio, scilicet memoriae ex intelligentia et intelligentiae ex memoria, verbi gratia : cum aliquis de novo aliquid addiscit et reponit hoc in memoria et rursus cum ex tali memoria iterata cogitatione formatur intelligentia, accipiendo etiam memoriam pro ea vi, quae informatur aliqua specie, quae fuit in actuali cogitatione, circumscripto ab ea omni alio activo principio, sic, inquam, sumendo memoriam nequaquam potest esse parens intelligentiae, quia forma seu species talis existens in memoria eo modo, qui dictus est, est etiam ens in potentia, ut ipsa eadem exeat in actu intelligentiae, quod non potest fieri sine principio aliquo activo, quod est intellectus agens

1. Aristoteles Latinus, *De anima*, III, 4.
2. *Cf.* Augustinus Hipponensis, *De Trinitate*, XIV, 7, 10. Vide adnotationem 1, p. 104.

(2) En effet, la puissance intellective qu'est l'intellect possible n'est pas une substance et par conséquent elle n'est pas une substance une par essence et trine dans ses rapports à l'origine.

(3) De même, l'intellect possible n'est pas toujours en acte de son intellection. Bien plus, selon le Philosophe[1], il « n'est aucune des réalités avant de penser » et ainsi, avant de penser, l'homme serait seulement en puissance par rapport à l'image, et en l'homme l'image de Dieu serait seulement en puissance.

(4) De même, l'acte, l'opération et la relation à Dieu, qui sont propres par essence à l'intellect en tant qu'il est image de Dieu, lui sont plus intimement et plus parfaitement propres que l'opération et la relation à Dieu de n'importe quel autre intellect, opération et relation qui conviennent par une certaine espèce, ou accident, ou forme, qui informe accidentellement un tel intellect. Or, l'intellect possible n'est actualisé que par une espèce.

(5) De même, la mémoire, l'intelligence et la volonté, dans la mesure où elles appartiennent à l'intellect possible, ne sont pas contemporaines ni toujours simultanées, au contraire, dans ce rapport, « ce qui engendre précède d'un certain temps ce qui est engendré », c'est-à-dire que la mémoire précède l'intelligence, comme le dit Augustin au chapitre 14 du livre XIV de *La Trinité*[2]. La mémoire peut en effet contenir en elle beaucoup de choses dont aucune n'est dans la pensée en acte et la pensée peut être informée plus tard par l'une ou l'autre de ces choses qui sont dans la mémoire. L'expérience nous enseigne que, la plupart du temps, on trouve une génération réciproque, à savoir de la mémoire à partir de l'intelligence et de l'intelligence à partir de la mémoire, par exemple, lorsque quelqu'un apprend quelque chose de nouveau, il le dépose dans la mémoire, et inversement à partir de cette mémoire, l'intelligence se forme grâce à la répétition d'une pensée. Il faut considérer la mémoire comme cette force qui est informée par une espèce qui était dans la pensée en acte, ayant fait abstraction de tous les autres principes actifs. Ainsi, je pense qu'il faut accepter que la mémoire ne puisse jamais être le géniteur de l'intelligence parce qu'une forme ou une espèce existant dans la mémoire, selon le mode qui a été énoncé, est un étant en puissance de telle manière qu'elle-même procède de la puissance vers l'acte lors de l'acte de l'intelligence, ce qui ne peut se réaliser sans le principe actif qu'est l'intellect agent.

1. *Cf.* Aristote, *De l'Âme*, III, 4, 429b31.
2. *Cf.* Augustin d'Hippone, *La Trinité*, XIV, 7, 10. *Cf.* note 1, p. 105.

(6) Huiusmodi etiam memoria, intelligentia et voluntas, quae pertinent ad intellectum possibilem quantum ad manifestum cogitativum, non sunt ad invicem coaequalia secundum suos proprios actus. Cum enim aliquis actu aliquid intelligit, plerumque multa plura sunt in thesauro memoriae[1] reposita alia ab illo, quod actu tunc intelligitur et quod actu vult voluntas, nisi fortassis velis coaequalitatem istorum trium intelligere quantum ad illam solam speciem, quae nunc actu est in cogitatione et fuit ante in memoria et secundum hoc etiam actu nunc vult seu diligit eam voluntas.

(7) Ex dictis igitur patet, quantum recedit a proprietate seu propria et completa ratione imaginis id, quod dicimus manifestum intellectuale cogitativum, quod pertinet ad intellectum possibilem.

(8) Nihilominus tamen ipsum tale intellectuale quoad memoriam, intelligentiam et voluntatem, inquantum considerantur circa intellectum possibilem factum in actu, est quaedam propinqua similitudo verae imaginis, immo ipsius summae trinitatis quoad emanationem et trinitatem divinarum personarum, sicut dicit Augustinus XV *De Trinitate* c. 63[2], ubi pertractato hoc, quod hic dictum est, mox reducit nos ad memoriam et intelligentiam abstrusiorem, ut verbo eius utar, quam etiam

1. Verbi gratia : Augustinus Hipponensis, *De Trinitate*, XV, 12, 22, BA t. 16, 1997, p. 484 : *Haec igitur omnia, et quae per se ipsum et quae per sensus sui corporis et quae testimoniis aliorum percepta scit animus humanus, thesauro memoriae condita tenet*.

Themistius *In III de anima*, ed. G. Verbeke, Louvain-Paris, Publications Universitaires-B. Nauwelaerts, 1957, p. 130 : *(...) conceptus enim scibilia sunt quae universalia, quae quidem ipsa colligit (i.e. anima) et seipsa thesaurisat*.

Johannes Sarisberiensis, *Metalogicon*, lib. 1, c. 11, ed. J. B. Hall, Turnhout, Brepols, 1991, p. 29 : *Excitat enim primo ingenium ad res aliquas percipiendas, et cum eas perceperit, deponit quasi in custodia et thesauro memoriae ; ratio quae percepta et commendanda uel commendata sunt studio diligenti examinat, et ex natura singulorum de singulis nisi forte labatur in aliquo, uerum profert incorruptum que iudicium.*

Thomas de Aquino, *Quaestiones disputatae de anima*, q. 4, ad arg. 2, ed. Leon. 1996, p. 34 : *Ad secundum dicendum quod ex speciebus receptis in ymaginatione a sensu tactus, ymaginatio non sufficeret formare formas ad uisum pertinentes, nisi preexisterent forme per uisum recepte in thesauro memorie uel ymaginationis reseruate.*

2. *Cf.* Augustinus Hipponensis, *De Trinitate*, XV, 20, 39, BA t. 16, 1997, p. 528-530 : *(...), De creatura etiam quam fecit Deus, quantum valuimus, admonuimus eos qui rationem de rebus talibus poscunt, ut invisible ejus, per ea quae facta sunt, sicut possent, intellecta conspicerent (Rom., I, 20), et maxime per rationalem vel intellectualem creaturam, quae facta est ad imaginem Dei ; per quod velut speculum, quantum possent, si possent, cernerent Trinitatem Deum, in nostras memoria, intelligentia, voluntate. Quae tria in sua mente ,*

(6) Aussi cette mémoire, cette intelligence et cette volonté qui appartiennent à l'intellect possible quant à la cogitation manifeste, ne sont pas mutuellement égales selon leurs actes propres. En effet lorsque quelqu'un intellige quelque chose en acte, la plupart du temps, la majorités des choses sont déposées dans le trésor de la mémoire [1] et sont différentes de celles qui sont intelligées maintenant en acte et que la volonté veut en acte. [Il en est donc ainsi] à moins qu'on veuille comprendre l'égalité de ces trois quant à la seule espèce qui est maintenant en acte dans la pensée et qui était avant dans la mémoire, et selon ceci, la volonté la veut maintenant en acte ou l'aime maintenant en acte.

(7) Il est donc clair d'après ce que l'on vient de dire, que ce que nous appelons cogitation intellectuelle manifeste, pour autant qu'elle s'écarte de la propriété et de la détermination complète de l'image, est propre à l'intellect possible.

(8) Cependant une telle puissance intellective – c'est-à-dire la mémoire, l'intelligence et la volonté en tant qu'elles sont considérées par rapport à l'intellect possible actualisé – est une certaine ressemblance proche de la vraie image et même de la plus haute trinité quant à l'émanation et la trinité des personnes divines, comme le dit Augustin au chapitre 63 du livre XV de *La Trinité* [2], où, ayant traité ce dont on parle ici, il nous reconduit ensuite à la mémoire et à l'intelligence plus secrète (j'utilise son mot) qu'il appelle la

1. Sur l'expression « trésor de la mémoire », voir aussi : Augustin d'Hippone, *La Trinité*, XV, 12, 22, BA t. 16, trad. P. Agaësse, 1997, p. 485 : « Toutes ces connaissances que l'âme humaine acquiert aussi bien par elle-même que par ses propres sens corporels ou par le témoignage d'autrui, elle les tient enfouies dans le trésor de sa mémoire. » ; Themistius, *Commentaire du troisième livre du traité de l'Âme d'Aristote*, éd. G. Verbeke, 1957, p. 130 : « Les concepts sont en effet des choses que l'on peut savoir, qui sont universelles, que l'âme elle-même rassemble et thésaurise. » ; Jean de Salisbury, *Metalogicon*, l. I, chap. 11, trad. F. Lejeune, Laval-Paris, Presses de l'Université-Vrin, 2009, p. 126-127 : « D'abord en effet elle pousse notre aptitude naturelle à percevoir certaines réalités et, quand celle-ci les a perçues, elle les dépose pour ainsi dire comme un trésor confié à la garde de notre mémoire ; la raison examine avec soin et application ce qui a été perçu et qui doit lui être confié ou qui lui a été confié et, à partir de la nature de chaque chose, à propos de chacune d'elle – à moins que par hasard elle ne commette quelque erreur –, elle prononce un jugement vrai et parfait. » ; Thomas d'Aquin, *Questions disputées sur l'âme*, q. 4, ad. 2, trad. J.M. Vernier, PAris-Montréal-Budapest, L'Harmattan, 2001, p. 79 : « Des espèces reçues dans l'imagination à partir du sens du toucher, l'imagination ne suffirait pas à former des formes appartenant à la vue, si ne préexistaient des formes reçues par la vue conservées dans le trésor de la mémoire ou de l'imagination. »

2. Augustin d'Hippone, *La Trinité*, XV, 20, 39, BA t. 16, trad. P. Agaësse, 1997, p. 529-531 : « Ensuite par la considération des créatures, œuvres de Dieu, j'ai essayé, autant que je l'ai pu, d'amener ceux qui demandaient une explication rationnelle de tels mystères à contempler par l'intelligence, tant bien que mal, les secrets du Dieu invisible : (Rom. I, 20) j'ai

vocat principalem memoriam et intelligentiam, ostendens ibi etiam esse voluntatem sui generis, id est abditam, c. 64[1], ubi vere et perfecte quaerenda est imago Dei, sicut ostendit XIV *De Trinitate* c. 14[2], in quo, scilicet eodem libro et capitulo, dicit se propter hoc de exteriore cogitatione adduxisse documentum, ut per eam manuducamur in cogitationem verae imaginis divinae in nobis, quia, sicut ibi dicit, facilius cognoscitur distinctio, videlicet istorum trium, memoriae, intelligentiae et voluntatis, ubi parens prolem tempore antecedit, id est memoria intelligentiam, in exteriore cogitativo, quam id, « ubi parens prolem numquam antecedit », quod fit in abdito mentis, ut ibi dicit quantum ad memoriam, quae est parens, et intelligentiam, quae est proles.

(9) Unde manifestum est, quod Augustinus, a quo totam hanc materiam et sententiam de imagine schola theologorum trahit, non ponit imaginem vere et proprie in exteriore cogitativo quoad intellectum possibilem. Unde in libro XIII c. ultimo[3] loquens de notione, qua fides et bona vita tenentur in memoria, dicit : « Quaecumque notiones sunt in anima

naturaliter divinitus instituta quinquas vivaciter perspicit, et quam magnum sit in ea, unde potest etiam semiterna immutabilisque natura recoli, conspici, concupisci, reminiscitur per memoriam, intuitu per intelligentiam, amplectitur per dilectionem, profecto reperit illius summae Trinitatis imaginem. Ad quam summam Trinitatem reminiscendam, videndam diligendam, ut eam recordetur, eam contempletur, ea delectetur, totum debet referre quod vivit. Verum ne hanc imaginem ab eadem Trinitate factam, et suo vitio in deterius commutata, ita eidem comparet Trinitati, ut omni modo existimet similem ; sed potius in qualicumque ista similitudine magnam quoique dissimilitudinem cernat, quantum esse satis videbatur, admonui.

1. *Cf.* Augustinus Hipponensis, *De Trinitate*, XV, 21, 40. Vide adnotationem 3, p. 70.

2. *Cf.* Augustinus Hipponensis, *De Trinitate*, XIV, 7, 10. Vide adnotationem 1, p. 104.

3. Augustinus Hipponensis, *De Trinitate*, XIII, 20, 26, BA t. 16, 1997, p. 342 : *Ex hac fide et tali uita quaecumque notiones sunt in animo fidelis hominis cum memoria continentur et recordatione inspiciuntur et uoluntati placent, reddunt quandam sui generis trinitatem. Sed imago Dei de qua in eius adiutorio post loquemur nondum in ipsa est, quod tunc melius apparebit cum demonstratum fuerit ubi sit, quod in futuro uolumine lector exspectet.*

mémoire et l'intelligence principale, montrant au chapitre 64[1] qu'elle est cette volonté-ci, c'est-à-dire cachée, lorsqu'on recherche l'image véritable et parfaite de Dieu. Ceci, il le montre au chapitre 14 du livre XIV de *La Trinité*[2], dans lequel – au même livre et dans le même chapitre – il dit qu'il a amené une preuve de la cogitation extérieure qui doit nous guider vers la pensée de la vraie image divine en nous, parce que, comme il l'énonce au même endroit, on connaît plus facilement la distinction de ces trois [facultés] – c'est-à-dire de la mémoire, de l'intelligence et de la volonté « quand ce qui engendre précède d'un certain temps ce qui est engendré », c'est-à-dire lorsque la mémoire précède l'intelligence dans la cogitation extérieure – que celle qui advient dans le fond secret de l'âme, comme il le dit ici, « quand ce qui engendre précède d'un certain temps ce qui est engendré », par la mémoire qui est le géniteur et l'intelligence qui est la progéniture.

(9) C'est pour cette raison qu'il est clair qu'Augustin, à qui l'école des théologiens emprunte toute cette matière et cette doctrine sur l'image, ne place pas l'image véritable et appropriée dans la cogitation extérieure en tant qu'intellect possible. C'est pourquoi au dernier chapitre du livre XIII[3], en parlant de la notion par laquelle la foi et la vie bonne sont conservées dans la mémoire, il dit : « Toutes les connaissances qui viennent, dans l'âme

eu recours aux créatures, surtout à la créature raisonnable et intelligente, image de Dieu, pour leur faire voir, comme en un miroir, autant qu'ils le peuvent et s'ils le peuvent, le Dieu Trinité dans la trinité de notre mémoire, de notre intelligence, de notre volonté. Chacun, par une sorte d'intuition vive, voit que ces trois puissances, en vertu d'une intention divine, forment la contexture naturelle de son esprit : il saisit combien c'est une grande chose pour l'esprit de pouvoir se rappeler, voir, désirer la nature éternelle et immuable, s'en souvenir par la mémoire, la contempler par l'intelligence, l'embrasser par l'amour : oui c'est bien là qu'il découvre l'image de cette souveraine Trinité. Pour parvenir à se rappeler, à voir, à aimer cette souveraine Trinité, c'est à elle qu'il doit référer tout être vivant pour qu'elle devienne l'objet de son souvenir, de sa contemplation, de ses complaisances. Toutefois, cette image qui est l'œuvre de Dieu et que l'homme a pervertie par sa faute, j'ai montré, autant qu'il me semblait nécessaire, qu'il ne fallait pas tellement l'assimiler à la Trinité divine qu'on n'y trouve plus que des ressemblances; mais qu'il fallait voir aussi une grande dissemblance en cette ressemblance. »

1. *Cf.* Augustin d'Hippone, *La Trinité*, XV, 21, 40. *Cf.* note 3, p. 71.

2. *Cf.* Augustin d'Hippone, *La Trinité*, XIV, 7, 10. *Cf.* note 1, p. 105.

3. Augustin d'Hippone, *La Trinité*, XIII, 20, 26, BA t. 16, 1997, trad. P. Agaësse, p. 343 : « Toutes les connaissances qui viennent dans l'âme du fidèle, de cette foi et d'une vie conforme à la foi, lorsqu'elles sont conservées dans la mémoire, contemplées dans le souvenir, agréées par la volonté, forment une sorte de trinité. Mais l'image de Dieu, dont nous parlerons dans la suite, avec l'aide de Dieu, ne se trouve pas encore dans cette trinité. Nous la verrons mieux, quand nous aurons montré où elle se trouve : pour la trouver, que le lecteur attende le prochain livre. »

fidelis hominis, cum memoria continentur et recordatione inspiciuntur et voluntati placent, reddunt sui generis trinitatem, sed imago Dei, de qua in eius adiutorio post loquemur, nondum in ipsa est. » Item libro XIV c. 15[1] loquens de salubri scientia[2] rerum humanarum, qua in hac vita id agimus, ut consequamur aeternam, sic concludit dicens : « Ostendens etiam trinitatem in ipsa, sed nondum, quae Dei sit imago dicenda. »

1.2. 2.2. *Instantia et responsio : Intellectus possibilis non est imago quantum ad rationem inferiorem et superiorem*

(1) Sed fortassis dicet aliquis, quod in iam dictis auctoritatibus Augustinus loquitur de trinitate, quae formatur in mente quantum ad inferiorem rationem, quam excludit a ratione divinae imaginis ; non autem ex dictis auctoritatibus sequitur imaginem non poni in superiore ratione et quantum ad manifestum cogitativum.

(2) Ad quod dicendum, quod imago Dei in nobis proprie pertinet ad naturam. Est autem eadem natura mentis quoad inferiorem et superiorem rationem, quae solum differunt penes officia secundum Augustinum[3]. Igitur eadem ratione, qua ratio inferior excluditur a ratione imaginis, et ratio superior excluditur quantum ad manifestum cogitativum.

1. *Cf.* Augustinus Hipponensis, *De Trinitate*, XIV, 7, 10. Vide adnotationem 1, p. 104.

2. *Cf.* Augustinus Hipponensis, *De Trinitate*, BA t. 16, 1997, p. 372 : *(...) ; tertio decimo autem de munere inferioris, quo humanarum rerum scientia salubris continetur, ut in hac temporali vita id agamus quo consequamur aeternam (...).* »

3. *Cf.* Augustinus Hipponensis, *De Trinitate*, XII, 4, 4, BA t. 16, 1997, p. 216-218 : *Cum igitur disserimus de natura mentis humanae, de una quadam re disserimus, nec eam in haec duo quae commemoravi, nisi per officia geminamus. Itaque cum in ea quaerimus trinitatem, in tota quaerimus, non separantes actionem rationalem in temporalibus a contemplatione aeternorum, ut tertium aliquid iam quaeramus quo trinitas impleatur. Sed in tota natura mentis ita trinitatem reperiri opus est, ut si desit actio temporalium, cui operi necessarium sit adiutorium propter quod ad haec inferiora administranda derivetur aliquid mentis, in una nusquam dispertita mente trinitas inveniatur ; et facta iam ista distributione, in eo solo quod ad contemplationem pertinet aeternorum, non solum trinitas, sed etiam imago Dei ; in hoc autem quod derivatum est in actione temporalium, etiamsi trinitas possit, non tamen imago Dei possit inveniri.*

du fidèle, (…) lorsqu'elles sont conservées dans la mémoire, contemplées dans le souvenir, agréées par la volonté, forment une sorte de trinité. Mais l'image de Dieu, dont nous parlerons dans la suite, avec l'aide de Dieu, ne se trouve pas encore dans cette trinité. » De même au chapitre 15 du livre XIV[1], lorsqu'il parle de cette « science salutaire des choses humaines »[2] par laquelle, dans cette vie, nous poursuivons la vie éternelle, il conclut en disant : « J'ai ainsi fait voir une trinité en elle, mais qui n'est pas encore celle qu'il faut appeler image de Dieu. »

1.2.2.2. *Objection et réponse : l'intellect possible quant à la raison inférieure et supérieure n'est pas image*

(1) Mais quelqu'un dira peut-être que, dans les autorités déjà énoncées, Augustin parle de la trinité qui est formée dans l'esprit en tant que raison inférieure et qu'il exclut de la raison de l'image divine. Or, selon ces mêmes autorités, il ne s'ensuit pas que l'image ne soit pas placée dans la raison supérieure en tant que cogitation manifeste.

(2) Il faut dire à ce sujet que l'image de Dieu en nous appartient de manière appropriée à la nature. Or, la nature de l'esprit est la même quant à la raison inférieure et supérieure : ces dernières ne diffèrent que par leurs fonctions, selon Augustin[3]. Donc, pour la même raison que celle pour laquelle la raison inférieure est exclue de la raison de l'image, la raison supérieure en tant que cogitation manifeste doit en être exclue.

1. *Cf.* Augustin d'Hippone, *La Trinité*, XIV, 7, 10. *Cf.* note 1, p. 105. Traduction modifiée.

2. *Cf.* Augustin d'Hippone, *La Trinité*, XIV, 7, 10, BA t. 16, trad. P. Agaësse, 1997, p. 373 : « (…), et le treizième où j'ai traité du rôle de cette puissance inférieure, qui renferme la science salutaire des choses humaines, pour nous permettre, en cette vie temporelle, de faire ce qu'il faut pour atteindre la vie éternelle (…) »

3. *Cf.* Augustin d'Hippone, *La Trinité*, XII, 4, 4, BA t. 16, trad. P. Agaësse, 1997, p. 317-319 : « Quand donc nous parlons de la nature de l'âme humaine, nous parlons d'une seule réalité : le double aspect que je viens de distinguer n'est dû qu'au dédoublement des fonctions. Voilà pourquoi, quand nous cherchons dans l'âme une trinité, nous la cherchons dans l'âme tout entière : nous ne séparons pas la raison qui agit sur le temporel de celle qui contemple l'éternel, pour chercher un troisième terme qui achève la trinité. Non, c'est dans la nature de l'âme tout entière qu'il nous faut trouver une trinité ; en sorte que, même abstraction faite de l'action sur le temporel – action qui requiert une fonction auxiliaire, ce pour quoi une partie de l'âme est détachée à l'administration des choses inférieures, – nous puissions trouver une trinité en cette âme une et indivise. Une fois distribuées ainsi les fonctions, c'est en cette seule zone de l'âme de qui relève la contemplation des réalités éternelles que nous trouvons non seulement une trinité, mais l'image de Dieu ; quant à cette zone de l'âme déléguée à l'activité sur le temporel, on peut sans doute y découvrir une trinité, mais cette trinité n'est pas image de Dieu. »

1.2.2.3. *Instantia contra responsionem : intellectus possibilis ut imago secundo Augustinum*

(1) Sed huic sententiae videtur manifeste contrarium, quod dicit Augustinus XIV *De Trinitate* c. 14[1] : « Sed quia ibi esse verbum sine cogitatione non potest, […] in tribus potius illis imago ista cognoscitur, memoria scilicet, intelligentia, voluntate. Hanc autem nunc dico intelligentiam, qua intelligimus cogitantes, id est quando eis repertis, quae memoriae praesto fuerant, sed non cogitabantur, cogitatio nostra formatur, et eam voluntatem sive amorem vel dilectionem, quae istam prolem parentemque coniungit et quodammodo utrique communis est. » Et infra c. 21[2] loquens de mente dicit sic : « Quando ad se ipsam cogitatione convertitur, ipsa fit trinitas, in qua iam et verbum possit intelligi. Formatur quippe ex ipsa cogitatione voluntate utrumque iungente. Ibi ergo magis agnoscenda est imago, quam quaerimus. » Et infra c. 23[3] : « Haec igitur trinitas mentis non propterea Dei est imago, quia sui meminit mens et intelligit et diligit se, sed quia potest etiam meminisse et intelligere et amare, a quo facta est. Quod cum facit, sapiens ipsa fit. Si autem non facit, etiam cum sui meminit seseque intelligit ac diligit, stulta est. »

(2) Manifestum est, quod Augustinus loquitur hic de manifesto cogitativo, quia etiam nominat cogitationem et verbum, quod cogitatione formatur, et quod, quando mens meminit, intelligit et diligit Deum, sapiens fit et e converso stulta est, si hoc non facit, quae omnia pertinent ad manifestum seu exterius cogitativum. Ubi secundum iam inducta ponit imaginem trinitatis in mente, quod videtur contrarium supra dictis, ubi ostensum est ratione et auctoritate, quod imago potissime invenitur in abdito mentis.

1. Augustinus Hipponensis, *De Trinitate*, XIV, 7, 10, BA t. 16, 1997, p. 370.
2. Augustinus Hipponensis, *De Trinitate*, XIV 10, 13, BA t. 16, 1997, p. 384.
3. Augustinus Hipponensis, *De Trinitate*, XIV, 12, 15, BA t. 16, 1997, p. 386.

1.2.2.3. *Objection contre la réponse : l'intellect possible comme image selon Augustin*

(1) Mais ce que dit Augustin au chapitre 14 du livre XIV de *La Trinité*[1] semble clairement contraire à cette dernière position : « Mais comme ici il ne peut y avoir verbe sans pensée, (…) cette image est plutôt accessible à notre connaissance dans les trois : mémoire, intelligence, volonté. Ce que j'appelle maintenant intelligence, c'est l'intelligence inséparable de la pensée, lorsque par la découverte des connaissances présentes dans la mémoire, mais non encore pensées, notre pensée prend forme; et ce que j'appelle volonté, amour ou dilection, c'est le principe qui, unissant le terme engendrant et le terme engendré, est d'une certaine façon commun à l'un et à l'autre. » Et ensuite[2] en parlant de l'esprit, il dit : « Lors donc qu'il se convertit vers lui-même par la connaissance, se produit une trinité dans laquelle on peut déjà intelliger le verbe. Il reçoit sa forme de l'acte même de la pensée, la volonté reliant ce verbe à la mémoire. C'est donc là de préférence qu'il faut reconnaître l'image que nous cherchons. » Et plus bas au chapitre 23[3] : « Si donc la trinité de l'esprit est l'image de Dieu, ce n'est pas parce qu'il se souvient de lui-même, se comprend et s'aime; mais parce qu'il peut encore se rappeler, comprendre, et aimer celui par qui il a été crée. Ce faisant, il devient sage. Faute de quoi, il a beau se souvenir de lui-même, se comprendre et s'aimer, il est insensé. »

(2) Il est évident qu'Augustin parle ici de la cogitation manifeste parce qu'il la nomme aussi pensée et verbe formé par la pensée qui, lorsque l'esprit se souvient, intellige et aime Dieu, devient sage, et inversement l'esprit est insensé s'il ne fait pas toutes les choses qui appartiennent à la cogitation manifeste ou extérieure. Lorsque, d'après ce qu'il a déjà énoncé, il pose l'image de la trinité dans l'esprit, ceci semble contraire à ce qu'on a dit plus haut quand on a montré par un raisonnement et par l'autorité que l'on trouve l'image la plus digne de ce nom dans le fond secret de l'âme.

1. Augustin d'Hippone, *La Trinité*, XIV, 7, 10, BA t. 16, trad. P. Agaësse, 1997, p. 371. (Traduction modifiée).

2. Augustin d'Hippone, *La Trinité*, XIV 10, 13, BA t. 16, trad. P. Agaësse, 1997, p. 385. (Traduction modifiée).

3. Augustin d'Hippone, *La Trinité*, XIV, 12, 15, BA t. 16, trad. P. Agaësse, 1997, p. 387. (Traduction modifiée).

1.2.2.4. *Responsio*

1.2.2.4.1. *Imago dicitur dupliciter*

(1) Ad quod intelligendum, quod imago dicitur dupliciter : uno modo formaliter et per se et primo id videlicet, quod est vere et formaliter imago ; alio modo dicitur imago id, quod ipsa imagine insignitum est, quod etiam propterea imago dicitur, puta homo, qui dicitur imago non secundum suam totalem substantiam, sed quia ipsa imagine Dei insignitus est, ut dicit Augustinus XV *De Trinitate* c. 66[1], et subdit ibi exemplum dicens : « Sicut imago dicitur simul et tabula et quod in ea pictum est ; sed propter picturam, quae in ea est, simul et tabula nomine imaginis appellatur. »

(2) Secundum hoc igitur dupliciter possumus loqui de imagine : uno modo secundum se quantum ad id, quod formaliter et essentialiter est imago ; alio modo in ordine ad id, quod tali imagine insignitum est ad suam perfectionem, maxime in participando ultimum finem.

(3) Primo modo imago est formaliter et essentialiter in abdito mentis, quod est intellectus per essentiam semper in actu, ut supra dictum est, ex quo solvit Augustinus[2] quaestionem, quam moverat de infante, ostendens ipsum actu esse ad imaginem Dei quantum ad mentem secundum memoriam, intelligentiam, voluntatem, quae tria semper simul sunt et semper simul fuerunt, ex quo esse coeperunt, « ubi parens prolem tempore numquam antecedit. » Ubi[3] dicit se de cogitatione qualecumque adduxisse documentum, quia facilius dignoscitur distinctio trium iam dictorum ibi, « ubi parens prolem tempore antecedit », quod contingit in exteriore cogitativo. Unde etiam ibidem[4] dicit Augustinus se ad manuducendum lectorem quasdam alias trinitates adduxisse in quibusdam praecedentibus libris de trinitate. Secundum hoc ergo dicit, quod « in his tribus, scilicet memoria, intelligentia, voluntate,

1. Augustinus Hipponensis, *De Trinitate*, XV, 23, 43, BA t. 16, 1997, p. 536 : *(...). Propter quam imaginem simul et illud in quo sunt haec tria imago dicitur, sicut imago dicitur simul et tabula et quod in ea pictum est, sed propter picturam quae in ea est simul et tabula nomine imaginis appellatur.*

2. *Cf.* Augustinus Hipponensis, *De Trinitate*, XIV, 7, 10. Vide adnotationem 1, p. 104.

3. *Cf.* Augustinus Hipponensis, *De Trinitate*, XIV, 7, 10. Vide adnotationem 1, p. 104.

4. *Cf.* Augustinus Hipponensis, *De Trinitate*, XIV, 7, 10. Vide adnotationem 1, p. 104.

1.2.2.4. *Réponse*

1.2.2.4.1. *Le terme 'image' a deux acceptions*

(1) A ce sujet, il faut comprendre que le terme 'image' a deux acceptions : d'une part, formellement, par soi et premièrement [pour désigner] ce qui est vraiment et formellement image ; d'autre part, 'image' se dit au sujet de ce qui est désigné par cette image même et c'est aussi à cause de cela qu'on parle d'image lorsque, par exemple, l'homme est dit image, non selon sa substance totale, mais parce qu'il est désigné comme l'image même de Dieu, selon ce que dit Augustin au chapitre 66 du livre XV de *La Trinité*[1] et comme il l'expose à cet endroit en donnant cet exemple : « De même qu'on appelle image à la fois la toile et ce qui est peint sur la toile, mais c'est à cause de la peinture qui la recouvre que la toile aussi est appelée image. »

(2) Selon cela, nous pouvons parler de l'image de deux façons : d'une première, selon elle-même, quant à ce qui est formellement et essentiellement image, d'une seconde, dans le rapport à ce qui est désigné par cette image, quant à sa perfection qui réside au plus haut point dans le fait de participer à la fin ultime.

(3) De la première façon, l'image est formellement et essentiellement dans le fond secret de l'âme qui est intellect par essence toujours en acte comme on l'a dit plus haut. C'est à partir de cela qu'Augustin[2] résout la question à propos de l'enfant en montrant qu'il est lui-même en acte à l'image de Dieu quant à l'esprit, selon la mémoire, l'intelligence, la volonté qui « [elles trois] sont toujours ensemble et ont toujours été ensemble dès l'instant où elles ont commencé d'exister », « quand ce qui engendre précède d'un certain temps ce qui est engendré ». A cet endroit, il dit[3] qu'il a introduit une preuve au sujet de cette réflexion, parce que, « quand ce qui engendre précède d'un certain temps ce qui est engendré », on distingue les trois déjà énoncés plus facilement qu'on ne peut le faire dans la cogitation extérieure. C'est pourquoi, au même endroit[4], Augustin dit qu'il a introduit, pour guider le lecteur, d'autres trinités dans certains des livres précédents sur la trinité. Donc, selon ce qu'il dit, « dans les trois, à savoir dans la mémoire, dans l'intelligence, dans la volonté,

1. Augustin d'Hippone, *La Trinité*, XV, 23, 43, BA t. 16, trad. P. Agaësse, 1997, p. 537 : « C'est précisément à cause de cette image que ce en quoi se trouvent ces trois puissances est aussi appelé image : de même qu'on appelle image à la fois la toile et ce qui est peint sur la toile, mais c'est à cause de la peinture qui la recouvre que la toile aussi est appelée image. »

2. *Cf.* Augustin d'Hippone, *La Trinité*, XIV, 7, 10. *Cf.* note 1, p. 105.

3. *Cf.* Augustin d'Hippone, *La Trinité*, XIV, 7, 10. *Cf.* note 1, p 105.

4. *Cf.* Augustin d'Hippone, *La Trinité*, XIV, 7, 10. *Cf.* note 1, p. 105.

potius ista imago cognoscitur. Dico autem intelligentiam, qua intelligimus cogitantes » et cetera. « Cognoscitur » dicit, sed non dicit, quod in his tribus consistat. Et sic respondendum ad primam hic inductarum auctoritatum.

(4) Similiter respondendum ad secundam. Cum dicit, quod ibi potius agnoscenda est imago, quam quaerimus, et dicit significanter "potius", quia in ea trinitate, de qua ibi loquitur, mens se ipsam in conspectu suo ponit gignens sui ipsius notitiam, quod magis accedit ad similitudinem Dei quam quando informatur cogitatio ex habitu alicuius speciei retentae in memoria.

(5) Si autem loquamur de imagine secundo modo, videlicet in ordine ad id, quod ipsa imagine insignitum est ad suae naturae perfectionem, puta homo, qui ex hoc etiam imago dicitur, secundum hoc nomen imaginis concernit etiam exterius cogitativum, sine quo id, quod formaliter et essentialiter et per se et primo est imago, non communicatur homini ita, ut formaliter pertineat ad eius perfectionem, maxime finalem.

1.2. 2.4. 2. *Habitudo abditi mentis ad exterius cogitativum*

(1) Oritur autem ex huiusmodi ordine eius, quod formaliter et essentialiter et primo et per se est imago, ad hominem triplex trinitas in exteriore cogitativo, ex qua specialiter homo imago Dei dicitur, sub diverso tamen gradu similitudinis et accessus ad conformitatem divinam.

(2) Habet enim se dicta natura, quam essentialiter et primo imaginem dicimus, ad exterius cogitativum tripliciter : uno modo secundum rationem obiecti ; alio modo secundo rationem causae efficientis ; tertio modo secundum rationem et habitudinem formae, et hoc vel actu vel potentia.

1.2. 2.4. 2.1. *Secundum rationem obiecti*

(1) Primo videlicet secundum rationem obiecti, puta quando ipsa mens vel quantum ad id, quod vere est imago et abditum mentis, vel etiam quando se ipsam secundum totum esse suum et possibilitatem ponit in conspectu suo cogitatione gignens sui notitiam et producens amorem haec duo coniungentem.

on connaît plus cette image. Or j'appelle intelligence ce par quoi nous intelligeons les choses pensantes» et ainsi de suite. Il dit «on connaît», mais il ne dit pas en quoi consistent les trois. On a ainsi répondu à cette première autorité introduite ici.

(4) De même, il faut parler de la seconde [façon]. Quand il dit que l'on doit plutôt reconnaître l'image que nous cherchons, il dit de manière significative «plutôt» parce que, dans la trinité dont on parle ici, l'esprit s'offre lui-même à la vue, car en engendrant sa propre connaissance, il parvient plus à la ressemblance de Dieu que lorsque la pensée est informée par l'habitus d'une espèce retenue dans la mémoire.

(5) Si nous parlons cependant de l'image selon son second sens, c'est-à-dire en fonction de son rapport à ce qui est désigné par l'image elle-même quant à la perfection de sa nature, l'homme est, par exemple, dit image [de Dieu, quant à la perfection de sa nature] et le nom de l'image renvoie aussi à la cogitation extérieure sans laquelle ce qui est formellement, essentiellement, par soi et premièrement image ne serait communiqué à l'homme et sans laquelle donc [le terme image de Dieu] ne correspondrait pas formellement à sa perfection la plus grande, et au plus haut degré à sa perfection finale.

1.2.2.4.2. *Relation du fond secret de l'âme à la cogitation extérieure*

(1) A partir de cet ordre, il découle que la triple trinité dans la cogitation extérieure, grâce à laquelle l'homme est particulièrement dit image de Dieu, sous un degré cependant différent de similitude et d'approche de la conformité divine, est essentiellement, formellement, premièrement et par soi image pour l'homme.

(2) La nature dont nous parlons, que nous appelons essentiellement et premièrement image, se rapporte de trois manières à la cogitation extérieure : d'une première manière, selon la raison de l'objet, d'une autre manière, selon la raison de la cause efficiente, et d'une troisième manière selon la raison et la relation à sa forme et ceci ou en acte ou en puissance.

1.2.2.4.2.1. *Selon la raison de l'objet*

(1) Premièrement, [voyons ce rapport] selon la raison de l'objet, par exemple lorsque l'esprit lui-même, par ce qui est véritablement image et fond secret de l'âme ou selon la totalité de son être et sa possibilité, se manifeste par sa pensée qui engendre sa connaissance et qui produit cet amour qui unit les deux.

(2) Haec autem trinitas quamvis sit quaedam similitudo eius, quod vere est imago in abdito mentis, homo tamen, qui dicitur imago ratione praedicta, ex hac trinitate primo capit rationem et proprietatem imaginis, ut imago dicatur, et hoc quantum ad primum gradum similitudinis ad Deum inquantum imago, quae similitudo proprie est similitudo cuiusdam proportionalitatis, ut sicut Deus est unus in essentia, trinus tamen in personis, ita mens secundum dictum modum intra suam substantiam, quae etiam quantum ad talem exteriorem cogitationem unitatem habet substantialem secundum Augustinum, invenitur trina, ut patet.

(3) Et hoc est, quod dicit Augustinus in auctoritate supra inducta, scilicet quod in huiusmodi trinitate potius agnoscenda est imago, quam quaerimus.

1.2. 2.4. 2.2. *Secundum rationem causae efficientis*

(1) Secundo modo se habet dictum abditum mentis ad exterius cogitativum in ratione causae efficientis, inquantum tota nostra intelligentia quantum ad exterius cogitativum ex ipso secundum rationem sui actus effectivi procedit. Ipsum enim est intellectus agens secundum philosophos, ut supra dictum est[1], qui est principium intellectorum in nobis secundum Philosophum III *De anima*[2] et secundum Augustinum XV *De Trinitate* c. 63[3], ubi dicit, quod ex illo abstruso, quod alibi, scilicet XIV *De Trinitate* c. 13[4], vocat abditum, nascitur intimum verbum, quod ad nullius gentis pertinet linguam, tamquam scientia de scientia et visio de visione et intelligentia, quae apparet in cogitatione, de intelligentia, quae in memoria fuerat, sed latebat.

(2) Cum igitur mens seu homo per memoriam et intelligentiam et amorem, quae ex dicto abdito procedunt, convertitur vel converti potest in id summum obiectum, quod Deus est, iam magis accedit ad rationem et proprietatem imaginis quantum ad ulteriorem et secundum gradum similitudinis ad Deum, quae similitudo attenditur iam non secundum aliquantum remotam similitudinem proportionalitatis, sed potius secundum propinquiorem, quae est proportionis, quoniam dicta trinitate immediate tenditur in Deum quantum ad quamcumque proportionem operationis ad illud, circa quod operatur, et ideo attenditur hic quaedam similitudo proportionis,

1. *Cf.* Theodoricus Teutonicus de Vriberg, *De visione beatifica*, 1.1. 2.1.
2. *Cf.* Aristoteles Latinus, *De anima*, III, 5. Vide adnotationes 1, p. 10 et 1, p. 98.
3. *Cf.* Augustinus Hipponensis, *De Trinitate*, XIV, 21, 40. Vide adnotationem 3, p. 70.
4. *Cf.* Augustinus Hipponensis, *De Trinitate*, XIV, 7, 9. Vide adnotationem 5, p. 70.

(2) Or, bien que cette trinité soit une certaine ressemblance de ce qui est véritablement image dans le fond secret de l'âme, l'homme, cependant, qui est dit image, pour la raison énoncée plus haut, comprend d'abord à partir de cette trinité la détermination et la propriété de l'image, de sorte qu'il est dit image et plus précisément image du premier degré de ressemblance à Dieu; ressemblance qui, à proprement parler, est la ressemblance d'une certaine proportionnalité, et de même que Dieu est un dans l'essence et trine dans la personne, de même l'esprit, selon le mode énoncé, est dans sa substance – qui a une unité substantielle quant à la cogitation extérieure, selon Augustin, – trine, comme ceci est claire.

(3) C'est ce que dit Augustin dans la citation introduite précédemment, à savoir que c'est dans une trinité de cette sorte qu'il faut plutôt reconnaître l'image que nous cherchons.

1.2. 2.4. 2.2. *Selon la raison de la cause efficiente*

(1) Deuxièmement, le fond secret de l'âme, dont on a déjà parlé, se rapporte à la cogitation extérieure sous la raison de la cause efficiente dans la mesure où toute notre intelligence, quant à la cogitation extérieure, procède du fond secret de l'âme en raison de son acte effectif. L'intellect agent est en effet lui-même, selon les philosophes, comme on l'a dit plus haut[1], le principe des choses intelligées en nous, selon le Philosophe au livre III du *De l'âme*[2] et selon Augustin au chapitre 63 du livre XV de *La Trinité*[3] lorsqu'il dit qu'à partir de ce [principe] caché qu'il appelle, au chapitre 13 du livre XV de *La Trinité*[4], fond secret, naît le verbe intime qui n'appartient à aucune langue humaine, qui est autant science de la science et vision de la vision et intelligence qui apparaît dans la pensée de l'intelligence, qui avait été dans la mémoire mais qui demeurait cachée.

(2) Lorsque l'esprit ou l'homme, par la mémoire, l'intelligence et l'amour qui procèdent de ce fond secret, est converti ou peut être converti vers cet objet suprême qu'est Dieu, il accède désormais plus facilement à la détermination et à la propriété de l'image quant à ce qui est le plus bas et est un second degré de ressemblance à Dieu. Cette ressemblance est établie non selon une ressemblance éloignée de proportionnalité mais plutôt selon une proximité qui est celle de la proportion parce que la trinité mentionnée tend immédiatement vers Dieu par une proportion de l'opération envers ce qu'elle opère et de sorte qu'on discerne là une ressemblance de proportion,

1. *Cf.* Dietrich de Freiberg, *Traité de la vision béatifique*, 1.1. 2.1.
2. *Cf.* Aristote, *De l'Âme*, III 5, 430a15 et 430a19. *Cf.* notes 1, p. 11 et 1, p. 99.
3. *Cf.* Augustin d'Hippone, *La Trinité*, XV, 21, 40. *Cf.* note 3, p. 71.
4. *Cf.* Augustin d'Hippone, *La Trinité*, XIV, 7, 9. *Cf.* note 5, p. 71.

sicut etiam in aliis rebus dicitur esse proportio inter agentia et passa. Unde quantum ad hunc secundum modum iam dicitur mens seu homo imago Dei non solum, quia mens sui meminit et se intelligit et amat, sed quia potest meminisse et intelligere et amare eum, a quo facta est.

1.2.2.4.2.3. *Secundum rationem formae*

(1) Tertio modo habet se saepe dictum abditum mentis seu intellectus agens ad ipsum hominem quantum ad exterius cogitativum vel potius, ut dicatur manifestum cogitativum, habet, inquam, se secundum eam habitudinem, qua potest esse forma ipsi, in illa videlicet beatitudine, qua videtur Deus facie ad faciem, ut infra[1] ostendetur. In quo perfecte accedit homo ad proprietatem et rationem imaginis, quia videlicet secundum perfectum et summum gradum similitudinis ad Deum, de qua similitudine, I can. *Ioann.* 3 c.[2] scimus, « quoniam, cum apparuerit, similes ei erimus, quia videbimus eum, sicuti est. » Tunc enim illud, quod in se in abdito nunc fulget, revelabitur, ut ipso eodem principio tunc revelato homo etiam quantum ad manifestam cogitativam clarificetur, et haec est perfecta similitudo mentis sive hominis ad Deum.

(2) Unde Augustinus XIV *De Trinitate* c. 37[3] : « In hac quippe imagine tunc perfecta erit Dei similitudo, quando perfecta erit Dei visio. De qua dicit apostolus Paulus : « Videmus nunc per speculum, id est in aenigmate, tunc autem facie ad faciem », et inducit ibi auctoritatem Ioannis supra

1. *Cf.* Theodoricus Teutonicus de Vriberg, *De visione beatifica*, 3.

2. I *Ioann.* 3, 2 : *Carissimi, nunc filii Dei sumus : et nondum apparuit quid erimus. Scimus quoniam cum apparuerit, similes ei erimus : quoniam videbimus eum sicuti est*.

3. Augustinus Hipponensis, *De Trinitate*, XIV, 17, 23, BA t. 16, 1997, p. 410-412 : *In hac quippe imagine tunc perfecta erit Dei similitudo quando Dei perfecta erit uisio. De qua dicit apostolus Paulus : uidemus nunc per speculum in aenigmate, tunc autem facie ad faciem. Item dicit : nos autem reuelata facie gloriam domini speculantes in eandem imaginem transformamur de gloria in gloriam tamquam a domini spiritu; hoc est quod fit de die in diem bene proficientibus. Apostolus autem Iohannes : dilectissimi, inquit, nunc filii dei sumus, et nondum apparuit quod erimus. Scimus quia cum apparuerit similes ei erimus quoniam uidebimus eum sicuti est. Hinc apparet tunc in ista imagine dei fieri eius plenam similitudinem quando eius plenam perceperit uisionem, quamquam possit hoc a Iohanne apostolo etiam de immortalitate corporis dictum uideri*.

comme on dit aussi qu'il y a dans les autres choses une proportion entre les choses agentes et passives. C'est pourquoi, si l'on se rapporte à cela, l'esprit ou l'homme est dit image de Dieu selon le mode déjà énoncé, non seulement parce que son esprit se souvient de lui, s'intellige et s'aime, mais aussi parce qu'il peut se souvenir, intelliger et aimer ce à partir de quoi il a été fait.

1.2.2.4.2.3. *Selon la raison de la forme*

(1) Troisièmement, le fond secret de l'âme, ou l'intellect agent, se rapporte à l'homme lui-même quant à la cogitation extérieure, ou comme on devrait plutôt dire, quant à la cogitation manifeste; il se rapporte, dis-je, selon la relation par laquelle il peut être pour lui forme, dans cette béatitude par laquelle il voit Dieu face à face comme on l'exposera plus bas[1]. Grâce à cela, l'homme accède parfaitement à la propriété et à la détermination de l'image parce qu'[il y accède] selon le degré parfait et le plus élevé de ressemblance à Dieu, de cette ressemblance que nous connaissons grâce à l'Evangile de *Jean*, chapitre 3,[2] « lorsqu'il apparaîtra nous lui serons semblables parce que nous le verrons comme il est ». Alors ce qui maintenant luit dans le fond secret sera révélé de sorte que par ce principe désormais révélé, l'homme verra clairement par sa cogitation manifeste; et ceci est la ressemblance parfaite de l'esprit ou de l'homme à Dieu.

(2) C'est pour cela qu'Augustin dit au chapitre 37 de *La Trinité*[3] : « Alors en cette image sera parfaite la ressemblance à Dieu, quand sera parfaite la vision de Dieu. Vision dont nous parle ainsi l'Apôtre Paul : « Nous voyons maintenant dans un miroir, en énigme; mais alors nous verrons face à face »; et là, Augustin ajoute l'autorité de Jean

1. *Cf.* Dietrich de Freiberg, *Traité de la vision béatifique*, 3.

2. I *Jean* 3, 2 : « Bien-aimés, dès maintenant, nous sommes enfants de Dieu, et ce que nous serons n'a pas encore été manifesté. Nous savons que lors de cette manifestation nous lui serons semblables parce que nous le verrons tel qu'il est. »

3. Augustin d'Hippone, *La Trinité*, XIV, 17, 23, BA t. 16, trad. P. Agaësse, 1997, p. 411-413 : « Alors en cette image sera parfaite la ressemblance à Dieu, quand sera parfaite la vision de Dieu. Vision dont nous parle ainsi l'Apôtre Paul : « *Nous voyons maintenant dans un miroir, en énigme; mais alors nous verrons face à face* » (I Cor. XIII, 12). Il dit de même : « *Quant à nous, le visage découvert, reflétant comme en un miroir la gloire du Seigneur, nous sommes transformés en la même image, de gloire en gloire, comme par l'esprit du Seigneur.* » (II *Cor.*, III, 18). C'est ce mystère qui s'accomplit en ceux qui progressent de jour en jour dans la voie droite. L'Apôtre Jean, de son côté, écrit : « *Mes bien aimés; nous sommes maintenant fils de Dieu, et ce que nous serons un jour n'est pas encore manifesté : mais nous savons qu'au temps de cette manifestation, nous lui serons semblables parce que nous le verrons tel qu'il est.* » (*I Jean*, III, 2). Ce texte montre qu'en cette image de Dieu, il y aura pleine ressemblance avec Dieu, quand elle possédera la pleine vision de Dieu. Toutefois cette parole de l'Apôtre Jean peut s'entendre aussi de l'immortalité du corps. »

dictam. Et infra : « Hinc apparet tunc in ista imagine Dei fieri eius plenam similitudinem, quando eius plenam perceperit visionem. »

1.3. *Digressio*

1.3.1. *Duplex quaestio*

(1) Surgit autem occasione eorum, quae dicta sunt, duplex quaestio una videlicet, quare mens intelligendo se gignit suam intelligentiam, quae etiam proles eius dicitur, amando autem se non gignit amorem seu voluntatem nec est amor vel voluntas proles eius. Secunda quaestio est, quare in Deo in eo, quod intelligit se et amat se per essentiam, inveniuntur tres respectus originis, quibus constituuntur tres personae subsistentes in una essentia, in qua essentia inquantum essentia non attenditur hoc, ut ipsa sit aliquod suppositum. Sequeretur enim quartum suppositum esse in divinis, quod est erroneum. In intellectu autem creato, qui est intellectus per essentiam semper in actu, contrario modo se habet. Talis enim intellectus per suam essentiam et secundum rationem suae essentiae est aliquid subsistens per modum suppositi. Ea autem, quae secundo respectus originis intra eandem essentiam distinguuntur ut memoria, intelligentia, voluntas, non habent inquantum huiusmodi et sic distincta subsistentias personales.

1.3.2. *Responsio ad primam quaestionem*

(1) Ad primum istorum intelligendum et concedendum, quod et quaestio quaerendo supponit, scilicet quod, cum mens intelligit se et amat se, intelligentia gignitur a mente inquantum memoria, voluntas autem seu amor non gignitur, sed tamen procedit et procedere ipsam dicimus, ut communi aliquo emanationis verbo, scilicet processionis, appropriate utamur. Cuius appropriationis ratio et proprius modus processionis in eo attenditur, quod procedit secundum inclinationem intellectualem et quod ipsa est quaedam secundum intellectum inclinatio et secundum hoc non potest dici genita.

(2) Quod sic patet et primo hoc considerandum, quoniam omne, quod ab alio gignitur, procedit ab eo ; non autem omne, quod ab alio procedit, gignitur ab eo. Processio enim est quaedam emanatio ab aliquo, quocumque modo emanet, sicut possumus dicere, quod conclusiones procedunt ex principiis

citée plus haut. Et ensuite : « Ce texte montre qu'en cette image de Dieu, il y aura pleine ressemblance avec Dieu, quand elle possédera la pleine vision de Dieu. »

1.3. *Digression*

1.3. 1. *Double question*

(1) Mais une double question surgit au sujet de ce que l'on vient d'exposer. La première : pourquoi l'esprit, en s'intelligeant, engendre-t-il son intelligence, qui est appelée sa progéniture, alors qu'en s'aimant il n'engendre pas l'amour ou la volonté et que ni l'amour ni la volonté ne sont sa progéniture ? La seconde question : pourquoi en Dieu, du fait qu'il s'intellige et s'aime par essence, trouve-t-on trois rapports de l'origine par lesquels sont constituées les trois personnes qui subsistent dans une seule essence, qui est essence en tant qu'essence, et dont on ne peut pourtant pas dire qu'elle soit un suppôt ? Il s'ensuivrait en effet que ce quatrième suppôt serait dans les choses divines, ce qui est erroné. Or dans l'intellect créé, qui est intellect par essence toujours en acte, il en va d'une manière contraire. Un tel intellect, en effet, par son essence et selon la raison de son essence, est quelque chose de subsistant à la manière du suppôt. Mais il n'en est pas de même pour les choses qui selon les rapports d'origine, se différencient dans cette même essence, comme la mémoire, l'intelligence, la volonté, et qui ainsi ne sont pas des subsistances personnelles distinctes.

1.3. 2. *Réponse à la première question*

(1) Pour répondre à la première de ces questions, il faut comprendre et admettre que cette question suppose que puisque l'esprit s'intellige lui-même et s'aime, l'intelligence est engendrée par l'esprit en tant que mémoire, mais que la volonté ou l'amour ne sont pas engendrés. Ils procèdent cependant, et nous utilisons 'procéder' dans le sens habituel d'un verbe décrivant l'émanation, c'est-à-dire d'un verbe décrivant la procession, nous l'utilisons [ainsi] d'une manière appropriée. On distingue la raison de cet usage approprié du mode propre de la procession en ceci que la volonté et l'amour procèdent selon une inclination intellectuelle et que celle-ci est une inclination selon l'intellect, et c'est pour cette raison qu'elle ne peut pas être dite engendrée.

(2) Pour qu'il en soit ainsi, il faut d'abord tenir compte de cela : tout ce qui est engendré par un autre procède de lui ; mais, tout ce qui procède de quelque chose n'est pas engendré par lui. La procession est en effet une émanation à partir de quelque chose, quelle que soit la façon dont elle émane : nous pouvons dire que les conclusions procèdent des principes,

et naturales passiones ex principiis naturae et naturales respectivae inclinationes ex natura rei, cuius sunt passiones, et rivulus a fonte et similia multa, quorum nullum potest dici emanare a suo principio per modum generationis seu gignitionis. Gignitur autem aliquid, cum ab aliquo emanat et in esse constituitur[1] secundum rationem alicuius activi principii agentis secundum naturam et ipsum emanans secundum processionem suam passivam patiatur secundum naturam, naturam sumendo, secundum quod distinguitur contra inclinationem seu appetitum naturae.

(3) Secundum hoc igitur iam prima fronte apparet, quare intelligentia dicitur et est genita. Procedit enim a mente secundum naturam et a parte principii et a parte termini ipsius processionis seu emanationis, non sic autem amor seu voluntas, quae est quaedam appetitus seu inclinatio secundum intellectum[2].

(4) Quamvis autem intelligentia procedens a mente seu a memoria secundum dictam rationem vere dicatur genita, non tamen sufficit ad hoc dicta ratio, quod dicatur proles. Habet enim se ratio prolis ex additione ad esse genitum. Omnis enim proles gignitur ab aliquo; sed non omne,

1. *Cf.* Albertus Magnus, *De causis et processu universitatis a prima causa*, I, 1, 5, ed. W. Fauser, Münster, Aschendorff, 1993, p. 13, l. 21-26 : *Secundum hoc enim materia matricula omnium est, ut dicit Plato ; et agens primum sive factor primus non est nisi paternus intellectus, ut dicit Plato, omnium per intellectuale lumen formativus ; et actus primus non est nisi verbum intellectus influxum primae matriculae, per quod ipsa in effectu conficitur et in esse constituitur.*

2. *Cf.* Thomas de Aquino, *Summa theologiae*, I, q. 87, a. 4, resp., ed. Leon. 1889, p. 363 : *Unde inclinatio naturalis est naturaliter in re naturali; et inclinatio quae est appetitus sensibilis, est sensibiliter in sentiente ; et similiter inclinatio intelligibilis, quae est actus voluntatis est intelligibiliter in intelligente, sicut in principio et in proprio subiecto.* ; *Summa theologiae*, IIa-IIae, q. 18, a. 1, ed. Leon, 1895, p. 134 : *Cum autem sit duplex appetitus in homine, scilicet appetitus sensitivus, qui dividitur per irascibilem et concupiscibilem, et appetitus intellectivus, qui dicitur voluntas, ut in Primo habitum est ; similes motus qui sunt in appetitu inferiori cum passione, in superiori sunt sine passione, ut ex supradictis patet.* ; *Sentencia libri de anima*, lib. II, c. 5, ed. Leon., 1984, p. 89 : *Tertium autem est voluntas, que est appetitus intellectiuus, consequens scilicet apprehensionem intellectus*.

que les passions naturelles procèdent des principes de la nature, que les inclinations naturelles respectives procèdent de la nature des choses dont elles sont les passions, comme le ruisseau de la source et toutes les autres choses qui ne peuvent être dites émaner de leur principe sur le mode de la génération ou de l'engendrement. Quelque chose est engendré lorsqu'il émane de quelque chose et qu'il est constitué dans l'être[1] selon la raison d'un principe agent actif selon la nature et ce qui émane selon sa procession passive est mû selon la nature, en employant ici le mot « nature » comme [désignant] ce qui est totalement différent de l'inclination ou de l'appétit de la nature.

(3) Selon ceci, on voit immédiatement et clairement la raison pour laquelle l'intelligence est dite engendrée et est réellement engendrée. Elle procède en effet de l'esprit selon la nature, aussi bien du principe que du terme de cette procession même ou de cette émanation; il n'en est pas ainsi de l'amour ou de la volonté qui sont un certain appétit ou une certaine inclination selon l'intellect[2].

(4) Bien que l'intelligence qui procède de l'esprit ou de la mémoire selon la raison que l'on vient d'énoncer, soit véritablement dite engendrée, cela ne suffit cependant pas, même pour la détermination dont on a parlé et qu'on a appelée détermination de la progéniture. La détermination de la progéniture se réalise par ajout à l'être engendré. Toute progéniture est en effet engendrée à partir de quelque chose, mais tout ce qui est

1. *Cf.* Albert le Grand, *Les causes et la procession de toutes les choses depuis la cause première*, I, 1, 5, éd. W. Fauser, 1993, p. 13, l. 21-26 : « Selon ceci, la matière est en effet la marque de toutes les choses comme le dit Platon et le premier agent ou premier producteur n'est rien d'autre que le père de l'intellect comme le dit Platon, ce qui forme toutes les choses par la lumière intellectuelle et l'acte premier n'est rien d'autre que le verbe de l'intellect qui s'écoule de la première marque, verbe par lequel celle-ci est réalisée dans l'acte et constituée dans l'être. »

2. Pour la même définition, voir aussi : Thomas d'Aquin, *Somme théologique*, I, q. 87, a. 4, rép., trad. A.M. Roguet, 1984, p. 761 : « Or l'inclination de toute réalité est sous un mode naturel, dans les choses ; l'inclination qu'est l'appétit sensible est sous un mode sensible dans les êtres dotés de sens ; et pareillement, l'inclination intellectuelle, qui est l'acte de la volonté, est sous un mode intelligible dans l'être intelligent, comme dans son principe et sujet propre. » ; *Somme théologique*, IIa-IIae, q. 18, a. 1, co., trad. A.M. Roguet, 1985, p. 124 : « Mais il y a un double appétit dans l'homme ; l'appétit sensible, qui se divise en irascible et concupiscible, et l'appétit intellectuel, qu'on appelle volonté, nous avons vu cela dans la première Partie ; d'autre part, les mouvements qu'on trouve dans l'appétit inférieur, liés à des passions, sont sans aucune passion dans le désir supérieur, nous l'avons déjà montré. » ; *Commentaire sur le traité de l'Âme d'Aristote*, l. II, l. 5, trad. J.M. Vernier, 1999, p. 158 : « Le troisième est la volonté, qui est l'appétit intellectif en tant qu'il découle d'une appréhension de l'intellect. »

quod ab aliquo gignitur, mox proles eius dici debet. Ignis enim gignit ignem ; non tamen ignis genitus proles est gignentis, sed huiusmodi gignitio stat in communi ratione gignitionis seu generationis.

(5) Appropriatur autem magis et determinatur ratio et modus generationis seu gignitionis in rebus animatis eo, quod huiusmodi animata generant ex substantia sua, quod cum aliis condicionibus mox dicendis attenditur in eo, quod gignitur ut proles. Semen enim generat plantam, arbor generat fructum, animal generat sperma et menstruum, quorum nullum proles est generantis, quamvis talia generent ex substantia sua. Non enim procedunt huiusmodi in similitudinem formae et speciei generantis.

(6) Quae condicio etiam deficit in quibusdam habentibus cognitionem, in quibus tamen magis determinatur iam ratio et modus generationis per aliqualem approximationem ad eam generationem seu gignitionem, qua aliquid gignitur ut proles. Sunt autem huiusmodi ea animalia, quae generant diversum in natura et specie, ut ea, quae sunt per accidens in natura seu ex putrefactione, ut pediculi cœuntes generant lendes secundum Philosophum[1] et mus generatus ex terra generat aliud diversum in specie[2]. Talium autem generatio non procedit in longinquum, ut videlicet generatum generet et illud iterum generet, sed mox talis successiva generatio cessat, quia talia prima generantia sunt per accidens seu per

1. *Cf.* Aristoteles Latinus, *De historia animalium*, Lib. 5, cap. 1, ed. P. Beullens et F. Bossier (AL XVII, 2. I. 1), Leiden-Boston-Köln, E. J. Brill, 2000, transl. Guillelmi, p. 130 : *Quecumque autem a casu fiunt in animalibus aut in terra aut in plantis aut horum partibus, habent autem masculum et femellam, ex hiis cœuntibus fit quidem aliquid, non idem autem ex nullo, sed imperfectum, puta ex pediculis cœuntibus vocate lendes et ex muscis vermes et ex psychis vermes ovales, ex quibus neque que genuerunt fiunt neque aliud nullum animal, sed talia solum; De historia animalium*, lib. 5, cap. 31, transl. Guillelmi, ed. P. Beullens et F. Bossier (A.L. XVII 2.I. 1), 2000, p. 168 : *Entomorum autem quecumque carnifaga quidem non sunt, vivunt autem humoribus carnis viventis, puta pediculi et pulices et corees, ex coitu quidem omnia generant vocatos lendes, ex hiis autem nichil alterum fit iterum*.

2. Thomas de Aquino, *Quaestiones disputatae de veritate.*, q. 12, a. 2, obi. 4, ed. Leon, 1970, p. 371 : *Praeterea, diversus modus generationis est indicium diversitatis speciei, unde mures generati ex semine non sunt eiusdem speciei cum illis qui ex putrefactione generantur, ut dicit Commentator in* VIII Physicorum (…). »

engendré à partir de quelque chose ne doit pas être aussitôt appelé sa progéniture. Le feu engendre en effet le feu, cependant le feu engendré n'est pas la progéniture de celui qui engendre, mais l'engendrement de cette sorte réside dans la raison commune de l'engendrement ou de la génération.

(5) Or, la raison et le mode de génération ou d'engendrement sont plus propres et plus déterminés dans le cas des choses animées du fait que celles-ci génèrent à partir de leur substance, et du fait que les autres conditions, que l'on va énoncer, s'observent dans ce qui est engendré en tant que progéniture. La graine génère en effet la plante, l'arbre génère le fruit, l'animal génère la semence et les menstrues; parmi ceux-là, aucun n'est la progéniture d'une génération bien qu'ils génèrent de telles choses à partir de leur substance. Ils ne procèdent pas en effet de cette sorte vers la ressemblance de la forme et de l'espèce de celui qui génère.

(6) Or, cette condition fait défaut à certains de ceux qui ont la connaissance. Chez eux, la raison et le mode de génération sont cependant encore plus déterminés par une proximité avec cette génération ou cet engendrement par lequel quelque chose est engendré comme progéniture. Parmi ces êtres vivants, certains génèrent quelque chose de différent par rapport à la nature et à l'espèce, comme ceux qui sont dans la nature par accident ou à partir de la putréfaction, à l'image des poux qui, lorsqu'ils s'unissent, génèrent les lentes, selon le Philosophe [1], et de la souris générée par la terre [2] qui engendre quelque chose de différent dans l'espèce. Mais cette génération ne se reproduit pas sur la durée de sorte que celui qui est généré génère, et que celui-ci génère à son tour, mais une telle génération successive cesse parce que ces premiers générés sont par accident ou par

1. *Cf.* Aristote, *Histoire des animaux*, V, 1, trad. P. Louis, Paris, Les Belles Lettres, 1968, p. 3 : « Tous les êtres qui naissent spontanément dans des animaux, de la terre, des plantes, ou dans les parties des animaux ou des végétaux, et qui sont mâle et femelle, s'accouplent et donnent naissance à un produit, mais celui-ci ne ressemble à aucun des parents et reste imparfait : ainsi de l'accouplement des poux naît ce qu'on appelle les lentes : de celui des mouches, viennent des vers et de celui des puces, des larves ovoïdes : de ces accouplements ne naissent ni des êtres reproduisant les générateurs ni aucun autre animal, mais seulement les larves en question. »; V, 31, trad. P. Louis, 1968, p. 55-56 : « Les insectes qui, sans être carnivores, vivent des sérosités d'une chair vivante, comme les poux, les puces et les punaises, produisent tous par copulation ce que l'on appelle les lentes, mais de ces lentes ne naît rien d'autre ».

2. *Cf.* Thomas d'Aquin, *Questions disputées sur la vérité*, q. 12, a. 2, obi. 4, trad. S.T. Bonino, Paris, Vrin, 2006, p. 41 : « La diversité de la manière d'être engendré est le signe d'une diversité spécifique. C'est ainsi que les souris engendrées à partir d'une semence ne sont pas de la même espèce que celles qui sont engendrées à partir de la pourriture, comme le dit le Commentateur, au livre VIII de la *Physique*. »

putrefactionem in natura. Propter hoc mula naturaliter sterilis est, quia invenitur ab eo, quod est per accidens in natura, scilicet ex commixtione duarum diversarum specierum, quod accidit naturae. Si autem contingeret ipsam aliquid concipere in utero, hoc esset ex maxima vi naturae, sed illud conceptum nullo modo ulterius generaret. Accedunt autem tales generationes secundum aliquam approximationem ad eam generationem, qua producitur proles, quia huiusmodi, quae dicta sunt, generant comitante cognitivo appetitu aliquo naturam, quod requiritur ad generationem prolis.

(7) Ulterius autem nec huiusmodi modus generationis, qui competit brutis animalibus perfectis, quae generant sibi simile secundo naturam et speciem, sufficit ad hoc, ut tale genitum dicatur proles. Vult enim proles esse aliquid genitum secundum similitudinem naturae et speciei, in specie, inquam, et natura participante rationem seu intellectum. Unde genitum a bruto in similitudinem naturae et speciei, maxime inquantum venit in usum humanum, in fructu consistit, ut dicit lex civilis[1], non in prole, et ideo potius dicendum est fructus quam proles.

(8) Ulterius autem secundum praemissa si in generatione humana prodiret monstrum per generationem, quod deficeret similitudine naturae et speciei humanae secundum corpus, tale nequaquam dicendum esset proles, immo ulterius extendendo dissimilitudinem geniti ad gignentem si genitum omnino non esset capax rationis vel alicuius intelligentiae nec disciplinae, nequaquam et hoc genitum dicendum esset proles. Deficit enim utrumque dictorum, scilicet et monstrum secundum corpus et insensatum secundum mentem, a similitudine naturae et speciei humanae, et sic non potest dici proles proprie. Genitum enim, quod proprie dicitur proles, vult esse in ea similitudine, ut sit ipsum suum gignens in altero seu ipsum sit suum gignens alterum.

1. Justinianus, *Institutiones*, lib. II, 1, 37, ed. P. Krueger, Berlin, Weidmannos, 1886, p. 14 : *In pecudum fructu etiam fetus est, sicuti lac et pilus et lana : itaque agni et haedi et vituli et equuli statim naturali iure dominii sunt fructuarii. Partus vero ancillae in fructu non est, itaque ad dominum proprietatis pertinet : absurdum enim videbatur hominem in fructu esse, cum omnes fructus rerum natura hominum gratia comparavit.*

putréfaction dans la nature. C'est pour cette raison que la mule est naturellement stérile, parce qu'on la trouve à partir de ce qui est par accident dans la nature, à savoir à partir du mélange de deux espèces différentes, chose qui peut se produire dans la nature; mais s'il lui arrivait de concevoir quelque chose dans son ventre, ceci se produirait selon la plus grande force de la nature, et ce qui serait ainsi conçu ne pourrait toutefois en aucune manière poursuivre la génération. De telles générations arrivent selon une certaine proximité avec la génération par laquelle la progéniture est produite parce que ceux dont on parlé plus haut génèrent la nature par un appétit cognitif concomitant qui est requis lors de la génération de la progéniture

(7) Par la suite, ce mode de génération qui est propre aux bêtes parfaites qui génèrent leurs semblables selon la nature et selon l'espèce ne suffit pas non plus pour appeler ce qui est généré « progéniture ». La progéniture doit en effet être quelque chose d'engendré selon une similitude de nature et d'espèce, dans l'espèce, dis-je, et dans la nature qui participent à la raison ou à l'intellect. C'est pourquoi ce qui est engendré par la bête sauvage dans la similitude de nature et d'espèce, surtout dans la mesure où ceci arrive selon l'usage de l'homme, consiste dans le fruit, comme le dit la loi civile[1], non dans la progéniture et pour cette raison, on doit plutôt parler de fruit que de progéniture.

(8) Ensuite, selon ce qui a été annoncé, si dans la génération humaine est produit, par génération, un monstre qui ne manquerait d'être semblable à la nature et à l'espèce humaine selon le corps, on ne doit en aucun cas dire que c'est une progéniture; au contraire, en étendant plus loin la dissimilitude de l'engendré à son géniteur, en aucun cas cet engendré ne devrait être appelé progéniture, si l'engendré n'était pas du tout capable de raison ou d'une quelconque intelligence ou discipline. S'il n'est pas selon les deux choses dites, – à savoir être semblable à la nature et à l'espèce humaine – il est donc monstre selon le corps et insensé selon l'esprit, et ne peut être dit progéniture au sens propre. L'engendré, en effet, que l'on appelle progéniture au sens propre, doit être dans la similitude comme s'il était lui-même son géniteur dans un autre ou lui-même l'autre de son géniteur.

1. Justinien, *Institutions*, II, 1, 37, trad. A.M. du Caurroy, Paris, Thorel, 1848, p. 220-221 : « Les fruits d'un bétail comprennent le croît aussi bien que le lait, le poil et la laine ; ainsi les agneaux, les chevreaux, les veaux, les poulains et les petits cochons sont, d'après le droit naturel, immédiatement acquis à l'usufruitier. Mais l'enfant d'une esclave n'est point un fruit; il appartient donc au maître de la propriété : il serait absurde en effet de considérer l'enfant comme un fruit, lorsque la nature a créé tous les fruits pour l'homme. »

(9) Ex dictis igitur summarie sumendum propriam rationem prolis, ut videlicet proles sit aliquid procedens a suo principio per modum generationis praedictum ex natura seu substantia gignentis in similitudinem naturae et speciei gignentis in rationali seu intellectuali natura. Unde sicut iam praedicta excluduntur a proprietate et propria ratione prolis, sic quodcumque genitum a causa aequivoca rationem prolis non habet.

(10) Cum igitur intelligentia procedens a mente seu memoria procedat per modum generationis, ut supra dictum est, ex natura et substantia gignentis mentis seu memoriae et secundum hoc habeat, ut procedat in similitudinem naturae et speciei gignentis, et hoc in intellectuali natura, quae est natura mentis, manifestum est ipsam intelligentiam in saepe dicta trinitate mentis solam esse prolem. Voluntas enim seu amor ex modo suae processionis non habet, ut emanet in similitudinem naturae et speciei sui principii, ut patet ex praedictis.

1.3.3. *Responsio ad secundam quaestionem*

(1) Ad secundam praemissarum quaestionum intelligendum considerando, quod in genere praedicamentali, quod est substantia, sunt primae substantiae, sunt et secundae. Primae autem substantiae secundum Philosophum in *Praedicamentis* sunt, « quae proprie et principaliter et maxime » substant, quarum proprium est esse « hoc aliquid », ut ibidem[1] dicitur. Secundae autem substantiae subsistunt in primis substantiis et significant non iam « hoc aliquid », sed « quale quid »[2].

1. Aristoteles Latinus, *Categoriae vel praedicamenta*, 5, ed. L. Minio-Paluello (AL I, 1-5), 1961, transl. Boethii, p. 7 : *Substantia autem est, quae proprie et principaliter et maxime dicitur, quae neque de subiecto praedicatur neque in subiecto est, ut aliqui homo vel aliqui equus. Secundae autem substantiae dicuntur, in quibus speciebus illae quae principaliter substantiae dicuntur insunt, hae et harum specierum genera (…).*, transl. Guillelmi, p. 87 : *Substantia autem est que propriissime et primo et maxime dicitur, que neque de subiecto aliquo dicitur neque in subiecto aliquo est, veluti quidam homo et quidam equus. Secunde autem subsantie dicuntur species, in quibus speciebus que dicuntur prime substantie existunt, eademque et genera specierum harum (…).* et 5, 3b 10-13, transl. Boethii, p. 10-11 : *Et in primis quidem substantiis indubitabile et verum est quoniam hoc aliquid significat; individuum enim et unum numero est quod significatur.*; transl. Guillelmi, p. 90 : *In primis quidem igitur substantiis indubitabile et verum est quod hoc aliquid significant; individuum enim et unum numero quod significatur est.*

2. Aristoteles Latinus, *Categoriae uel praedicamenta*, 5, ed. L. Minio-Paluello (AL I, 1-5), 1961, transl. Boethii, p. 11 : *In secundis vero substantiis videtur quidem similiter ad appellationis figuram hoc aliquid significare, quando quid dixerit hominem vel animal ; non tamen verum est, sed quale aliquid significat (neque enim unum est quod subiectum est quemadmodum prima substantia, sed de pluribus homo dicitur et animal); non autem*

(9) Si l'on résume ce qui vient d'être dit, il faut accepter cette détermination propre de la progéniture : la progéniture serait quelque chose procédant de son principe, par ledit mode de génération, à partir de la nature ou de la substance du géniteur, dans la ressemblance de nature et d'espèce du géniteur dans la nature rationnelle ou intellectuelle. C'est pourquoi, il faut exclure de la propriété et de la détermination propre de la progéniture ce qui a été dit plus haut : ainsi tout engendré, par une cause équivoque, n'a pas sa détermination de progéniture.

(10) Puisque l'intelligence, procédant à partir de l'esprit ou de la mémoire, procède donc sur le mode de génération, comme on l'a dit plus haut, par la nature et la substance de l'esprit ou de la mémoire du géniteur, et de sorte qu'elle procède dans la ressemblance de nature et d'espèce du géniteur, et que selon ceci il en aille ainsi dans la nature intellectuelle qui est la nature de l'esprit, il est manifeste que seule l'intelligence est progéniture dans cette trinité de l'esprit. Il n'en va pas ainsi de la volonté ou de l'amour en raison de leur procession, étant donné qu'ils émanent dans la ressemblance de la nature et de l'espèce de leur principe, comme cela ressort de ce qu'on a dit plus haut.

1.3. 3. *Réponse à la seconde question*

(1) Pour répondre à la seconde des questions posées plus haut, il faut examiner le fait que dans le genre des prédicats qu'est la substance, il y a des substances premières et des substances secondes. Les substances premières, selon le Philosophe dans *Les catégories*, sont celles qui sont sujet « de manière propre, fondamentale et au plus haut point » et dont le propre est d'être « ce quelque chose » comme il le dit au même endroit [1]. Les substances secondes subsistent dans les substances premières et ne signifient donc pas « ce quelque chose » mais « ce quelque chose déterminé qualitativement » [2].

1. Aristote, *Les catégories*, 5, 2a12-16, trad. F. Ildefonse et J. Lallot, 2002, p. 63 : « Est essence, dite au sens le plus fondamental, premier et principal, ce qui ne se dit pas d'un sujet ni n'est dans un sujet, par exemple tel homme donné ou tel cheval donné. Sont dites essences secondes les espèces auxquelles appartiennent les essences dites au sens premier, ces espèces ainsi que les genres de ces espèces. » et 3b10-12, p. 69 : « Pour les essences premières, il est incontestablement vrai qu'elles signifient un ceci; en effet, ce qu'elles désignent est individuel et numériquement un. »

2. Aristote, *Les catégories*, 5, 3b13-22, trad. F. Ildefonse et J. Lallot, 2002, p. 69-71 : « Mais pour les essences secondes, s'il semble bien, d'après la forme de leur appellation, qu'elles signifient également un ceci, [par exemple] lorsqu'on dit homme ou être animé, cela n'est pourtant pas vrai : [les essences secondes] signifient plutôt un qualifié – le sujet [ici] n'est pas un comme [l'est] l'essence première, mais homme ou être animé se disent d'une

Iterum autem primae substantiae dicuntur supposita naturae, secundae autem substantiae pertinent ad naturam, inquantum in genere substantiae distinguitur inter suppositum et naturam et ipsa natura subsistit in supposito. Ex his manifestum est, quod perfectio entitatis et subsistentiae in genere substantiae attenditur in primis substantiis, quae sunt hypostases et supposita naturae.

(2) Sicut autem quantum ad ea, quae dicta sunt, se habet in his, quae vere sunt in genere substantiae, sic secundum quandam similitudinem proportionis se habet in entibus separatis, in quibus etsi non secundum rem, tamen secundum modum intelligendi distinguamus inter suppositum et naturam, quae consideratio in entibus separatis tam lata est, ut etiam in primo omnium principio distinguamus quantum ad modum intelligendi inter id, quod est per essentiam, et id, quod est secundum aliquod esse personale seu suppositi.

(3) Differenter tamen invenitur hoc, quod dictum est, in primo principio, Deo, et in aliis substantiis separatis creatis, quae sunt intellectus per essentiam semper in actu.

(4) Ratione autem exempli et maioris evidentiae supponatur, ut sint tales substantiae separatae, quas ponebant philosophi, puta intelligentias, quarum quaelibet per suam essentiam est intellectus in actu secundum eos [1]. In huiusmodi igitur substantia separata, quae est intellectus per essentiam et nihilominus creata et procedens ab altiore principio, id, quod ipsa est per essentiam et inquantum talis intellectualis essentia, stat in esse hypostatico et est hypostasis habens completum esse suae entitatis et subsistentiae per modum primae substantiae cum indifferentia reali hypostasis et naturae, quae in tali hypostasi subsistit secundum modum intelligendi. In eadem autem substantia intellectuali tres respectus originis, qui intra suam essentiam attenduntur, videlicet quod sui ipsius intelligentiam gignit et producit amorem in eo, quod semper se ipsum intelligit et amat, non constituunt tres hypostases seu tria supposita, sed solum est ibi una hypostasis seu unum suppositum absolutum, ipsa videlicet substantia talis intellectualis, si tamen proprie suppositum dici potest, quod nulli accidenti seu differenti a se naturae substare potest.

simpliciter qualitatem significat, quemadmodum album (nihil enim aliud significat album quam qualitatem), genus autem et species circa substantiam qualitatem determinant (qualem enim quandam substantiam significant).; transl. Guillelmi, *ibid.*, p. 90 : *In secundis autem substantiis videtur quidem similiter figura appellationis hoc aliquid significare, cum dicit hominem vel animal, non tamen verum, sed magis quale quid significat (non enim unum est suppositum sicut prima substantia, sed de multis homo dicitur et animal); non simpliciter autem quale quid significat, sicut album ; nichil enim aliud significat album quam quale.*

1. *Cf.* Theodoricus Teutonicus de Vriberg, *De visione beatifica*, 1.1.9.

De plus, les substances premières sont dites suppôts de la nature, et les substances secondes appartiennent à la nature dans la mesure où dans le genre de la substance, on distingue entre le suppôt et la nature et que cette même nature subsiste dans le suppôt. Il en découle clairement que la perfection de l'entité et de la subsistance dans le genre de la substance se trouve dans les substances premières qui sont des hypostases et des suppôts de la nature.

(2) [On vient de montrer] comment il en va pour les choses qui appartiennent véritablement au genre de la substance. Il en va de même selon une certaine ressemblance de proportion pour les étants séparés dans lesquels toutefois, non pas selon la chose mais selon le mode d'intelliger, nous distinguons le suppôt et la nature. Cet examen des étants séparés est cependant tellement large que dans le premier de tous les principes nous distinguons, quant au mode d'intelliger, ce qui est par essence et ce qui est selon un certain être personnel ou être du suppôt.

(3) Ce qui a été dit se trouve en effet différemment dans le premier principe, Dieu, et dans les autres substances séparées créées qui sont intellects par essence toujours en acte.

(4) En raison de l'exemple et de l'évidence la plus grande, on peut supposer qu'il existe de telles substances séparées : les philosophes posent, par exemple les intelligences, dont chacune est intellect en acte par essence comme ils disent[1]. Dans cette substance séparée, qui est intellect par essence et qui est néanmoins créé et procède d'un principe plus élevé, ce qu'elle-même est par essence et en tant qu'essence intellectuelle, se tient dans l'être hypostatique et appartient à une hypostase qui a l'être entier de son entité et de sa subsistance par le mode de la substance première comme une hypostase réelle, et de la nature qui subsiste dans une telle hypostase selon le mode d'intelliger. Or, dans cette même substance intellectuelle, les trois rapports de l'origine qui sont observés à l'intérieur de son essence – à savoir qu'elle engendre sa propre intelligence et produit l'amour dans ce qui s'intellige toujours et s'aime toujours soi-même – ne constituent pas trois hypostases ou trois suppôts [différents] mais une seule hypostase ou un suppôt absolu, qui correspond à la substance de cet intellect, si toutefois on peut proprement parler de suppôt parce qu'aucun accident ou aucune différence ne peut être sujet dans la nature par soi.

multiplicité. Pour autant, ils ne signifient pas simplement un qualifié, comme le fait le blanc ; en effet, le blanc ne signifie rien d'autre qu'un qualifié tandis que l'espèce et le genre déterminent le qualifié dans le champ d'une essence : ils signifient une certaine essence qualifiée. »

1. Cf. *supra* 1.1.9.

(5) In primo autem omnium principio, quod Deus est, aliter se habet. Essentia enim sua, quae est sua intellectualis substantia et intellectus per essentiam, inquantum absolute sumitur, id est secundum rationem essentiae vel entis seu substantiae intellectualis, nequaquam habet esse hypostaticum ita, ut sit hypostasis seu suppositum per modum primae substantiae, sed potius tres respectus originis intra suam essentiam tres personas sive hypostases constituunt, in quibus ipsa essentia subsistit tamquam natura in suppositis.

(6) Huiusmodi igitur rei tam divinae, tam secretae cum multa reverentia et timore agendo rationem considerandum, quia, sicut dicit Augustinus 1. 1 *De Trinitate* c. 7[1], « ubi quaeritur unitas trinitatis, Patris et Filii et Spiritus sancti, nusquam periculosius erratur nec aliquid laboriosius quaeritur nec aliquid fructuosius invenitur. »

(7) Primo autem eam partem differentiae considerandum, quae pertinet ad substantias separatas alias a Deo. Supposito igitur eo, quod praemissum est, scilicet quod unaquaeque substantia prima in genere substantiae vel habens modum substantiae primae habet complementum suae entitatis et subsistentiae ultimata perfectione in eo, quod est aliqua hypostasis seu suppositum in aliqua natura, non autem habet hoc ex ipsa natura circumscripta ratione et proprietate hypostasis seu suppositi. Quamvis autem unaquaeque talis hypostasis habeat hoc, quod est hypostasis vel suppositum, secundum se ipsum et ex actu suae substantiae formali, habet tamen hoc primordialiter tamquam a causa, a generante seu effective constituente suam substantiam in esse, quod universaliter verum est in omni hypostasi seu supposito creato in genere substantiae. Dico autem genus substantiae comprehendendo omnem substantiam creatam.

(8) Cum igitur substantia separata, quae est intellectus per essentiam creata, primordialiter in constitutione suae substantiae fluat a suo principio intellectuali et quodam formali defluxu, intelligendo videlicet suum principium, et sic intellectualiter constituatur in sua substantia, ut sit intellectus per essentiam, ut supra habitum est[2], complementum suae entitatis et suae subsistentiae habens ex tali suae substantiae constitutione, manifestum est, quod talis substantia in eo, quod ens per suam essentiam inquantum huiusmodi, absolute est hypostasis et suppositum completae

1. Augustinus Hipponensis, *De Trinitate*, I, 3, 5, BA t. 15, Paris, Desclée de Brouwer, 1955, p. 96.

2. *Cf.* Theodoricus Teutonicus de Vriberg, *De visione beatifica*, 1.1.2.7.

(5) Mais dans le premier de tous les principes qu'est Dieu, il en va différemment. Son essence, en effet, qui est sa substance intellectuelle et qui est intellect par essence, en tant qu'elle est prise absolument c'est-à-dire selon la raison de son essence ou de l'étant ou de la substance intellectuelle, n'a en aucun cas l'être d'une hypostase de sorte qu'elle appartiendrait à une hypostase ou un suppôt à la manière de la substance première, mais les trois rapports d'origine internes à la substance constituent plutôt trois personnes ou hypostases dans lesquelles l'essence elle-même subsiste comme la nature dans les suppôts.

(6) Il faut donc examiner la raison de cette chose tant divine que secrète avec beaucoup de révérence et en agissant avec beaucoup de crainte, parce que comme le dit Augustin au chapitre 7 du livre I de *La Trinité*[1] : « lorsqu'on recherche l'unité de la Trinité, Père, Fils et Saint Esprit, il n'y a pas de sujet, en effet, où soit plus périlleuse l'erreur, plus laborieuse la recherche, plus fructueuse la découverte. »

(7) Il faut donc d'abord examiner la part de la différence propre aux substances séparées autres que Dieu. Il faut ainsi supposer ce que l'on a annoncé plus haut, c'est-à-dire que chaque substance première dans le genre de la substance ou ayant le mode de la substance première a l'intégralité de son entité et de sa subsistance par la perfection ultime, dans ce qui est une certaine hypostase ou ce qui est suppôt dans une certaine nature ; elle n'a pas ceci par la nature même en faisant abstraction de la détermination et de la propriété de l'hypostase ou du suppôt. Or, bien que chacune de ces hypostases ait ce qui est hypostase ou suppôt selon lui-même et à partir de l'acte de sa substance formelle, elle a cependant ceci dès l'origine comme par la cause, par ce qui engendre ou qui constitue effectivement sa substance dans l'être. Ceci est universellement vrai dans toute hypostase ou tout suppôt créé dans le genre de la substance. Lorsque je parle du genre de la substance, je me réfère à toute substance créée.

(8) Donc, puisque la substance séparée qui est créée et est intellect par essence, flue dès l'origine dans la constitution de sa substance à partir de son principe intellectuel et selon un flux formel, à savoir en intelligeant son principe, elle est ainsi constituée intellectuellement dans sa substance de sorte qu'elle est intellect par essence comme on l'a dit plus haut[2], et [elle] a l'intégralité de son entité et de sa subsistance par cette constitution de sa substance. Il est donc clair qu'une telle substance, dans ce qui est étant par essence en tant que tel, est hypostase de manière absolue et est suppôt de la

1. Augustin d'Hippone, *La Trinité*, I, 3, 5, BA t. 15, trad. M. Mellet et Th. Camelot, Paris, Desclée de Brouwer, 1955, p. 97.
2. *Cf.* Dietrich de Freiberg, *Traité de la vision béatifique*, 1.1.2.7.

subsistentiae hypostaticae in natura. Quoniam autem talis substantia est intellectus per essentiam, inest sibi per se secundum rationem suae essentiae se ipsum intelligere et amare, quo intra suam essentiam gignit sui ipsius intelligentiam quasi verbum expressivum sui et producit sui ipsius complacentiae amorem, quae secundum modum intelligendi posteriora sunt constitutione suae substantiae in esse hypostatico. Unde tres respectus originis, qui attenduntur in iam dictis, non constituunt aliquas hypostases vel supposita, sed supponunt hypostasim dicto modo constitutam in esse hypostatico absoluto et solum uno.

(9) In primo autem omnium principio, quod Deus est, aliter se habet. Essentia enim divina in eo, quod essentia, non est aliqua hypostasis nec hypostatice subsistit per modum suppositi vel personae per modum primae substantiae, sed magis sicut natura per modum secundae substantiae secundum proprietatem sui generis subsistit in suppositis. Ipsa enim divina essentia in eo, quod essentia, non fluit nec causatur ab aliquo alio principio, quod constituat ipsam in esse hypostatico et ut ipsa sit aliqua hypostasis seu suppositum. Essentia enim divina inquantum essentia non procedit ab aliquo causali principio, quoniam prima et summa natura est, sed nec a se ipsa procedit, quia secundum Augustinum[1] nihil se ipsum gignit, ut sit. Sic ergo essentia divina non habet hoc, quod sit aliqua hypostasis, ex eo, quod ex aliquo causali principio procedat.

(10) Sed nec hoc, quod sit hypostasis vel suppositum aliquod, habet secundum se, ex actu videlicet formali suae substantiae, ut ex hoc personaliter subsistat, sed potius eius subsistentia reducitur in subsistentias divinarum personarum, in quibus subsistit tamquam natura in suppositis, ut dictum est. In quorum suppositorum quolibet invenitur vera et completa ratio suppositi et hypostasis, sed non in essentia inquantum essentia. Distinguuntur autem huiusmodi hypostases in divinis secundum respectus originis, ex quibus constituuntur dictae hypostases seu personae. Cuius rei rationem sumendum saltem, inquantum lippiente oculo mentis et balbutiente lingua et tremulo stilo scripturae tantam rem possumus aliqualiter explicare, si tamen possumus.

1. *Cf.* Augustinus Hipponensis, *De Trinitate*, I, 1, 1 BA t. 15, 1955, p. 88 : *Nulla enim omnino res est quae se ipsam gignat ut sit*.

subsistance hypostatique complète dans la nature. Mais, parce qu'une telle substance est intellect par essence, elle peut, en elle et par soi, selon la raison de son essence, s'intelliger et s'aimer elle-même ; en raison de cela, à l'intérieur de son essence, elle engendre sa propre intelligence d'elle-même, qui est comme le verbe expressif d'elle-même, et elle produit l'amour de son propre agrément ; ceux-ci sont, selon le mode de l'intelligence, postérieurs par la constitution de la substance [de cet intellect] dans l'être hypostatique. C'est pourquoi, les trois rapports de l'origine que l'on discerne dans ce qui a été énoncé, ne constituent pas des hypostases ou des suppôts mais supposent l'hypostase, constituée de la manière énoncée, dans l'être absolument hypostatique et absolument un.

(9) Cependant, dans le premier de tous les principes qu'est Dieu, il en va différemment. L'essence divine, en effet, dans ce qui est essence, n'appartient pas à une hypostase ni ne subsiste de manière hypostastique à la façon du suppôt ou de la personne à la façon de la substance première ; elle subsiste plutôt, comme la nature, par le mode de la substance seconde, selon la propriété de son genre dans ce qui est suppôt. L'essence divine elle-même, dans ce qui est essence ne flue pas et n'est pas causée par un autre principe qui la constituerait elle-même dans son être hypostatique et de telle sorte qu'elle-même serait une hypostase ou un suppôt. L'essence divine en tant qu'essence ne procède pas à partir d'un principe causal parce qu'elle est première par nature et suprême, mais elle ne procède pas [pour autant] à partir d'elle-même parce que selon Augustin[1] rien ne s'engendre soi-même pour être. Ainsi, l'essence divine n'a pas ce qui serait une hypostase à partir de laquelle elle procèderait par un principe causal.

(10) Mais [l'essence divine] n'a pas en elle ce qui appartient à l'hypostase ou à un certain suppôt à partir de l'acte de sa substance formelle, de sorte qu'à partir de ceci elle subsiste personnellement, mais sa subsistance est plutôt reconduite vers les subsistances des personnes divines dans lesquelles elle subsiste, comme par nature, dans les suppôts, comme on l'a dit. Dans n'importe quel suppôt on trouve la raison vraie et complète du suppôt et de l'hypostase, mais pas dans l'essence en tant qu'essence. Or les hypostases de cette sorte sont distinguées dans le cas de la divinité, selon les rapports d'origine, à partir desquels sont constituées ces hypostases ou ces personnes. Il faut tout du moins accepter cela dans la mesure où nous ne pouvons en quelque sorte expliquer une telle chose qu'avec l'œil d'un esprit défaillant, la langue balbutiante et un style d'écriture tremblant, si toutefois nous pouvons l'expliquer.

1. *Cf.* Augustin d'Hippone, *La Trinité*, I, 1, 1, BA t. 15, trad. M. Mellet et Th. Camelot, 1955, p. 89 : « Rien n'existe qui s'engendre soi-même. »

(11) Supposito igitur primo, quod et per se notum est, videlicet quod divina essentia est intellectus in actu essentialiter, sumatur iuxta hoc, quod omnis intellectus in eo, quod intellectus, essentialem respectum habet ad id, quod intelligitur, sicut dicit Commentator *Super VII Metaphysicae*[1], et non solum ad id, quod intelligitur secundum rationem obiecti, sed magis et essentialius ad id, quod intelligitur secundum rationem sui principii, a quo fluit, et dico essentialius eo, quod intelligendo suae substantiae principium et intellectualiter fluens ab eo suam essentiam capit, qua intelligit, quidquid obiective intelligit, ita, ut intelligere suum principium prius natura seu intellectu est ea intellectione, qua intelligit quodcumque in ratione obiecti tantum. Hoc autem, id est habere suae intellectionis et rei intellectae principium, universaliter competit omni intellectui creato, ut interim solum de ipsis sit sermo, sicut diffuse supra ostensum est de intellectibus, qui sunt substantiae et intellectus per essentiam semper in actu, quem modum etiam attribuit Augustinus intellectui possibili facto in actu, quem vocat cogitativam exteriorem respectu eius, quod est in abdito, sicut in quam plurimis locis[2] loquitur de regulis aeternis et veritate incommutabili et similibus praesentibus menti, ex quibus tamquam ex principiis intellectionis etiam secundum exterius cogitativum, id est per intellectum possibilem, intelligimus, quidquid intelligimus. Unde ex talibus principiis tota intellectualitas nostra essentialiter consistit sive immediate descendentibus a Deo in mentem sive mediante intellectu agente, quae principia,

1. Non invenitur in Averroe, *In Aristotelis Metaph.* VII, sed potius apud Averroem, *In Librum V Metaphysicorum Aristotelis Commentarius*, c. 20, ed. R. Ponzalli, Berne, Francke, 1971, p. 176-177, l. 135-150 : *Quod autem est de modo relativorum sicut intellectum et scitum et sensatum dicitur esse relativum quia illud quod est relativum per suam substantiam accidit ei, scilicet quod intellectus est in sua substantia relativus, cum accidit ei quod fuit relativum intellecti ; accidit intellecto quod fuit relativum non quia relatio accidit ei. Hoc igitur intendit cum dixit : Talia esse relativa, scilicet quia aliud relativum per suam substantiam praedicatur de illis. Et quasi dixit quod relatio est duobus modis, scilicet aut relatio in substantia utriusque relativi, aut relatio in substantia alterius tantum et in altero propter istud. Et cum induxit hos duos modos relationis, incepit declarare naturam secundi modi, et dixit : Intellectum enim significat etc., id est : intellectus non refertur ad intelligentem sed ad intellectum. Quoniam si ita esset, tunc intellectus constitueretur per intelligentem, sed videtur esse e converso. Ex quo consequeretur quod illud quod constituitur per aliquid constituat illud, scilicet quia contingit ut causa constitueretur per causatum. Et sic idem esset in respectu eiusdem causa et causatum insimul.*

2. *Cf.* Augustinus Hipponensis, *De Trinitate*, XII, 14, 23 ; XIV, 7, 9-10 ; XV, 21, 40. Vide adnotationes 3, p. 130, 2 et 3, p. 74.

(11) En supposant ce premier point, d'ailleurs connu par soi, c'est-à-dire que l'essence divine est essentiellement intellect en acte, il faut admettre en plus que tout intellect, dans ce qui est intellect, se rapporte essentiellement à ce qui est intelligé comme le dit le Commentateur au livre VII du *Commentaire de la Métaphysique*[1], et pas seulement à ce qui est intelligé selon la raison de l'objet, mais plutôt et plus essentiellement à ce qui est intelligé selon la raison du principe à partir duquel il flue. Je dis « plus essentiellement », pour la raison qu'en intelligeant le principe de sa substance et en fluant intellectuellement à partir de lui, il saisit sa propre essence par laquelle il intellige, d'une manière objective, [tout ce qu'il intellige] de telle sorte qu'intelliger son principe par la nature ou par l'intellect est antérieur à l'intellection par laquelle il intellige quelque chose seulement dans la raison de l'objet. Or ceci, c'est-à-dire avoir le principe d'intellection de soi et de la chose intelligée, est universellement propre à tout intellect créé, de sorte que comme on l'a montré à plusieurs reprises auparavant, il n'a été pour l'instant question que des intellects qui sont substances et intellects par essence toujours en acte, mode qu'Augustin attribue à l'intellect possible devenu en acte et qu'il appelle cogitation extérieure en relation à ce qui est dans le fond secret, comme lorsqu'à plusieurs endroits,[2] il parle des règles éternelles et de la vérité immuable et de choses semblables présentes à l'esprit à partir desquelles tant qu'à partir des principes de l'intellection et même selon la cogitation extérieure, c'est-à-dire par l'intellect possible, nous intelligeons tout ce que nous intelligeons. C'est pourquoi, toute notre intellectualité est constituée essentiellement à partir de tels principes qui descendent soit immédiatement de Dieu dans l'esprit soit par la médiation de l'intellect agent. Ces principes,

1. Référence ne se trouvant pas chez Averroès, *Commentaire de la Métaphysique*, VII mais en Averroès, *Commentaire de la Métaphysique*, V, comm. 20, éd. R. Ponzalli, p. 176-177, l. 135-150 : « Ce qui est sur le mode de la relation, comme l'intelligé, le savoir et le senti, est dit relatif parce que ce qui est relatif lui arrive par sa substance, c'est-à-dire que l'intelligé est dans sa substance relatif parce que lui arrive ce qui était relatif, non parce que la relation lui arrive. Il montre ceci en disant : telles choses sont relatives parce qu'un autre relatif est prédiqué d'eux par sa substance. Et lorsqu'il dit que la relation existe de deux manières, à savoir ou la relation dans la substance des deux relatifs ou la relation dans la substance d'un unique et dans un autre à cause de celui-ci. Et lorsqu'il introduit ces deux modes de relation, il commence par parler de la nature du second mode et dit : « L'intelligé signifie en effet » c'est-à-dire, l'intellect ne se rapporte pas à celui qui intellige, mais à ce qui est intelligé. [Parce que] s'il en était ainsi, alors l'intellect serait constitué par celui qui intellige, mais il semble que cela soit l'inverse. Il s'ensuit de cela que ce qui est constitué par quelque chose constitue celui-ci, parce que ceci se produit lorsque la cause est constituée par le causé. Et ainsi, le même serait en rapport avec la cause et le causé en même temps. »

2. *Cf.* Augustin d'Hippone, *La Trinité*, XII, 14, 23 ; XIV, 7, 9-10 ; XV, 21, 40. *Cf.* notes 3, p. 131, 2 et 3, p. 75.

scilicet regulae aeternae seu incommutabilis veritas, vel sunt rei ratio, quam indicat definitio et dispositio praemissarum ad conclusiones, vel in ipsis intellectualiter resplendent.

(12) Huiusmodi autem respectus ad principium suae intellections universaliter in intellectu necessitas est, quoniam cognitio intellectiva hoc proprium habet, quod sua intellectione fertur in rem cognitam, non simpliciter et absolute in substantiam rei cognitae, puta hominis vel equi vel coloris, sed inquantum huiusmodi res intelligit in suis principiis, quod est rei ratio, per quod intellectiva cognitio differt ab omni alia cognitiva apprehensione. Sensitiva enim et imaginativa et similibus cognitionibus apprehenditur obiectum secundum substantiam obiecti, puta color, sonus, circulus. Nullum autem istorum intelligitur nisi in suis principiis, quia intelligere est intus legere, id est intus in sua ratione rem apprehendere [1]. Unde etiam evenit, quod substantia, quae est intellectus per essentiam semper in actu, nec se ipsam intelligit, nisi sui ipsius intelligentiam intus gignat, et secundo hoc invenitur ibi respectus gignentis et geniti, principii et principiati, respectus, inquam, non rationis solum, sicut quando idem refertur ad se dicendo idem eidem idem, nec respectus per accidens, secundum quod scibile refertur ad scientiam, nec respectus fundatus super numerum seu quantitatem, puta aequale, inaequale, simile et cetera, quae quantum ad id, quod principaliter significatur per nomen, id est quantum ad id, quod est respectus, non important aliquam rem naturae in rebus, quae secundum ea relative ad invicem dicuntur. Quamvis etiam huiusmodi recipiantur in divinis, videlicet ut Filius dicatur similis vel aequalis Patri, hoc tamen evenit suppositis realibus respectibus, quibus personae distinguuntur, qui sunt respectus originis, quo respectuum modo ad invicem se habent gignens et genitum.

1. *Cf.* Thomas de Aquino, *Summae theologiae* II-II, q. 8, a. 1, corp., ed. Leon, 1895, p. 66 : *Respondeo dicendum quod nomen intellectus quandam intimam cognitionem importat : dicitur enim intelligere quasi* intus legere.; *Quaestiones disputatae de veritate*, q. 1, a. 12, corp., ed. Leon., 1970, p. 35 : *Dicendum, quod nomen intellectus sumitur ex hoc quod intima rei cognoscit; est enim intelligere quasi intus legere : sensus enim et imaginatio sola accidentia exteriora cognoscunt; solus autem intellectus ad interiora et essentiam rei pertingit.*

à savoir les règles éternelles ou la vérité immuable, ou bien sont la raison des choses qu'indiquent la définition et la disposition des prémisses par rapport aux conclusions, ou bien, ils font resplendir intellectuellement celles-ci.

(12) Mais ce rapport au principe de son intellection est une nécessité universelle de l'intellect parce que la connaissance intellective a cette particularité propre : par son intellection, elle se porte vers la chose connue, non simplement et absolument dans la substance de la chose connue, par exemple de l'homme ou du cheval ou de la couleur, mais dans la mesure où elle intellige cette chose dans ses principes, c'est-à-dire dans la raison de la chose, ce par quoi la connaissance intellective diffère de toute autre appréhension cognitive. Par la connaissance sensitive, par l'imagination et par des connaissances semblables, on appréhende en effet l'objet selon la substance de l'objet, par exemple la couleur, le son, [la forme du] cercle. Mais aucun de ces objets n'est [véritablement] intelligé si ce n'est dans ses principes, parce qu'intelliger est lire à l'intérieur[1], c'est-à-dire appréhender la chose de l'intérieur par sa raison. C'est pourquoi il advient que la substance qui est intellect par essence toujours en acte ne s'intellige seulement elle-même que lorsqu'elle engendre l'intelligence à l'intérieur d'elle-même, et selon ceci, l'intellection s'accomplit ici selon le rapport du géniteur et de l'engendré, du principe et du principié. Ce rapport, dis-je, n'est pas seulement celui de la raison, comme lorsque le même se rapporte à soi, comme lorsqu'on dit que le même est identique au même ; il n'est pas non plus un rapport par accident, selon lequel ce que l'on peut savoir est rapporté à la science. Il n'est pas non plus, [encore] un rapport fondé sur le nombre ou sur la quantité, par exemple l'égal et l'inégal, le semblable et les autres relations concernant ce qui est principalement signifié par un nom, à savoir ce qui est un rapport dans les choses dites d'une manière relative l'une par rapport à l'autre, [car tous] n'impliquent pas de chose réelle de la nature. Bien que de telles relations soient acceptées dans le cas de la divinité, c'est-à-dire que le Fils est dit semblable ou égal au Père, ceci est le fait de rapports réels supposés par lesquels les personnes se distinguent, et qui sont des rapports d'origine sur un mode par lequel le géniteur et l'engendré sont mutuellement en rapport.

1. *Cf.* Thomas d'Aquin, *Somme théologique*, II-II, q. 8, a. 1, corp, trad. A. M. Roguet, 1985, p. 63-64 : « Le mot d'intelligence implique une certaine connaissance intime : faire acte d'intelligence, c'est en effet comme "lire dedans". » ; *Questions disputées sur la vérité*, q. 1, a. 12, corp, trad. C. Brouwer et M. Peeters, Paris, Vrin, 2002, p. 171 : « Le nom d'« intellect » vient de ce qu'il connaît le plus intime d'une chose, car saisir par l'intellect est comme lire à l'intérieur. »

(13) Est autem cum his, quae dicta sunt, etiam hoc considerandum, quod de omnibus absolutis, quae absolute praedicantur de Deo, puta essentia, bonitas, virtus, omnipotentia, scientia, sapientia et cetera, nullum eorum quantum ad principale significatum suum importat aliquem respectum originis intraneum sibi praeter intellectum ratione praedicta et amorem, qui per se procedit a ratione, qua res est amabilis, tamquam inclinatio secundum rationem seu intellectum.

(14) Quoniam igitur essentia divina, quae est intellectus per essentiam, secundum rationem essentiae, scilicet inquantum est quid absolutum, non procedit ab aliquo alio principio – essentia enim seu essentiale inquantum huiusmodi nec gignit nec gignitur in divinis – de ratione vero intellectus est, qui est intellectus per essentiam et substantia, ut sui ipsius intelligentiam intus gignat, necessarium est huiusmodi gignitionem reducere in respectivam quandam originem intra eandem essentiam communem utrique, scilicet gignenti et genito. Similiter autem se habet de amore quantum ad suum processum a suo principio intra eandem essentiam communem sibi et principio, a quo procedit, et secundum hoc attenditur hic prima et perfecta et simpliciter ratio divinae subsistentiae per modum primae substantiae, hypostasis seu personae. In nullo enim absolutorum inveniri potest rationibus praedictis. Unde oportet rationem seu proprietatem hypostasis seu suppositi solum attendi in distinctis secundum respectus originis, in quibus omnia absoluta subsistunt tamquam natura aliqua in suppositis, ita, quod complementum et perfectio divinae existentiae et subsistentiae perfectius et prius natura secundum modum intelligendi attenditur in ipsis divinis hypostasibus quam in absolute praedicatis, quae subsistunt in ipsis hypostasibus, sicut natura seu secundae substantiae subsistunt in primis, « quae proprie et principaliter et maxime » substant, ut dictum est[1].

(15) Ex dictis igitur patet ratio differentiae eius, quae proponebatur in quaestione, quare videlicet tres respectus origines intra essentiam intellectus separati non constituunt tres hypostases seu supposita, in

1. *Cf.* Theodoricus Teutonicus de Vriberg, *De visione beatifica*, 1.3.3 (1).

(13) Mais, avec ce qu'on a déjà dit, il faut considérer que de toutes les choses absolues qui sont prédiquées de Dieu d'une manière absolue, par exemple l'essence, la bonté, la vertu, la toute-puissance, la science, la sagesse et les autres, aucune d'elles n'introduit, quant à sa signification principale, un rapport d'origine interne à soi, en dehors de l'intellect, pour la raison qu'on a donnée plus haut, et de l'amour qui procède par soi depuis la raison par laquelle la chose peut être aimée tout autant que par l'inclination selon la raison ou l'intellect.

(14) Parce que cette essence divine qui est intellect par essence selon la détermination de l'essence, à savoir en tant qu'elle est quelque chose d'absolu, ne procède pas à partir d'un autre principe, l'essence, ou ce qui est l'être essentiel en tant que tel, n'engendre pas et n'est pas engendré dans le cas de la divinité. Elle est, par une véritable détermination, un intellect qui est intellect par essence et est substance de telle sorte qu'à l'intérieur de lui, il engendre l'intelligence de lui-même; il est nécessaire que l'engendré de cette sorte soit reconduit dans son origine respective à l'intérieur même de l'essence commune à l'un et à l'autre, à savoir à l'engendré et au géniteur. Or, il se rapporte de la même façon à l'amour, quant à sa procession à partir de son principe, à l'intérieur de son essence commune à lui-même et au principe à partir duquel il procède, et, selon ceci, on observe ainsi cette détermination première, parfaite et absolue de la subsistance divine par le mode de la substance première, de l'hypostase ou de la personne. Dans aucune des choses absolues, en effet, on ne peut la trouver pour les raisons énoncées plus haut. C'est pourquoi il importe que la détermination ou la propriété de l'hypostase ou du suppôt soit seulement trouvée dans les choses distinctes selon les rapports d'origine, dans lesquels toutes les choses absolues subsistent, comme une nature dans des suppôts, du fait que l'intégralité et la perfection de l'existence divine et de la subsistance plus parfaite et première par nature selon le mode d'intelliger, sont observées dans les hypostases divines avant d'être observées dans les prédicats absolus qui subsistent dans les hypostases elles-mêmes, au même titre que la nature ou les substances secondes subsistent dans les premières qui sont sujet « de manière propre, fondamentale et au plus haut point » comme on l'a dit[1].

(15) C'est donc à partir de ce que l'on a dit qu'apparaît la raison de cette différence qui a été proposée dans la question c'est-à-dire : pourquoi les trois rapports de l'origine, à l'intérieur de l'essence de l'intellect séparé, ne constituent pas trois hypostases ou trois suppôts, alors que dans

1. *Cf.* Dietrich de Freiberg, *Traité de la vision béatifique*, 1.3.3. (1).

intellectu autem increato, qui Deus est, constituuntur talibus respectibus originis.

(16) Sic ergo ex praehabitis patet, quod imago Dei praecipue et perfectius prae omnibus, quae Deus in nostra natura plantavit, expressa est in abdito mentis nostrae, quod est intellectus agens per essentiam. Et hoc est secundum eorum, quae supra proposita sunt consideranda circa primum principalem articulum huius tractatus.

1.4. *Intellectus agens ut capax Dei*

(1) Tertium et quod iam ex dictis patere potest, est, quod dictus intellectus prae omnibus viribus nobis inditis praecipue capax Dei est.

(2) Ut enim in primo ingressu huius considerationis accipiamus verbum Augustini XIV *De Trinitate* c. 23[1], dicamus, « quod trinitas mentis non propterea est imago Dei, quod meminit sui et intelligit se et diligit se, sed quia potest meminisse, intelligere, amare eum, a quo facta est ». Manifestum est autem ex praehabitis, quomodo saepe dictus intellectus ex proprietate suae substantiae et ex modo suae emanationis in esse a primo principio semper stat in lumine intelligentiae sui principii, in qua intelligentia importantur per se haec tria, scilicet ut semper meminerit sui principii, semper ipsum intelligat et semper amet. Et quia hoc sibi competit per suam essentiam, homini autem, qui est imago, per participationem, quia videlicet insignitus est ea, quae est essentialiter imago, necessarium est praedicta tria magis et principalius competere saepe dicto intellectui et per consequens, quod ipse sit per prius et formalius et principalius imago et capax Dei.

(3) Cui accedit etiam ea ratio, videlicet quod id intimius et principalius est et re et operatione, quod est per essentiam, sicut se habet dictus intellectus, inquantum est imago. Id autem, quod operatur homo etiam circa Deum quantum ad exteriorem cogitativam, id est secundum intellectum possibilem factum in actu, intelligendo et amando, non agit hoc nec operatur

1. Augustinus Hipponensis, *De Trinitate*, XIV, 12, 15, BA t. 16, 1997, p. 386.

l'intellect incréé qu'est Dieu, [ces hypostases] sont constituées par les trois rapports de l'origine ?

(16) Ainsi, il est clair, à partir de ce que l'on a montré plus haut, que l'image de Dieu, que Dieu a déposée dans notre nature, est au premier chef et d'une manière plus parfaite que celle des autres exprimée dans notre fond secret de l'âme qui est intellect agent par essence. Et ceci est l'un des arguments que l'on a considéré dans le premier article principal de ce traité.

1.4. *L'intellect agent comme capable de Dieu*

(1) Le troisième point, qui peut déjà ressortir de ce qui a été dit, est que l'intellect, dont nous venons de parler, est, par delà toutes les forces qui nous ont été données, capable de Dieu d'une manière excellente.

(2) Comme, en effet, nous acceptons dans le début de cet examen, ce que déclare Augustin au chapitre 23 du livre XIV de *La Trinité*[1], nous disons que « si donc la trinité de l'esprit est image de Dieu, ce n'est pas parce qu'elle se souvient d'elle-même, se comprend et s'aime, mais parce qu'elle peut se rappeler, comprendre et aimer celui par qui elle a été créée ». A partir de ce que l'on a montré, on voit clairement comment ledit intellect se tient toujours dans la lumière de l'intelligence de son principe, en raison de la propriété de sa substance et du mode de son émanation dans l'être depuis son premier principe, lumière dans laquelle ces trois [opérations] – à savoir qu'il se souvient toujours de son principe, qu'il l'intellige toujours et qu'il l'aime toujours – sont présupposées par l'intelligence. Et parce que ceci lui appartient par essence, et est propre à l'homme qui est image par participation parce est ainsi désigné par ce qui est essentiellement image, il est nécessaire que ces trois choses énoncées auparavant soient au plus haut degré et principalement le propre de l'intellect susdit à de nombreuses reprises et que, par conséquent, lui-même soit avant tout, plus formellement et plus principalement image de Dieu et qu'il soit capable de Dieu.

(3) Cette détermination conduit même à ce qui est le plus intime et le plus principal, à ce qu'il est par essence, et ce à la fois par la chose et par l'opération, comme il en va avec cet intellect dans la mesure où il est image [de Dieu]. Or ce que l'homme fait à l'égard de Dieu, quant à la cogitation extérieure, c'est-à-dire selon l'intellect possible devenu en acte, en intelligeant et en aimant, il ne le fait pas et ne l'opère pas

1. Augustin d'Hippone, *La Trinité*, XIV, 12, 15, BA, t. 16, trad. P. Agaësse, 1997, p. 387. (Traduction modifiée).

per suam essentiam, sed per extrinsecam et extraneam a se operationem et per speciem, quae est extrinseca ab essentia sua. Igitur dictus intellectus est intimius capax Dei, quia per suam essentiam.

1.5. *Intellectus agens convertitur in Deum*

(1) Quartum etiam praeenumeratorum ex iam dictis facile apparere potest, videlicet de conversione saepe dicti intellectus in suum principium, a quo intellectualiter fluit : Ut sicut intellectualiter per suam essentiam emanat a suo principio, sic et sua intellectuali operatione, quae est essentia eius, in idem principium suum convertitur.

(2) Est enim hoc proprium universaliter omni naturae descendenti per se ab aliquo principio, ut in ipsum principium convertatur et tendat in eiusdem sui principii communionem quasi quendam circulum faciens, dum tendit in id, a quo fluit.

(3) Unde Boethius *De Consolatione* l. III met. 2[1]

« Repetunt proprios quaeque recursus
redituque suo singula gaudent
nec manet ulli traditus ordo,
nisi quod fini iunxerit ortum
stabilemque sui fecerit orbem. »

(4) Proclus etiam dicit 31 propositione libri sui[2] : « Omne procedens ab aliquo secundum essentiam convertitur ad illud, a quo procedit. » Ubi dicitur in commento[3] « Ad quod enim primo appetitus, ad hoc et conversio. » Et in commento 32 propositionis[4] dicit : « Quod enim convertitur omne ad omne copulari festinat et appetit communionem ad ipsum et colligationem ad ipsum. » Et infra[5] : « Si igitur conversio communio quaedam est et coniunctio » et cetera.

(5) Secundum dicta igitur rem per se procedentem ab aliquo principio converti in idem principium est secundum appetitum et operationem suam tendere in idem ipsum suum principium, ut communionem sui habeat

1. Boethius, *De consolatione Philosophiae*, III, m. 2, 34-38, ed. C. Moreschini, 2000, p. 63-64.

2. Proclus, *Elementatio theologica*, prop. 31, ed. H. Boese, 1987, p. 20.

3. Proclus, *Elementatio theologica*, prop. 31, comm, ed. H. Boese, 1987, p. 20.

4. Proclus, *Elementatio theologica*, prop. 32, comm, ed. H. Boese, 1987, p. 21.

5. Proclus, *Elementatio theologica*, prop. 32, comm, ed. H. Boese, 1987, p. 21.

par son essence mais par une opération extrinsèque et extérieure à lui et par une espèce qui est extrinsèque à son essence. L'intellect [agent] est donc plus intimement capable de Dieu parce qu'il l'est par son essence.

1.5. *L'intellect agent est converti vers Dieu*

(1) Le quatrième des points énumérés plus haut peut facilement ressortir de ce qui a déjà été soutenu sur la conversion dudit intellect vers son principe à partir duquel il flue intellectuellement : de même qu'il émane intellectuellement de son principe par son essence, de même, par son opération intellectuelle qui est son essence, il se convertit vers ce même principe qui est le sien.

(2) Ceci est en effet universellement propre à toute nature qui descend, par soi, d'un certain principe de sorte qu'elle se convertisse vers son principe et qu'elle tende vers une communion avec ce même principe, comme si elle faisait un cercle en tendant vers ce à partir de quoi elle flue.

(3) C'est pourquoi Boèce dit au chant 2 du Livre III de la *Consolation*[1] :

« Toute chose recherche ses origines
Et chacune se réjouit d'y revenir ;
Et nul ordre transmis ne se maintient
S'il ne joint l'origine à la fin
Et ne forme un cercle stable. »

(4) Et de même, Proclus dit à la proposition 31 de son livre[2] : « Tout être qui procède d'un principe se convertit par essence vers celui dont il procède. » Et dans le commentaire[3] : « Enfin le premier terme de l'aspiration est aussi ce que vise la conversion. » Et dans le commentaire de la proposition 32[4], il dit : « En se convertissant, un être cherche à se joindre tout entier au terme entier de sa conversion, il aspire à jouir de sa communication et à se lier à lui. ». Et plus bas[5] : « Si donc la conversion est une sorte de communion et de conjonction », *etc*.

(5) Selon ce qui vient d'être dit, lorsque la chose, par sa procession à partir d'un principe, se convertit vers ce même principe, elle tend, selon l'appétit et l'opération, vers ce même principe qui est le sien comme

1. Boèce, *Consolation de Philosophie*, III, 2, 34-38, trad. E. Vanpeteghem, 2008, p. 145.
2. Proclus, *Eléments de théologie*, prop. 31, trad. J. Trouillard, 1965, p. 83.
3. Proclus, *Eléments de théologie*, prop. 31, comm, trad. J. Trouillard, 1965, p. 83.
4. Proclus, *Eléments de théologie*, prop. 32, comm, trad. J. Trouillard, 1965, p. 83.
5. Proclus, *Eléments de théologie*, prop. 32, comm, trad. J. Trouillard, 1965, p. 83.

et ad ipsum colligationem. Unde et in commento 17 propositionis[1] dicit : « Ad quod autem operatur, ad hoc conversum est. »

(6) Secundum hoc igitur substantia, quae est intellectus per essentiam semper in actu, qualis est intellectus, de quo agitur, quia per essentiam intellectualiter procedit a Deo, etiam sua intellectuali operatione, quae est essentia eius, semper convertitur in Deum ita, ut eius emanatio, qua intellectualiter emanat per essentiam a suo principio, sit ipsius in ipsum principium intellectualis conversio. Non enim primo ab ipso procedit et postea alio respectu seu operatione in ipsum convertitur, sed eadem simplici intellectione, quae est essentia eius. In quo etiam differt ipsius talis emanatio et conversio ab emanatione et conversione aliarum rerum, quae secundum unum modum, scilicet quantum ad constitutionem suae substantiae, emanant a suo principio tamquam a causa efficiente, convertuntur autem in idem suum principium tamquam in finem per suas proprias operationes differentes a substantia sua.

(7) Sic ergo patent quattuor, quae enumerata sunt supra consideranda circa primum articulum principalem huius tractatus. Quorum primum est, quod abditum mentis, quod est intellectus agens, est vere substantia; secundum, quod in ipso attenditur perfecta similitudo ad Deum, quae est imago Dei; tertium, quod praecipue capax Dei est prae omnibus viribus, quas Deus in nostra natura plantavit; quartum, quod semper in Deum conversus est sua intellectuali operatione, quae est essentia eius.

(8) Sumpta igitur ratione ab ordine intellectus agentis ad Deum secundum praedicta[2] concluditur iam primo loco, quod ipse est supremum et ad Deum immediatum principium secundum formam, quo immediate unimur Deo in illa beatifica visione.

(9) Et haec est conclusio principalis intenta in hoc tractatu.

1. Proclus, *Elementatio theologica*, prop. 17, comm. ed. H. Boese, 1987, p. 12.
2. *Cf.* Theodoricus Teutonicus de Vriberg, *De visione beatifica ;* Prooemium, (7).

s'il était en communion avec elle et en liaison avec elle. C'est pourquoi [Proclus] dit dans le commentaire de la proposition 17[1] : « Ce vers quoi il oriente son activité est aussi ce vers quoi il se convertit. »

(6) Selon ceci, la substance qui est intellect par essence toujours en acte et qui est l'intellect dont on parle, parce qu'elle procède intellectuellement et essentiellement de Dieu, par son opération intellectuelle qui est son essence, se convertit donc toujours vers Dieu de sorte que cette émanation par laquelle elle émane intellectuellement par essence de son principe, serait elle-même cette conversion intellectuelle vers le principe. Elle ne procède pas en effet d'abord de Dieu et ensuite se convertit vers lui par un rapport ou une opération différent, mais elle se convertit par la même intellection absolue qui est son essence. C'est en ceci que son émanation et sa conversion diffèrent de l'émanation et de la conversion des autres choses qui émanent selon un mode unique, à savoir quant à la constitution de leur substance, depuis leur principe comme d'une cause efficiente, et elles se convertissent vers leur principe comme vers la fin, par leurs opérations propres qui diffèrent de leur substance.

(7) Ainsi apparaissent donc les quatre points qui ont été énumérés plus haut pour examiner le premier article principal de ce traité. Le premier est que le fond secret de l'âme, qui est l'intellect agent, est véritablement substance ; le deuxième, qu'en lui on observe la parfaite ressemblance à Dieu qui est image de Dieu ; le troisième qu'il est avant tout capable de Dieu par delà toutes les forces que Dieu a déposées en notre nature ; le quatrième qu'il est toujours converti vers Dieu par son opération intellectuelle qui est son essence.

(8) Par l'argument concernant le rapport de l'intellect agent à Dieu selon ce qui a été dit plus haut[2], il faut conclure, en premier lieu, que lui-même est suprême et est, par rapport à Dieu, le principe immédiat selon la forme par lequel nous sommes immédiatement unis à Dieu dans la vision béatifique.

(9) Et ceci est la conclusion principale démontrée dans ce traité.

1. Proclus, *Eléments de théologie*, prop. 17, comm, trad. J. Trouillard, 1965, p. 72.
2. *Cf.* Dietrich de Freiberg, *Traité de la vision béatifique*, Proème (7).

2. *Ordo intellectus agentis ad alia*

2.1. *Ordo ad intellectum possibilem in hac vita*

(1) Idem quantum ad secundum principalem articulum ad eandem conclusionem[1] considerandum ex ordine dicti intellectus ad intellectum possibilem eo, quod inter istos duos intellectus vertitur quaestio in proposito.

(2) Attenditur autem inter eos quasi triplex seu quadruplex ordo. Intellectus enim agens se habet ad possibilem sicut principium activum ad subiectam materiam, inquantum intellectus possibilis consideratur ut ens potentia omnia intellecta, in quo est possibile omnia fieri. Intellectus autem agens potens est omnia facere intellecta[2].

(3) Alio modo se habet ad ipsum sicut agens ad factum seu passum in actu, inquantum videlicet intellectus possibilis factus in actu secundum eundem actum stat sub ordine dependentiae ad ipsum intellectum agentem actu facientem intellectum possibilem in actu. Et hos duos modos habitudinis ad invicem determinat Philosophus III *De anima*[3], ubi comparat agentem ad possibilem secundum dignitatem, nobilitatem et naturae gradum et excellentiam dicens, quod semper agens nobilius est patiente et principium materia.

(4) Tertius habitudinis ordo dictorum intellectuum ad invicem attenditur secundum rationem finis et eius, quod est ad finem, et hoc dupliciter : uno modo secundum se, videlicet inquantum intellectus agens est perfectivus ipsius intellectus possibilis ultimata sui perfectione secundum formam, ut infra dicetur[4]; alio modo in ordine ad Deum, inquantum mediante intellectu agente naturali ordine medio inter intellectum possibilem et Deum intellectus possibilis reducibilis est in Deum in ultimata beatitudinis perfectione, ut patebit[5].

1. *Cf.* Theodoricus Teutonicus de Vriberg, *De visione beatifica*, Prooemium (7).
2. *Cf.* Aristoteles Latinus, *De anima*, III, 5. Vide adnotationem 1, p. 116.
3. *Cf.* Aristoteles Latinus, III, 5. Vide adnotationes 2, p. 96 et 1, p. 98.
4. *Cf.* Theodoricus Teutonicus de Vriberg, *De visione beatifica*, 4.
5. *Cf.* Theodoricus Teutonicus de Vriberg, *De visione beatifica*, 4.

2. *Rapport de l'intellect agent aux autres*

2.1. *Rapport de l'intellect agent à l'intellect possible dans cette vie*

(1) Pour [étudier] le deuxième article principal se rapportant à la même conclusion[1], il faut examiner le rapport de l'intellect, dont nous venons de parler, à l'intellect possible, parce qu'il est ici question des deux intellects.

(2) On observe en effet entre ces deux [intellects] comme un triple ou quadruple rapport. L'intellect agent se rapporte à l'intellect possible comme le principe actif se rapporte à la matière-sujet dans la mesure où l'intellect possible est considéré comme l'étant [qui est] toutes les choses intelligées en puissance et qui peut « tout devenir ». L'intellect agent est, lui, capable de « faire » toutes les choses intelligibles[2].

(3) L'intellect agent se rapporte, d'une autre manière, à l'intellect possible comme l'agent se rapporte à ce qui est devenu en acte ou à ce qui a été actualisé, dans la mesure où l'intellect possible devenu en acte se trouve, selon ce même acte, dans un rapport de dépendance envers cet intellect agent en raison de l'acte qui actualise l'intellect possible. Au livre III du *De l'Âme*[3], le Philosophe définit aussi ces deux rapports, l'un par rapport à l'autre, lorsqu'il compare l'agent au possible selon la dignité, la noblesse, le degré de nature et selon l'excellence, en disant que l'agent est toujours plus noble que le patient et que le principe est toujours plus noble que la matière.

(4) Le troisième type de rapport entre ces intellects est observé selon la raison de la fin et selon la raison de ce qui est en vue de la fin. Ceci [se fait] selon deux aspects : d'une part selon soi, c'est-à-dire dans la mesure où l'intellect agent est l'achèvement de l'intellect possible par sa perfection ultime selon la forme, comme on le verra par la suite[4]; d'autre part par rapport à Dieu, dans la mesure où l'intellect possible peut être reconduit à Dieu dans l'ultime perfection de la béatitude, comme on le montrera,[5] par l'intermédiaire de l'intellect agent qui, selon l'ordre naturel, est à mi-chemin entre l'intellect possible et Dieu.

1. *Cf.* Dietrich de Freiberg, *Traité de la vision béatifique*, Proème, (7).
2. *Cf.* Aristote, *De l'Âme*, III, 5, 430a14-15. *Cf.* note 1, p. 117.
3. *Cf.* Aristote, *De l'Âme*, III, 5, 430a18-19. *Cf.* notes 2, p. 97 et 1, p. 99.
4. Cf. *infra*, *Traité de la vision béatifique*, 4.
5. Cf. *infra*, *Traité de la vision béatifique*, 4.

(5) Quoniam igitur intellectus agens naturali ordine medius est inter Deum, qui est purus actus, et intellectum possibilem, qui est ens potentia et « nihil eorum, quae sunt, antequam intelligat » [1], medius, inquam, et naturae gradu et inquantum bonitates intellectualium perfectionum mediante ipso naturali ordine descendunt in intellectum possibilem sicut a principio activo in subiectam materiam et ab agente in passum, necessarium est, quod eo ordine, quo dicti intellectus procedunt a primo principio, quod eodem ordine in ipsum convertantur sicut in ultimum finem eo, quod eorum processio a primo principio et eorum in ipsum conversio est eadem, quia intellectualiter et procedunt et convertuntur utrique eorum quantum ad gradum et perfectionem suae naturae et naturalem sui operationem. Non sic in aliis entibus, in quibus non sunt idem processio et conversio in suum principium primum, ut praemissum est [2].

(6) Igitur sicut mediante intellectu agente intellectus possibilis intellectualiter procedit in actum et perfectionem suae propriae operationis, in quo et eius essentia constituitur in esse quantum ad actum suum formalem sibi essentialem, qui est species intelligibilis seu actualis intellectio eius, sic eodem processu est conversio eius in primum principium mediante intellectu agente, quia primo gradu et ordine regulae aeternae et incommutabilis veritas praesentes sunt abdito mentis secundum Augustinum [3], quod est intellectus agens, quo mediante fulgent in intellectu possibili, quo et ipse conversus est in primum omnium principium, quod est Deus.

2.2. *Ordo ad intellectum possibilem in illa vita*

(1) Sed quia iste ordo processus et conversionis in Deum, qui dictus est, attenditur secundum statum huius praesentis vitae, non videtur sufficere ad intentam conclusionem, videlicet quod in beata vita immediate per intellectum agentem convertamur in Deum et iungamur ei in illa beatifica visione alio modo et differenti et aequivoca ad istam, quae pertinet ad praesentem vitam.

1. *Cf.* Aristoteles latinus, *De anima*, III, 4. Vide adnotationem 1, p. 74.
2. *Cf.* Theodoricus Teutonicus de Vriberg, *De visione beatifica*, 1.2. 1.1.
3. *Cf.* Augustinus Hipponensis, *De Trinitate,* XIV, 8, 11. Adnotationem 2, p. 164.

(5) L'intellect agent est, dans l'ordre naturel, à mi-chemin entre Dieu, qui est l'acte pur, et l'intellect possible qui est un étant en puissance et « n'est aucune des réalités avant d'intelliger »[1]. Je dis à mi-chemin, en raison de son degré de nature et dans la mesure où les qualités des perfections intellectuelles, par l'intermédiaire de l'ordre naturel, descendent vers l'intellect possible comme le principe actif descend vers la matière-sujet et l'agent vers le passif. Il est donc nécessaire que, selon cet ordre par lequel les intellects susdits procèdent du premier principe, ils se convertissent vers lui, selon le même ordre, comme vers la fin ultime du fait que leur procession depuis le premier principe et leur conversion vers lui sont la même chose, parce que, intellectuellement, ils procèdent et sont convertis l'un et l'autre quant au degré et à la perfection de leur nature et quant à leur opération naturelle. Il n'en va pas ainsi pour les autres étants pour lesquels la procession et la conversion vers le premier principe ne sont pas identiques, comme on l'a montré plus haut[2].

(6) C'est donc par l'intermédiaire de l'intellect agent que l'intellect possible procède intellectuellement vers l'acte et vers la perfection de son opération propre, dans lequel son essence est constituée dans l'être quant à son acte formel essentiel, qui est l'espèce intelligible ou son intellection actuelle. C'est de cette même manière et par le même processus qu'a lieu sa conversion vers le principe premier par l'intermédiaire de l'intellect agent. Ceci vient du fait que, au premier degré et au premier ordre, les règles éternelles et la vérité immuable sont présentes dans le fond secret de l'âme – selon Augustin –[3] lequel est l'intellect agent, par l'intermédiaire duquel elles brillent dans l'intellect possible et par lequel l'intellect possible est lui-même converti vers le premier principe de toutes les choses qui est Dieu.

2.2. *Rapport de l'intellect agent à l'intellect possible dans l'autre vie*

(1) Mais parce que cet ordre de procession et de conversion vers Dieu s'accomplit dans cette vie présente, il ne semble pas suffire pour la conclusion visée, c'est-à-dire que dans la vie bienheureuse nous sommes de manière immédiate convertis vers Dieu par l'intermédiaire de l'intellect agent et que nous le rejoignons dans une vision béatifique selon un autre mode, d'une manière différente et équivoque à celle qui correspond à la vie présente.

1. *Cf.* Aristote, *De l'Âme*, III, 4, 429a24, trad. R. Bodeüs, 1993, p. 223 : « Par conséquent, ce qu'on appelle l'intelligence de l'âme – et, par là, j'entends ce qui permet à l'âme de réfléchir et de se former des idées – n'est effectivement aucune des réalités avant de penser. »

2. *Cf.* Dietrich de Freiberg, *Traité de la vision béatifique*, 1.2. 1.1.

3. *Cf.* Augustin d'Hippone, *La Trinité*, XIV, 8, 11. *Cf.* note 2, p. 165.

(2) Ideo ad complementum praedictorum considerandum supposito hoc primo, quod habemus ex scriptura veritatis, videlicet quod in illa beata et aeterna vita videbimus Deum per essentiam, quoniam videbimus eum, sicuti est, I *Ioann.* 3[1]. Cum igitur nec gratia nec gloria destruat naturam et naturae ordinem, sed magis perficiat et consummet[2], cum etiam intellectus agens naturae ordine magis appropinquet Deo quam possibilis, ut multipliciter supra ostensum est[3], iterum autem quanto magis appropinquatur ultimo fini, tanto magis necessarium est salvari naturam et naturae ordinem, qui est per se, eo, quod totus ordo causalium entium dependet ab ordine ultimi finis, necessarium est, sicut in praesenti vita se habet suo modo processus et conversio dictorum intellectuum in Deum, sic multo amplius et, ut ita dicam, essentialius se habeat in vita illa dictus ordo et sit immediata unio ad Deum per intellectum agentem in illa beata visione potius quam per possibilem.

2.3. *Ordo ad alia entia*

(1) Sumendum est etiam istam immediationem intellectus agentis ad Deum non solum ex ordine sui ad intellectum possibilem, sed etiam ad quascumque res alias, quae non sunt intellectus per essentiam.

(2) Manifestum est enim secundum Augustinum *Super Genesim*[4], quod Deus constituit illas substantias intellectuales, puta angelos,

1. I, *Ioann.* 3,2 : *Carissimi nunc filii Dei sumus et nondum apparuit quid erimus scimus quoniam cum apparuerit similes ei erimus quoniam videbimus eum sicuti est.*

2. *Cf.* Thomas de Aquino, *In II Sent.*, dist. 9, q. 1, a. 8, arg. 3, ed. P. Mandonnet, 1929, p. 248 : *Praeterea, quantumcumque intellectus perficiatur lumine gratiae vel gloriae, semper oportet quod intelligat sub lumine naturali : quia gratia non tollit naturam, sed perficit.*; *Quaestiones Disputatae de veritate*, q. 8 a. 5 ad 3, ed. Leon, 1970, p. 236 : *Ad tertium dicendum, quod quamvis gloria non destruat naturam, elevat tamen eam ad id quod per se non poterat, hoc est ad hoc quod videat res per ipsam essentiam Dei sine aliqua similitudine media in visione illa.*

3. *Cf.* Theodoricus Teutonicus de Vriberg, *De visione beatifica*, 1.

4. *Cf.* Augustinus Hipponensis, *De Genesim ad litteram*, IV, 32, 49, BA t. 48, Paris, Desclée de Brouwer, 1972, p. 354-356 : *An etiam tunc simul omnia, quoniam non secundum temporum moras, sicut fiunt dies isti, cum oritur et occidit sol, et in locum suum redit, ut rursus oriatur ; sed secundum potentiam spiritalem mentis angelicae, cuncta quae voluerit simul notitia facillima comprehendente ? Nec ideo tamen sine ordine, quo apparet connexio praecedentium sequentiumque causarum. Neque enim cognitio fieri potest, nisi cognoscenda praecedant ; quae item priora sunt in Verbo, per quod facta sunt omnia, quam in iis quae facta sunt omnibus. Mens itaque humana prius haec quae facta sunt, per sensus corporis experitur, eorumque notitiam pro infirmitatis humanae modulo capit : et deinde quaerit eorum causas, si quo modo possit ad eas pervenire principaliter atque incommutabiliter manentes in Verbo Dei, ac sic invisibilia eius, per ea quae facta sunt, intellecta conspicere. Quod quanta*

(2) Pour cela, il faut examiner le reste de ce que l'on a annoncé en s'appuyant tout d'abord sur ce que nous tenons de l'Ecriture de la vérité, c'est-à-dire que dans l'autre vie bienheureuse et éternelle nous verrons Dieu par essence, parce que « nous le verrons tel qu'il est » [selon] *Jean* I, 3[1]. Donc puisque ni la grâce ni la gloire ne détruisent la nature et l'ordre de la nature mais bien plutôt l'achèvent et l'accomplissent[2], et puisque l'intellect agent selon l'ordre de la nature s'approche plus de Dieu que l'intellect possible, comme on l'a montré de multiples manières plus haut[3], [on peut en déduire que] plus on s'approche de la fin ultime et plus il est nécessaire que la nature et l'ordre de la nature soient conservés, ordre qui est par soi du fait que tout l'ordre des étants causés dépend du rapport à la fin ultime. Il est donc nécessaire que de la même manière que dans la présente vie ont lieu le processus et la conversion des intellects susdits vers Dieu, de la même manière, mais plus amplement encore et comme on le dira plus longuement, ce rapport ait lieu plus essentiellement dans l'autre vie et qu'il corresponde à une union immédiate à Dieu dans cette vision bienheureuse [réalisée] par l'intellect agent plutôt que par l'intellect possible.

2.3. *Rapport de l'intellect agent aux autres étants*

(1) Il faut envisager cette immédiation de l'intellect agent à Dieu à partir de son rapport non seulement à l'intellect possible mais aussi à toutes les autres choses qui ne sont pas des intellects par essence.

(2) Il est en effet clair, selon Augustin dans *La Genèse au sens littéral*,[4] que Dieu constitue ces substances intellectuelles, par exemple les anges,

1. Cf. *Jean* I, 3, 2 : « Bien-aimés, dès maintenant, nous sommes enfants de Dieu, et ce que nous serons n'a pas encore été manifesté. Nous savons que lors de cette manifestation nous lui serons semblables parce que nous le verrons tel qu'il est. »

2. *Cf.* Thomas d'Aquin, *Commentaire sur le livre des* Sentences, l. II, d. 9, q. 1, a. 8, arg. 3, éd. P. Mandonnet, 1929, p. 248 : « En outre, bien qu'il soit parachevé par la lumière de grâce ou de gloire, l'intellect doit toujours intelliger à l'aide de la lumière naturelle, parce que la grâce ne supprime pas la nature, mais la parachève. » ; *Questions disputées sur la Vérité*, q. 8, a. 5, ad 3, éd. Léon, 1970, p. 236 : « Il faut dire que bien que la gloire ne supprime pas la nature, elle l'élève cependant à ce qu'elle ne pourrait par elle-même atteindre, c'est le cas lorsqu'elle voit les choses par l'essence de Dieu, sans une similitude intermédiaire permettant la vision. »

3. *Cf.* Dietrich de Freiberg, *Traité de la vision béatifique*, 1.

4. *Cf.* Augustin d'Hippone, *La Genèse au sens littéral*, IV, 32, 49, B.A t. 48, trad. P. Agaësse et A. Solignac, Paris, Desclée de Brouwer, 1972, p. 355-357 : « Faut-il penser au contraire que, même alors, ces trois moments étaient simultanés, puisqu'ils ne se produisaient pas selon des intervalles de temps comparables à ceux qui composent nos jours, quand le soleil se lève et se couche et revient à son point de départ pour se lever de nouveau, mais selon

in altiore gradu naturae prae aliis entibus non participantibus rationem seu intellectum. Unde in signum huius institutionis naturae eorum, immo in complementum eius, quae est per gratiam et gloriam, primo acceperunt uniuscuiusque generis rerum matutinam cognitionem in verbo Dei quam cognitionem eiusdem generis rerum in se ipso, immo prius ordine dignitatis et naturae et existentiae habuerunt hanc matutinam cognitionem uniuscuiusque generis rerum quam ipsae tales res essent in proprio esse suae naturae, et ex tunc, id est existentibus rebus in sua natura, habuerunt ipsarum vespertinam cognitionem[1].

tarditate ac difficultate agat, et quanta temporis mora propter corpus corruptibile quod aggravat animam, etiam quae ferventissimo studio rapitur ut instanter ac perseveranter hoc agat, quis ignorat? Mens vero angelica pura caritate inhaerens Verbo Dei, posteaquam illo ordine creata est, ut praecederet caetera, prius ea vidit in Verbo Dei facienda, quam facta sunt; ac sic prius in eius fiebant cognitione, cum Deus dicebat ut fierent, quam in sua propria natura: quae itidem facta in eis ipsis etiam cognovit, minore utique notitia, quae vespera dicta est. Quam notitiam sane praecedebant quae fiebant; quia praecedit cognitionem quidquid cognosci potest. Nisi enim prius sit quod cognoscatur, cognosci non potest. Post hoc si eo modo sibi placeret, ut amplius seipsa quam Creatore suo delectaretur, non fieret mane, id est non de sua cognitione in laudem Creatoris assurgeret. Cum vero factum est mane, faciendum erat aliud et cognoscendum Deo dicente: Fiat; ut prius itidem fieret in cognitione mentis angelicae, et posset rursus dici: Et sic est factum; ac deinde in natura propria, ubi sequente vespera nosceretur.

1. *Cf.* Thomas de Aquino, *In IV Sent.*, dist. 49, q. 2, art. 6, ad 1: *Ad primum ergo dicendum, quod Angeli in prima sua conditione non viderunt verbum per essentiam; viderunt tamen per similitudinem creatam, quae est ipsa natura eorum, quae est Dei similitudo; et hoc, sive ponantur creati in gratia, sive non, dummodo non ponantur creati in gloria; unde et cognitio vespertina qua seipsos cognoverunt in propria natura, praecessit in eis cognitionem matutinam, qua cognoscunt res in verbo; quod patet ex hoc quod primus dies habet vespere sine mane.*; *Summa theologiae*, I, q. 58, a. 6, co, ed. Leon, 1889, p. 89: *Sicut autem in die consueto mane est principium diei, vespere autem terminus, ita cognitio ipsius primordialis esse rerum, dicitur cognitio matutina, et haec est secundum quod res sunt in verbo. Cognitio autem ipsius esse rei creatae secundum quod in propria natura consistit, dicitur cognitio vespertina, nam esse rerum fluit a verbo sicut a quodam primordiali principio, et hic effluxus terminatur ad esse rerum quod in propria natura habent.*; *Summa theologiae*, I, q. 58, a. 7 co., ed. Leon, 1889, p. 90: *Quod non potest ita intelligi quasi ex propria rerum natura cognitionem accipiant, ut haec praepositio in indicet habitudinem principii, quia non accipiunt Angeli cognitionem a rebus, ut supra habitum est. Relinquitur igitur quod hoc quod dicitur in propria natura, accipiatur secundum rationem cogniti, secundum quod subest cognitioni; ut scilicet cognitio vespertina in Angelis dicatur secundum quod cognoscunt esse rerum quod habent res in propria natura. Quod quidem per duplex medium cognoscunt, scilicet per species innatas, et per rationes rerum in verbo existentes.*

dans un degré de nature plus haut et avant les autres étants qui ne participent pas à la raison ou à l'intellect. C'est pourquoi, en signe de cette institution de leur nature, ou plutôt en complément de ce qui est par grâce et par gloire, ils recevront d'abord la connaissance matinale des choses de chaque genre dans le Verbe de Dieu, qui est la connaissance des choses d'un genre en lui-même. Ils auront dans l'ordre de la dignité, de la nature et de l'existence cette connaissance matinale des choses de chaque genre, avant que ces choses soient dans l'être propre de leur nature, et dès ce moment, c'est-à-dire lorsque les choses existeront dans leur nature, ils en auront la connaissance vespérale[1].

le pouvoir spirituel de l'esprit angélique qui embrasse sans effort tout ce qu'il veut dans une connaissance simultanée? Non pas cependant que cette connaissance se fasse sans cet ordre qui laisse apparaître l'enchaînement des antécédents et des conséquents. En effet, nulle connaissance ne peut se produire, si n'est donné d'abord l'objet à connaître : objets qui sont d'abord dans le Verbe, par qui toutes choses sont faites, avant d'être dans toutes les choses qui sont faites. Voilà pourquoi l'esprit humain, qui perçoit d'abord les créatures par les sens corporels et en prend une connaissance proportionnée à l'humaine faiblesse, recherche ensuite, s'il peut de quelque manière remonter jusqu'à leurs causes qui résident originairement et immuablement dans le Verbe de Dieu : il cherche ainsi à voir par l'intelligence les mystères invisibles de Dieu à travers ses œuvres. Au prix de quelle lenteur et de quelles difficultés il y parvient, quel temps il y passe, gêné par ce corps corruptible qui appesantit l'âme, même lorsque la plus fervente ardeur l'entraîne à se fixer et à persévérer en cette recherche, qui l'ignore? Mais l'esprit angélique, restant attaché au Verbe de Dieu par une charité pure, après qu'il eut été créé selon une économie qui le faisait être avant tout autre créature, vit dans le Verbe de Dieu les choses qui devaient être faites, avant qu'elles ne fussent faites. Ainsi, ces choses étaient d'abord produites dans la connaissance angélique, quand Dieu les ordonnait à être, avant d'être produites en leur propre nature. Une fois ces choses faites, l'ange les connut de nouveau en elles-mêmes, par une connaissance inférieure, il est vrai, dite vespérale. Cette seconde connaissance supposait l'existence préalable des choses, car tout ce qui peut être connu précède la connaissance : si n'existe au préalable l'objet à connaître, la connaissance est impossible. Si ensuite l'ange s'était complu en lui-même au point de se préférer au Créateur, il n'y aurait pas eu de matin, c'est-à-dire qu'il n'aurait pas fait de sa connaissance un point de départ pour s'élever à la louange du Créateur. Mais il y eut un matin, qui annonçait une nouvelle créature à faire et à connaître, quand Dieu prononce son *fiat*. Cette fois encore, cette créature fut d'abord produite dans la connaissance de l'esprit angélique et de nouveau il put être dit : *Et il en fut ainsi*. Ensuite, elle le fut en sa nature propre, et le soir survint quand l'ange la connut ».

1. *Cf.* Thomas d'Aquin, *Commentaire sur le livre des Sentences*, l. IV, d. 49, q. 2, a. 6 ad 1, éd. : « Il faut donc dire que les anges, dans leur condition première, ne verront pas le verbe par essence, ils le verront cependant à travers une similitude créée qui est leur propre nature et est elle-même similitude de Dieu; et ceci, qu'on les suppose créés dans la grâce ou non, on ne les suppose, toutefois, pas créés dans la gloire; c'est pour cela que la connaissance vespérale par laquelle ils se sont connus eux-mêmes dans leur nature propre, a précédé en eux la connaissance matutinale par laquelle ils connaissent les choses dans le verbe; ceci est clair en raison du fait que le premier jour a la soirée sans la matinée. » ; *Somme théologique*, I, q. 58, a. 6, trad. A.M. Roguet, 1984, p. 554 : « Et comme dans un jour normal le matin est le

(3) Et sic rationalis seu intellectualis creatura facta est media secundum gradum naturae et dignitatis inter Deum et alias creaturas corporeas, ut, sicut ipsa ad similitudinem et imaginem Dei facta est secundum rationem sapientiae, scientiae et providentiae et cetera talia, sic ad horum similitudinem, quae erant in rationali seu intellectuali creatura, aliae res corporales fierent, sicut dicit Hugo l. *De sacramentis* l. I parte 5 c. 2[1]. Unde post iam dicta concludit dicens : « Secundum huiusmodi rationem et considerationem corporea creatura post secundam tertio loco est creaturam rationalem, quoniam ad eam facta est, sicut ipsa rationalis ad primam facta est increatam naturam. » Unde Augustinus libro *Confessionum*[2]

1. *Cf.* Hugo de S. Victore, *De sacramentis christiane fidei*, I, 5, 3, ed. R. Berndt, 2008, p. 115.

2. *Cf.* Augustinus Hipponensis, *Confessiones*, XII, 7, 7, BA t. 14, 1962, p. 354 : *Tu eras et aliud nihil, unde fecisti caelum et terram, duo quaedam, unum prope te, alterum prope nihil, unum, quo superior tu esses, alterum, quo inferius nihil esset*.

Vide potius : Thomas de Aquino, *In II Sent.*, dist. 3, q. 1, a. 3, argument. 3, ed. P. Mandonnet, 1929, p. 92 : *Sed inter omnes creaturas natura angelica Deo est propinquior, secundum Augustinum, qui dicit in lib. conf. : duo fecisti, domine : unum prope te, scilicet Angelum : alterum prope nihil, scilicet materiam.*; *Summa theologiae*, Ia, q. 44, a. 2, sed contra, ed. Leon., 1888 p. 457 : *Sed contra est quod dicit Augustinus, xii Confess., duo fecisti, domine, unum prope te, scilicet Angelum, aliud prope nihil, scilicet materiam primam.*; *Quaestio disputata de spiritualibus creaturis*, a. 1, sed contra 14, ed. Leon., 2000, p. 10 : *Praeterea, Augustinus dicit, xii confess. : duo fecisti, domine : unum prope te, id est substantiam angelicam ; aliud prope nihil, scilicet materiam*; *Quaestiones disputatae de potentia*, q. 3, a. 15, sed contra, 2, ed. R. Spiazzi, Taurini-Romae, Marietti, 1949, p. 83 : *Praeterea, Augustinus in xii confess., ad Deum loquens, ait duo fecisti, domine : unum prope te, scilicet Angelum, et aliud prope nihil, scilicet materiam.* Et Henricus de Gandavo, *Quodlibet* VI, q. 4, ed. G.A. Wilson, Leuven, University Press, 1987, p. 52 : *(…) Ordo rerum in esse naturae est secundum quem Deus Trinitas naturaliter est super omne ens, et ab ispo omnes creaturae secundum ordinem gradus naturalis habent procedere, a prima et suprema creatura, ut summo angelo, usque ad infirmam ceraturam, scilicet primam materiam. De quibus dicit Augustinus in libro* Confessionum : *« Duo fecisti, Domine, unum prope nihil », scilicet primam materiam, « et alterum prope te », scilicet primum angelum.*

(3) Ainsi, la créature rationnelle ou intellectuelle a été faite, selon le degré de sa nature et de sa dignité, à mi-chemin de Dieu et des autres créatures corporelles de sorte que de la même manière qu'elle-même a été faite à la ressemblance et à l'image de Dieu selon la raison de sa sagesse, de sa science et de sa providence et de nombreux autres [attributs], de la même manière les autres choses qui sont dans la créature rationnelle ou intellectuelle ont été faites à sa ressemblance comme le dit Hugues au chapitre 2 partie 5 du livre I du *Des Sacrements*[1]. C'est pourquoi après avoir énoncé cela, il conclut en disant : « Selon cette raison et cette considération, la créature corporelle, après la deuxième créature rationnelle, est dans le troisième degré parce qu'elle a été faite à partir de celle-ci, de même que la créature rationnelle a été faite en vue de la première qui est une nature increée. » C'est pourquoi Augustin dit dans son livre *Les Confessions*[2] :

commencement de la journée, et le soir en est le terme, il appelle connaissance du matin celle de l'être primordial des choses, connaissance qui porte sur les choses selon ce qu'elles sont dans le Verbe ; tandis qu'il appelle connaissance du soir la connaissance de l'être créé comme existant dans sa nature propre. Car l'être des choses découle du Verbe comme d'un principe primordial ; et cette émanation se termine à l'être que les choses ont dans leur nature propre. » ; *Somme théologique*, I, q. 58, a. 7 co., trad. A.M. Roguet, 1984, p. 555 : « Ce qui ne veut pas dire qu'ils tirent leur connaissance de la nature propre des choses, comme si la proposition « dans » indiquait un rapport de principe, puisque les anges ne tirent pas des choses leurs connaissances. L'expression doit s'entendre de l'objet connu en tant qu'il tombe sous la connaissance, c'est-à-dire que la connaissance du soir désigne la connaissance par laquelle les anges atteignent l'être que les choses ont dans leur nature propre. Mais ils peuvent le connaître par deux médiums : par des espèces innées, et par les raisons des choses qui sont dans le Verbe. »

1. Hugues de Saint Victor, *Des Sacrements*, I, 5, 3, éd. R. Berndt, 2008, p. 115.

2. *Cf.* Augustin d'Hippone, *Les confessions*, XII, 7, 7, BA t. 14, trad. E. Trehorel et G. Bouissou, 1962, p. 355 : « Toi, tu étais ; et le reste, c'était le néant, d'où tu as fait *le ciel et la* terre, deux sortes d'êtres, l'un proche de toi, l'autre proche du néant, l'un tel qu'au-dessus de lui tu étais, l'autre tel qu'au-dessous de lui c'était le néant ». Mais, voir aussi : Thomas d'Aquin, *Commentaire sur le livre des Sentences*, l. II, d. 3, q. 1, a. 3, arg. 3, éd. P. Mandonnet, 1929, p. 92 : « Mais de toutes les créatures, la nature angélique est plus proche de Dieu, selon Augustin qui dit dans *Les Confessions* : tu as fait deux <sortes d'êtres> : l'un proche de toi, à savoir l'ange et l'autre proche du néant, à savoir la matière. » ; *Somme théologique*, Ia, q. 44, a. 2, sed contra, trad. A. M. Roguet, 1984, p. 469 : « En un sens contraire, S. Augustin écrit : « Tu as fait deux choses, Seigneur ; l'une est proche de toi », c'est l'ange ; « et l'autre est proche du néant », c'est la matière première. » ; *Question disputée sur les créatures spirituelles*, art. 1, sed contra 14, dans Thomas d'Augustin, *Les créatures spirituelles*, 2010, trad. J.B. Brenet, p. 63 : « Augustin dit au l. XII des *Confessions* [chap. 7, n. 7] : Tu as fait deux choses, Seigneur, « l'une proche de toi », à savoir la substance angélique, « l'autre proche du néant », à savoir la matière. » ; *Questions disputées sur la puissance*, q. 3, a. 15, sed contra 2, éd. P.M. Pession, 1965, p. 83 : « En outre, Augustin dit au l. XII des *Confessions* : tu as fait deux <sortes d'êtres> : l'un proche de toi, à savoir l'ange et l'autre proche du néant, à savoir la matière. »

Cf. aussi Henri de Gand, *Quodlibet* VI, q. 4 pour une utilisation de ce texte dans la même formulation et une démonstration semblable.

« Duo fecisti, Domine, unum prope te, aliud prope nihil », loquens de ordine substantiarum intellectualium seu rationalium et corporalium, corporalium, inquam, maxime quoad materiam primam, quae in quibusdam corporibus invenitur.

(4) Quia igitur substantiae intellectuales seu rationales superiores sunt aliis corporalibus rebus gradu naturae et dignitatis et quantum ad substantiam suam, quia sunt spirituales, et quantum ad formas seu perfectiones suas intellectuales, in ipsis etiam substantiis intellectualibus praeeminet id, quod est intellectus semper in actu per suam essentiam, non per formas seu habitus intellectuales sibi inditos, quia in ipso est radix et fons, immo quoddam pelagus totius intellectualitatis eo, quod est intellectus per essentiam, igitur necesse est huiusmodi intellectum in genere entium esse supremum et proximum Deo et secundum hoc maxime per ipsum approximari Deo, potissime in illa beata visione.

(5) Cui etiam et talis ratio suffragatur. Manifestum est enim secundum Philosophum in II *De caelo et mundo*[1], quod unaquaeque res est propter suam propriam operationem, quam oportet esse intraneam eius perfectionem potissimam quantum ad eas res, quae sunt perfecta entia et secundum se et per se intenta in natura Hoc autem dico ad excludendum instrumenta naturae vel artis, quae sunt simpliciter propter aliud, quae etiam sunt nihilominus propter suam operationem, sed transeuntem in extra. Dictorum igitur entium perfectorum absolutae, id est intraneae, perfectiones sunt fines eorum concernendo tamen substantiam uniuscuiusque eorum, puta homo est propter ratiocinari concernendo substantiam eius, ut sit sensus : Homo est propter ratiocinari, id est homo est propter hoc, ut sit homo utens ratione.

(6) Sicut autem unaquaeque res est propter suam operationem, quae est eius perfectio, sic potissime est propter suam potissimam operationem pertinentem ad totam substantiam eius. Alioquin aliquid substantiae eius esset frustra.

1. *Cf.* Aristoteles Latinus, *De caelo et de mundo*, *in* Thomas de Aquino, *In Aristotelis libros De caelo et mundo*, II, lect. 4, n. 5, ed. Leon, 1886, p. 134 : *Unumquodque est quorum est opus gratia operis. Dei autem operatio immortalitas, haec autem est vita sempiterna*. Vide etiam : Thomas de Aquino, *In Aristotelis libros De caelo et mundo*, II, lect. 4, n. 5, ed. Leon, 1886, p. 136 : *Hoc igitur modo etiam Aristoteles hic loquitur, dicens quod unumquodque quod habet propriam operationem, est propter suam operationem : quaelibet enim res appetit suam perfectionem sicut suum finem, operatio autem est ultima rei perfectio ; Summa theologiae*, III, q. 9, a. 4, co, ed. Leon, 1903, p. 144 : *Frustra autem est quod non habet propriam operationem, cum omnis res sit propter suam operationem, ut dicitur in ii de caelo et mundo*.

« Tu as fait deux choses, Seigneur, l'une près de toi, l'autre près du néant. » en parlant de l'ordre des substances intellectuelles ou rationnelles et corporelles, corporelles, dis-je, en particulier quant à la matière première que l'on trouve dans les corps.

(4) Donc, parce que les substances intellectuelles ou rationnelles sont supérieures aux autres choses corporelles par leur degré de nature et de dignité et par leur substance, du fait qu'elles sont spirituelles, ainsi que par leurs formes ou leurs perfections intellectuelles, en elles aussi, ce qui est intellect toujours en acte par son essence, est prééminent. Ceci advient non par les formes ou les habitus intellectuels qui s'appliquent à elles, parce que c'est en cet intellect qu'est la racine et la source, mais plutôt, parce que c'est en lui que se trouve la mer de toute l'intellectualité du fait qu'il est intellect par essence. Il est donc nécessaire que cet intellect soit au plus haut degré dans le genre des étants, qu'il soit proche de Dieu, et pour cela surtout, qu'il soit le plus proche de Dieu notamment lors de la vision béatifique.

(5) Voici un argument à l'appui de cela. Il est en effet clair, dans le livre II du *Traité du Ciel* du Philosophe[1], que toute chose existe en raison de son opération propre qui doit être la perfection interne la plus grande pour ces choses qui sont des étants parfaits, selon soi et tendus par soi vers la nature. Je dis ceci pour exclure les instruments de la nature ou de l'art qui sont absolument en vue d'autre chose et qui toutefois sont en vue de l'opération qui leur est propre mais qui est transitive. Ces perfections des choses parfaites qui sont absolues, c'est-à-dire internes, sont donc leurs propres fins, en visant cependant la substance de chacun d'eux. L'homme, par exemple, est en vue de sa faculté de penser concernant sa substance, ce qui veut dire : l'homme est en vue de sa faculté de penser, c'est-à-dire que l'homme est en vue de ceci, à savoir qu'il est l'homme usant de sa raison.

(6) Or, de même que chaque chose est en vue de son opération qui est sa perfection, de même il est au plus haut point en vue de sa très puissante opération qui appartient à toute sa substance. Autrement, quelque chose dans sa substance serait vain.

1. *Cf.* Aristote, *Traité du ciel*, II, 3, 286a8-9, trad. C. Dalimier et P. Pellegrin, Paris, Flammarion, 2004, p. 203 : « Chaque chose qui a une activité existe en vue de cette activité. »

Voir aussi Thomas d'Aquin, *Commentaire sur le traité du ciel et du monde d'Aristote*, l. 2, leçon 4, n. 5, éd. Léon, 1886, p. 136 : « C'est donc ce que veut dire Aristote lorsqu'il affirme que toute chose qui a une opération propre, est en raison de son opération : en effet, toute chose désire sa perfection comme sa fin, or l'opération est l'ultime perfection de la chose. » ; *Somme théologique*, III, q. 9, a. 4, co., trad. A.M. Roguet, 1986, p. 97 : « D'autre part, toute réalité qui n'a pas d'opération propre est vaine et inutile, car toute chose n'existe qu'en vue de son opération, dit encore Aristote. »

(7) Attenditur autem totalitas substantiae compositae uno modo in compositione formae et materiae, et secundum hoc operatio seu perfectio quantum ad potissimam operationem, si non competit nec communicatur toti composito seu coniuncto, non potest dici operatio seu perfectio talis substantiae.

(8) Alio modo totalitas substantiae compositae constat ex aggregatione partium, quae sunt post totum ut caro, os, manus, pedes et cetera, quibus etiam communicatur potissima operatio, quae est perfectio, propter quam res est, et hoc uno modo per modum finis, inquantum videlicet tales partes et suae operationes exiguntur, ut sint in toto in ordine ad illam partem substantiae, qua saepe dicta propria operatio exercetur ; alio modo communicatur eis quandoque dicta propria operatio et perfectio quasi per quandam redundantiam in ea, prout saepe contingit, quod ex aliquibus apprehensionibus substantia animalis etiam in aliis suis partibus transmutatur.

(9) Colligatur igitur ex dictis, videlicet quod homo est propter suam propriam operationem, quae est perfectio intra, et potissime est propter potissimam eius operationem. Potissima autem eius operatio est operatio per intellectum secundum Philosophum in X *Ethicorum*[1].

(10) Quamvis autem intellectivum nostrum dicatur potissimum respectu aliarum inferiorum virium, nihilominus tamen in hac parte est gradus naturae et operationis. Est enim ibi id, quod est intellectus per essentiam, et eius operatio est essentia eius, quod est in abdito mentis nostrae et est intellectus agens, et est ibi manifestum cogitativum pertinens ad intellectum possibilem, quod est quaedam intellectualitas et forma participata in alio, hoc est in homine. Intellectus enim talis non intelligit, sed homo intelligit per ipsum tamquam formam eius.

(11) Constat etiam cum his, quae hic dicta sunt, quod operatio intellectualis, quae est per essentiam, immo quae est ipsa essentia operantis, intimior et perfectior et nobilior est et per consequens propinquior et magis penetrativa est rei intellectae quam ea intellectualis operatio, quae est per formam in alio, quae est extra essentiam operantis.

1. Aristoteles Latinus, *Ethica Nicomachea*, transl. Roberti Grosseteste Lincolniensis, Ed. R. A. Gauthier (AL XXVI 1-3), Leiden, E. J. Brill, 1972, p. 359 : *Optima et enim hec est operacio. Et enim intellectus, eorum que in nobis, et cognoscibilium, circa que intellectus.*

(7) D'une première façon, on discerne la totalité de la substance composée dans la composition de la forme et de la matière et selon ceci, l'opération ou la perfection, quant à l'opération la plus grande, ne peut pas être dite opération ou perfection d'une telle substance si elle n'appartient pas ou n'est pas communiquée à tout le composé ou à celui qui est conjoint.

(8) D'une autre façon, la totalité de la substance composée consiste dans l'agrégat de parties qui sont postérieures au tout comme la chair, les os, la main, le pied et les autres par lesquelles même la très puissante opération est communiquée. Cette opération est une perfection du fait que la chose existe, et ce, exclusivement à la manière de la fin, dans la mesure où de telles parties et leurs opérations sont requises afin d'être dans le tout par rapport à cette partie de la substance par laquelle est exercée son opération propre. D'une autre façon encore, à n'importe quel moment, cette opération propre et la perfection lui sont communiquées comme par une redondance en elle, dans la mesure où il arrive souvent qu'à partir de certaines appréhensions, la substance de l'animal soit transférée dans plusieurs de ses parties.

(9) A partir de ce qui a été dit, on peut donc conclure que l'homme est en vue de son opération propre, qui est sa perfection interne, et surtout qu'il est en vue de son opération la plus puissante. Or cette opération la plus puissante est une opération par l'intellect, selon le Philosophe au livre X de *l'Éthique*[1].

(10) Bien que notre faculté intellectuelle soit dite très puissante par rapport aux autres facultés inférieures, il y a toutefois dans cette faculté des degrés de nature et d'opération. Il y a donc ici ce qui est intellect par essence dont l'opération est l'essence, qui est le fond secret de notre âme et [correspond à] l'intellect agent. Il y a, également, là la cogitation manifeste qui correspond à l'intellect possible parce qu'elle est une certaine intellectualité et une forme participée dans un autre, à savoir dans l'homme. Un tel intellect n'intellige pas en effet, mais c'est l'homme qui intellige par lui en tant que forme qui lui appartient.

(11) Par ce qui a été dit, on constate que l'opération intellectuelle qui est par essence, et qui est même l'essence de celui qui opère, est plus intime, plus parfaite et plus noble et par conséquent plus proche ; ainsi, elle pénètre plus la chose intelligée que l'opération intellectuelle qui est par la forme dans un autre et qui est extrinsèque à l'essence de celui qui opère.

1. *Cf.* Aristote, *Ethique à Nicomaque*, X, 7, 1177a20, trad. J. Tricot, Paris, Vrin, 1990, p. 509 : « En effet, en premier lieu, cette activité est la plus haute, puisque l'intellect est la meilleure partie de nous-mêmes et qu'aussi les objets sur lesquels porte l'intellect sont les plus hauts de tous les objets connaissables. »

(12) Igitur secundum praedicta maxime et potissime est homo propter operationem, quae est intellectus per essentiam. Igitur per ipsam talem talis intellectus propriam operationem maxime et immediate homo habet uniri Deo in illa beata visione. De modo autem, quo talis operatio communicatur homini, ut sit hominis secundum totalitatem suae substantiae, infra ultimo articulo est agendum.

3. *Impossibile est visionem beatificam fieri per intellectum possibilem*

(1) De tertio principali articulo praemisso in principio huius tractatus nunc considerandum et est, quod illam visionem Dei per essentiam, quae nobis in beata vita promittitur, impossibile est immediate ad Deum fieri per intellectum possibilem.

3.1. *Reicitur quaedam rudis positio*

(1) Primum autem inconveniens, quod prima fronte in ingressu huius considerationis occurrit, est, quod illi, qui immediatam visionem Dei per essentiam dicunt fieri per intellectum possibilem, a directa et immediata visione Dei excludunt intellectum agentem quasi universaliter nihil intelligentem, cum tamen ipse sit id nobilius, quod Deus in natura intellectualis substantiae plantavit, ut supra satis actum est[1].

(2) Dicunt autem ipsum non omnino vacare et immunem esse ab omni operatione in illa beata visione, sed fortassis cooperatur intellectui possibili agendo aliquid circa phantasmata vel confortando et elevando ipsum intellectum possibilem ad talem gradum divinae visionis.

(3) Sed illud nihil est dicere. Cum enim huiusmodi visio sit perfectissima et nobilissima omnium operationum nostrarum, necessarium est eam reducere principaliter in id, quod est supremum et nobilissimum in nobis, quod est id, quod est intellectus per essentiam semper in actu. De modo autem infra agetur.

1. *Cf.* Theodoricus Teutonicus de Vriberg, *De visione beatifica*, *Proem.* (3) et *De visione beatifica*, 1.

(12) D'après ce qui a été dit plus haut, l'homme existe donc avant tout et au plus haut point en vue de son opération qui est intellect par essence. Par une telle opération, propre à cet intellect, l'homme a donc au plus haut point et de manière immédiate la possibilité d'être uni à Dieu dans la vision béatifique. Or, du mode selon lequel une telle opération est communiquée à l'homme de sorte qu'elle soit le propre de l'homme selon la totalité de sa substance, il en sera question dans le dernier article.

3. *Il est impossible que la vision béatifique soit réalisée par l'intellect possible*

(1) Il faut maintenant examiner le troisième des articles principaux annoncés au début de ce traité selon lequel il est impossible que la vision de Dieu par essence, qui nous est promise dans la vie bienheureuse et par laquelle nous voyons Dieu immédiatement, se réalise par l'intellect possible.

3.1. *On rejette une position grossière*

(1) La première difficulté, qui se présente de prime abord dans le début de cette étude, est que ceux qui disent que la vision immédiate de Dieu par essence est réalisée par l'intellect possible, excluent de la vision directe et immédiate de Dieu l'intellect agent comme s'il n'intelligeait, pour ainsi dire, rien universellement alors qu'il est lui-même l'élément le plus noble déposé par Dieu dans la nature de la substance intellectuelle, comme on l'a suffisamment traité plus haut[1].

(2) Ils disent que celui-ci ne peut cependant pas être absolument inactif et privé de toute opération dans la vision béatifique mais qu'il aide peut-être l'intellect possible, qui a une activité sur les images sensibles, en soutenant ou en élevant l'intellect possible lui-même jusqu'à un tel degré de vision de Dieu.

(3) Mais dire ceci ne veut rien dire. Bien que cette vision soit en effet la plus parfaite et la plus noble de toutes nos opérations, il est nécessaire qu'elle soit principalement référée à ce qui est en nous le plus élevé et le plus noble, c'est-à-dire ce qui est intellect par essence toujours en acte. De la modalité [de cette vision], il en sera question plus tard.

1. *Cf.* Dietrich de Freiberg, *Traité de la vision béatifique*, proème (3), et *Traité de la vision béatifique* 1.

(4) Quod autem dicunt de faciendo aliquid circa phantasmata, ergo saltem in visione beata, qua spiritus separati a corporibus vident Deum per essentiam, immunis esset ab omni operatione. In spiritibus enim separatis secundum eos phantasmata locum non habent.

(5) Quod autem dicunt de confortatione et elevatione, impossibile est retenta eorum suppositione de intellectu possibili. Supponunt enim ipsum etiam in illa beata visione esse ens in potentia quoad carentiam actus primi, qui consistit in habendo aliquam formam seu speciem. Confortari autem et elevari supponunt in ente, quod confortatur aut elevatur, saltem actum primum, quo res est id, quod est.

(6) Item elevatio talis et confortatio passiva necessario important aliquam dispositionem formalem secundum actum in re elevata et confortata. Actio enim in agente non est sine passione in patiente, immo actio et passio sunt unus et idem motus in patiente[1]. Talis autem formalis dispositio secundum actum existens in intellectu possibili non est nisi intellectualiter in eo. Quod enim recipitur in alio, est ibi per modum recipientis secundum Boethium[2]. Quod autem est intellectualiter in intellectu, necessarium est ipsum esse formam et speciem intelligibilem, qua operatur suam propriam operationem. Igitur secundum hoc per intellectum possibilem videretur Deus per speciem et per consequens non per essentiam. Sequeretur etiam ulterius, scilicet quod, si intellectus agens per dictum modum esset causa intellectui possibili videndi Deum, ipse intellectus

1. *Cf.* J. Hamesse, *Les Auctoritates Aristotelis, un florilège médiéval*, Louvain-Paris, Publications Universitaires-B. Nauwelaerts, 1974, «*Auctoritates III libri Physicorum Aristotelis*», p. 148, n° 101 : *Actio et passio sunt unus motus et in passo sicut in subjecto*.

2. Boethius, *De consolatione Philosophiae*, ed. C. Moreschini, 2000, l. V, 4, 24-25, p. 149, l. 70-75 : *Cuius erroris causa est quod omnia quae quisque novit ex ipsorum tantum vi atque natura cognosci aestimat quae sciuntur. Quod totum contra est; omne enim quod cognoscitur non secundum sui vim sed secundum cognoscentium potius comprehenditur facultatem.*; l. V, 4, 38, p. 150, l. 111-113 : *Videsne igitur ut in cognoscendo cuncta sua potius facultate quam eorum quae cognoscuntur utantur ?* ; l. V, 6, 1, p. 155, l. 1-3 : *Quoniam igitur (...) omne quod scitur non ex sua sed ex comprehendentium natura cognoscitur (...)*.

Sed vide potius : Anonymus, *Liber de causis*, IX (X), prop. 99, ed. A. Pattin, 1966, p. 72 : *Et similiter aliqua ex rebus non recipit quod est supra eam nisi per modum secundum quem potest recipere ipsum, non per modum secundum quem est res recepta.*

(4) Ils disent que [l'intellect agent] a une activité sur les images sensibles; or, dans le cas de la vision béatifique par laquelle les esprits séparés des corps voient Dieu par essence, [il s'ensuivrait qu'] il serait privé de toute opération. Dans les esprits séparés en effet, selon eux, les images sensibles n'ont pas de place.

(5) Ce qu'ils disent au sujet du soutien et de l'élévation ne vaut pas pour l'intellect possible, si l'on accepte leurs hypothèses. Ils supposent en effet que dans la vision béatifique, [l'intellect possible] est un étant en puissance en raison du manque d'acte premier qui consiste en la possession d'une certaine forme ou espèce. Ils supposent en effet que pour l'étant qui est soutenu et élevé, être soutenu et élevé est l'acte premier par lequel la chose est ce qu'elle est.

(6) De la même façon, une telle élévation et un tel soutien passifs impliquent nécessairement une disposition formelle en acte dans la chose élevée et soutenue. L'action dans l'agent n'est pas en effet sans passion dans le patient, et même, l'action et la passion sont un même mouvement dans le patient[1]. Or, une telle disposition formelle en acte existant dans l'intellect possible est uniquement de manière intellectuelle en lui. Ce qui est en effet reçu dans un autre est là sur le mode de celui qui reçoit selon Boèce[2]. Ce qui est intellectuellement dans l'intellect doit nécessairement être lui-même une forme et une espèce intelligible par laquelle il effectue son opération propre. Selon ceci, par l'intellect possible on verrait donc Dieu par une espèce, et non, par conséquent, par essence. Il s'ensuivrait ultérieurement que si l'intellect agent était cause de la vision de Dieu par l'intellect possible, de la manière énoncée, l'intellect agent verrait

1. *Cf.* J. Hamesse, *Les autorités d'Aristote, un florilège médiéval*, « Autorités sur le livre III de la *Physique* », 1974, p. 148, n° 101 : « L'action et la passion sont un unique mouvement dans celui qui pâtit comme dans le sujet. »

2. *Cf.* Boèce, *Consolation de Philosophie*, trad. E. Vanpeteghem, 2008, l. V, 4, 24-25, p. 135 : « La cause de cet égarement est que chacun estime que la connaissance de tout ce qu'il sait découle seulement du caractère et de la nature des choses même qui sont connues. Or c'est tout le contraire : en effet, tout ce qui est connu n'est pas compris selon son caractère propre, mais plutôt selon la capacité de ceux qui cherchent à connaître. » ; l. V, 4, 38, p. 303 : « Vois-tu donc que dans la connaissance, tous les modes usent de leur propre capacité plutôt que des propriétés de ce qui est connu ? » ; l. V, 6, 1, p. 311 : « Puisque (...) tout ce que l'on sait est connu non à partir de sa nature propre, mais à partir de la nature de ceux qui comprennent (...). »

Il faudrait aussi se rapporter à : Anonyme, *Livre des causes*, chap. IX, prop. 99, trad. P. Magnard, O. Boulnois, B. Pinchard, J.-L. Solère, 1990, p. 57 : « Et, pareillement, aucune des choses ne reçoit ce qui est au-dessus d'elle sinon sur le mode sur lequel elle peut le recevoir, et point sur le mode sur lequel la chose est reçue. »

agens altiore et nobiliore modo videret Deum, quia id, quod est in causato, altiore et perfectiore[1] modo invenitur in causa.

(7) Quod autem primo quasi pro suae positionis radice et fundamento inducunt, scilicet quod intellectus agens nihil intelligit, videtur mirandum magis quam quod aliquis multum debeat esse sollicitus ad hoc improbandum propter ruditatem positionis. Omnium enim probatorum philosophorum usque ad haec tempora positio fuit, quod intellectus agens non solum intelligit, sed quod est intellectus per essentiam semper in actu, quod patet discurrendo per singulos, quorum dicta pervenerunt ad nos.

(8) Praeterea sequeretur, quod intellectus agens non esset ens intellectuale in sui natura.

(9) Item sequeretur, quod ipse nihil ageret intellectualiter ex parte sui; ergo nihil intellectualiter ab eo procederet ex parte rei factae.

(10) Praeterea ipse inferioris gradus naturae esset quam sua causata. Efficit enim intellecta universalia separata, quibus inferior est omnis natura in sua substantia expers intellectus.

3.2. *Impossibile est intellectum possibilem Deum directe videre*

3.2. 1. *Enumerantur quattuor positiones et reicuntur duae primae*

(1) Remotis igitur dictis improbabilibus positionibus considerandum ad propositum, videlicet quod impossibile est illam beatam visionem immediate ad Deum fieri per intellectum possibilem.

(2) In illa enim beata visione, qua videtur per essentiam, intellectus possibilis aut est in potentia quantum ad utrumque, videlicet quoad carentiam actus primi et carentiam actus secundi, vel est in actu quantum ad actum primum, in potentia autem quantum ad actum secundum, qui est intelligere in actu, vel est in actu quantum ad actum secundum, in potentia autem quantum ad actum primum, vel est in actu quantum ad utrumque dictorum.

(3) Primi istorum modorum destruunt se ipsos et important contradictionem in proposito. Dicere enim per intellectum possibilem videre

1. *Cf.* Thomas de Aquino, *In I Sent.*, dist. 3, q. 2, a. 3, expositio textus, ed. P. Mandonnet, 1929, t. 1, p. 209 : *Quia causa semper est nobilior causato; unde si causatum est perpetuum, oportet quod causa prima sit aeterna; et sic de aliis.*; *In IV Sent.*, dist. 1, q. 1, a. 4, quaestiuncula 1, arg. 4, ed. M. F. Moos, t. 4, 1947, p. 27 : *In causa autem aequivoca est aliquid nobiliori modo quam in causatis, sicut calor in sole quam in aere; in causa autem univoca est aliquid eodem modo.*

lui-même Dieu d'une manière plus élevée et plus noble parce que ce qui est dans l'effet se trouve de manière plus élevée et plus parfaite dans la cause[1].

(7) Or ce qu'ils introduisent tout d'abord comme racine et fondement de leur position, à savoir que l'intellect agent n'intellige rien, semble trop effarant par sa grossièreté pour qu'on sollicite quelqu'un pour réfuter cette proposition. La position de tous les philosophes reconnus jusqu'à maintenant était que l'intellect agent n'intellige pas seulement, mais qu'il est intellect par essence toujours en acte, ce qui est clair pour celui qui parcourt les écrits parvenus jusqu'à nous.

(8) De plus, il s'ensuivrait que l'intellect agent ne serait pas un étant intellectuel dans sa nature.

(9) De la même manière, il s'ensuivrait qu'il ne produirait rien intellectuellement de son côté, donc rien ne procèderait de lui intellectuellement du côté de la chose produite.

(10) De plus, il appartiendrait à un degré de nature inférieur à celui de ses effets. Il produit en effet des choses intelligées séparées et universelles; or, toute nature qui ne participe pas de l'intellect dans sa substance est inférieure à celle-ci.

3.2. *Il est impossible pour l'intellect possible de voir Dieu directement*

3.2. 1. *On énumère quatre positions et on rejette les deux premières*

(1) Les positions insoutenables énoncées ayant été écartées, il faut maintenant, pour notre propos, examiner la position suivante : il est impossible que la vision bienheureuse immédiate de Dieu soit réalisée par l'intellect possible.

(2) Dans cette vision bienheureuse par laquelle on voit par essence, l'intellect possible est soit en puissance quant à l'un et l'autre, c'est-à-dire quant au manque d'acte premier et quant au manque d'acte second; soit il est en acte selon l'acte premier et en puissance selon l'acte second, qui est d'intelliger en acte; ou bien, il est en acte selon l'acte second et en puissance selon l'acte premier; ou encore il est en acte selon les deux.

(3) Les deux premières de ces possibilités se détruisent d'elles-mêmes en introduisant une contradiction dans le propos. Dire en effet que l'on voit

1. *Cf.* Thomas d'Aquin, *Commentaire sur le livre des Sentences*, l. I, d. 3, q. 2, a. 3, exp., éd. P. Mandonnet, 1929, p. 209 : « Parce que la cause est toujours plus noble que le causé, il importe alors que si le causé est perpétuel, la cause première soit éternelle, et ainsi pour le reste. » ; *ibid.* l. IV, d. 1, q. 1, a. 4, sous-question 1, arg. 4, éd. M.F. Moos, t. 4, 1947, p. 27 : « Or, dans la cause équivoque, il y a quelque chose d'un mode plus noble que dans les causés ; de même que la chaleur dans le soleil est plus noble que celle dans l'air, dans la cause univoque, cependant, il y a quelque chose du même mode. »

Deum per essentiam et subtrahere ei actum secundum, qui est intelligere et videre Deum per essentiam, contradictionem importat.

(4) Quamvis etiam, si scrupulosius aliquis considerare voluerit, necessarium sit dicere, quod ponendo actum primum in intellectu necessarium sit ponere actum secundum sumendo actum primum, sicut ipsi sumunt in proposito, qui loquuntur in materia ista, accipiendo actum primum id, quo res est aliquid non in habitu, sed in actu in substantia sua circumscripta eius operatione [1], sic igitur sumendo intellectum secundum actum primum necessarium est ipsum stare sub actu secundo, qui est intelligere.

(5) Est enim per se consequens, videlicet si intellectus habet speciem intelligibilem in actu, quod eo ipso intelligit, immo ulterius in intellectu actus primus et actus secundus sunt idem per essentiam, cum intelligere, quod dicunt actum secundum, sit operatio intra. Quarum operationum, quae sunt eiusdem generis, manentium intra operantem idem est principium et operatio. Alias, si differant, idem secundum idem educet se ipsum in actum.

(6) Praeterea, cum homo sit dominus actuum suorum, si forma seu species, qua intellectus est factus in actu, differret ab operatione, quae est intelligere, sequeretur, quod habens intellectum actu formatum specie simul cum hoc posset non intelligere, quod est absurdum, sicut citharoedus [2] vel aedificator actu speculantes formas artis suae nihilominus possunt non operari, quod contingit in operationibus transeuntibus in extra, in quibus differt operatio et principium operationis.

1. *Cf.* Thomas de Aquino, *De unitate intellectus contra Auerroistas*, c. IV, ed. Leon, 1976, p. 309, l. 155-158 : *Primum, quod habitus scientie est actus primus ipsius intellectus possibilis, qui secundum hunc fit actu et potest per seipsum operari.*; *Sentencia libri De anima III*, III, c. 2, ed. Leon, 1984, p. 209 : *(…), Nam antequam haberet habitum scientie, qui est primus actus, non poterat operari cum vellet; sed oportebat, quod ab altero reduceretur in actum; sed quando iam habet habitum scientiae, qui est actus primus, potest, cum voluerit, procedere in actum secundum qui est operatio*.

2. *Cf.* Aristoteles Latinus, *Metaphysica*, IX, 8, ed. G. Vuillemin-Diem (AL XXV, 3, 3), Leiden, E. J. Brill, 1995, transl. Guillelmi, p. 188 : *Quapropter* ET *videtur impossibile esse edificatorem esse* QUI *non* EDIFICAUIT *nichil aut citharedum* QUI *non* CITHARIZAUIT*; nam* ADDISCENS *citharizare citharizans* ADDISCIT *citharizare, similiter autem et alii.*

Dieu par essence par l'intellect possible et soustraire [à l'intellect possible] l'acte second qui est d'intelliger et de voir Dieu par essence implique une contradiction.

(4) Si quelqu'un voulait étudier ceci de manière plus scrupuleuse, [il verrait que] bien qu'il soit nécessaire de dire qu'en posant l'acte premier dans l'intellect, on doive nécessairement poser l'acte second en acceptant l'acte premier, comme ils l'entendent eux-mêmes en traitant de cette matière, [et] en comprenant par acte premier ce par quoi la chose est quelque chose, non pas par habitus mais en acte dans sa substance abstraction faite de son opération[1], il est nécessaire, en comprenant ainsi l'intellect selon l'acte premier, qu'il soit aussi selon l'acte second qui est d'intelliger.

(5) Par conséquent, si l'intellect a en effet une espèce intelligible en acte, et que par ce fait même il intellige, alors l'acte premier et l'acte second seront d'autant plus identiques par essence dans l'intellect parce que l'intelliger, qu'ils appellent acte second, est une opération interne. Le principe et l'opération de ces opérations qui sont du même genre et qui demeurent à l'intérieur de celui qui opère sont identiques. Autrement, s'ils différaient, le même selon le même s'actualiserait lui-même.

(6) De plus, bien que l'homme soit maître de ses actes, si la forme ou l'espèce, par laquelle l'intellect est devenu en acte, différaient de l'opération, qui est d'intelliger, il s'ensuivrait que ayant l'intellect en acte formé par l'espèce, il ne pourrait pas, malgré cela, intelliger à ce moment là, ce qui est absurde; il en va comme du joueur de cithare[2] ou de l'architecte qui peuvent se représenter en acte les formes de leur art et pourtant peuvent ne pas les réaliser, ce qui se produit dans des opérations transitives où l'opération et le principe de l'opération diffèrent.

1. *Cf.* Thomas d'Aquin, *De l'unité de l'intellect*, IV, 90, trad. A. de Libera, Paris, Flammarion, 1994, p. 167 : « Premièrement, que l'habitus du savoir est l'acte premier de l'intellect possible lui-même : c'est par lui que l'intellect passe à l'acte et peut opérer tout seul. » ; *Commentaire du traité de l'Âme d'Aristote*, l. III, chap. II, trad. J.M. Vernier, 1999, p. 342 : « (...), car avant de posséder l'habitus de la science, qui est un acte premier, il ne pouvait agir quand il le voulait, mais il fallait qu'il soit réduit en acte par un autre ; mais quand il possède déjà l'habitus de la science qui est un acte premier, il peut, quand il veut, passer à l'acte second qu'est l'activité. »

2. *Cf.* Aristote, *Métaphysique*, IX, 8, 1049b29-33, trad. J. Tricot, rééd., Paris, Vrin, 1991, t. 2, p. 45 : « Aussi est-il impossible, ce semble, d'être architecte, sans avoir rien construit, ou joueur de cithare, sans avoir joué de la cithare, car celui qui apprend à jouer de la cithare, apprend à jouer de la cithare en jouant de la cithare. De même pour tous les autres cas où l'on apprend. »

(7) Unde et Philosophus in II *De anima*[1] et in VIII *Physicorum*[2] non ponit nisi unum actum, qui est forma cum sua operatione manente intra operantem, quem actum condividit contra habitum, quem vocat actum primum, sicut ad invicem se habent actu considerare et scientia in habitu. Unde secundum Philosophum in dictis locis sciens in potentia non est nisi dupliciter in potentia : primo videlicet, ut acquirat habitum scientiae, et habens habitum scientiae est in potentia ad actu considerare. Si enim differret actus formae intellectualis ab intelligere, habebat Philosophus ponere triplicem gradum potentiae, unum videlicet respectu scientiae in habitu, alium respectu formae intellectualis in actu, tertium respectu considerationis actualis, quod non invenitur apud Philosophum.

(8) Sic ergo primi duo modi quattuor enumeratorum sunt incompossibiles illi beatae visioni.

3.2. 2. *Reicitur tertia positio*

(1) Considerandum igitur de tertio, qui est, quod intellectus possibilis sit ens potentia quantum ad carentiam actus primi, qui est forma vel species aliqua actuans ipsum formaliter, est autem in actu quantum ad actum secundum, qui est intelligere et videre Deum per essentiam.

(2) Patet hoc stare non posse. Primo ex eo, quod hic immediate conclusum est, videlicet quod operatio intellectualis, quae est intelligere, non differt a forma seu specie, quae est actus primus intellectus. Ergo si intelligit, ipsa intellectio est actus primus et forma seu species intellectus.

(3) Item nihil est aliquam realem operationem eliciens seu exercens nisi secundum rationem alicuius principii formalis in operante, quod est actus et modum formae habens. Quod patet per sufficientem inductionem in omnibus activis et passivis. Quamvis enim substantiae proprium sit agere et pati et universaliter operari, non tamen facit ista nisi ex aliquo principio secundum actum intrinseco sibi, intrinseco, inquam, non modo secundum situm, sed secundum formam et actum suum, quo formaliter actuatur, ut possit esse principium alicuius, quod est secundum actum.

1. *Cf.* Aristoteles Latinus, *De anima*, II, 1, transl. M. Scoti, *in* Averroes, *In Aristotelis De anima III*, ed. F. S. Crawford, 1953, p. 130-134, transl. Jacobi Venetici, *in* Anonymi Magistri artium, *Lectura in librum de anima a quodam discipulo reportata*, ed. R. Gauthier, 1985, p. 135 et 148 ; transl. Guillelmi, *in* Thomas de Aquino, *Sentencia libri de anima*, ed. Leon. 1984, p. 66.

2. *Cf.* Aristoteles Latinus, *Physica*, VIII, 4, transl. Vetus, ed. F. Bossier et J. Brams (AL VII, 1), Leiden, E. J. Brill, 1990, p. 294.

(7) C'est pourquoi au livre II du *De l'Âme*[1] et au livre VIII de la *Physique*[2], le Philosophe pose seulement un acte qui est forme et demeure avec son opération à l'intérieur de celui qui opère, et qu'il distingue de l'habitus qu'il appelle acte premier; [tous deux] se rapportent l'un à l'autre de la même manière que la science en acte [se rapporte] à la science en habitus. C'est pourquoi, selon le Philosophe dans les passages mentionnés, savoir en puissance n'est possible que de deux manières: premièrement, lorsqu'on acquiert l'habitus de la science, et secondement, ayant l'habitus de la science, [lorsqu'] elle est en puissance par rapport à l'acte de la science. Si en effet l'acte de la forme intellectuelle différait de l'intelliger, le Philosophe aurait posé un triple degré de puissance, c'est-à-dire un degré par rapport à la science en habitus, un autre par rapport à la forme intellectuelle en acte et un troisième par rapport à la science actuelle, mais on ne trouve pas cela chez le Philosophe.

(8) Ainsi les deux premières des quatre possibilités énoncées sont donc incompatibles avec la vision béatifique.

3.2.2. *On rejette la troisième position*

(1) Il faut considérer le troisième mode selon lequel l'intellect possible serait un étant en puissance en raison de son manque d'acte premier, qui est une certaine forme ou espèce le faisant passer à l'acte formellement, mais [serait] en acte quant à l'acte second qui est d'intelliger et de voir Dieu par essence.

(2) Il est donc clair que ceci ne tient pas. Premièrement, [c'est] à cause de ce qui a été immédiatement conclu, c'est-à-dire que l'opération intellectuelle qui est d'intelliger ne diffère pas de la forme ou de l'espèce qui est l'acte premier de l'intellect. Donc, s'il intellige, cette intellection même est l'acte premier et la forme ou l'espèce de l'intellect.

(3) De plus, rien ne produit ou n'exerce son opération réelle si ce n'est d'après un certain principe formel dans celui qui opère, qui est en acte et a le mode de sa forme. Ceci est clair par une induction adéquate à partir de toutes les choses actives et passives. En effet, bien que le propre de la substance soit d'agir, de pâtir et d'opérer universellement, elle ne fait cependant cela qu'à partir d'un principe qui lui est intrinsèque selon l'acte; intrinsèque dis-je, non seulement selon la position, mais aussi selon sa forme et son acte par lequel elle passe à l'acte formellement, de sorte qu'elle puisse être le principe de quelque chose selon l'acte.

1. *Cf.* Aristote, *De l'Âme*, II, 1, 412a10-25 trad. R. Bodeüs, 1993, p. 135-137.

2. *Cf.* Aristote, *Physique*, VIII, 4, 255a30 – 255 b 5, trad. P. Pellegrin, Paris, Flammarion, 2000, p. 403.

Numquam enim ignis calefaceret per quamcumque caloris assistentiam vel intraneitatem, nisi calor esset aliquis actus eius et forma. Nec passivum umquam aliquid pateretur ab activo, nisi ipsum passivum esset aliquid secundum actum alicuius formae. A calido enim et frigido numquam aliquid pateretur, nisi esset actu humidum vel siccum. Unde secundum hoc dicit Philosophus in VII *Metaphysicae*[1], quod, si materia prima esset sine omni forma, nihil ex ea generaretur.

(4) Sic ergo requiritur in agente et universaliter operante aliquis actus formalis, quo agat, similiter autem et in patiente suo modo, ut dictum est. Agere enim et pati necessario supponunt ens in actu tam in agente quam in patiente, nisi sit aliquid, quod non educitur de potentia aliqua subiecta, sed se toto producitur in esse Sed hoc magis est fieri quam pati. Sed et in huiusmodi activis et passivis attenditur etiam forma quasi media, videlicet ipsa formalis dispositio, quae ab agente influitur in passum, sine qua nec intelligi potest esse actionem et passionem. Actio enim et passio in physicis sunt unus motus in mobili secundum Philosophum III *Physicorum*[2], et sic se habet universaliter in quibuscumque activis et passivis.

(5) Sequitur igitur intellectum possibilem in quacumque sua operatione intellectuali, sive habeat rationem activi principii suae operationis sive passivi respectu sui obiecti, necessario stare sub aliquo actu formali, et sic patet impossibile esse intellectum possibilem intellectualiter operari et tamen nihilominus carere forma seu specie, quae est actus eius primus, ut dicunt.

3.2. 3. *Instantia de lumine gloriae et responsio*

(1) Sed dicunt[3], quod intellectus possibilis lumine gloriae elevatur, ut possit in dictam operationem suam et visionem Dei per essentiam absque actu suo primo, qui est forma vel species intelligibilis.

1. *Cf.* Aristoteles Latinus, *Metaphysica*, VII, 7, transl. Guillelmi, ed. G. Vuillemin-Diem (AL XXV, 3, 3), 1995, p. 144-145.

2. *Cf.* Aristoteles Latinus, *Physica*, III, 3, transl. Vetus, ed. F. Bossier et J. Brams (AL VII, 1), 1990, p. 108 : *Omnino autem dicere est : neque doctio cum doctrina neque actio cum passione idem proprie est, sed cui insunt hec, motus est ; hoc enim huius in hoc et huius actum esse alterum ratione est.*

3. Verbi gratia : Thomas de Aquino, *Summa theologiae*, I, 12, 5, resp., ed. Leon., 1888, p. 123 : *Cum igitur virtus naturalis intellectus creati non sufficiat ad Dei essentiam videndam, ut ostensum est, oportet quod ex divina gratia superaccrescat ei virtus intelligendi. Et hoc augmentum virtutis intellectivae illuminationem intellectus vocamus ; sicut et ipsum intelligibile vocatur lumen vel lux.* ; Bernardus de Trilia, *Quaestiones disputatae de cognitione animae separatate*, ed. P. Künzle, Berne, Francke, 1969, q. VI, p. 178 : *Quare ad hoc, quod essentia divina uniatur ut forma intelligibilis intellectui creato, requiritur necessario quod intellectus per*

Le feu ne brûlerait en effet jamais avec l'aide ou la présence en lui de la chaleur si la chaleur n'était pas son acte et sa forme. Quelque chose de passif ne subirait jamais quelque chose d'actif, si ce passif n'était pas quelque chose selon l'acte d'une certaine forme. Quelque chose ne subirait jamais le chaud et le froid s'il n'était pas humide ou sec en acte. C'est pourquoi, selon ce que dit le Philosophe au livre VII de la *Métaphysique*[1], si la matière première était sans forme, rien ne serait engendré à partir d'elle.

(4) On trouve donc, de la même manière, dans ce qui agit et qui opère universellement, un certain acte formel par lequel il agit, comme dans le patient, à sa manière, comme on l'a dit. Agir et pâtir supposent nécessairement un étant en acte tant dans l'agent que dans le patient, à moins qu'il y ait quelque chose qui ne soit pas produit par une certaine puissance présente en lui mais qui se produit entièrement dans l'être. Ceci correspond cependant plus au produire qu'au pâtir. On observe dans les choses actives et passives de cette sorte une forme, pour ainsi dire intermédiaire, c'est-à-dire une disposition formelle qui coulerait depuis l'agent vers le passif et sans laquelle on ne pourrait comprendre qu'il y a action et passion. L'action et la passion dans [le domaine de] la physique sont en effet un seul mouvement dans le mobile selon le Philosophe au livre III de *La Physique*[2] et ainsi, il se trouverait universellement dans toutes les choses actives et passives.

(5) Il s'ensuit donc que l'intellect possible, dans n'importe laquelle de ses opérations intellectuelles – ayant soit la raison du principe actif de son opération soit la raison du [principe] passif par rapport à son objet – se tient nécessairement sous un certain acte formel et ainsi, il est évident qu'il est impossible que l'intellect possible opère intellectuellement et qu'il lui manque pourtant la forme ou l'espèce qui est son acte premier, comme ils le disent.

3.2.3. *Objection de la lumière de gloire et réponse*

(1) Mais ils disent[3] que l'intellect possible est élevé par la lumière de gloire de sorte qu'il ait la capacité de cette opération et de la vision de Dieu par essence sans son acte premier, qui est la forme ou l'espèce intelligible.

1. *Cf.* Aristote, *Métaphysique*, VII, 7, 1032b30 – 1033 a 23, trad. J. Tricot, rééd. 1991, t. 1 p. 263-264.

2. *Cf.* Aristote, *Physique*, III, 3, 202b19-22, trad. P. Pellegrin, 2000, p. 170-171 : « Et, pour parler en termes généraux, ni l'enseignement n'est au sens strict la même chose que l'apprentissage, ni l'action la même chose que la passion, mais <ce qui est la même chose c'est> ce à quoi ces <propriétés> appartiennent, à savoir le mouvement. »

3. Voir, par exemple : Thomas d'Aquin, *Somme théologique*, I, q. 12, a. 5, rép., trad. A.M. Roguet, 1984, p. 227 : « Puisque la vertu naturelle de l'intellect créé ne suffit pas à

(2) Sed hoc stare non potest. Si enim lumen gloriae sit in intellectu, non erit nisi forma seu species intelligibilis in intellectu. Quidquid enim est in intellectu, est ibi intellectualiter, quia omne, quod recipitur in alio, est ibi per modum recipientis [1]. Igitur lumen, quod ponitur, erit forma seu formalis actus intellectus.

(3) Si autem tale lumen ponatur in essentia animae et non in intellectu, ergo adhuc intellectus manet in sua substantia ens in potentia ad eliciendam praedictam operationem nec potest essentia intellectus immediate elicere operationem, ad quam est in potentia secundum suam substantiam, nisi in sua substantia immediate recipiat aliquid formale, quod sit ratio et principium secundum actum eliciendi talem operationem.

aliquam dispositionem naturae suae superadditam ad hoc elevetur. Dispositio autem perficiens intellectum possibilem ad actum intelligendi non potest intelligi nisi duplex, quia vel species intelligibilis visionem determinans, vel lumen intellectuale potentiam visivam confortans et coadiuvans. (...), ista dispositio qua intellectus creatus elevatur ad videndum Deum per essentiam, sit lumen aliquod spirituale, non quidem lumen aenigmaticum, quale est lumen fidei, sed potius lumen clarum et limpidum, quod succedit ei, quod est lumen gloriae. (...). Unde lumen gloriae in visione Dei per essentiam non se habet in ratione medii repraesentantis, sed potius solum in ratione medii disponentis et confortantis.; Egidius Romanus, *Quodlibet*, III, q. 14, revisa, correcta, et varie illvstrata stvdio Petri Damasi de Coninck, Louvain, Typis H. Nempaei, 1646, p. 174 A : *Si ergo per speciem velimus intelligere ipsam intellectionem, cum divina essentia hoc modo intelligatur ab intellectu creato (quia existens praesens ibi intellectui causat intellectionem suiipsius) eo quod intellectio non sit ipsa divina essentia, intelligitur per speciem; quia intelligitur per ipsam intellectionem. Sed si per speciem velimus intelligere aliquid aliud ab intellectione, ut, id quod intellectionem causat : tunc divina essentia non intelligitur per speciem aliam : quia ipsa per seipsam causat intellectionem sui ipsius in intellectu.*

Hoc quidem modo imaginabimur divinam essentiam hoc facere, nam ipsa semper est praesens intellectui. Attamen intellectus non semper est dispositus, ut possit suscipere intellectionem ejus : quia lumen naturale non habilitat, nec disponit intellectum sufficienter ad hoc, nec etiam lumen fidei sed adveniente lumine gloriae intellectus elevabitur et disponetur, ut possit recipere intellectionem essentiae divinae.

Godefridus de Fontibus, *Quodlibet* V, q. 9, ed. M. de Wulf et J. Hoffmans, Louvain, Institut supérieur de philosophie, 1914, p. 34 : *Sed ut dictum est, lumen intellectus agentis sufficienter elevat et perficit intellectum possibilem ut praesente objecto sibi proportionato fiat in actu secundum illud, sed non sufficit respectu primi intelligibilis quantum ad immediatam visionem; sed ultra lumen connaturale intellectus agentis, requiritur lumen supernaturale scilicet lumen gloriae, elevans et illustrans intellectum possibilem sic quod idoneitas quaedam in ipso fit per hoc ad hoc ut fiat in actu visionis huiusmodi immediatae. Huiusmodi enim lumen gloriae non habet secundum actionem respectu obiecti, scilicet respectu Dei, quae attribuitur lumini intellectus agentis respectu obiectorum materialium.*

1. Vide « Notes complémentaires », n° 2, p. 366.

(2) Mais ceci ne peut pas tenir. Si la lumière de gloire était en effet dans l'intellect, elle serait uniquement forme ou espèce intelligible dans l'intellect. Tout ce qui est en effet dans l'intellect s'y trouve intellectuellement, parce que tout ce qui est reçu dans un autre s'y trouve sur le mode de celui qui reçoit[1]. La lumière postulée sera donc forme ou acte formel de l'intellect.

(3) Et si une telle lumière est posée dans l'essence de l'âme et non dans l'intellect, cet intellect demeurera donc, dans sa substance, un étant en puissance pour réaliser l'opération mentionnée auparavant et l'essence de l'intellect ne pourra pas réaliser immédiatement l'opération par rapport à laquelle il est en puissance selon sa substance, à moins que l'intellect ne reçoive immédiatement dans sa substance quelque chose de formel qui est la raison et le principe selon l'acte de choisir une telle opération.

voir l'essence divine, ainsi qu'on l'a montré, il faut donc que par un effet de la grâce divine cette vertu en lui soit surdéveloppée. Et cet accroissement de force intellectuelle, nous l'appelons une illumination de l'intellect, comme nous appelons l'intelligible lui-même une lumière, un éclat. »

Bernard de Trilia, *Questions disputées sur la connaissance de l'âme séparée*, q. VI, éd. P. Künzle, Berne, 1969 : « c'est pourquoi, afin que l'essence divine s'unisse comme forme à l'intellect créé, il faut nécessairement que l'intellect soit élevé à cet acte par une certaine disposition surajoutée à sa nature. Or la disposition qui parfait l'intellect pour l'acte d'intelliger ne peut être comprise que de deux manières : ou bien parce que l'espèce intelligible détermine la vision ou bien parce que la lumière intellectuelle conforte et assiste la puissance de vision. (...) Cette disposition par laquelle l'intellect créé est élevé pour voir Dieu par essence serait une certaine lumière spirituelle, non pas une lumière énigmatique, qui est la lumière de la foi, mais plutôt une lumière claire et limpide, qui lui succède et qui est la lumière de gloire. (...). C'est pourquoi la lumière de gloire, dans la vision par essence de Dieu, ne consiste pas dans la raison qui serait le medium de la représentation, mais uniquement dans la raison qui serait le medium de la disposition et de la confortation. »

Gilles de Rome, *Quodlibet* III, q. 14, revisa, correcta, et varie illvstrata stvdio Petri Damasi de Coninck, 1646, p. 174 A : « Si nous comprenons donc par le terme « espèce » l'intellection elle-même, lorsque l'essence divine est intelligée de cette manière par l'intellect créé (parce qu'en étant présente à l'intellect elle-même cause l'intellection), pour la raison que cette intellection n'est pas l'essence divine elle-même, [l'essence divine] est intelligée par une espèce parce qu'elle est intelligée par l'intellection elle-même. Mais si par le terme « espèce », nous comprenons quelque chose différent de l'intellection, qui ainsi causerait l'intellection, alors l'essence divine n'est pas intelligée par une autre espèce parce qu'elle-même cause, par elle-même, son intellection d'elle-même dans l'intellect. Nous imaginerons que l'essence divine procède de cette sorte car elle est toujours présente à l'intellect. Cependant, l'intellect n'est pas toujours disposé à pouvoir recevoir son intellection. Parce que la lumière naturelle n'habilite ni ne dispose suffisamment l'intellect à <cette intellection>, l'intellect sera alors élevé et disposé à recevoir cette intellection de l'essence divine non pas par la lumière de la foi, mais par la lumière de gloire parvenant à l'intellect, . »

Voir aussi Godefroid de Fontaines, *Quodlibet*, V, q. 9.

1. *Cf.* note complémentaire n° 2, p. 366.

(4) Cuius rei necessitatem manifeste videmus, si ulterius extendamus considerationem nostram ad id, quod est intellectus possibilis per suam essentiam. Circumscripta enim essentia animae et organo corporali et phantasmatibus si sumamus id, quod pure est intellectuale ipsius, hoc non est nisi quaedam possibilitas seu species intelligibilis in potentia, quae non educitur in actum ex potentia alicuius subiecti, cum ipsa talis species sit simplex et quid separatum et universale. Nec ex dicta possibilitate et ipsa specie fit compositio, sed potius talis possibilitas transit in actum speciei et fit ipsa species intelligibilis in actu, ut dicit Alexander[1] et Alpharabius[2] in libris suis *De intellectu et intelligibili* et Commentator *Super De anima*[3], scilicet quod species intelligibilis fit ipse intellectus, quando quis actu intelligit. Et hoc est, quod dicit Philosophus III *De anima*[4], quod intellectus possibilis « nihil est eorum, quae sunt, antequam intelligat. »

(5) Quantum enim ad pure intellectuale suum constat secundum hoc, quod non est ens in actu.

1. *Cf.* Alexander Aphrodisiensis., *De intellectu et intellecto*, ed. G. Théry, 1926, p. 76 : *Intellectus enim in natura sua, non est aliud quam forma intellecta, et ideo unaqueque istarum non est intellecta absolute ; sed cum intelliguntur fiunt intellectus, sicut sciencia que est in effectu non est nisi quod est scitum in effectu ; et quod est scitum in effectu, non est nisi sciencia que est in effectu, quia est quiddam, quod, cum apprehendit sciencia que est in effectu, sit scitum quod est in effectu ; et ideo sensus qui est in effectu est id quod est sensatum in effectu ; sensatum vero quod est in effectu est sensus qui est in effectu. Similiter eciam intellectus qui est in effectu est id quod est intellectum in effectu et intellectum in effectu est intellectus in effectu.* Vide etiam : Averroes, *In Aristotelis De anima III*, Comm. 8, ed. F. S. Crawford, 1953, p. 420, l. 19.

2. *Cf.* Alpharabius, *De intellectu et intellecto*, ed. Gilson, 1929, p. 118-119, l. 126-128 : *Igitur intencio de hoc quod ipsa est intelligens in effectu et intellectus in effectu et intellectum in effectu una et eadem intencio est et ad unam et eamdem intencionem est*.

Vide etiam : Averroes, *In Aristotelis De anima III*, Comm. 8, ed. F. S. Crawford, 1953, p. 420, l. 19.

3. *Cf.* Averroes, *In Aristotelis De anima III*, Comm. 5, ed. F. S. Crawford, 1953, p. 404, l. 503-508 : *Et est etiam manifestum quod materia et forma copulantur adinvicem ita quod congregatum ex eis sit unicum, et maxime intellectus materialis et intentio intellecta in actu ; quod enim componitur ex eis non est aliquod tertium aliud ab eis sicut est de aliis compositis ex materia et forma.*

4. *Cf.* Aristoteles Latinus, *De anima*, III, 4, transl. M. Scoti, *in* Averroes, *In Aristotelis De anima III*, ed. F.S. Crawford, 1953, p. 387 : *Illud igitur de anima quod dicitur intellectus (et dico intellectum illud per quod distinguimus et cogitamus) non est in actu aliquod entium antequam intelligat.* ; transl. Jacobi Venetici, *in* Anonymi Magistri artium, *Lectura in librum de anima a quodam discipulo reportata*, ed. R. Gauthier, 1985, p. 445 : *Set ad hoc quod possibilis sit uocatus anime intellectus. Dico autem intellectum quo opinatur et intelligit anima ; et hic nichil est actu eorum que sunt ante intelligere ;* transl. Guillelmi, *in* Thomas de Aquino, *Sentencia libri de anima*, ed. Leon. 1984, p. 201 : *Vocatus itaque anime intellectus (dico autem intellectum quo opinatur et intelligit anima) nichil est actu eorum que sunt ante intelligere.*

(4) Nous voyons clairement la nécessité de ces paroles si nous étendons notre examen à ce qu'est l'intellect possible par essence. Si nous nous penchons sur ce qui de lui-même est purement intellectuel, abstraction faite de l'essence de l'âme, de l'organe corporel et des images sensibles, cela n'est pas à moins qu'une certaine possibilité ou une espèce intelligible en puissance ne soit pas amenée vers l'acte depuis la puissance d'un sujet, parce qu'une telle espèce est simple, est quelque chose de séparé et d'universel. A partir de cette possibilité et de l'espèce elle-même, il n'en résulte pas une composition mais une telle possibilité passe plutôt à l'acte de l'espèce et devient elle-même espèce intelligible en acte comme le disent Alexandre[1] et Al Fârâbî[2] dans leur livre *L'intellect et l'intelligible* et comme le dit le Commentateur dans son *Commentaire du livre III du De l'Âme*[3], à savoir que l'espèce intelligible devient elle-même intellect lorsque quelqu'un intellige en acte. C'est aussi ce que dit le Philosophe au livre III du *De l'Âme*[4], que « l'intellect possible n'est effectivement aucune des réalités avant d'intelliger. »

(5) Quant à ce qui est purement intellectuel en l'intellect possible, c'est un fait établi, selon ce qui précède, qu'il n'est pas un étant en acte.

1. Alexandre d'Aphrodise, *L'intellect et l'intelligé*, éd. G. Théry, 1926, p. 76 : « L'intellect, en effet, dans sa nature, n'est pas autre chose que la forme intelligée ; ainsi chacune d'elle n'est pas intelligée absolument ; mais après avoir été intelligées, elles deviennent l'intellect, comme la science qui est en acte n'est rien d'autre que ce qui est su en acte, et ce qui est su en acte n'est rien d'autre que la science en acte, parce que toute chose, quelle qu'elle soit, lorsqu'elle est appréhendée par la science en acte, est ce qui est su en acte ; et ainsi le sens qui est en acte est ce qui est senti en acte, quant au sentir qui est en acte, il est le sens qui est en acte. De la même manière, l'intellect qui est en acte est ce qui est intelligé en acte et ce qui est intelligé en acte est l'intellect en acte. »

Voir aussi : Averroès, *Grand commentaire du De l'Âme*, III, comm. 8, trad. A. de Libera, dans Averroès, *L'intelligence et la pensée, Grand commentaire du De Anima, l. III*, 1998, p. 88.

2. Al Fârâbî, *L'intellect et l'intelligé*, Gilson, 1929, p. 133 : « Ainsi donc le sens de ces expressions : être intelligent en acte, intellect en acte et intelligible en acte est un seul et même sens et veut dire une seule et même chose. » Voir aussi : Averroès, *Grand commentaire du De l'Âme*, III, comm. 8, trad. A. de Libera, dans Averroès, *L'intelligence et la pensée, Grand commentaire du De Anima, l. III*, 1998, p. 88.

3. Averroès, *Grand commentaire du De l'Âme*, III, comm. 5, trad. A. de Libera, dans Averroès, *L'intelligence et la pensée, Grand commentaire du De Anima, l. III*, 1998, p. 73 : « Et il est aussi manifeste que la matière et la forme s'unissent l'une à l'autre d'une manière telle que l'agrégat qui en résulte ne fait qu'un. C'est par excellence le cas de l'intellect matériel et de l'« intention » intelligible en acte : ce qui se compose à partir d'eux n'est pas une troisième [chose] distincte d'eux, comme c'est le cas des autres composés de matière et de forme. »

4. Aristote, *De l'Âme*, III, 4, 429a24. *Cf.* note 1, p. 175.

(6) Sed nec est ens in potentia secundum aliquam sui incohationem in quocumque subiecto, ut sit necessarium ipsum educi de potentia subiecti in actum, sed se toto modo simplici fit ens actu, immo fit ens actus suus simplex, qui productionis modus competit entibus simplicibus, si qua exeunt in esse, ut dicit Philosophus in VIII *Metaphysicae*[1] de entibus, in quibus nec est materia sensibilis nec intelligibilis, scilicet quod non educuntur de potentia alicuius materialis subiecti.

(7) Cum igitur secundum iam dicta intellectus possibilis in sua essentia sit pura possibilitas et ens potentia, impossibile est ipsum aliquam operationem exercere manente eo in tali gradu essendi. Oportet igitur ipsum fieri sub aliquo actu formali, quo possit elicere suam operationem, et sic non manebit ens potentia quantum ad carentiam actus primi Patet hoc maxime, si dicatur, quod operatio sua talis, de qua agitur, sit actus eius primus.

3.2.4. *Alia instantia et responsio*

(1) Fortassis autem non recipient sententiam dictorum philosophorum iam dictam, sed retorquebunt dicta eorum in alium sensum dicentes, quod intellectus possibilis etiam quantum ad purum intellectuale suum est aliquod ens in actu in sua substantia, quamvis sit ens in potentia respectu speciei intelligibilis, et sic absque specie potest elicere saepe dictam operationem, qua videat Deum per essentiam.

(2) Sed istud dicere non est nisi multiplicare inconveniens.

(3) Et primo quoad hoc, quod contradicit sententiae dictorum philosophorum secundum manifestum verborum suorum, ut patet intuenti.

(4) Secundo, ut commemorentur aliqua eorum, quae in tractatu *De intellectu et intelligibili*[2] plenius declarari habent, advertendum, quod, si essentia intellectus possibilis est talis, ut dicunt, cum ergo sit quoddam ens in actu in sua essentia et simplex absque quarumcumque partium aggregatione et separatum immune ab omni extranea natura, necessarium est ipsum esse intellectum in actu et semper actu intelligere. Hoc autem concluditur ex actuali eius existentia et ex modo

1. *Cf.* Aristoteles Latinus, *Metaphysica*, VIII, 6, ed. G. Vuillemin-Diem (AL XXV, 3, 3), 1995, transl. Guillelmi, p. 177 : *Est autem materie alia intellectualis alia* SENSIBILIS, *et semper rationis hoc quidem materia illud vero actus est, ut circulus figura superficialis*.

2. *Locus non inventus.*

(6) Mais il n'est pas un étant en puissance selon une inchoation dans n'importe quel sujet, de sorte qu'il serait nécessaire que lui-même passe de la puissance du sujet à l'acte. Il devient, au contraire, de lui-même, par un mode simple, un étant en acte, et plus encore, l'étant devient son acte simple. Ce mode de production appartient aux étants simples; si de tels étant accèdent à l'être, ils ne sont pas tirés de la puissance d'un certain sujet matériel, comme le dit le Philosophe au livre VIII de la *Métaphysique*[1] [lorsqu'il traite] des étants dans lesquels il n'y a ni matière sensible, ni matière intelligible.

(7) Donc, selon ce que l'on a déjà dit, comme l'intellect possible dans son essence est pure possibilité et étant en puissance, il est impossible qu'il exerce lui-même une opération en demeurant dans un tel degré d'être. Il faut alors qu'il devienne lui-même un acte formel duquel il pourra tirer son opération, et ainsi, il ne demeurera pas un étant en puissance en raison de son manque d'acte premier. Ceci est véritablement clair si l'on dit qu'une telle opération, dont il s'agit ici, est son acte premier.

3.2.4. *Autre objection et réponse*

(1) Or ils n'accepteront peut-être pas la doctrine de ces philosophes, mais ils donneront aux paroles de ceux-ci un autre sens en disant que l'intellect possible, même quant à son pur être intellectuel, est un étant en acte dans sa substance bien qu'il soit un étant en puissance par rapport à l'espèce intelligible. Ainsi, en dehors de l'espèce, il peut réaliser cette opération par laquelle il verra Dieu par essence.

(2) Mais dire ceci n'est que multiplier les difficultés.

(3) Premièrement sur ce point, cela contredit les doctrines de ces philosophes, selon le sens manifeste de leurs paroles, comme peut le voir clairement celui qui les lit.

(4) Secondement, comme le rappellent certaines déclarations de *L'intellect et de l'intelligible*[2], il faut faire attention à ceci : si l'essence de l'intellect possible est telle qu'ils le disent, puisqu'elle est donc un certain étant en acte dans son essence et simple, sans agrégat de ses parties, séparée et exempte de toute nature extérieure, il est nécessaire que l'intellect possible soit un intellect en acte et soit toujours en acte d'intelliger. Or, ceci est conclu à partir de son existence actuelle et à partir de son mode de

1. *Cf.* Aristote, *Métaphysique*, VIII 6, 1045a33-36, trad. J. Tricot, rééd. 1991, t. 2 p. 19 : « Il y deux sortes de matière, la matière intelligible et la matière sensible, et il y a toujours, dans la définition, d'un côté la matière, d'un autre, l'acte : par exemple, le cercle est une figure plane. »

2. Renvoi non identifiable.

separationis eius et immunitate et puritate ab omni extranea natura considerata etiam cum hoc simplicitate eius in sua substantia. Suppositis enim iam dictis modis et condicionibus essentiae suae manifestum est, quod in essentia sua sibi ipsi toti se toto praesens est et se totum se toto penetrat et se toto in se totum convertitur sua propria operatione, quae est perfectio eius intranea, qua non destituitur ipse sicut nec quaecumque alia res perfecta et per se et secundum se intenta a natura. Haec autem sua propria operatio est intelligere, nec hoc quocumque modo, sed intelligere per suam essentiam. Nulla enim alia operatione in se converti potest nec se toto se totum penetrare.

(5) Ex positione igitur eorum, qua ponunt intellectum possibilem esse essentiam quandam actualis existentiae in sua substantia, item quia simplex est, item quia separatus et immunis ab omni extranea natura, sequitur ipsum esse intellectum in actu quantum ad actuale semper intelligere per suam essentiam. Ex dictis enim condicionibus concluditur secundum philosophos intelligentias intelligere per suam essentiam et ea intellectione in se ipsas semper converti, ut habetur in *Libro de causis*[1] et Procli[2]. Igitur idem sequitur circa intellectum possibilem, si talis est in sua essentia, sicut dicunt.

(6) Sed hoc est falsum etiam secundum eos, videlicet quod intellectus possibilis in sua tali essentia, quam ponunt, aliquid intelligat, quod tamen necessario sequitur ex positione eorum.

(7) Addunt autem, quod nihilominus adhuc ulterius est in potentia ad formam seu speciem intelligibilem, qua solum intelligit secundum viam naturae et secundum statum praesentis vitae

(8) Sed istud est impossibile retenta positione eorum de essentia intellectus possibilis et quod secundum eos in sua essentia nihil intelligit.

1. *Cf.* Anonymus, *Liber de causis*, XV (XVI), prop. 124-127, ed. A. Pattin, 1966, p. 79.

2. *Cf.* Proclus, *Elementatio theologica*, ed. H. Boese, 1987, prop. 44, p. 26 : *Omne quod secundum operationem ad se ipsum est conversivum et secundum substantiam conversum est ad se ipsum* ; et prop. 83, p. 43 : *Omne sui ipsius cognitivum ad se ipsum omniquaque conversivum est*.

séparation, d'exemption et de sa pureté par rapport à toute nature extérieure au regard de la simplicité de sa substance. Si l'on suppose les modes et les conditions de son essence que l'on vient d'énoncer, il est manifeste que dans son essence, il est lui-même entièrement présent à lui-même et qu'il se pénètre entièrement lui-même par lui-même entièrement et qu'entièrement par lui-même, il se tourne entièrement vers lui-même par son opération propre, qui est sa perfection interne, dont il ne peut être privé comme ne peut l'être n'importe quelle autre chose parfaite par soi et selon elle visée par la nature. Or intelliger est son opération propre, non pas intelliger par n'importe quel mode mais intelliger par son essence. Il ne peut en effet se tourner vers soi-même ni se pénétrer lui-même entièrement par lui-même par aucune autre opération.

(5) A partir de leur position par laquelle ils soutiennent que l'intellect possible est une certaine essence de l'existence actuelle dans sa substance, parce qu'il est simple, parce qu'il est séparé et exempt de toute nature externe, il s'ensuit que lui-même est un intellect en acte quant à son intelliger toujours actuel par son essence. A partir de ces conditions, on en conclut en effet, selon les philosophes, que les intelligences intelligent par leur essence et que par cette intellection, elles se convertissent toujours vers elles-mêmes, comme il est établi dans le *Livre des causes* [1] et chez Proclus [2]. Les mêmes conséquences s'ensuivent pour l'intellect possible s'il est dans son essence tel qu'ils le disent.

(6) Mais selon eux, même [dire] que l'intellect possible, dans une essence telle que celle qu'ils posent, intelligerait quelque chose, est faux; pourtant cela s'ensuit nécessairement de leur position.

(7) Or, ils ajoutent qu'il est, de plus, en puissance quant à la forme ou à l'espèce intelligible par laquelle seulement il intellige selon la voie de la nature et selon le statut de cette vie présente.

(8) Mais ceci est impossible compte tenu de leur position au sujet de l'essence de l'intellect possible qui, selon eux, n'intellige rien dans son essence.

1. *Cf.* Anonyme, *Livre des causes*, chap. XV, prop. 124-127, trad. P. Magnard, O. Boulnois, B. Pinchard, J.-L. Solère, 1990, p. 63.

2. *Cf.* Proclus, *Eléments de théologie*, trad. J. Trouillard, 1965, prop. 44, p. 90 : « Tout être ayant le pouvoir de se convertir vers soi-même dans l'ordre de l'opération est aussi conversion vers soi-même dans l'ordre de la substance. » et prop. 83, p. 111 : « Tout être qui a le pouvoir de se connaître lui-même a celui de se convertir vers lui-même de toutes les façons. »

(9) Primo, quoniam iam haberet determinatam naturam in ordine entium, ex quo sequitur, quod non esset in potentia intelligere omnia, quia se ipsum non posset intelligere. Necessarium est enim id, quod est in potentia aliquid intelligere, denudatum esse ab eo, quod potest ab eo intelligi. Res autem non est denudata a se ipsa.

(10) Item sequitur, quod nec aliquid aliorum entium posset intelligere, quia secundum Philosophum III *De anima*[1], ut verbis eius utar, prohiberet despectum, id est si intellectus haberet aliquam determinatam naturam, haec determinata natura prohiberet, ne aliquid aliud intelligeret, et omne aliud intelligibile esset ei despectum. Forma enim seu species recepta in tali determinata natura, quam dicunt, cum sit forma in alio, id est in subiecto, semper tendit sua operatione in aliud a subiecto, sicut color non agit in proprium subiectum, sed semper in aliud eo, quod formae tales inventae sunt in natura, ut per ipsas tendat res formata in aliud a se et extra se, sicut dicit Philosophus in *Praedicamentis*[2] de passionibus et passibilibus qualitatibus in capitulo de qualitate, quod huiusmodi non dicuntur passiones vel passibiles qualitates, quod subiecta eorum aliquid ab eis patiantur. Cuius ratio est, quia talium formarum non est agere, sed « substantiae proprium est agere et pati »[3]. Si igitur per illam formam aliquid ageretur in suum subiectum, haec actio esset actio subiecti et sic idem ageret et moveret se ipsum, quod est impossibile.

(11) Et sic se habet in proposito, maxime ex quo talis forma seu species recepta in intellectu secundum modum, quem ipsi dicunt, non sit maioris separationis quam ipsa essentia intellectus, quam ponunt. Non enim ponendum est hic gradus separationis, ut primo gradu intellectus possibilis per suam essentiam actualis existentiae sit quid separatum, deinde ipsa species intelligibilis seu forma recepta in eo sit etiam ab ipsa tali

1. *Cf.* Aristoteles Latinus, *De anima*, III, 4, transl. M. Scoti, *in* Averroes, *In Aristotelis De anima III*, ed. F. S. Crawford, 1953, p. 383 : *Oportet igitur, si intelligit omnia, ut sit non mixtum, sicut dixit Anaxagoras, ut imperet, scilicet ut cognoscat. Si enim in eo apparuerit, apparens impediet alienum, quia est aliud.;* transl. Jacobi Venetici, *in* Anonymi Magistri artium, *Lectura in librum de anima a quodam discipulo reportata*, ed. R. Gauthier, 1985, p. 445 : *Necesse est itaque, quoniam omnia intelligit, inmixtum esse, sicut dicit Anaxgoras, ut imperet. Hoc autem est ut cognoscat despectum. Apparere enim prohiberet extraneum et ei obiectum.* ; transl. Guillelmi, *in* Thomas de Aquino, *Sentencia libri de anima*, ed. Leon. 1984, p. 201 : *Necesse est itaque, quoniam omnia intelligit, inmixtum esse, sicut dicit Anaxagoras, ut imperet, hoc autem est ut cognoscat. Intus apparens enim prohibebit extraneum et obstruet.*

2. *Cf.* Aristoteles Latinus, *Categoriae vel praedicamenta*, VIII. Vide adnotationem 2, p. 86.

3. *Cf.* Priscianus, *Institutiones grammaticae*, 17, 14. Vide adnotationem 2, p. 80.

(9) Tout d'abord, parce qu'il aurait désormais une nature déterminée dans l'ordre des étants; de là, il s'ensuit qu'il ne serait pas en puissance de tout intelliger, parce qu'il ne pourrait pas s'intelliger lui-même. Il est en effet nécessaire que ce qui est en puissance d'intelliger quelque chose soit dépouillé de ce qui peut être intelligé par lui. Or une chose n'est pas dépouillée d'elle-même.

(10) De même il s'ensuit qu'il ne pourrait pas intelliger quelque chose des autres étants parce que selon le Philosophe au livre III du *De l'Âme*[1] – j'utilise ses mots – il en empêcherait la vue, c'est-à-dire que si l'intellect avait une certaine nature déterminée, cette nature déterminée empêcherait qu'il intellige quelque chose d'autre que lui, et tout autre intelligible serait vu à travers lui. La forme, en effet, ou l'espèce reçue dans une telle nature déterminée, comme ils disent, puisqu'elle est forme dans un autre, c'est-à-dire dans un sujet, tend toujours par son opération vers quelque chose de différent du sujet : [il en va de même de] la couleur qui n'agit pas dans le sujet propre, mais toujours dans quelque chose d'autre parce que de telles formes sont trouvées dans la nature, de sorte que la chose formée tende par ces formes vers quelque chose d'autre qu'elle et quelque chose d'extérieur à elle. C'est ce que dit le Philosophe, dans *Les catégories*[2], au sujet des passions et des qualités passives, dans le chapitre sur la qualité, parce que les passions ou les qualités passives ne sont pas appelées ainsi du fait que leurs sujets subiraient quelque chose d'elles. La raison en est qu'agir n'est pas le propre de telles formes, mais que c'est le « propre des substances d'agir et de pâtir »[3]. Donc, si, par cette forme, une action était reçue dans son sujet, cette action serait une action du sujet, et ainsi le même agirait et se mouvrait lui-même, ce qui est impossible.

(11) Et il en va ainsi dans notre propos, en particulier en ce qui concerne ce point : une telle forme ou espèce reçue dans l'intellect, selon le mode qu'ils disent, ne serait pas le propre d'une séparation plus grande que cette essence de l'intellect qu'ils posent. En effet, il ne faut pas poser ici un degré de séparation de sorte que par le premier degré, l'intellect possible par son essence d'existant en acte serait quelque chose de séparé, et qu'ensuite cette espèce intelligible ou cette forme serait reçue en lui à partir

1. *Cf.* Aristote, *De l'Âme*, III, 4, 429a18-20, trad. R. Bodeüs, 1993, p. 222-223 : « Dès lors donc qu'elle saisit tout, l'intelligence doit être nécessairement « sans mélange », comme dit Anaxagore, de manière à « dominer » son objet, c'est-à-dire, de façon à pouvoir con/naître. L'interférence de l'étranger crée, en effet, un obstacle et doit faire écran. »

2. *Cf.* Aristote, *Les catégories*, VIII, 9a35-36. *cf.* note 2, p. 87.

3. *Cf.* Priscien, *Institutions grammaticales*, XVII, 14. *Cf.* note 2, p. 81.

essentia intellectus separata. Esset enim secundum hoc amplior et superior gradus separationis in genere separabilium quam ille, qui est intellectuum separatorum per suas essentias, et maxime intolerabilius inconsequens esset hunc ampliorem gradum separationis poni in forma accidentali. Unde impossibile esset talem speciem converti sua intellectione in proprium subiectum, respectu cuius non est aliquid separatum, sed ipsi subiecto immersum. Unde nequaquam tendit in ipsum, sed semper in aliud, si possibile esset intellectum possibilem per istum modum, quem dicunt, aliquid intelligere.

(12) Item cum talis essentia intellectus possibilis, quam dicunt aliquid esse in actu etiam praeter speciem intelligibilem, sit omnibus modis simplex essentia secundum modum praedictum, impossibile est ipsum recipere aliquam formam accidentalem. Omnis enim talis forma est quaedam dispositio eius, cuius est forma. Dispositio autem non est nisi individui, quod est hoc aliquid habens partes, secundum quas res sic vel sic disponi habet. Nihil enim omnino simplex in sua essentia aliquo modo disponi potest, et ideo etiam non est in sua substantia receptibile alicuius accidentis, quia accidentia non sunt nisi modi et dispositiones substantiae secundum suas partes, qualescumque sint, videlicet sive sint partes quantitativae sive qualitativae.

3.2.5. *Iterum arguitur contra tertiam positionem*

(1) Patet igitur, quod intellectus possibilis quoad hoc, quod est aliquid pure intellectuale, non est nisi possibilitas quaedam et in potentia forma vel species intelligibilis. Et secundum hoc non potest stare, quod dicunt quoad hunc tertium articulum paulo ante praemissae divisionis, videlicet quod intellectus possibilis absque omni specie et actu formali quoad carentiam actus sui primi in illa beata visione exercet operationem suam intelligendo et videndo Deum per essentiam, et hoc per assistentiam et praesentiam divinae essentiae ad ipsum intellectum ita, ut divina essentia sit huius visionis obiectum simul et ratio videndi intellectui.

(2) Hoc, inquam, stare non potest. Manifestum est enim per se pure possibile nec esse operationem, quae est aliquis actus, nec purum possibile aliquid operari. Operationes enim sunt entium secundum actum, non entium in potentia. Alias enim sic posset dici de materia prima, quod secundum esse potentiale suum aliquid posset operari secundum actum, quod est absurdum.

de l'essence de l'intellect séparé. Il y aurait en effet selon ceci, dans le genre des choses séparables, un degré plus ample et plus haut de séparation que celui des intellects séparés par essence. Il serait encore plus intolérable et inconséquent que ce degré plus ample de séparation soit posé dans la forme accidentelle. C'est pourquoi, il serait impossible qu'une telle espèce se tourne par son intellection vers son sujet propre par rapport auquel elle n'est pas quelque chose de séparé, mais elle est elle-même plongée dans son sujet. C'est pourquoi si l'intellect possible pouvait intelliger quelque chose par le mode qu'ils disent, il ne tendrait nullement vers lui-même mais toujours vers quelque chose d'autre.

(12) De la même manière, bien qu'une telle essence de l'intellect possible qu'ils disent être en acte, outre l'espèce intelligible, soit, sur tous les modes, une essence simple selon le mode susdit, il est impossible qu'elle reçoive une certaine forme accidentelle. Toute forme de cette sorte est en effet une disposition de ce dont elle est la forme. Or, une disposition n'est disposition que d'un individu parce que celui-ci est quelque chose de déterminé qui possède des parties selon lesquelles la chose est disposée de telle ou telle manière. Rien d'absolument simple ne peut en effet être disposé dans son essence d'une certaine manière, et pour cette raison, il ne peut recevoir dans sa substance un accident car les accidents ne sont que des modes et des dispositions de la substance selon ses parties quelles qu'elles puissent être, c'est-à-dire qu'elles soient des parties quantitatives ou qualitatives.

3.2.5. *On argumente à nouveau contre la troisième position*

(1) Il apparaît donc que l'intellect possible, quant à ce qui est purement intellectuel, n'est qu'une certaine possibilité et une forme en puissance ou une espèce intelligible. Et selon ce que disent [les adversaires] au troisième article de la division énoncée précédemment, c'est-à-dire que l'intellect possible, en dehors de toute espèce et de tout acte formel, en raison de son manque d'acte premier dans la vision béatifique, exercerait son opération en intelligeant et en voyant Dieu par essence, et ceci grâce à l'assistance et la présence de l'essence divine à cet intellect, de sorte que l'essence divine serait en même temps l'objet de la vision et la raison de la vision pour l'intellect, ceci ne peut pas tenir.

(2) Ceci, dis-je, ne peut pas tenir. Il est en effet manifeste que le pur possible par soi n'est pas une opération qui est un acte. Il est aussi clair que quelque chose de purement possible ne peut pas agir. Les opérations sont en effet le propre des étants en acte et non des étants en puissance. Autrement, on pourrait ainsi dire de la matière première que selon son être potentiel, elle pourrait produire quelque chose selon l'acte, ce qui est absurde.

(3) Et tamen multo magis posset hoc competere materiae primae, quia ipsa importat in sua substantia ens quoddam positivum, ex cuius compositione cum forma actuatur ipsa materia et resultat aliquid compositum ex utroque. Essentia autem intellectus quoad suum purum intellectuale quoad hoc minus habet entitatis, quia non importat tale ens in potentia, quod actuetur per compositionem alicuius actus formalis cum eo, sed solum est forma seu species intelligibilis in potentia transiens in hanc formam et actum suum apud actuale intelligere non per compositionem, ut dictum est.

(4) Ubi etiam, si quis scrupulosius velit intendere, adhuc non satis proprie dicitur intellectus secundum purum suum intellectuale esse forma seu species intelligibilis in potentia eo, quod in sua essentia non importat essentiam formae intelligibilis sicut forma in potentia, quae est in materia, importat essentiam formae et sic ex forma in potentia fit forma in actu secundum Philosophum[1] et Commentatorem *Super XII Metaphysicae*[2], sed est simile in proposito ac si diceretur : Anima rationalis in potentia fit anima rationalis in actu.

(5) Cum igitur ens in potentia nequaquam fiat ens actu nisi per alterum istorum modorum, videlicet vel per compositionem, qui competit materiae respectu formae, vel per hoc, quod ens potentia transit in ens actu absque compositione actus cum potentia, puta potentia forma fit actu forma et potentia totum animal fit actu totum animal, ut dicit Philosophus in VIII *Metaphysicae*[3], et hos duos modos procedendi de potentia ad actum et solos hos duos assignat Philosophus in IX *Metaphysicae*[4], cum, inquam, ita sit, manifestum est, quod propter quamcumque assistentiam vel praesentiam,

1. *Cf.* Aristoteles Latinus, *Metaphysica*, XII, 2, ed. G. Vuillemin-Diem (AL XXV, 3, 3), 1995, transl. Guillelmi, p. 247-248 : *QUARE non solum secundum accidens contingit fieri ex non ente, sed ET ex ente fiunt omnia, POTENTIA quidem ente, ex non ente uero actu.*

2. *Cf.* Averroes, *Aristotelis opera cum Averrois commentariis Metaphysicorum liber XII*, Comm. 8, Venetiis apud Junctas, 1562-1574, vol. 8 [reimpr. Frankfurt, Minerva, 1962], f. 295vL-296rA : *Et, cum posuit quod invenitur ens duobus modis, aut potentia, aut in actu : dixit quod transmutatio est ex ente in potentia ad ens in actu et in omni specie transmutationis, verbi gratia, quod transmutatio ad album et ex albo in potentia ad album in actu : et transmutatio ad hanc substantiam est ex illa substantia in potentia : et similiter corruptum est ex illo, quod est in potentia corruptum et hoc intendebat, cum dixit : et similiter in generatione et corruptione. Et intendebat quod omne transmutabile fit ex illo, quod est in potentia in illo modo praedicamenti.*

3. *Locus non inventus.*

4. *Locus non inventus.*

(3) Et cependant, ceci pourrait d'autant plus convenir à la matière première qu'elle implique elle-même dans sa substance un étant positif : c'est à partir de la composition de cet étant avec la forme que la matière elle-même est actuée et qu'il en résulte un composé des deux. Or l'essence de l'intellect quant à son intellectualité pure, a moins d'entité parce qu'elle n'implique pas un tel étant en puissance qui serait actué par la composition d'un acte formel avec lui. Elle est, au contraire, seulement une forme ou une espèce intelligible en puissance, qui passe à cette forme et à son acte envers l'intelliger actuel. [Ceci ne se fait donc pas] par composition comme il a été dit.

(4) Et ici, si quelqu'un cherchait à être plus scrupuleux, il pourrait faire remarquer que l'on ne parle pas de manière assez appropriée de l'intellect selon sa pure intellectualité en disant qu'il est une forme ou espèce intelligible en puissance, pour la raison que dans son essence, il n'introduit pas l'essence d'une forme intelligible, à la manière de la forme qui est en puissance dans la matière et introduit en effet une essence de la forme ; et donc, à partir de la forme en puissance, la forme devient en acte selon le Philosophe[1] et le Commentateur, au livre XII du *Commentaire de la Métaphysique*[2]. Il en va de même dans notre propos comme si l'on disait que l'âme rationnelle en puissance devient âme rationnelle en acte.

(5) Ainsi l'étant en puissance ne devient nullement étant en acte à moins que cela ne se produise selon un autre de ces modes, c'est-à-dire ou par la composition qui concerne la matière par rapport à la forme ou du fait que l'étant en puissance passe vers l'étant en acte sans composition de l'acte avec la puissance : par exemple, la forme en puissance devient la forme en acte et tout l'animal en puissance devient tout l'animal en acte, comme le dit le Philosophe au livre VIII de la *Métaphysique*[3]. Il parle de ces deux modes de procession de la puissance à l'acte et seulement de ces deux modes au livre IX de *La Métaphysique*[4]. Ainsi, comme je le dis, il est manifeste qu'en raison d'une aide ou d'une certaine présence de

1. *Cf.* Aristote, *Métaphysique*, XII, 2, 1069b19-20, trad. J. Tricot, rééd. 1991, t. 2, p. 155 : « Il en résulte que, non seulement un être peut procéder par accident du Non-Etre, mais encore que tout peut procéder de l'Etre, de l'Etre en puissance toutefois et non de l'Etre en acte. »

2. *Cf.* Averroès, *Commentaire de la Métaphysique*, XII, comm. 8, Venetiis apud Junctas, 1562-1574, vol. 8 [reimpr. Frankfurt, Minerva, 1962], f. 295vL – 296rA : « Et, lorsqu'il a posé qu'on trouve l'étant de deux manières, ou en puissance, ou en acte, il a dit que le changement se fait à partir de l'être en puissance vers l'être en acte et dans chaque espèce du changement, par exemple le changement vers le blanc se fait à partir du blanc en puissance vers le blanc en acte, et le changement vers cette substance-ci se fait à partir de cette substance-là en puissance. »

3. Renvoi non identifiable.

4. Renvoi non identifiable.

quam quis fingere posset, divinae essentiae ad intellectum adhuc manet intellectus sub esse possibili et quoad actum primum, qui est species intelligibilis, et quantum ad actum secundum, qui est operari et videre Deum per essentiam, quae est operatio manens in operante.

(6) Quantum ad utrumque enim istorum, videlicet et quantum ad actum primum et quantum ad actum secundum, res non fit in actu nisi per alterum dictorum modorum procedendi de potentia ad actum. Manifestum est autem, quod nec quoad actum primum nec quoad actum secundum potest fieri compositio cum eo, quod est pura possibilitas. Ergo si tale possibile fit actu per operationem, necessarium est secundum praedicta ipsum tale possibile sic transire in actum operationis non per compositionem, sed ut ipsum fiat ipsa operatio in actu, quantum ad alterum modum, quo res fiunt in actu. Et sic vel erit operatio sine operante, quod est inconveniens, vel ipsa operatio erit ipsum operans, si tota possibilitas intellectus transiit in ipsum actum operationis. Et secundum hoc sequitur tale possibile factum in actu per suam operationem iam habere ex ipso actu operationis actum suum primum essendi et non erit in potentia quoad actum primum.

(7) Huius autem deductionis et conclusionis necessitas est ex eo, quod possibilitas intellectus aeque primo se habet in ordine et respectu ad utrumque actum, primum videlicet et secundum, distinguendo secundum eos in proposito inter actum primum intellectus, qui est per speciem, et secundum, qui est operari. Ex positione enim eorum, qua dicunt intellectum posse stare sub actu operationis suae absque actu suo primo, colligitur, quod possibilitas intellectus aeque primo se habet in ordine ad utrumque actum ita, quod possit immediate actuari vel per unum eorum vel per alium, non per unum mediante alio.

(8) Ex quo sequitur inconveniens, videlicet quod possibilitas intellectus, quandocumque terminata est per unum dictorum actuum, impossibile est ipsum stare simul cum hoc sub alio actu. Potentia enim, quae est eodem ordine ad duos actus contrarios vel disparatos, una est secundum Philosophum in IX *Metaphysicae*[1]. Tali autem potentia

1. *Cf.* Aristoteles Latinus, *Metaph.* IX, 2, ed. G. Vuillemin-Diem (AL XXV, 3, 3), 1995, transl. Guillelmi, p. 181 : *Et que quidem cum ratione omnes contrariorum sunt eedem, et que irrationabiles una unius.*

l'essence divine à l'intellect, que quelqu'un pourrait mal interpréter, l'intellect demeure jusque là sous l'être possible à la fois dans l'acte premier qui est l'espèce intelligible et dans l'acte second, qui est d'agir et de voir Dieu par essence, ce qui est une opération demeurant dans celui qui opère.

(6) Quant à l'un et l'autre de ces deux [actes], c'est-à-dire quant à l'acte premier et quant à l'acte second, la chose ne passe à l'acte que par l'un de ces modes de procession de puissance à acte. Or, il est manifeste que la composition ne peut advenir avec ce qui est pure possibilité ni quant à l'acte premier, ni quant à l'acte second. Si un tel possible passe donc à l'acte grâce à cette opération, il est nécessaire, selon ce que l'on a dit plus haut, qu'un tel possible passe lui-même à l'acte de l'opération, non grâce à la composition, mais de telle sorte que lui-même deviendrait cette opération en acte, selon le second mode par lequel les choses passent à l'acte. Et ainsi, ou l'opération sera sans opérant, ce qui est incongru, ou bien l'opération sera elle-même son propre opérant, si toute la possibilité de l'intellect passe à l'acte même de l'opération. Selon ceci, il s'ensuit qu'un tel possible actué par son opération aurait désormais son acte premier d'être à partir de son acte d'opération, et il ne serait pas en puissance quant à l'acte premier.

(7) Or, cette déduction et cette conclusion sont nécessaires car la possibilité de l'intellect se trouve tout d'abord de manière égale dans l'ordre et dans le rapport à l'un et l'autre acte, c'est-à-dire le premier et le second, en distinguant selon eux, dans notre propos, entre l'acte premier de l'intellect qui est [d'être] par espèce et l'acte second qui est d'opérer. A partir de leur position selon laquelle ils disent que l'intellect peut se tenir sous l'acte de son opération sans son acte premier, on en conclut en effet que la possibilité de l'intellect se trouve d'abord également dans l'ordre de l'un et de l'autre acte parce qu'il pourrait immédiatement être actué ou par l'un ou par l'autre des deux et non grâce à l'un par l'intermédiaire de l'autre.

(8) A partir de ce qui précède, il s'ensuit cette chose incongrue concernant la possibilité de l'intellect : lorsque celle-ci est déterminée par un des actes énoncés, il est impossible que l'intellect soit simultanément déterminé par cet acte sous un autre acte. La puissance qui se rapporte par le même rapport à deux actes contraires ou disparates est en effet une, selon le Philosophe au livre IX de la *Métaphysique*[1]. Or, par une telle puissance

1. *Cf.* Aristote, *Métaphysique*, IX, 2, 1046b4-6, trad. J. Tricot, rééd. 1991, t. 2, p. 27 : « Les puissances rationnelles sont, toutes, puissances des contraires, mais les puissances irrationnelles ne sont puissance que d'un seul effet. »

reducta ad actum unum eorum, ad quos est in potentia, impossibile est simul cum hoc stare sub alio actu.

(9) Ergo secundum hoc si distinguitur inter actum primum et actum secundum in intellectu, sequitur, quod intellectus, quando stat sub actu primo, qui est per speciem, non posset cum hoc stare sub actu secundo, qui est operari seu intelligere, quod est absurdum, et e converso : si staret sub actu secundo, quod non posset simul cum hoc stare sub actu primo.

(10) Si igitur istud est manifeste inconsequens, necessarium est alterum duorum, videlicet vel quod non distinguitur inter actum primum intellectus et actum secundum, qui est operari, et sic, quamcumque operationem operetur intellectus, necessarium est eo ipso eum esse in actu primo, vel alterum sequitur, scilicet quod sit essentialis et per se ordo intellectus ad dictos actus, ut videlicet impossibile sit stare sub actu secundo, nisi essentiali ordine prius stet sub actu primo.

(11) Et sic patet, quod saepe dicta positio, de qua agitur, scilicet quod intellectus quantum ad operationem suam intelligibilem, qua videt Deum per essentiam, stat sub actu secundo carens nihilominus actu suo primo, est impossibilis.

3.2. 6. *Alia ratio contra eandem positionem*

(1) Sive autem dicatur, quod intellectus possibilis quantum ad suum pure intellectuale sit pura possibilitas, ut supra actum est, vel si concedatur etiam, quod in sua essentia sit aliquid in actu existens ulterius in potentia ad aliquam speciem et propriam suam operationem, ut supra tactum est, adhuc saepe dicta positio ostenditur impossibilis.

(2) Manifestum est enim, quod in videndo Deum per essentiam uno tempore et non alio aliquis respectus novus respectu divinae essentiae accedit intellectui, cum videt divinam essentiam, qui non erat ante. Dico autem respectum realem naturalem non eum, qui agitur in rebus ex comparatione intellectus comparantis unam rem alteri ut simile, aequale et similia, sed dico respectum realem constitutum a natura in re habente talem respectum, qualis est inclinatio gravis deorsum et ignis ad calefaciendum et formae ad materiam et materiae ad formam.

(3) Cum igitur novus respectus accedat intellectui in videndo Deum per essentiam, cum de novo ipsum videre incipit, omnis autem respectus fundatur in aliquo secundum esse absoluto, quod est talis respectus fundamentum,

reconduite à l'un des deux actes par rapport auxquels elle est en puissance, il est impossible que l'intellect soit simultanément déterminé à cet acte sous un autre acte.

(9) Selon ce qui précède, si l'on distingue entre l'acte premier et l'acte second dans l'intellect, il s'ensuit donc que, lorsqu'il est déterminé par l'acte premier qui est [d'être] par espèce, l'intellect ne pourrait pas être déterminé simultanément par l'acte second qui est d'opérer ou d'intelliger, et inversement s'il est déterminé par l'acte second, il ne pourrait pas être simultanément déterminé par l'acte premier, ce qui est absurde.

(10) S'il est donc manifeste que ceci ne se tient pas, l'une des deux positions est nécessaire : ou bien on ne distingue pas entre l'acte premier de l'intellect et l'acte second qui est d'opérer, et ainsi l'intellect réalise une opération et il est donc nécessaire qu'il soit par lui-même dans l'acte premier; ou bien il s'ensuit qu'il y a un rapport essentiel et par soi de l'intellect à ces actes de sorte qu'il serait impossible qu'il soit déterminé par l'acte second s'il n'était pas, grâce à son acte essentiel, antérieurement déterminé par son acte premier.

(11) Ainsi, il est clair que la position en question, dont on a souvent parlé, à savoir que l'intellect dans son opération intellectuelle par laquelle il voit Dieu par essence, est déterminé par l'acte second tout en manquant d'acte premier, est impossible.

3.2. 6. *Autre raison contre cette même position*

(1) Or, ou l'on pourrait dire que l'intellect possible, quant à son pur être intellectuel, est pure possibilité, comme c'est le cas plus haut, ou l'on pourrait concéder que dans son essence, il y a quelque chose en acte qui existe ensuite en puissance quant à son espèce et son opération propre, comme on l'a effleuré plus haut; mais la position énoncée est là encore impossible.

(2) Il est en effet clair qu'en voyant Dieu par essence à un moment donné et pas à un autre, un nouveau rapport de l'intellect à l'essence divine, qui n'existait pas avant, s'ajoute lorsqu'il voit l'essence divine. Or je ne parle pas du rapport réel et naturel qui agit dans les choses par la comparaison de l'intellect comparant une chose à une autre comme semblable, égale, et tout ce qui s'y apparente, mais je parle d'un rapport réel constitué par la nature dans la chose qui a un tel rapport, telle l'inclination du lourd vers le bas, tel le feu vers la chaleur, la forme vers la matière et la matière vers la forme.

(3) Un nouveau rapport s'ajoute donc à l'intellect dans la vision de Dieu par essence lorsqu'il commence à le voir. Tout rapport est fondé dans un certain absolu selon l'être, qui est un tel fondement de rapport

sine quo etiam talis respectus intelligi non potest. Per se enim respectus est alicuius respectus, non solum alicuius tamquam termini, quem respicit, sed etiam est alicuius tamquam fundamenti seu subiecti, quod ipso respectu se habet aliquo modo ad aliud. Non enim respectus est respectus, id est respectus non respicit respectum, sed res respectiva habens respectum respicit aliam rem tamquam terminum sui respectus, sicut paternitas non refertur ad filiationem, sed pater refertur ad filium, nec aequalitas refertur ad aequalitatem, sed aequale ad aequale. Eodem modo in respectibus naturae se habet, qui sunt vel quaedam inclinationes naturales rerum ut inclinatio gravium et levium ad sua propria loca vel saltem qualitercumque reales naturales habitudines rerum ad res, ut activum secundum naturam se habet aliquo modo ad passivum et e converso passivum ad activum et intellectus ad intelligibile, qui per essentiam suam respicit obiectum suum secundum Commentatorem *Super V Metaphysicae*[1], id est per respectum fundatum in sua essentia respicit obiectum suum.

(4) Quia igitur in videndo Deum per essentiam de novo necessario aliquis respectus realis naturalis accedit intellectui, qui respectus alibi non invenitur nisi in tali intellectu, et hic de novo necessarium est aliquid absolutae naturae secundum suum esse seu aliquam formam, in qua fundetur talis respectus, accedere intellectui.

(5) Quod etiam ex hoc patet, quoniam, sicut respectus non est respectus, ut dictum est, sic ipsius respectus inquantum respectus non est generatio nec aliquis exitus in esse inquantum solum respectus, sed omne, quod fit vel generatur vel secundum se in propria natura exit in esse, necessario est aliquid absolutae quiditatis et essentiae, in qua tamen potest aliquando fundari aliquis respectus, et hoc vel a principio suae generationis ut inclinatio gravium vel levium ad sua loca vel ex tempore, ut, si aliquid de novo fiat calidum, naturalem habitudinem habet ad calefactibile.

(6) Et huic fundamento innisus est Philosophus in V *Physicorum*[2] dicens, quod in ad aliquid non est motus. Cuius ratio est, quia nullius respectus seu habitudinis secundum se est generatio vel exitus in esse.

1. *Cf.* Averroes, *In Aristotelis Metaph.* V, t. comm. 20. Vide adnotationem 1, p. 200.

2. *Cf.* Aristoteles Latinus, *Physica*, V, 2, 225b11, transl. Vetus, ed. F. Bossier et J. Brams (A.L. VII, 1), 1990, p. 196 : *Neque iam ad aliquid; contingit enim altero mutante verum esse alterum nichil mutans, quare secundum accidens motus horum est.*

sans lequel ce rapport ne peut être intelligé. Par soi, un rapport est en effet un rapport de quelque chose, non seulement d'une certaine fin à laquelle il se réfère, mais encore de quelque chose qui est comme son fondement ou son sujet et qui par ce même rapport, se réfère d'une certaine manière à autre chose. Il n'y a pas en effet un rapport de rapport, c'est-à-dire qu'un rapport ne se réfère pas à un [autre] rapport, mais une chose relative se réfère à une autre chose comme au terme de son rapport : par exemple, la paternité n'est pas rapportée à la filiation, mais le père est rapporté au fils, et l'égalité n'est pas rapportée à l'égalité, mais l'égal est rapporté à l'égal. Il en va de la même manière pour les rapports de la nature, qui sont ou des inclinations naturelles des choses, comme l'attirance du lourd et du léger vers leur lieu propre ou enfin, de toutes les manières, les relations réelles et naturelles des choses aux choses comme l'actif selon la nature se réfère par un certain mode au passif, et inversement le passif à l'actif, et l'intellect qui par son essence se réfère à son objet, c'est-à-dire à l'intelligible, selon le au livre V du *Commentaire de la Métaphysique*[1], à savoir que par le rapport fondé dans son essence il se réfère à son objet.

(4) Donc, parce qu'en commençant à voir Dieu par essence, un certain rapport réel et naturel s'ajoute nécessairement à l'intellect, qui est un rapport qu'on ne trouve nulle part sauf dans cet intellect, il est nécessaire, dans ce cas, que quelque chose, d'une nature absolue selon son être ou selon une certaine forme dans laquelle un tel rapport serait fondé, s'ajoute à l'intellect.

(5) Ceci est clair grâce à ce qui suit parce que, de la même manière qu'il n'y a pas de rapport de rapport, comme on l'a dit, de même, il n'y pas de génération ni d'avènement à l'être du rapport en tant que rapport, mais tout ce qui devient ou est engendré ou vient à l'être selon soi dans sa nature propre, est nécessairement quelque chose d'une quidité et d'une essence absolues sur lesquelles un certain rapport peut cependant à un moment donné être fondé, et ceci soit au commencement de sa génération, comme l'attirance du lourd ou du léger vers son lieu, soit à un moment donné comme lorsque quelque chose devient chaud et possède un rapport naturel à ce qui peut être chauffé.

(6) Le Philosophe, au livre V de la *Physique*[2], s'appuie sur ce fondement en disant que dans la relation, il n'y a pas de mouvement. La raison en est qu'il n'y a génération ou sortie dans l'être d'aucun rapport et d'aucune

1. *Cf.* Averroès, *Commentaire de la Métaphysique*, V, comm. 20. *Cf.* note 1, p. 201.

2. Aristote, *Physique*, V, 2, 225b11, trad. P. Pellegrin, 2000, p. 280 : « Il n'y a pas <de mouvement> non plus <dans la catégorie> du relatif. »

Unde Augustinus VII *De Trinitate* c. 6[1] : « Omnis essentia, quae relative dicitur, est etiam aliquid excepto relativo », adducens ad hoc quaedam exempla in creaturis ut de domino et servo et similibus, ut per tales respectus, qui sunt dominus et servus, manuducat nos ad reales respectus naturae.

(7) Igitur si intellectus possibilis de novo videt Deum per essentiam, necessarium est in ipso fieri de novo aliquam formam absolutae quiditatis, quae sit dicti respectus fundamentum, et secundum hoc non potest esse in actu secundo, qui est videre Deum per essentiam, nisi fiat in actu primo per aliquam formam seu speciem intelligibilem, intelligibilem, dico, quia quidquid est in intellectu, est ibi intellectualiter.

3.2.7. *Alia ratio contra eandem positionem*

(1) Praeterea ad idem considerandum, quod operatio, quae est actus rei secundus, non operatur. Sicut nec ipse motus movet nec movetur nec actio agit nec agitur nec generationis est generatio, sed aliqui generatione generatur, sic se habet de operatione quacumque et motu et actione, scilicet quod aliquid aliud ab operatione et circa aliquid aliud ab operatione operatur et aliquid aliud a motu movet vel movetur ; sic de actione se habet.

(2) Iuxta hoc etiam manifestum est, quod ipsum operans et movens et agens et generans per dictas operationes vel motiones tendunt in determinatum finem, terminum vel obiectum. Igitur huiusmodi operationes vel motiones recipiunt sui determinationem a determinato fine seu termino vel obiecto. Finis autem inquantum finis non movet nisi per intentionem. Igitur necessarium est dictas operationes seu motiones reduci in aliud principium, quod executive exserat eas et determinet in ordine ad determinatum finem, et hoc est operans seu movens et quod communiter dicitur causa agens, quod secundum iam dicta per se et essentiali ordine requiritur in huiusmodi processu ad finem. Hoc autem est impossibile, ut faciat agens nisi ex determinato respectu, quem habet ad determinatum finem.

1. *Cf.* Augustinus Hipponensis, *De Trinitate*, VII, 1, 2, BA t. 15, 1991, p. 510.
Vide etiam Henricus de Gandavo, *Quodlibet*, IX, q. 3, ed. R. Macken, Leuven, University Press, 1983, p. 50-51 : *Est igitur relatio realis de qua est sermo in quaestione, aliquid praeter fundamentum suum extra animam, ut quemadmodum verum sit dicere illud quod dicit Augustinus* VII De Trinitate : *« Omnis essentia quae relative dicitur, etiam est aliquid excepto relativo » etc., ut habitum est supra in principio responsionis ad primam quaestionem, sic verum est dicere quod omne relativum quo aliquid relative dicitur, etiam aliquid est excepto illo.* Et *Summa*, LI, q. 3, p. 240.

relation selon soi. C'est pourquoi Augustin dit au chapitre 6 du livre VII de *La Trinité*[1] : « Toute essence qui est dite en un sens relatif est « quelque chose », indépendamment du relatif » ajoutant à ceci des exemples dans les créatures comme la relation du maître et de l'esclave, *etc.*, afin de nous faire découvrir par des rapports, tel celui du maître et de l'esclave, les rapports réels de la nature.

(7) Si l'intellect possible commence à voir Dieu par essence, il est donc nécessaire qu'advienne en lui la forme d'une quidité absolue qui serait le fondement de ce rapport. Selon ceci, il ne pourrait pas être dans l'acte second qui est de voir Dieu par essence s'il n'advenait dans l'acte premier par une certaine forme ou une certaine espèce intelligible; intelligible dis-je, parce que quelque chose qui est dans l'intellect est là intellectuellement.

3.2. 7. *Autre raison contre cette même position*

(1) De même, il faut ensuite examiner comment l'opération qui est l'acte second de la chose n'agit pas. De même que le mouvement ne meut pas et qu'il n'est pas mû, que l'action n'agit pas et qu'elle n'est pas agie et qu'il n'y a pas de génération de la génération mais que quelque chose est engendré par la génération, il en va de même dans n'importe quelle opération, du mouvement et de l'action, à savoir que quelque chose d'autre que l'opération agit et agit sur quelque chose de différent de l'opération et que quelque chose d'autre que le mouvement meut ou est mû. C'est ainsi qu'il en va pour l'action.

(2) De plus, il est manifeste que ce qui opère, meut, agit et génère par ces opérations ou mouvements tend vers une fin déterminée, un terme ou un objet. Ces opérations ou mouvements reçoivent donc leur détermination de la fin, du terme ou de l'objet déterminé. Or la fin en tant que fin ne meut pas, si ce n'est par intention. Il est donc nécessaire que ces opérations ou mouvements soient reconduits vers un autre principe qui les parachève et les détermine dans l'ordre à la fin déterminée. Ceci est l'opérant ou le mouvant, que l'on appelle plus communément la cause agente, et qui est requise, selon ce qui a été dit, par soi et par l'ordre essentiel dans un tel processus vers la fin. Or ceci est impossible, à moins que l'agent ne le réalise par un rapport déterminé qu'il entretient avec une fin déterminée.

1. *Cf.* Augustin d'Hippone, *La Trinité*, VII, 1, 2, BA t. 15, trad. M. Mellet et Th. Camelot, 1991, p. 511. Trad. modifiée.

Cf. aussi Henri de Gand, *Quodlibet* IX, q. 3 et *Somme*, LI, q. 53 pour une utilisation similaire de ce texte.

Alias omnia essent indeterminata, videlicet et ipsum agens in agendo et dictae operationes seu motiones, et casu pertingeretur talibus motionibus ad obiectum vel terminum.

(3) Cum igitur per dictas motiones in actu actu pertingitur ad finem seu obiectum, quod est in actu, necessarium est dictum respectum ad terminum seu finem in agente inveniri in actu et per consequens formam seu speciem aliquam in actu, in qua fundetur dictus respectus. Igitur sine tali forma vel specie in actu impossibile est intellectum possibilem actu tendere in quodcumque obiectum, sive sit divina essentia sive aliud quodcumque.

(4) Nec valet, quod dicunt, videlicet quod praesentia divinae essentiae ad intellectum supplet locum formae seu speciei in intellectu.

(5) Constat enim, quod ex nova praesentia divinae essentiae ad intellectum non solum nulla transmutatio, sed nec aliquis realis respectus advenit divinae essentiae, ut ex dictis colligi potest. Ergo cum intellectus realiter se habeat aliter modo, cum videt divinam essentiam, quam prius, cum non vidit, necesse est secundum praedicta realem transmutationem fieri in intellectu, quam non est intelligere sine forma aliqua vel specie, maxime cum talis beata visio fixa sit nec secundum eam transeat intellectus de dispositione in dispositionem secundum aliquam speciem motus, quando iam actu videt divinam essentiam.

3.2. 8. *Alia ratio contra eandem positionem*

(1) Concludunt autem hoc praemissae rationes, sive dicamus, quod intellectus possibilis quantum ad pure intellectuale suum sit solum quaedam possibilitas et species in potentia, sive dicatur, quod sit quaedam essentia secundum actum suum essendi, sed est in potentia ad formam seu speciem intelligibilem.

(2) Quantum ad hunc autem secundum modum ponendi essentiam intellectus possibilis specialiter sequitur inconsequens in proposito.

(3) Si enim in visione Dei per essentiam dicatur carere actu suo primo, tali, inquam, actu, qui per speciem est, stat tamen sub actu secundo, qui est operari et videre Deum per essentiam. Igitur intellectus aget huiusmodi operationem per suam essentiam.

(4) Non enim in ipso est aliud operans secundum dictam positionem nisi ipsius essentia. Ille enim, qui videt, exserit et operatur hanc operationem, quae est videre, quod est manifestum per se. Constat autem, quod huiusmodi operatio est manens in operante, quod proprium est intellectualium

Autrement, tout, à savoir l'agent lui-même dans l'action, les opérations ou les mouvements énoncés, serait indéterminé et l'agent atteindrait par hasard, par de tels mouvements, l'objet ou le terme.

(3) Donc, puisque que par de tels mouvements vers l'acte, il atteint en acte la fin ou l'objet qui est en acte, il est nécessaire que le dit rapport vers le terme ou la fin soit trouvé en acte dans l'agent. On trouve par conséquent une forme ou une certaine espèce en acte dans laquelle est fondé ce rapport. Donc, sans une telle forme ou espèce en acte, il est impossible que l'intellect possible en acte tende vers un objet, que ce soit l'essence divine ou quelque chose d'autre.

(4) Ce qu'ils disent, c'est-à-dire que la présence de l'essence divine à l'intellect prend la place de la forme ou de l'espèce dans l'intellect, ne vaut rien.

(5) C'est en effet un fait établi qu'à partir de la nouvelle présence de l'essence divine à l'intellect, non seulement aucune transformation mais aussi aucun rapport réel n'advient à l'essence divine, comme on peut le conclure de ce qui a été dit. Puisque l'intellect se rapporte alors réellement d'une autre manière lorsqu'il voit l'essence divine qu'il ne voyait pas avant, il est nécessaire, selon ce que l'on a dit, qu'une transformation réelle advienne dans l'intellect. Cette transformation n'est pas d'intelliger sans une certaine forme ou espèce, surtout qu'une telle vision est continue et que selon elle, l'intellect ne passe pas de disposition en disposition selon une espèce du mouvement lorsqu'il voit déjà en acte l'essence divine.

3.2.8. *Autre raison contre cette même position*

(1) Or, des raisons énoncées plus haut découle ceci : soit nous disons que l'intellect possible, quant à son pur être intellectuel, est seulement une possibilité et une espèce en puissance, soit nous disons qu'il est une essence selon son acte d'être, mais qu'il est en puissance quant à la forme ou l'espèce intelligible.

(2) Toutefois dans ce second mode de disposition de l'essence de l'intellect possible, quelque chose de particulièrement incongru s'ensuit pour notre propos.

(3) Si, en effet, dans la vision de Dieu par essence, on dit que l'intellect manque d'acte premier, acte qui est [d'être] par espèce, il se tient cependant sous l'acte second qui est d'opérer et de voir Dieu par essence. L'intellect réalise donc cette opération par son essence.

(4) Selon cette position, il n'y a rien d'autre qui agit en lui que son essence. Celui qui voit effectue et réalise en effet cette opération qui est de voir, ce qui apparaît clairement. C'est donc un fait établi que cette opération demeure dans celui qui agit, ce qui est propre aux opérations

operationum. Omne etiam operans et universaliter agens per suam essentiam, inquantum talis operatio seu actio manet in agente, non differt ab ipsa operatione, sed sunt realiter idem per essentiam. Ergo essentia intellectus possibilis est idem per essentiam cum ea operatione, qua videt Deum per essentiam.

(5) Ulterius autem omne illud, quod est sic intrinsecum, ut sit idem essentiae, non potest de novo adesse et de novo abesse, nisi talis essentia essentialiter mutetur et desinat esse essentia, quae prius fuit. Igitur in visione Dei per essentiam, quae de novo advenit essentiae intellectus, ipsa essentia intellectus non est eadem essentia, quae prius, quod est absurdum dicta positione retenta, quam ponunt de essentia intellectus et eius operatione.

3.2.8.1. *Digressio : De essentia et operatione*

(1) Quod autem in hac rationis deductione supponitur, scilicet quod operans per suam essentiam est idem cum sua operatione, quae manet in operante, patet ex eo, videlicet quod nulla alia ratione dicimus et verum est, quod ens sive creatum sive increatum sit idem cum sua operatione manente intra, nisi ex eo, quod id, quo secundum actum immediate elicit seu exserit talem operationem, est ipsa rei essentia. Et secundum hoc tale ens dicitur operari vel agere per essentiam.

(2) In aliis autem entibus, in quibus invenitur aliquod principium secundum formam aliud ab essentia talis entis, puta calor in igne, quo ignis elicit et exserit suam actionem, talia, inquam, non agunt per suam essentiam.

(3) In illis autem, quae operantur vel agunt per essentiam, dicimus ea exserere et elicere suam operationem, quae manet intra, quod sonat quantum ad modum significandi in quandam intrinsecam rei talis quasi motionem et defluxum eius a suo principio et ita per consequens quoad modum loquendi videtur importare differentiam essentialem sui a suo principio, a quo fluit.

(4) Hoc quidem verum est quantum ad modum significandi, ut dictum est, re ipsa autem non est diversitas in essentia.

(5) Cuius causa est, quia essentia in eo, quod essentia, quae eo ipso, quod essentia, est in eo, quod essentia, vel non habet aliqua suae essentiae principia, sicut benedicta essentia divina se habet, vel habet suae essentiae principium secundum hunc modum, quod ipsa talis essentia est idem ipsum suum principium, tamen secundum aliud esse,

intellectuelles. Et même tout ce qui agit, et de manière générale l'agent par son essence, dans la mesure où une telle opération ou une telle action demeure dans l'agent, ne diffère pas de cette opération même, mais les deux sont réellement identiques par essence. L'essence de l'intellect possible est donc identique par son essence à cette opération par laquelle il voit Dieu par essence.

(5) Or, tout ce qui est ainsi intrinsèque, de manière à être identique à l'essence, ne peut pas à un moment être présent et à un autre être absent, à moins qu'une telle essence soit essentiellement changée et cesse d'être l'essence qu'elle fut avant. Dans la vision de Dieu par essence qui advient nouvellement à l'essence de l'intellect, cette essence de l'intellect n'est donc pas la même essence que celle qui était auparavant et que l'on pose au sujet de l'essence de l'intellect et de son opération, ce qui est absurde si l'on tient compte de cette position.

3.2. 8.1. *Digression sur l'essence et l'opération*

(1) Or, ce qui est supposé dans cette déduction de la raison, à savoir que l'opérant par son essence est identique à son opération qui demeure dans l'opérant, est clair – nous ne le l'affirmons pour aucune autre raison et ceci est vrai – du fait que l'étant créé ou incréé est identique à l'opération qui demeure à l'intérieur de lui, à moins que ce à partir de quoi il produit ou effectue immédiatement une telle opération selon l'acte soit l'essence même de la chose. Et selon ceci, on dit qu'un tel étant opère ou agit par essence.

(2) Or, dans les autres étants dans lesquels on trouve un principe selon la forme différent de l'essence d'un tel étant, par exemple la chaleur dans le feu, par lequel le feu produit et effectue son action, de tels étants, dis-je, n'agissent pas par leur essence.

(3) Dans les étants qui opèrent ou agissent par essence, nous disons de ceux-ci qu'ils effectuent et produisent leur opération qui demeure à l'intérieur parce que le mode de signification suggère un mouvement intrinsèque de la chose et un flux à partir de son principe. Par conséquent, il semble qu'il faille sous-entendre une différence essentielle [de ces étants] d'avec le principe duquel ils émanent eu égard à la façon de parler.

(4) Ceci est certes vrai quant au mode de signification comme on l'a dit, cependant, en réalité, il n'y a pas de diversité dans l'essence.

(5) La raison en est que l'essence dans ce qui est essence, du fait même qu'elle est essence, est essence dans ce qui est essence. [En effet], ou bien [une telle essence] ne possède pas certains principes de son essence, comme il en va de l'essence divine bénie ; ou bien elle possède un principe de son essence du fait qu'une telle essence est son propre principe,

sicut se habet quilibet intellectuum separatorum, vel etiam essentia in eo, quod essentia, habet saltem principia secundum rationem, quae sunt partes formae secundum Philosophum, quae complectitur definitio, cuiusmodi essentiae inveniuntur etiam in corporalibus. Quocumque autem istorum trium modorum se habeat essentia in eo, quod essentia, simplex est carens partibus et quacumque extranea natura

(6) Quia enim simplex est, non recipit in se aliquam dispositionem sui extraneam ab essentia sua – dispositio enim est habentis partes secundum Philosophum in V *Metaphysicae*[1] – et quia essentia est in eo, quod essentia, ideo quidquid habet et recipit, essentialiter in se habet vel recipit – secundum Boethium enim quod recipitur in alio, est ibi per modum recipientis, non recepti[2].

(7) Igitur operatio intellectus, qua videt Deum per essentiam, recepta in essentia intellectus, est ibi essentialiter, secundum quod essentialitas accipitur a parte essentiae intellectus et importat quendam modum essentialem intellectus, qui non est nisi ipsa essentia intellectus.

3.2. 8.2. *Digressio : De propositione 'Omne, quod recipitur in alio, est ibi per modum recipientis'*

(1) Cum igitur dicitur essentia in eo, quod essentia, essentialiter pati in se per aliquid in se receptum seu quod recipiat vel habeat in se aliquid essentialiter, hoc, quod dicitur essentialiter, non determinat ibi modum subiecti ita, ut sit sensus : 'Essentia in eo, quod essentia, recipit vel habet in se aliquid sic, ut ipsa essentia sit subiectum eius, quod recipit vel habet in se', sed magis li essentialiter determinat ibi quendam modum formalem ipsius essentiae respectu rei receptae, ut sit sensus : 'Recipit vel habet essentialiter, id est per modum proprium essentiae, id est essentialitate sua, quae est ipsa sua essentia', quamvis formaliter significetur ad exprimendum proprium modum formalem ipsius essentiae, et sic id, quod recipitur in essentia inquantum essentia, est idem tali essentiae.

1. *Cf.* Aristoteles Latinus, *Metaphysica*, V, 25, ed. G. Vuillemin-Diem, (AL XXV, 3, 3), 1995, transl. Guillelmi, p. 119 : *Amplius que sunt in ratione unumquodque ostendente, et* HEC *partes totius ; propter quod genus speciei et pars dicitur, aliter autem species generis pars.*

2. Vide « notes complémentaires », n° 2, p. 366.

mais selon un autre être, comme il en va de tout intellect séparé ; ou bien encore l'essence dans ce qui est essence possède les principes qui sont les parties de la forme, du moins selon la raison, et que la définition renferme, selon le Philosophe – et on trouve les essences de cette sorte dans les choses corporelles. Quel que soit le mode, parmi ces trois, que possède une essence en tant qu'essence, elle est simple, exempte de parties et ne possède aucune nature extérieure.

(6) Parce qu'elle est en effet simple, elle ne reçoit en elle aucune disposition externe à son essence – la disposition est en effet le propre de ce qui a des parties, selon le Philosophe au livre V de la *Métaphysique*[1] – et parce qu'elle est essence dans ce qui est essence, pour cette raison, tout ce qu'elle possède et reçoit, elle le possède et le reçoit essentiellement ; en effet selon Boèce, tout ce qui est reçu dans un autre s'y trouve sur le mode de ce qui reçoit et non de ce qui est reçu[2].

(7) L'opération de l'intellect par laquelle il voit Dieu par essence est reçue dans l'essence de l'intellect et s'y trouve essentiellement dans la mesure où l'essentialité est acceptée de la part de l'essence de l'intellect et inclut un certain mode essentiel de l'intellect qui n'est rien d'autre que l'essence même de l'intellect.

3.2. 8.2. *Digression sur la proposition « Tout ce qui est reçu dans un autre est là sur le mode de celui qui reçoit »*

(1) Puisque l'on dit donc que l'essence, dans ce qui est essence, pâtit essentiellement en elle-même, par quelque chose qu'elle a reçu en elle ou bien qu'elle reçoit ou encore qu'elle a en elle quelque chose essentiellement, ce qui est dit essentiellement ne détermine pas ici le mode du sujet de sorte que le sens serait le suivant : « l'essence dans ce qui est essence reçoit ou a en elle quelque chose de sorte que l'essence même est le sujet de ce qui reçoit ou a en lui », mais le terme 'essentiellement' détermine plutôt ici un mode formel de l'essence, par rapport à la chose reçue, de sorte que le sens soit le suivant : « Elle reçoit ou a essentiellement, c'est-à-dire par le mode propre à l'essence, c'est-à-dire par son essentialité qui est elle-même son essence », bien que, formellement, ce terme ait pour signification d'exprimer le mode formel propre à son essence, et ainsi ce qui est reçu dans l'essence en tant qu'essence est la même chose que cette essence.

1. *Cf.* Aristote, *Métaphysique*, V 25, 1023b22- 24, trad. J. Tricot, rééd. 1991, t. 1, p. 214 : « Enfin les éléments de la définition qui exprime chaque être sont aussi des parties du tout : c'est pourquoi le genre peut être considéré aussi comme une partie de l'espèce, quoique, en un autre sens, ce soit l'espèce qui est une partie du genre. »

2. *Cf.* note complémentaire n° 2, p. 366.

Non enim essentia in eo, quod essentia, habet alium modum quam modum sibi essentialem.

(2) Quod igitur recipitur seu habetur in essentia in eo, quod essentia, est ibi per modum essentiae, id est essentialiter, et sic est idem essentiae, vel saltem in aliquibus recipiens et receptum sunt aliquod aggregatum unum per essentiam, sicut se habet compositum ex materia et forma.

(3) In quo videtur esse instantia contra verbum praemissum Boethii, scilicet quod omne, quod recipitur in alio, est ibi per modum recipientis. Forma enim est in materia non per modum materiae, ut videlicet forma sit ipsa materia vel quod sit ibi per modum esse potentialis et ens in potentia ut materia, sed magis est ibi per modum actus.

(4) Sed dicendum, quod verbum Boethii intelligendum est de recipiente, quod est ens in actu, quod ex hoc ipso, quod est ens secundum actum aliquem, dat seu communicat rei receptae suum modum. Quod non potest facere ens in potentia, quod eo ipso, quod est in potentia, magis recipit modum a re recepta, quae est aliquid secundum actum, quam e converso.

(5) Patet igitur secundum praedicta, quis sit sensus eius, quod dicitur aliquid recipi vel esse in aliquo essentialiter, inquantum est ibi per modum recipientis.

(6) In aliis autem, quae recipiunt aliquid non in essentia inquantum essentia, talis locutio, qua dicitur aliquid esse in alio vel recipi per modum recipientis expressa in specialibus terminis, plerumque plures habet causas veritatis, puta aliquid recipi in corpore et esse ibi per modum corporis seu corporaliter.

(7) Uno enim modo potest hoc accipi, ut li corporaliter importet formam seu modum corporis substantialem, id est ipsam corporeitatem substantialem. Et secundum hoc id, quod corporaliter recipitur seu inest, est de substantia corporis et substantialiter inest secundum modum, qui supra dictus est de essentia in eo, quod essentia. Et per istum modum ea, quae sunt de substantia corporis ut principia substantiae corporalis, scilicet materia et forma, item partes substantiae corporalis dicuntur esse in corpore corporaliter. Cibus etiam, quando incorporatur, dicitur recipi in corpore et esse in corpore corporaliter.

L'essence, en effet, dans ce qui est essence n'a pas un mode différent de son mode essentiel.

(2) Ce qui est donc reçu ou possédé dans l'essence dans ce qui est essence, est là sur le mode de l'essence, c'est-à-dire essentiellement et il est ainsi identique à l'essence, ou du moins chez certains, ce qui reçoit et ce qui est reçu sont un unique agrégat par l'essence; il en va de même pour le composé de matière et de forme.

(3) Or ici, il semble qu'il y ait une objection contre cet énoncé de Boèce, à savoir que tout ce qui est reçu dans un autre est là sur le mode de celui qui reçoit. La forme est en effet dans la matière non pas sur le mode de la matière, de sorte que la forme serait la matière elle-même ou quelque chose qui serait selon le mode de l'être potentiel et un étant en puissance comme la matière, mais elle est plutôt [dans la matière] selon le mode de l'acte.

(4) Il faut plutôt dire que l'énoncé de Boèce est à comprendre au sujet de celui qui reçoit et qui, parce qu'il est un étant en acte, du fait même qu'il est un étant selon un certain acte, donne ou communique à la chose reçue son mode, ce que ne peut pas faire un étant en puissance parce que, par lui-même étant en puissance, il reçoit plus le mode de la chose reçue, qui est quelque chose selon l'acte, que l'inverse.

(5) Il est donc clair, selon ce que l'on vient de dire, que le sens de [cet énoncé] est le suivant : on dit que quelque chose est reçu ou est dans un autre essentiellement dans la mesure où il est là sur le mode de celui qui reçoit.

(6) Or dans les autres choses qui reçoivent quelque chose mais pas dans l'essence en tant qu'essence, un tel énoncé, par lequel, en usant de termes spéciaux on dit que quelque chose est dans un autre ou est reçu sur le mode de celui qui reçoit, a la plupart du temps plusieurs causes de vérité, par exemple quelque chose est reçu dans un corps et est là sur le mode du corps ou corporellement.

(7) D'une première manière, on peut en effet envisager ceci de sorte que le 'corporellement' [signifie] impliquer une forme ou un mode substantiel du corps c'est-à-dire la corporéité substantielle elle-même. Et selon ceci, ce qui est reçu ou est présent corporellement, appartient à la substance du corps et inhère substantiellement, selon le mode qui a été énoncé plus haut au sujet de l'essence dans ce qui est essence. C'est sur ce mode que sont les choses qui appartiennent à la substance du corps, comme les principes de la substance corporelle, à savoir la matière et la forme, de même que les parties de la substance des corps qui sont dans les corps corporellement. Ainsi lorsqu'on incorpore la nourriture, on dit qu'elle est reçue dans le corps et qu'elle est corporellement dans le corps.

(8) Alio modo intelligitur aliquid esse seu recipi in corpore corporaliter, inquantum videlicet ipsum receptum est aliqua dispositio seu aliqua forma recepta in corpore, ut videlicet li corporaliter importet modum subiecti in substantia corporis ita, quod sit sensus, quod corpus in eo, quod corpus, sit subiectum talis formae seu dispositionis receptae in ipso. Et secundum hunc modum sunt in corpore corporaliter prima accidentia, quibus immediate et primo substat substantia corporis, puta si hoc sit quantitas vel aliquae qualitates virtuales vel primae qualitates elementares.

(9) Alio modo inveniuntur aliqua inesse seu recipi in corpore corporaliter, inquantum li corporaliter importat non solum substantiam corporis secundum rationem subiecti, sed etiam aliquam corporis dispositionem seu formam accidentalem corporalem, secundum quam inest id, quod recipitur, in corpore corporaliter, secundum quod lumen recipitur in corpore non simpliciter in corpore inquantum corpus, sed inquantum diaphanum. Et sic de quibusdam aliis receptis in corpore corporaliter.

(10) Patet igitur, quis sit sensus verbi Boethii, qui dicit, quod omne, quod recipitur in alio, est ibi per modum recipientis, quod in hoc passu incidenter inductum est occasione praemissorum.

3.2.9. *Reicitur quarta positio*

(1) Apparet igitur etiam hoc tertium de numero supra enumeratorum, videlicet quod impossibile est intellectum possibilem sine omni actu formali seu specie, qua fit in actu primo suae intellectualitatis, pertingere immediate ad videndum divinam essentiam.

(2) Sed nec hoc possibile est, videlicet quod per formam aliquam seu speciem in se habitam vel receptam immediate attingat ad dictam visionem.

(3) Suppositis autem his, quae alii ad istam materiam adducunt, scilicet ad ostendendum, quod impossibile est per speciem in intellectu possibili pertingere immediate ad videndum Deum per essentiam, considerandum hoc ex modis entium et proprietatibus eorum, quae sunt per se, quas status beatitudinis seu gloriae non destruit, sed consummat.

3.2.9.1. *De ente et modis eius*

(1) Considerandum igitur, quod ea, quae sunt entis inquantum ens, id est secundum sui communem seu generalem considerationem, scilicet antequam in suas partes dividatur, descendunt in omnes partes entis,

(8) D'une autre manière, on comprend [l'énoncé] « quelque chose est ou est reçu dans le corps corporellement » comme signifiant que ce qui est reçu est une certaine disposition ou forme reçue dans le corps, de sorte que le 'corporellement' implique le mode du sujet dans la substance du corps. Cela signifie donc : le corps, dans ce qui est corps, est sujet d'une telle forme ou d'une telle disposition reçue en lui. C'est selon ce mode que les premiers accidents, par lesquels la substance du corps subsiste immédiatement et à titre premier, par exemple ce qui est quantité ou certaines qualités virtuelles ou les qualités premières élémentaires, sont corporellement dans le corps.

(9) On trouve d'une autre manière que certaines choses sont présentes ou sont reçues dans le corps corporellement au sens où le 'corporellement' implique non seulement la substance du corps selon la raison du sujet, mais aussi selon une certaine disposition du corps ou selon une certaine forme accidentelle corporelle selon laquelle est présent ce qui est reçu dans le corps corporellement, comme la lumière est reçue dans le corps, non dans le corps absolument en tant que corps, mais en tant que diaphane. Et il en est ainsi pour d'autres choses qui sont reçues corporellement dans le corps.

(10) On voit donc clairement quel est le sens de la formule de Boèce qui dit que tout ce qui est reçu dans un autre est là sur le mode de celui qui reçoit. On a fait cette digression pour compléter ce que l'on a dit plus haut.

3.2.9. *On rejette la quatrième position*

(1) Dans la troisième des propositions énoncées plus haut, il apparaît qu'il est impossible que l'intellect possible parvienne immédiatement à la vision de Dieu sans aucun acte formel ou sans aucune espèce par laquelle il advient dans l'acte premier de son intellectualité.

(2) Or, il n'est pas possible non plus que par une certaine forme ou une certaine espèce possédée en soi ou reçue, il atteigne de manière immédiate la vision mentionnée.

(3) Ainsi, en tenant compte de ce que les autre apportent à ce problème, précisément pour montrer qu'il est impossible d'atteindre immédiatement par l'espèce dans l'intellect possible la vision de Dieu par essence, il faut examiner ce point à partir des modes des étants et de leurs propriétés qui sont par soi et que le statut de la béatitude ou de la gloire ne détruit pas mais accomplit.

3.2.9.1. *Au sujet de l'étant et de son mode*

(1) Il faut donc examiner que tout ce qui appartient à l'étant en tant qu'étant, c'est-à-dire selon sa considération commune ou générale, à savoir avant qu'il soit divisé en parties, descend dans toutes les parties de l'étant,

sicut et ipsa ratio entis descendit in omnes partes eius. Hoc autem invenimus in quolibet communi univoco, puta ratio animalis in eo, quod tale commune univocum, descendit in omnes partes seu species eius, quod patet ex se; similiter et ea, quae insunt animali inquantum animal, ut posse uti sensu et similia.

(2) Eodem modo se habet de ente quantum ad communem et generalem sui rationem et proprietates, quae secundum hoc insunt enti, quamvis ipsum sit commune analogum et analogice participetur a suis partibus et secundum sui rationem et secundum suas proprietates, cuiusmodi sunt unum et multa, potentia et actus.

(3) Consistit autem communissima et simplicissima et prima ratio entis in eo, quod ipsa est prima et simplicissima omnium intentionum repertarum in rebus, qua res primo sunt aliquid et primo differunt a nihilo[1] et quantum ad deductionem eius ad esse in rebus creatis – « prima » enim « rerum creatarum est esse » – et quantum ad essentiam rerum in se – omnes enim rerum intentiones in ipsam tamquam in primam et simplicissimam et communissimam resolvuntur et per eam in natura formaliter figuntur, ut patet ex pluribus propositionibus *Libri de causis*[2].

(4) Similiter autem proprietates seu modi proprii entis in eo, quod ens, se habent in essendo primas et communissimas et simplicissimas proportionaliter ipsi enti inquantum ens. Sunt autem huiusmodi generales modi quidam pertinentes ad ens secundum essentiam entis, puta potentia et actus, habentes autem modum et rationem proprietatum, unum et multa et si qua sunt similia.

(5) Diviso igitur ente in suas partes et secundum quandam analogiam diversimode in diversis participato necessarium est etiam consequenter dictos communes modos et proprietates entis dividi et secundum quandam analogiam participari diversimode in diversis.

(6) Dividitur autem ens uno modo in ens reale repertum apud naturam, scilicet in substantiam et alia novem genera praedicamentorum,

1. *Cf.* Theodoricus Teutonicus de Vriberg, *De Origine rerum praedicamentalium*, 1. (7), ed. L. Sturlese, Hamburg, Meiner, 1983, p. 139.

2. *Cf.* Anonymus, *Liber de causis*, IV, prop. 37, ed. A. Pattin, 1966, p. 54 : *Prima rerum creatarum est esse et non est ante ipsum creatum aliud.*

et de la même façon la raison même de l'étant descend dans toutes ses parties. Or ceci nous le trouvons dans n'importe quel univoque commun, par exemple la raison animale dans ce qui est un tel univoque commun, descend dans toutes ses parties ou espèces, ce qui est clair par soi. Il en va de la même manière pour tout ce qui est présent dans l'animal en tant qu'animal, comme pour le sens et ce qui s'y apparente.

(2) Il en va ainsi aussi pour l'étant quant à sa raison commune et générale et quant à ses propriétés qui inhèrent à l'étant selon cette raison, bien que lui-même soit un analogue commun et qu'il soit analogiquement participé par ses parties, non seulement selon sa raison mais aussi selon ses propriétés telles que l'un, le multiple, la puissance et l'acte.

(3) Or la raison la plus commune, la plus absolue et première des étants consiste en ce qu'elle-même est la première et la plus absolue de toutes les intentions que l'on trouve dans les choses. C'est par elle que les choses sont à titre premier quelque chose et qu'elles diffèrent d'abord du néant[1], d'une part quant à leur venue à l'être dans les choses crées – en effet « la première des choses créées est l'être » – et, d'autre part quant à l'essence des choses en soi – toutes les intentions des choses se résolvent en effet en cette raison en tant qu'elle est la première, la plus absolue et la plus commune et par elle, les choses sont fixées dans la nature, comme le montrent différentes propositions du *Livre des causes*[2].

(4) De même, les propriétés, ou les modes propres aux étants dans ce qui est étant, en étant premières, plus communes et plus absolues, se rapportent proportionnellement à l'étant lui-même en tant qu'étant. Or certains de ces modes généraux appartiennent à l'étant selon l'essence de l'étant, par exemple la puissance et l'acte ayant le mode et la raison des propriétés, comme l'un, le multiple et ce qui s'y apparente s'il y en a.

(5) L'étant ayant donc été divisé dans ses parties et participé sur un mode différent dans les choses différentes selon une certaine analogie, il est nécessaire qu'en conséquence les modes communs énoncés et les propriétés de l'étant soient divisés et que selon une certaine analogie, ils soient participés de manières diverses dans différentes choses.

(6) Or l'étant se divise d'une première manière en étant réel trouvé dans la nature, à savoir en substance et en neuf autres genres de prédicats,

1. *Cf.* Dietrich de Freiberg, *De origine rerum praedicamentarium*, 1. (7), éd. L. Sturlese, 1983.

2. Anonyme, *Livre des causes*, chap. IV, prop. 37, trad. P. Magnard, O. Boulnois, B. Pinchard, J.-L. Solère, 1990, p. 45 « La première des choses créées est l'être et avant lui il n'y a pas d'autre créé. »

et in ens in anima seu conceptionale, secundum quod dicit Commentator *Super V Metaphysicae*[1].

(7) Similiter etiam secundum eandem entis divisionem dividuntur dicti generales modi entis, scilicet potentia et actus, et proprietates, scilicet unum et multa et si qua sunt similia.

(8) Sicut igitur rationem entis salvari necesse est in omnibus partibus entis, sic et dictos modos et proprietates oportet reperiri in quolibet ente et ea, quae sunt talium modorum per se, puta quod impossibile est idem esse potentia et actu secundum idem et ad idem[2]; item, quod idem non potest absque activo principio se ipsum educere de potentia ad actum[3]; item, quod determinata potentia respicit determinatum actum[4] – « actus enim activorum sunt in patiente et disposito »[5]; item, quod potentia non respicit actum extra genus potentiae existentem – reducuntur enim ad idem genus ; non enim potentia quale fit actu per quantum.

1. *Cf.* Averroes, *In Librum V Metaphysicorum Aristotelis Commentarius*, comm. 14, ed. R. Ponzalli, 1971, p. 132, l. 117-133, l. 125 : *Qui enim intellexit de ente illud quod commune est decem praedicamentis, dixit quod collocatur in quaestionibus generis ; et qui intellexit de ente illud quod intelligitur de vero, dixit quod collocatur in quaestionibus accidentis. Deinde dicit* : Et sicut dicimus quod diameter est aequalis etc., *id est; et hoc est aliud exemplum quo utitur in hac intentione. (...) Et intendebat distinguere inter hoc nomen ens quod significat copulationem in intellectu et quod significat essentiam quae est extra intellectum.* » Et comm 16, ed. R. Ponzalli, p. 144, l. 121-124 : *Deinde dicit* : Et cum dicitur ens multis modis, etc., *idest : et cum hoc nomen ens dicitur de decem praedicamentis, ens quod est subiectum aliorum novem entium est ante omnia entia, et ens ex quo fit substantia est etiam ante substantiam, et similiter ens in potentia dicitur prius ente in actu.*

Cf. quoque Theodoricus Teutonicus de Vriberg, *De Origine rerum praedicamentalium*, 5, ed. L. Sturlese, 1983.

2. *Cf.* Aristoteles Latinus, *Physica*, III, 1, ed. F. Bossier et J. Brams, (AL VII, 1), 1990, transl. Vetus, p. 99- 100 : *Quoniam autem quedam eadem sunt et potentia et entelecheiai, non simul autem aut non secundum idem, sed ut calidum quidem potentia frigidum autem entelecheiai, multa iam agent et patientur ab invicem; omne enim erit simul activum et passivum.*

Cf. Thomas de Aquino, *In Arist. De an.*, l. I, c. 6, ed. Leon., 1984, p. 28 : *Et sic idem et secundum idem esset in actu et potentia : quod est inconveniens.*

3. *Cf.* Thomas de Aquino, *Sentencia libri de anima*, l. I, c. 6, ed. Leon., 1984, p. 28 : *In movente etiam seipsum duo sunt : unum movens et aliud motum : et impossibile est, quod illud quod est movens, moveatur per se*.

4. *Cf.* Aristoteles Latinus, *Metaphysica*, l. IX, 8, ed. G. Vuillemin-Diem, (AL XXV, 3, 3), 1995, translat. Guillelmi, p. 188 : *(...), quia omne quod fit, fit ex aliquo, et ab aliquo, et hoc specie idem.*

5. Locus communis invenitur, verbi gratia, in Peckham et Thomas de Aquino.

et en étant dans l'âme ou conceptionnel, selon ce que dit le Commentateur au livre V du *Commentaire de la Métaphysique*[1].

(7) Selon cette division de l'étant, ces genres du mode de l'étant, à savoir la puissance et l'acte, et les propriétés, comme l'un et le multiple et celles qui s'y apparentent s'il y en a, se divisent de la même façon.

(8) Donc, de même qu'il est nécessaire que la raison de l'étant soit conservée dans toutes les parties de l'étant, il importe qu'on trouve de la même manière les modes et les propriétés énoncées dans n'importe quel étant. Il en est de même pour les principes qui appartiennent à de tels modes par soi – par exemple, il est impossible que la même chose soit en puissance et en acte selon le même et par rapport au même[2], une même chose ne peut pas se faire passer elle-même de la puissance à l'acte sans un principe actif[3], la puissance déterminée se rapporte à un acte déterminé[4] – « les actes des actifs sont en effet dans ce qui pâtit et dans ce qui est disposé »[5] –, ou encore la puissance ne se rapporte pas à l'acte existant hors du genre de la puissance. [La puissance et l'acte] sont reconduits en effet au même genre, car la puissance ne devient pas qualité en acte par la quantité.

1. *Cf.* Averroès, *Commentaire de la Métaphysique*, V, comm. 14, éd. R. Ponzalli, 1971, p. 132, l. 117-133, l. 125 : « Celui qui a conçu l'étant comme ce qui est commun aux dix catégories a dit qu'il faut le situer dans les questionnements se rapportant au genre ; et celui qui a conçu l'étant comme ce qui est intelligé comme vrai, a dit qu'il faut le situer dans les questionnements sur l'accident. Il dit ensuite "et comme nous disons que le diamètre est égal ...", et ceci est un autre exemple qu'il utilise dans cette intention. (...) Et il essaie de distinguer entre ce nom "étant" qui signifie la copulation dans l'intellect et celui qui signifie l'essence qui est hors de l'intellect. » ; *Ibid.* comm. 16 : « Puis il dit "et lorsqu'on parle d'étant de différentes manières ...", et lorsque ce nom d''étant' se rapporte aux dix catégories, l'étant qui est le sujet des neuf autres étants est avant tous les étants, et l'étant à partir duquel est advenue la substance est même avant la substance, et de même l'étant en puissance est dit avant l'étant en acte. »

Cf. aussi Dietrich de Freiberg, *De origine rerum praedicamentarium*, 5, éd. L. Sturlese, 1983.

2. *Cf.* Aristote, *Physique*, III, 1, 201a20-23, trad. P. Pellegrin, p. 163 : « Et puisque certaines choses sont les mêmes à la fois en puissance et en entéléchie, mais pas en même temps ou alors pas sous le même rapport, mais par exemple chaud en puissance et froid en entéléchie, <on voit> dès maintenant que beaucoup de choses agiront et pâtiront les unes du fait des autres. » *Cf.* Thomas d'Aquin, *Commentaire du Traité de l'Âme d'Aristote*, l. I, chap. VI, trad. J. M. Vernier, 1999, p. 63 : « (...) et ainsi le même être sous le même rapport est en acte et en puissance, ce qui ne peut être. »

3. *Cf.* Thomas d'Aquin, *Commentaire du Traité de l'Âme d'Aristote*, l. I, chap. VI, trad. J. M. Vernier, 1999, p. 63 : « Car dans ce qui se meut soi-même deux parties existent : l'une motrice, l'autre mue, et il est impossible que ce qui est moteur soit mû par lui-même. »

4. *Cf.* Aristote, *Métaphysique*, IX, 1049b28, trad. J. Tricot, rééd. 1991, t. 2, p. 45 : « Tout ce qui devient devient, de quelque chose, quelque chose, et est produit par quelque chose, le produit étant spécifiquement identique au moteur. »

5. Adage courant usité aussi par J. Peckham, Thomas d'Aquin, *etc.*

(9) Ista autem, quae dicta sunt de ordine potentiae ad actum, proprie pertinent ad res, secundum quod sunt aliquid secundum aliquod esse in sua substantia, in quibus omnibus formalior et principalior et nobilior et prior natura et definitione est actus quam potentia[1].

(10) Fundantur autem iam dictae quattuor condiciones in saepe dictis modis entis, scilicet actu et potentia, secundum rationem primi omnium naturae principii, quod est : « Impossibile est idem esse simul et non esse. »[2] Ex hoc enim, quod impossibile est idem esse et non esse, oritur hoc, quod impossibile est idem secundum idem esse actu et potentia[3]. Ex hoc enim, quod aliquid est in potentia, non est, ex hoc, quod est actu, iam est. Ita se habet hoc, quod idem non educit se ipsum in actum, et sic de aliis ; sed circa hoc non est immorandum.

(11) Eadem autem ratione, sicut dictum est in his, quae sunt aliquid secundum actum et potentiam secundum rationem essendi, ita se habet in potentiis activis et universaliter motivis et operativis et ex eadem ratione dicti primi principii, scilicet quod impossibile est simul esse aliquid et non esse. Ex hoc enim sequitur, quod impossibile est idem secundum idem esse activum et aliquid actum, et motivum impossibile est esse aliquid motum a motivo, similiter nec operativum idem et secundum idem potest esse aliquid operatum. Dico autem operativum, quod essentialiter differt a sua operatione. Alias sequeretur, quod idem secundum idem simul esset actu et potentia et per consequens idem secundum idem esset et non esset, ut iam supra dictum est.

1. *Cf.* Aristoteles Latinus, *De interpretatione*, 13, ed. G. Verbeke, (A.L. II, 1-2), 1965, translatio Guillelmi, p. 59 : *Manifestum autem ex dictis quia quod ex necessitate est secundum actum est, quare, si priora que perpetua, et actus potentia prior.*; *Metaphysica*, IX, 8, ed. G. Vuillemin-Diem, (AL XXV, 3, 3), 1995, translat. Guillelmi, p. 188 : *Quoniam AUTEM IPSUM prius determinatum est quot modis dicitur, palam quia prior est actus potentia.*

2. *Cf.* Aristoteles Latinus, *Analytica priora* II, 2, ed. L. Minio-Paluello, (A.L. III, 1), Leiden, E. J. Brill, 1998, translatio Boethii, p. 94 : *Si ergo verum est A, necesse est B verum esse, aut accidet idem simul et esse et non esse ; hoc autem impossibile*.

3. *Cf.* Thomas de Aquino, *In Arist. libros physicorum*, l. VIII, lec. 10, n. 4, ed. Leon., 1884, p. 402 : *Sequitur quod idem sit simul actu et potentia ; quod est impossibile*.

(9) Or, ce qui a été dit sur le rapport de la puissance à l'acte appartient proprement, du fait qu'elles sont quelque chose selon un être dans sa substance, aux choses dans lesquelles l'acte est plus formel, de plus haut degré, plus noble et antérieur par nature et par définition à la puissance[1].

(10) Les quatre conditions déjà énoncées sont fondées dans ces modes de l'étant – à savoir la puissance et l'acte – selon la raison du premier des principes de la nature qui est : il est impossible que le même en même temps soit et ne soit pas[2]. Du fait qu'il est impossible qu'en même temps le même soit et ne soit pas, découle ce principe qu'il est impossible que le même selon le même soit en acte et en puissance[3]. Du fait que ce qui est en puissance, n'est pas, de ceci [il s'ensuit] que ce qui est en acte, est déjà. C'est pourquoi le même ne s'actualise donc pas de lui-même et ainsi des autres. Mais il ne faut pas s'attarder sur ce point.

(11) Pour la même raison, comme on a dit, dans ce qui est quelque chose selon l'acte et la puissance selon la raison de leur être, il en va de la même manière que dans les puissances actives, universellement mobiles, et opérationnelles, en vertu de cette même raison, celle du dit premier principe, à savoir qu'il est impossible qu'en même temps quelque chose soit et ne soit pas. De ceci s'ensuit en effet qu'il est impossible que le même selon le même soit actif et soit quelque chose d'agi, et il est impossible que quelque chose soit en même temps mû et moteur, de la même façon quelque chose d'opérationnel ne peut pas être le même et selon le même quelque chose d'opéré. Or, j'appelle opérationnel ce qui diffère essentiellement de son opération. Autrement, il s'ensuivrait que le même selon le même serait en même temps en acte et en puissance et par conséquent le même selon le même serait et ne serait pas, comme on l'a déjà dit plus haut.

1. *Cf.* Aristote, *Sur l'interprétation*, 13, 23a21, trad. C. Dalimier, 2007, p. 323 : « Il est donc manifeste, d'après ce qui a été dit, que ce qui est par nécessité est en acte, en sorte que si les choses éternelles sont antérieures, l'acte est lui aussi antérieur à la puissance. » ; *Métaphysique*, IX, 8, 1049b4, trad. J. Tricot, rééd. 1991, t. 2 p. 44 : « De nos considérations sur les différentes acceptions de l'antérieur, il résulte clairement que l'acte est antérieur à la puissance. »

2. *Cf.* Aristote, *Métaphysique*, III, 3, 1005b18-23, trad. J. Tricot, rééd. 1991, p. 121-122 : « Evidemment alors un tel principe est le plus certain de tous; quel est-il, nous allons maintenant l'énoncer. Le voici : "Il est impossible que le même attribut appartienne et n'appartienne pas en même temps, au même sujet et sous le même rapport", sans préjudice d'autres déterminations qui pourraient être ajoutées, afin de parer à des difficultés logiques. » ; *Premiers analytiques*, II, 2, 53b 14-15, trad. J. Tricot, 1983, p. 210 : « Si donc A est vrai, nécessairement B est vrai, ou alors il arrivera que la même chose, en même temps, est et n'est pas, ce qui est absurde. »

3. Thomas d'Aquin, *Commentaire à la Physique d'Aristote*, VIII, lec. 10, n. 4, éd. Leon. 1884, p. 402 : « Il s'ensuit que le même est en même temps en acte et en puissance, ce qui est impossible. »

3.2.9.2. *De triplici manerie entium*

(1) Supposita igitur divisione entis in ens reale secundum naturam et ens conceptionale, inquantum est in anima seu intellectu quocumque, qui exit de potentia ad actum, item habito, quod modi et proprietates generales entis inquantum ens descendunt in omnes partes entis sicut et ipsum ens, considerandum, quod in entibus invenimus triplicem ipsorum entium maneriem differentem eo modo differentiae, quo differunt ea, quae differunt secundum genus, quae eo differunt genere, quia in diversa genere principia reducuntur, ut Philosophus dicit in X *Metaphysicae* versus finem[1].

(2) Attenditur enim in entibus uno modo id, quod sunt secundum essentiam inquantum essentia; secundo modo invenimus et consideramus in eis id, quod sunt substantia inquantum substantia, ut appropriate loquamur; tertium, inquantum aliquibus dispositionibus seu formis accidentalibus substantiae rerum sunt dispositae ut calidum, frigidum, dimensionatum.

(3) Et ut interim fiat sermo de his, quae sunt in eo genere praedicamenti logico, quod communiter dicimus substantiam, considerandum, quod inter essentiam et substantiam inquantum huiusmodi attenditur differentia secundum propriam rationem utriusque eorum, in eo videlicet, quod in diversa genere principia reducuntur.

(4) Essentia enim inquantum essentia vel non habet aliquod sui principium, puta essentia primae causae, vel si habet principium, hoc non erit nisi secundum intellectum ut in rebus creatis. Secundum intellectum enim habent suae essentiae principium principia separata, si qua sunt, puta intelligentiae, quae sunt intellectus in actu per essentiam, quarum quaelibet intellectualiter fluit a suo principio intelligendo ipsum et per consequens

1. Non invenitur in *Metaphysica* X. Vide potius Aristoteles Latinus, *Metaphysica*, V, 28, ed. G. Vuillemin-Diem, (AL XXV, 3, 3), 1995, transl. Guillelmi, p. 122 : *Diuersa uero * genere dicuntur quorum diuersum primum * subiectum et non resoluitur alterum in alterum nec ambo in idem, ut species et materia diuersum genere.*

Cf. quoque Averroes, *In Librum V Metaphysicorum Aristotelis Commentarius*, comm. 33, ed. R. Ponzalli, 1971, p. 225, l. 54-58 : *Deinde dicit* : Et dicuntur alia, etc., *idest : et illa quae dicuntur diversa in genere sunt quae sunt diversa secundum subiectum et materiam remotam. Et ista non alterantur ad invicem neque ad aliud idem. Quae enim alterantur ad invicem habent eamdem materiam, et quae alterantur ad idem habent illud idem pro materia.*

3.2.9.2. *Au sujet du triple mode des étants*

(1) Nous avons donc supposé la division de l'étant en étant réel selon la nature et en étant conceptionnel dans la mesure où il est dans l'âme ou dans un certain intellect qui sort de la puissance vers l'acte. De même, nous avons admis que les modes et les propriétés générales de l'étant en tant qu'étant descendent dans toutes les parties de l'étant comme dans l'étant lui-même. Il faut [donc] considérer que dans les étants, nous trouvons trois modes d'étants distincts par cette différence, par laquelle diffèrent ceux qui diffèrent selon le genre, et ceux qui diffèrent par le genre parce qu'ils sont reconduits par le genre vers différents principes, comme le dit le Philosophe au livre X de *La Métaphysique*, vers la fin[1].

(2) Dans les étants, on discerne en effet d'une première manière ce qu'ils sont selon l'essence en tant qu'essence, d'une autre manière, on trouve et on considère en eux ce qu'ils sont par la substance en tant que substance, pour parler de manière adéquate, troisièmement [on voit]que par certaines dispositions ou certaines formes accidentelles, les substances des choses sont disposées comme ce qui est chaud, ce qui est froid, et ce qui a des dimensions.

(3) Et pour parler entretemps de ceux qui sont dans le genre logique de la catégorie, que nous appelons communément substance, il faut considérer qu'entre l'essence et la substance en tant que telle, on perçoit une différence selon la raison propre de l'une et de l'autre, en ceci précisément qu'elles sont reconduites vers des genres différents.

(4) L'essence en tant qu'essence ou bien n'a pas quelque chose qui serait son principe, par exemple l'essence de la cause première, ou si elle a un principe, celui-ci ne sera que selon l'intellect, comme dans les choses créées. Les principes séparés, s'ils existent, ont en effet le principe de leur essence selon l'intellect, par exemple, les intelligences qui sont des intellects en acte par essence dont n'importe laquelle flue intellectuellement à partir de son principe en s'intelligeant elle-même, et par conséquent,

1. Référence ne se trouvant vraisemblablement pas en *Métaphysique*, X. Il semble que le renvoi soit plutôt à Aristote, *Métaphysique*, V, 28, 1024b, trad. J. Tricot, rééd. 1991, t. 2 p. 218 : « "Différentes par le genre" se dit des choses dont le sujet prochain est différent, et qui sont irréductibles les unes aux autres, ou ne peuvent rentrer dans une même chose : par exemple, la forme et la matière diffèrent par le genre. » et Averroès, *Commentaire de la Métaphysique*, V, comm. 33, éd. R. Ponzalli, 1971, p. 225, l. 54-58 : « Puis il dit « Et d'autres disent etc.. », c'est-à-dire : les choses qui sont dites différer par le genre sont celles qui sont différentes selon le sujet et la matière éloignée. Et celles-ci ne s'altèrent pas mutuellement, ni en direction d'une même chose. Les choses qui s'altèrent réciproquement ont en effet la même matière et celles qui sont altérées en direction d'une même chose ont cette même chose pour matière. »

sua intellectione, qua intelligit suum principium et se ipsum, formaliter figitur in sua essentia, ut supra satis dictum est[1]. Et ex hoc ulterius consequenter habetur, quod essentia in eo, quod essentia, caret partibus posterioribus toto et per consequens caret accidentibus, quae non sunt nisi dispositio substantiae habentis partes posteriores toto. Abstrahit enim essentia inquantum huiusmodi sua formalitate et simplicitate, quae trahit ex suis formalibus principiis, ab hic et nunc et ab omni proprietate individuali.

(5) Substantia autem inquantum substantia, ut appropriate loquamur, non sic se habet. Ratio enim substantiae inquantum huiusmodi consistit in habendo principia compositionis naturae, ut sunt materia et forma, quo substantia iam sit ens naturae subiectum naturalibus transmutationibus. Ex quo necessarium est ipsam constare ex partibus posterioribus toto deservientibus motui seu transmutationi vel activae vel passivae, et per consequens necessarium est ipsam in se habere et recipere aliquas dispositiones seu formas accidentales, secundum quas attenditur transmutatio. Ista est sententia Philosophi, sicut innuit VII *Metaphysicae*[2], ubi dicit : « Rectum est igitur, ut animal sit aliquid habens sensum et non est sine motu et ideo non est sine partibus. » Et in X *Metaphysicae*[3] dicit, quod caelum est primum motum ; propter hoc etiam est primum quantum.

(6) Sed haec hactenus de differentia essentiae inquantum essentia et substantiae inquantum huiusmodi et propria ratione utriusque ipsorum.

(7) Est autem manifestum, quod utrumque istorum per se invenitur in universitate entium secundum naturam.

1. Vide, verbi gratia, Theodoricus Teutonicus de Vriberg, *De visione beatifica*, 1.1.2.1. (1), 1.1.3. (3), 1.1.7. (3).

2. Aristoteles Latinus, *Metaphysica*, VII, 11, ed. G. Vuillemin-Diem, (AL XXV, 3, 3), 1995, transl. Guillelmi, p. 154 : *ABDUCIT enim A veritate et facit SUSPICARI quasi contingens SIT hominem esse sine partibus, sicut sine ere circulum.*

3. Non invenitur ibi. Vide potius : Aristoteles Latinus, *Metaphysica*, XII, 8, ed. G. Vuillemin-Diem, (AL XXV, 3, 3), 1995, transl. Guillelmi, p. 264 : *Vnum igitur et ratione et numero primum mouens immobile ens; et motum ERGO semper et continue unum solum; unum ergo solum celum.*

par son intellection par laquelle elle s'intellige elle-même et intellige son principe, est formellement fixée dans son essence, comme on l'a suffisamment dit plus haut[1]. A partir de ceci, il s'ensuit, par conséquent, que l'essence dans ce qui est essence ne possède pas de parties postérieures au tout et, par conséquent, qu'elle ne possède pas d'accidents, qui ne sont rien d'autre qu'une disposition de la substance qui a des parties postérieures au tout. L'essence en tant que telle s'abstrait en effet par la formalité et la simplicité qu'elle tire de ses principes formels, d'un lieu et d'un temps déterminé et de toute propriété individuelle.

(5) Or, il n'en va pas ainsi de la substance en tant que substance, pour parler de manière appropriée. La raison de la substance en tant que telle consiste en effet en la possession des principes de composition de la nature, comme le sont la matière et la forme; de ce fait, la substance est d'ores et déjà un étant de la nature sujet aux transformations naturelles. A partir de ceci, il est nécessaire qu'elle-même résulte de parties postérieures au tout, au service du mouvement ou de la transformation active ou bien passive, et par conséquent, il est nécessaire qu'elle même ait en elle et qu'elle reçoive certaines autres dispositions ou formes accidentelles selon lesquelles on peut percevoir un changement. C'est la doctrine du Philosophe telle qu'elle se trouve au livre VII de la *Métaphysique*, lorsqu'il dit: « L'animal est un être sensible, et ne peut être défini sans le mouvement, ni, par suite, sans des parties (...). »[2] Et au livre X de la *Métaphysique*[3], il dit que le ciel est le premier moteur, et qu'il est même le premier « quantum ».

(6) Mais en voilà assez pour la différence de l'essence en tant qu'essence, de la substance en tant que telle et de la raison propre de chacune des deux.

(7) Il est évident que chacune des deux se trouve par soi dans la totalité des étants selon la nature.

1. Voir, par exemple, Dietrich de Freiberg, *Traité de la vision béatifique*, 1.1.3. (3), 1.1.7 (3), 1.1.2.1. (1).

2. Aristote, *Métaphysique*, VII, 11, 1036b27-29, trad. J. Tricot, rééd. 1991, t. 1, p. 283 : « En réalité le cas n'est pas le même : l'animal est un être sensible, et ne peut être défini sans le mouvement, ni par suite sans des parties possédant une certaine organisation. »

3. Référence ne se trouvant vraisemblablement pas en *Métaphysique*, X. Il semble que le renvoi soit plutôt à Aristote, *Métaphysique*, XII, 8, 1074a36, trad. J. Tricot, rééd. 1991, t. 2 p. 184 : « Donc le Premier Moteur immobile est un, à la fois formellement et numériquement, et, par conséquent aussi, ce qui est en mouvement éternellement et d'une manière continue est un. Donc il n'y a qu'un seul Ciel. »

3.2.9.3. *De habitudine horum generum entium ad operationem*

(1) Iuxta hoc etiam manifestum est et per Philosophum in II *Caeli et mundi*[1], quod unumquodque est propter suam propriam operationem. Igitur et ipsae operationes, quae sunt entium per se et simpliciter, sunt etiam per se in natura.

(2) Ulterius autem quoniam talia entia, quae sunt per se et simpliciter entia in natura, sunt determinatae naturae et determinati ordinis in natura, necessarium est et ipsas suas per se et proprias operationes esse determinatae naturae et determinati ordinis, qui attenditur per se in natura.

(3) Cum autem quaelibet talium operationum exseratur a suo proprio principio operativo et tendat in terminum aliquem, in quem vel circa quem operatur, necesse est unamquamque talium operationum recipere determinationem suae essentiae ex principio operativo et termino, in quem vel circa quem operatur. Haec enim attenduntur per se in ipsa operatione tali quacumque.

(4) Recipit autem magis suam determinationem a principio suo operativo executive quam ex termino. Operans enim secundum determinatum ordinem et respectum ad terminum sua operatione tendit in terminum operationis, quamvis, si terminus talis, in quem tendit, habeat rationem finis et perfectionis operantis, ipsa operatio magis et per prius determinetur per terminum, quia per modum finis, sub cuius ordine agit seu operatur taliter operans.

(5) Ex his omnibus infertur, quod operationes, quae sunt proprie et per se talium entium, quae sunt per se et simpliciter entia, determinatae sunt ad genus seu ad maneriem talium entium ita, quod operationes entium unius generis non possunt convenire entibus alterius generis.

(6) Operationes igitur entium secundum essentiam inquantum huiusmodi non possunt competere entibus, quae secundum id, quod sunt, sunt substantiae secundum praemissam distinctionem essentiae et substantiae. Et hae operationes, quae sunt entium secundum eam rationem, qua sunt substantiae, non possunt esse operationes entium per essentiam. Huiusmodi enim diversae operationes reducuntur in operativa principia genere diversa, quae sunt essentia et substantia secundum praedictam utriusque istorum propriam rationem.

1. *Cf.* Aristoteles Latinus, *De cael.* II, 3, 286a8-9. Vide adnotationem 1, p. 222.

3.2.9.3. *Sur le rapport de ces genres d'étants à l'opération*

(1) De plus, il est clair, comme le montre le Philosophe au livre II de *Du ciel et du Monde*[1], que chaque étant est en vue de sa propre opération. Ces opérations mêmes, qui sont le propre des étants par soi et absolument, sont donc par soi dans la nature.

(2) En outre, parce que de tels étants par soi et absolument étants dans la nature, appartiennent à la nature déterminée et à l'ordre déterminé dans la nature, il est nécessaire que ces opérations propres et par soi appartiennent à la nature déterminée et à l'ordre déterminé que l'on discerne par soi dans la nature.

(3) Puisque n'importe laquelle de ces opérations est tirée de son propre principe opérationnel et tend vers un certain terme vers lequel ou autour duquel elle opère, il est nécessaire qu'une de ces opérations reçoive du principe opérationnel et de son terme vers lequel ou autour duquel elle opère, la détermination de son essence. Cela peut s'observer, en effet, par soi dans une telle opération.

(4) Or, elle reçoit sa détermination plus de son principe opérationnel, qui le conduit à sa perfection, que de son terme. Opérant en effet selon son ordre déterminé et selon un rapport à son terme, elle tend, par son opération, vers le terme de son opération, bien que, si un tel terme, vers lequel elle tend, a la raison de sa fin et de sa perfection opérationnelle, cette opération soit plus déterminée et de manière antérieure par son terme parce que c'est par le mode de la fin et sous l'ordre de celle-ci qu'un tel opérant agit ou opère.

(5) A partir de tout cela, il s'ensuit que les opérations qui sont par soi et qui sont le propre de tels étants qui sont par soi et sont absolument étants, sont déterminées vers le genre ou le mode de tels étants, pour la raison que les opérations des étants d'un genre ne peuvent pas convenir aux étants d'un genre plus haut.

(6) Les opérations des étants selon l'essence en tant que telle ne peuvent donc pas appartenir aux étants qui, selon ce qu'ils sont, sont des substances, selon la distinction de l'essence et de la substance énoncée plus haut. Ces opérations, qui sont celles des étants selon la raison par laquelle ils sont substances, ne peuvent pas être les opérations des étants par essence. Les diverses opérations de cette sorte sont reconduites aux principes opérationnels différant par le genre, qui sont l'essence, et la substance, selon la raison qui leur est propre à l'un et à l'autre et qui a été énoncée plus haut.

1. *Cf.* Aristote, *Traité du ciel*, II, 3, 286a8-9. *cf.* note 1, p. 223.

3.2.9.4. *De triplici genere operationum*

(1) Ex qua triplex genus actionum seu operationum elicimus reperiri apud naturam, ut sit in genere dicere : unum, quo aliquod ens dicitur agere essentialiter, id est per suam essentiam in eo, quod essentia; secundum, quo res agit substantialiter, id est secundum eam rationem, qua substantia est, et ex natura substantiae; tertio invenimus agere substantiam non iam ex natura et proprietate substantiae et substantialiter, sed accidentaliter, id est ex eo, quod talis substantia substat aliquibus dispositionibus seu formis accidentalibus, quae sunt principia et ratio sic agendi, sicut dicit Philosophus libro *De sensu et sensato*[1], quod ignis et aqua et similia non agunt inquantum ignis et aqua, sed inquantum calida vel frigida.

(2) Primus istorum modorum agendi, scilicet per essentiam, est alicuius essentiae inquantum essentia secundum se totam institutio seu productio in esse, et hoc vel active, ut videlicet agens per essentiam aliquid producat, vel passive, ut aliqua essentia in eo, quod essentia, secundum se totam in esse producatur. Agens enim per suam essentiam non supponit effectum suum seu subiectum, in quod agat, nec quod sint simul et quod ipsum tangat ita, ut haec sint prius natura vel tempore ipsa sua actione, sicut necessaria sunt in physicis, ut ostendit Philosophus in *De generatione*[2]. Et ideo simplici sua actione, qua agit per essentiam, producit totum effectum suum seu subiectum, in quod agit, quod est etiam aliqua essentia inquantum essentia, quae inquantum essentia est proprius effectus agentis per essentiam.

(3) Dicatur autem hic modus agendi rei in esse productio, in quo ex causali dependentia producti a producente salvantur etiam ea, quae attenduntur in physicis, quamvis aequivoce, scilicet quod

1. *Cf.* Aristoteles Latinus, *De sensu et sensato*, IV, 4, Guillelmus de Morbeka reuisor translationis Aristotelis secundum Aquinatis librum, cap. 9, ed. Leon. t. XV, 2, 1985, p. 52 : *Pati enim natum est humidum, quemadmodum et alia, a contrario ; contrarium autem siccum. Quare et ab igne patitur quid : sicca enim ignis natura. Set proprium ignis calidum est, terre uero siccum, sicut dictum est in hiis que de elementis. Qua quidem igitur ignis et qua terra, nichil natum est facere uel pati, nec aliud quicquam. Qua autem inest contrarietas in unoquoque, hac omnia et faciunt et paciuntur*.

2. *Cf.* Aristoteles Latinus, *De generatione et corruptione*, I, 6, 322b22-323a35, ed. J. Judicka, (A.L. IX, 1), Leiden, E. J. Brill, 1986, p. 33-35.

3.2.9.4. *Sur les trois genres d'opérations*

(1) Nous établissons, par conséquent, trois genres d'actions ou d'opérations que nous trouvons dans la nature. De cette sorte, on peut dire que dans les genres, il y en a un premier par lequel on dit d'un étant qu'il agit essentiellement, c'est-à-dire par son essence en ce qui est essence; un deuxième [genre] par lequel la chose agit substantiellement, c'est-à-dire selon la raison par laquelle elle est substance et à partir de la nature de la substance; troisièmement, nous trouvons que la substance agit non à partir de la nature et de la propriété de la substance substantiellement, mais accidentellement, c'est-à-dire à partir du fait que telle substance se tient sous certaines dispositions ou sous certaines formes accidentelles qui sont les principes et la raison d'agir ainsi, comme le dit le Philosophe dans le livre *Du sens et du senti*[1] : le feu, l'eau et les choses semblables n'agissent pas en tant que feu et eau, mais en tant que chaleur ou froid.

(2) La première de ces manières d'agir, à savoir [agir] par essence, est celle d'une essence en tant qu'essence qui est, selon soi tout entière, établissement ou production dans l'être, et ceci, ou bien de manière active, de telle sorte que l'agent par essence produise quelque chose, ou bien de manière passive, comme lorsqu'une certaine essence, dans ce qui est essence, est produite dans l'être selon elle-même tout entière. L'agent, en effet, par son essence ne suppose pas son effet ou le sujet dans lequel il agit, ni non plus qu'ils soient simultanés et que lui-même touche l'effet de sorte que ceux-ci soient antérieurs par nature ou chronologiquement par son action même, à la manière des choses nécessaires en physique, comme le montre le Philosophe dans *La Génération*[2]. Ainsi, par son action absolue, par laquelle [l'agent] agit par essence, il produit son effet tout entier ou le sujet dans lequel il agit, qui est même une certaine essence en tant qu'essence [et] qui en tant qu'essence est l'effet propre de l'agent qui agit par essence.

(3) On pourrait donc appeler production ce mode d'agir de la chose vers l'être dans lequel, à partir d'une dépendance causale du produit envers le producteur, sont conservées les choses que l'on observe dans ce qui se rapporte à la physique, bien que cela soit de manière équivoque, à savoir

1. *Cf.* Aristote, *De la sensation et des sensibles*, IV 4, 441b8-15, trad. P.M. Morel, Paris, Flammarion, 2000, p. 80 : « En effet, l'humide, comme les autres choses, est naturellement affecté par son contraire. Or, le contraire de l'humide, c'est le sec. C'est précisément pourquoi il est affecté par le feu, qui a une nature sèche. Mais le chaud est plutôt propre au feu et le sec plutôt propre à la terre, comme nous l'avons dit dans notre traité *Des éléments*. Ainsi, le feu et la terre, en tant que tels, par nature, n'agissent ni ne pâtissent, pas plus qu'aucune autre chose. Mais c'est dans la mesure où il y a de la contrariété entre elles que toutes choses agissent et pâtissent. »

2. Aristote, *De la génération et de la corruption*, I, 6, 322b22 – 323a35, trad. M. Rashed, Paris, Les Belles Lettres, 2005, p. 30-32.

producens et productum sunt simul et quod mutuo se tangunt, et est hic modus actionis, scilicet per essentiam, et ex parte producentis et ex parte producti, qui in omni actione naturae praesupponitur.

(4) In omni enim re prius natura et intellectu attenditur hoc, quo distat a nihilo, et hoc non est nisi essentia et esse rei inquantum huiusmodi[1]. « Prima » enim « rerum creatarum est esse »[2], quod proprium est essentiae inquantum essentia, sicut dicit Augustinus libro *De immortalitate animae*[3], ubi dicit, quod essentia dicitur eo, quod est, et *De Trinitate* l. VII c. 10[4], ubi dicit : « Quod enim est sapientiae sapere et potentiae posse et aeternitati aeternam esse, hoc est essentiae ipsum esse. » Et Boethius *De Trinitate*[5] idem dicit sententialiter, immo amplius determinat ibi essentiam rei esse ipsum esse.

(5) Igitur secundum ea, quae dicta sunt, necessarium est id, quod producitur per essentiam inquantum huiusmodi, produci ab agente per essentiam. Essentia enim seu esse est prima et simplicissima et formalissima omnium intentionum in entibus, ut habetur ex *Libro de causis*[6], quae etiam in habendo gradus nobilitatis et perfectionis, sicut se habet in principiis separatis, incomparabiliter adhuc praeeminet in rebus respectu eius, quod substantiae sunt vel quaecumque aliae formae accidentales.

(6) Igitur essentia aliqua producta inquantum essentia non procedit nisi ab essentia inquantum huiusmodi et secundum se totam procedit non praesupposito aliquo subiecto eo, quod se tota inquantum essentia primo distat a nihilo.

(7) Iste igitur est modus actionis, qua aliquid agit per suam essentiam et quantum ad rationem principii et quantum ad rationem termini seu effectus ipsius actionis.

1. *Cf.* Theodoricus Teutonicus de Vriberg, *De Origine rerum praedicamentalium*, 1. (7), ed. L. Sturlese, 1983, p. 139.

2. *Cf.* Anonymus, *Liber de causis*, IV, prop. 37. *Cf.* adnotationem 2, p. 270.

3. *Cf.* Augustinus Hipponensis, *De immortalitate animae*, XII, 19, BA t. 5, 1939, p. 206 : *Omnis enim essentia non ob aliud essentia est, nisi quia est*.

4. Augustinus Hipponensis, *De Trinitate*, VII, 1, 2, BA t. 15, 1991, p. 514 : *Quod enim est sapientiae sapere et potentiae posse, aeternitati aeternam esse, iustitiae iustam esse, magnitudini magnam esse, hoc est essentiae ipsum esse.*

5. *Cf.* Boethius, *De Trinitate*, 2, ed. C. Moreschini, 2000, p. 169, l. 81-83 : *(…), sed potius ipsam inspicere formam, quae vere forma neque imago est et quae esse ipsum est et ex qua esse est.*

6. *Cf.* Anonymus, *Liber de causis*, IV-V, prop. 37-56, ed. A. Pattin, 1966, p. 55-59.

que le producteur et le produit sont simultanés et qu'ils se touchent mutuellement. C'est ce mode d'action, à savoir par essence et pour une part du producteur et d'autre part du produit, qui est présupposé dans toute action de la nature.

(4) Dans toute chose antérieure par nature et par intellect, on distingue en effet ce par quoi elle se distancie du néant et ceci n'est que l'essence et l'être de la chose en tant que telle[1]. « La première des choses crées est en effet l'être »[2] qui est le propre de l'essence en tant qu'essence, comme le dit Augustin dans le livre *L'immortalité de l'âme*[3] lorsqu'il dit que l'essence est dite de ce qui est, et au chapitre 10 du livre VII de *La Trinité*[4], lorsqu'il dit : « car ce que être sage est à la sagesse, pouvoir à la puissance, être éternel à l'éternité (…) l'être même l'est à l'essence. » Et Boèce dans *La Trinité*[5] dit sous forme d'une sentence la même chose, et même, il définit plus largement l'essence de la chose comme « l'être même ».

(5) Selon ce qui a été dit, il est donc nécessaire que ce qui est produit par l'essence en tant que telle soit produit par un agent par essence. L'essence en effet ou l'être est la première, la plus absolue et la plus formelle de toutes les intentions dans les étants, comme il est dit dans le *Livre des causes*[6]. Elle-même, en ayant un degré de noblesse et de perfection, comme il en va dans les principes séparés, domine de manière incomparable par rapport aux choses qui sont substances ou par rapport à toute autre forme accidentelle.

(6) Une certaine essence produite en tant qu'essence ne procède donc qu'à partir de l'essence en tant que telle et procède selon elle tout entière et non par un certain sujet supposé, pour la raison que c'est tout entière en tant qu'essence qu'elle se distancie d'abord du néant.

(7) Ceci est donc le mode de l'action par lequel quelque chose agit par son essence, non seulement quant à la raison de son principe, mais aussi quant à la raison de son terme ou de l'effet de son action.

1. *Cf.* Dietrich de Freiberg, *De origine rerum praedicamentarium*, 1. (7), éd. L. Sturlese, 1983.

2. *Cf.* Anonyme, *Livre des causes*, chap. IV, prop. 37, trad. P. Magnard, O. Boulnois, B. Pinchard, J.-L. Solère, 1990, p. 45. *cf.* note 2, p. 271.

3. *Cf.* Augustin d'Hippone, *De l'immortalité de l'âme*, XII, 19, BA t. 5, trad. P. de Labriolle, 1939, p. 207 « Toute essence n'est essence que parce qu'elle « est » ».

4. Augustin d'Hippone, *La Trinité*, VII, 1, 2, BA t. 15, trad. M. Mellet et Th. Camelot, 1991, p. 515.

5. *Cf.* Boèce, *La Trinité*, trad. A. Tisserand, *Traités théologiques*, 2000, p. 145 : « (…) mais bien plutôt examiner la forme elle-même qui est vraiment forme et non image, qui est l'être même et à partir de laquelle est l'être. »

6. *Cf.* Anonyme, *Livre des causes*, chap. IV, prop. 37-56, trad. P. Magnard, O. Boulnois, B. Pinchard, J.-L. Solère, 1990, p. 45-47.

(8) Actio autem agentis, inquantum substantia est, aliter se habet in agendo substantialiter, id est ex natura et proprietate substantiae inquantum substantia, de cuius ratione et proprietate supra satis dictum est.

(9) Huiusmodi enim actio procedens a suo principio non terminatur ad essentiam inquantum essentia. Esset enim effectus talis formalior et nobilior et intimior in natura quam sua per se causa, quae est substantia inquantum huiusmodi, quod natura non patitur[1]. Permanet tamen nihilominus talis actio quantum ad suum terminum intra genus sui principii, ut videlicet actio substantiae inquantum huiusmodi procedat in substantiam et terminetur in substantia inquantum huiusmodi non educendo eam de nihilo – hoc enim proprium est agenti per essentiam – sed educendo in esse substantiae ex aliquo praesupposito subiecto.

(10) Vocetur igitur huiusmodi actio, sicut et vere est, generatio vel corruptio, generatio quantum ad processum ad esse substantiae, corruptio quantum ad recessum ab esse tali.

(11) Quantum autem ad hoc genus actionis substantia, quae tali actione ad esse substantiale deducitur, sicut ex parte sui substantialiter deducitur ad esse talem substantiam, sic et principium agens per generationem, ut praemissum est, ex parte sui substantialiter agit, id est ex natura et proprio substantiali modo suae substantiae, non ex natura et principio aliquo accidentali. Alias sequeretur idem inconsequens, quod supra inductum est, videlicet quod causatum esset nobilius et altius in natura quam sua per se causa.

(12) Talis etiam actio, qua substantia substantialiter agit, sicut non terminatur ad essentiam ratione praedicta, ita nec terminatur ad aliquam pure accidentalem dispositionem inducendam in substantiam nisi talem, quae insit a generante. Sed hoc est ex consequente, quia tamen in tali agente inveniuntur quaedam qualitates, cum hoc, quod substantialiter agit ipsam substantiam in esse substantiali, potest etiam ipsum alterare. Sed hoc pertinet ad tertium genus actionis, de quo iam agetur.

(13) Substantia igitur secundum praedictam rationem appropriate vocata substantia nec agit nec patitur per essentiam, tum quia solum substantialiter agit, quod est agere substantiam ex suis principiis naturae,

1. Locus communis : invenitur in Cicerone, Seneca atque aliis ut Petro Abaelardo, Thoma de Aquino.

(8) Or, pour l'action de l'agent, en tant qu'il est substance, il en va autrement dans l'agir substantiel, c'est-à-dire à partir de la nature et de la propriété de la substance en tant que substance, dont la raison et la propriété ont suffisamment été discutées plus haut.

(9) Une telle action, procédant à partir de son principe, ne se limite pas à l'essence en tant qu'essence. Un tel effet serait en effet plus formel, plus noble et plus intime dans la nature que sa cause par soi qui est substance en tant que telle, parce que « la nature ne pâtit pas »[1]. Cependant une telle action persiste, tout du moins quant à son terme, à l'intérieur du genre de son principe, de sorte que l'action de la substance en tant que telle procède dans la substance et s'arrête à la substance en tant que telle, en ne la sortant pas du néant – ceci est en effet le propre de l'agent par essence – mais en l'amenant vers l'être de la substance à partir d'un certain sujet présupposé.

(10) Une action de cette sorte serait donc appelée, et c'est vrai, génération ou corruption, génération quant au cheminement vers l'être de la substance, corruption quant à l'éloignement par rapport à un tel être.

(11) Or, dans ce genre d'action, de la même manière que la substance, par une telle action vers l'être substantiel, est d'elle-même substantiellement amenée vers l'être d'une telle substance, de la même manière, le principe agent par génération, comme on l'a montré plus haut, agit substantiellement de lui-même, c'est-à-dire à partir de la nature et du mode substantiel propre à sa substance, et non à partir de la nature et d'un principe accidentel. Autrement, il s'ensuivrait la même situation inconséquente que celle que l'on a évoquée plus haut, à savoir que le causé serait plus noble et plus élevé dans la nature que sa cause par soi.

(12) Une telle action, par laquelle la substance agit substantiellement, ne s'étend pas à l'essence, selon la raison énoncée plus haut, et de la même manière, elle ne s'étend pas à la disposition purement accidentelle, l'introduisant dans la substance, sauf à celle qui serait présente grâce au géniteur. Mais ceci est une conséquence, parce que dans un tel agent, on trouve cependant certaines qualités, puisque ce qui conduit substantiellement la substance elle-même vers l'être substantiel peut lui-même être altéré. Mais ceci appartient au troisième genre de l'action dont il est maintenant question.

(13) La substance, selon la raison énoncée plus haut, est donc appelée de manière appropriée substance et n'agit ni ne subit par essence. [Ceci a lieu] d'une part parce qu'elle agit substantiellement, ce qui signifie que la substance agit à partir des principes de sa nature,

1. Adage commun que l'on retrouve autant chez Cicéron, Sénèque, que chez P. Abélard ou encore Thomas d'Aquin.

tum etiam quia, cum supponat subiectum suum in esse et sic in ipsum agat, necessarium est, antequam agat, prius natura ipsum tangere et esse simul et mediantibus quibusdam formis seu naturis accidentalibus repertis tam in ipso agente quam patiente continuari talem actionem ad passum, quae dispositiones accidentales exigitive requiruntur ad talem actionis continuationem ad ipsum passum et ad mutuum tactum et esse simul, per quas dispositiones accidentales agens et passum sibi primo et immediate occurrunt in tali actione et ita non per essentiam.

(14) Tertium genus actionum est, quo aliqua substantia agit et passum patitur ex aliquo principio secundum formam accidentali reperto in substantia, quod est ratio et principium, quo agit, ut ignis per calorem calefaciendo.

(15) Manifestum est autem, quod huiusmodi genus actionum seu operationum est extra utrumque dictorum modorum actionum et secundum rationem principii actionis talis, quod est accidens aliquod, et ratione termini, quod similiter necessarium est esse aliquod accidens. Et secundum hoc etiam iste modus actionum manet intra genus proprium, scilicet accidentalitatis, quamvis in actione substantiae, qua substantialiter agit generando aliquam substantiam, ipsi actioni substantiae exigitive deserviat, inquantum generatio et corruptio non fiunt sine alteratione et aliis modis accidentalibus repertis in activo et passivo.

(16) Sunt igitur tria genera actionum seu operationum genere ab invicem differentium, ut patet, scilicet agere seu operari per essentiam, item agere seu operari substantialiter in eo, quod substantia, tertio agere accidentaliter ex aliqua dispositione seu forma accidentali.

3.2. 9.5. *Habitudo horum generum operationum ad tres maneries entium*

(1) Haec autem reducenda sunt in tria genera entium in natura, ut ex praemissis satis colligitur.

(2) Agere enim seu operari per essentiam in ordine entium naturalium competit solum principiis omnino separatis, quae solum stant in gradu suae essentiae absolutae inquantum essentiae, quae sunt intellectus in actu per suam essentiam, quibus ex hoc ipso non competit aliquid ex praesupposito subiecto educere vel aliquid accidentaliter alterare.

d'autre part parce que supposant son sujet dans l'être et agissant ainsi en lui, il est nécessaire, avant qu'elle n'agisse, qu'elle atteigne son objet d'abord par nature, qu'elle soit simultanée et qu'une telle action vers le passif soit continuée par le biais de formes intermédiaires ou de natures accidentelles trouvées tant dans l'agent lui-même que dans le patient. Des dispositions accidentelles sont en effet exigées pour la continuation d'une telle action vers le passif lui-même, vers leur atteinte mutuelle et vers la simultanéité d'être; par ces dispositions accidentelles, l'agent et le passif se rencontrent ainsi de prime abord et de manière immédiate dans une telle action et non par essence.

(14) Le troisième genre des actions est celui par lequel une substance agit et le passif pâtit à partir d'un principe trouvé selon la forme de l'accidentel dans la substance, principe qui est la raison et le principe par lequel il agit, comme le feu par la chaleur en réchauffant.

(15) Or, il est clair que ce genre d'actions ou d'opérations est extérieur à l'un et l'autre des modes d'actions mentionnées, non seulement en raison d'un tel principe d'action qui est un accident, mais aussi en raison du terme, parce que de la même manière, il est nécessaire qu'il soit un certain accident. Selon ceci, ce mode d'actions demeure à l'intérieur de son genre propre, à savoir le genre de l'accidentalité, bien que dans l'action de la substance par lequel il agit substantiellement en générant une substance, il serait requis au service de l'action même de la substance, dans la mesure où la génération et la corruption n'adviendraient pas sans une altération et sans d'autres modes accidentels trouvés dans l'actif et le passif.

(16) Il y a donc trois genres d'action ou d'opération différant par le genre comme cela ressort [de ce que l'on vient de dire], à savoir agir ou opérer par essence, agir ou opérer substantiellement en ce qui est substance, troisièmement agir accidentellement à partir d'une disposition ou d'une forme accidentelle.

3.2.9.5. *Rapport de ces genres avec les trois modes des étants*

(1) Il faut rapporter ces choses aux trois modes des étants de la nature, comme on l'a présenté à partir de ce qui a déjà été suffisamment dit plus haut.

(2) Agir ou opérer par essence dans l'ordre des étants naturels appartient en effet uniquement aux principes absolument séparés, qui sont les seuls à se tenir dans le degré de leur essence absolue en tant qu'essence et, qui sont les intellects en acte par essence. A partir de ceci, il ne leur appartient pas de réaliser quelque chose à partir d'un sujet présupposé ou d'altérer quelque chose accidentellement.

(3) Secundum genus actionum, scilicet agere per suam substantiam et terminari ipsam actionem ad generationem vel corruptionem substantiae per eductionem substantiae alicuius in esse ex praesupposito subiecto et ex principiis compositionis naturae, proprium est substantiis corporum caelestium, quae secundum hoc in generatione et corruptione generabilium et corruptibilium habent ordinem et virtutem causae essentialis et sola ipsa in ordine corporalium et ideo etiam incorruptibilia et perpetua sunt secundum naturam, quae est una condicionum per se competentium causae essentiali. Alia autem corpora huius inferioris mundi generabilia et corruptibilia, si quid agunt in generatione seu corruptione, quasi instrumentaliter agunt et sunt instrumenta quaedam naturae in generatione et corruptione, et ideo secundum proprietatem instrumentalium causarum, si mundus esset perpetuus, sine principio et sine fine, non esset impossibile huiusmodi procedere in infinitum, quod non convenit causis essentialibus, in quibus necessario est status secundum Philosophum in II *Metaphysicae*[1].

(4) Tertii autem generis actionum patet, quae sunt principia et in quod genus entium reducitur, quia videlicet in substantiam concretam accidentibus, quae sunt talis actionis principia et ratio agendi. Quae cum sint extrinseca ab intimitate essentiae et substantiae inquantum talia, secundum hoc etiam tota talis actio versatur circa extrinseca substantiae, id est circa informationem aliquam accidentalem eius, circa quam agitur tali actione. Unde etiam huiusmodi qualitates activae et passivae et alia acci-dentia, quae exigitive se habent ad generationem et corruptionem rerum, quasi instrumentaliter deserviunt generationi nec aliqua substantia ex eis tamquam activis vel passivis principiis generatur vel corrumpitur, sed solum hoc fit a substantia substantialiter agente et generante, qualis est substantia corporis caelestis.

(5) Dividitur autem hoc genus actionum in duo secundum duo genera formarum accidentalium, quae sunt talium actionum principia.

(6) Sunt enim quaedam accidentales formae, quas dicimus virtuales, puta calor vitalis in vivis, calidum virtuale et frigidum in elementis et aliis mixtis ut in mineralibus. Dicuntur autem huiusmodi formae seu qualitates

1. *Cf.* Aristoteles Latinus, *Metaphysica*, II, 2, transl. Guillelmi, ed. G. Vuillemin-Diem, (AL XXV, 3, 3), 1995, p. 44-47.

(3) Le deuxième genre de l'action consiste à agir par sa substance et à orienter l'action même vers la génération ou vers la corruption de la substance par la réalisation d'une substance comme être à partir du sujet présupposé et à partir des principes de composition de la nature. Ceci est le propre des substances des corps célestes qui ont selon ceci, dans la génération et la corruption des choses qui peuvent être générées et qui sont corruptibles, l'ordre et la force de la cause essentielle. Ainsi, seules ces choses dans l'ordre des corps, et même les choses incorruptibles et perpétuelles, sont selon la nature, ce qui est une des conditions appartenant par soi à la cause essentielle. Or les autres corps de ce monde inférieur, qui peuvent être générés et qui sont corruptibles, s'ils font quelque chose dans la génération ou dans la corruption, agissent comme instrumentalement et sont des instruments de la nature dans la génération et dans la corruption. Ainsi, selon la propriété des causes instrumentales, si le monde était perpétuel, sans début ni fin, il ne serait pas impossible de procéder ainsi à l'infini, ce qui ne convient pas aux causes essentielles dans lesquelles il est nécessaire de s'arrêter selon le Philosophe dans le livre II de la *Métaphysique*[1].

(4) Du troisième genre des étants apparaît ce que sont les principes et ce vers quoi le genre des étants est reconduit parce qu'il est précisément reconduit vers la substance pourvue de ses accidents qui sont les principes d'une telle action et sa raison d'agir. Parce qu'ils sont extrinsèques à l'intimité de l'essence et de la substance en tant que telles, selon ceci précisément, toute l'action est orientée vers l'extérieur de la substance, c'est-à-dire vers une information accidentelle à l'entour de laquelle elle est produite en acte par une telle action. C'est pourquoi les qualités actives et passives de cette sorte et les autres accidents qui se rapportent de manière exécutive à la génération et à la corruption des choses, servent comme instrumentalement à la génération. Une certaine substance n'est pas générée ou corrompue à partir de tels principes actifs ou passifs, mais ceci n'advient qu'à partir de la substance substantiellement agente et générante, comme l'est la substance des corps célestes.

(5) Or ce genre d'actions est divisé en deux, selon les deux genres de formes accidentelles qui sont les principes de telles actions.

(6) Les formes accidentelles sont en effet celles que nous appelons virtuelles, par exemple la chaleur vitale dans les vivants, le chaud virtuel et le froid dans les éléments et dans les autres mélanges comme les minéraux. Or, elles sont appelées formes ou qualités

1. *Cf.* Aristote, *Métaphysique*, II, 2, 994a1-994b 30, trad. J. Tricot, rééd. 1991, t. 1, p. 62-67.

virtuales, quia, quamvis virtute sua moveant quandoque subiectam naturam, non tamen actu vel formalitate suae naturae possunt movere sensum vel esse obiecta alicuius sensus. Calor enim vitalis in vivis ad convertendum in speciem substantiae suae movet nutrimentum vel materiam, ex qua fit generatio. Non tamen huiusmodi calor vitalis est obiectum sensus tactus. Invenitur enim talis calor quandoque in vivis, quae sunt actu frigida secundum tactum.

(7) Aliud genus formarum accidentalium, quae sunt aliquarum actionum principia, est, quod movet secundum actum subiectam naturam et sensum secundum id, quod formaliter importat in sua specie, ut sunt ea, quae sunt obiecta sensuum, ut calidum et frigidum in actu, quae sunt quasi instrumenta virtualium qualitatum.

(8) Hoc igitur triplex seu quadruplex genus actionum unumquodque secundum se in aliquod genus seu maneriem entium reducitur, ut dictum est, et manet intra genus sui elicitivi principii modo supra dicto. Cuius ratio est, quoniam activum et passivum et universaliter operativum et operabile fundantur super rationem actus et potentiae. Ex hoc enim aliquid agit, quod est in actu, patitur autem eo, quod est in potentia.

(9) Sunt autem huiusmodi, scilicet actus et potentia, quidam modi generales substantiales entis in eo, quod ens, secundum suam generalitatem. Important nihilominus quosdam respectus, qui sunt per se entium pertinentium ad ordinem universi, qui est per se, quem impossibile est esse vel etiam intelligi sine talibus respectibus, quibus res se habent ad invicem secundum rationem potentiae et actus. Sine his enim respectibus omnium rerum essentiae seu substantiae vel naturae absolutum esse habent nec in aliquem ordinem cadunt.

(10) Ulterius autem manifestum est, quod quilibet respectus naturae essentiatur et determinatur ad proprium aliquod genus naturae ex suo fundamento.

(11) Cum igitur saepe dictum triplex genus seu maneries entium sint distincta secundum genus eo modo, quo dictum est, actus etiam et potentia descendentia in ipsa a generalitate entis sint in ipsis determinata secundum determinationem uniuscuiusque generis dictorum entium, per consequens etiam activum et passivum et universaliter operativum radicata in his modis, scilicet actu et potentia, dicto modo determinatis sunt determinata secundum unumquodque dictorum generum. Respectus etiam fundati in activis et operativis et passivis et ulterius originaliter radicati in his

virtuelles parce que, bien qu'elles meuvent parfois la nature-sujet par leur vertu, elles ne peuvent cependant pas mouvoir le sens ou être l'objet d'un certain sens par l'acte ou par la formalité de leur nature. La chaleur vitale, dans les êtres vivants, meut en effet le nutriment ou la matière à partir de laquelle la génération est advenue pour la convertir en l'espèce de la substance. Ce n'est cependant pas cette chaleur vitale qui est l'objet du sens du toucher. On trouve parfois en effet une telle chaleur dans les êtres vivants qui sont froids en acte selon le toucher.

(7) Il y a un autre genre de formes accidentelles : ce sont celles qui sont les principes de certaines actions. Ce genre meut selon l'acte la nature-sujet et le sens selon ce qu'il introduit formellement dans son espèce. Ce sont les choses qui sont objets des sens comme la chaleur et le froid en acte qui sont comme des instruments des qualités virtuelles.

(8) Chacun de ces troisième ou quatrième genres des actions est donc reconduit selon soi vers un autre genre ou mode des étants, comme on l'a dit, et il demeure à l'intérieur du genre du principe producteur, de la manière qu'on a énoncée plus haut. La raison en est que l'actif et le passif, l'opérationnel de manière générale et l'opérable sont fondés sur la raison de l'acte et de la puissance. Ainsi, ce qui agit est en acte, et ce qui pâtit est ce qui est en puissance.

(9) Sont donc de cette sorte, à savoir en acte et en puissance, certains modes généraux substantiels de l'étant dans ce qui est étant selon sa généralité. Ils impliquent tout du moins certains rapports qui sont par soi le propre des étants appartenant à l'ordre de l'univers qui est par soi. Il est impossible que celui-ci soit ou même soit intelligé sans de tel rapports par lesquels les choses se rapportent l'une à l'autre selon la raison de la puissance et de l'acte. Sans ces rapports entre toutes les choses, les essences, les substances et les natures ont l'être absolu et ne tombent pas dans un certain ordre.

(10) Or, il est évident en outre que tout rapport à la nature devient essentiel et est déterminé en vue du genre propre à la nature, à partir de son fondement.

(11) Donc, parce que les trois genres souvent énoncés ou les modes des étants, sont distincts selon le genre, de la manière qui a été dite, l'acte et la puissance descendant vers eux-même à partir de la généralité de l'étant sont en ces choses déterminées selon la détermination de chacun des genres des étants. Par conséquent, même l'actif, le passif et l'opérationnel d'une manière générale enracinés en ces modes, à savoir dans l'acte et dans la puissance, sont caractérisés par les modes déterminés selon chacun des genres énoncés. Et même les rapports fondés dans les choses actives, opérationnelles et passives et par suite originellement enracinés dans ces

modis, scilicet actu et potentia, sunt determinati generis. Cum, inquam, omnia ista sint determinati generis nec secundum ea sit transitus de genere in genus, necessarium est etiam sic determinari ad proprium genus actiones seu operationes, quae sunt uniuscuiusque entium dictorum trium generum, et eas non descendere a genere in genus, ut videlicet ea, quae est per essentiam, non sit primo et per se nisi in essentia eo, quod essentia, nec est alterativa nec generativa ex naturae principiis.

(12) Nihilominus tamen ex consequente aliquando terminatur ad ens inquantum substantia, puta productio substantiarum corporum caelestium, quae a principio separato processerunt in esse, in quibus id, quod est per essentiam, determinatur in id, quod est secundum substantiam, sicut magis formale in minus formale, sicut quandoque actus determinatur per potentiam secundum *Librum de causis*[1], ut ens determinatur in vivum et vivum in rationale manentibus nihilominus ipsorum formalibus intentionibus et rationibus distinctis, sicut e converso potentia determinatur per actum, sicut determinatur genus in speciem manentibus tamen eorum propriis rationibus et intentionibus distinctis inquantum genus et species.

(13) Sed haec hactenus de ratione et proprietate agentium et actionum et operationum, quae attenduntur in entibus apud naturam.

3.2.9.6. *De ente conceptionali*

(1) Quoniam autem prima divisione in suas partes dividitur ens in ens reale secundum naturam et in ens conceptionale seu cognitivum, inquantum videlicet est in cognitione seu conceptione, ut habetur Super V *Metaphysicae*[2] a Commentatore, descendendum nunc ad propositum ex consideratione huius secundi generis entis.

(2) Ubi primo notandum, quod ens conceptionale in sua generalitate, id est secundum quod comprehendit omnes modos apprehendendi seu cognoscendi, quibus res est aliquo modo in cognitione, proportionatur enti secundum naturam reali dupliciter.

1. *Cf.* Anonymus, *Liber de causis*, I, prop. 7-11, ed. A. Pattin, 1966, p. 47-48.

2. *Cf.* Averroes, *In Librum V Metaphysicorum Aristotelis Commentarius*, comm. 14, ed. R. Ponzalli, p. 132, l. 117-133, l. 125. Vide adnotationem 1, p. 272.

modes, à savoir dans l'acte et la puissance, sont d'un genre déterminé. Bien que tous appartiennent à un genre déterminé, dis-je, et pas selon ce qui serait une transition d'un genre à un autre, il est nécessaire que les actions ou les opérations des étants de ces trois genres soient ainsi déterminées en vue du genre propre et qu'elles ne descendent pas d'un genre vers un autre, de sorte que ce qui est par essence ne soit pas de prime abord et par soi, à moins qu'il ne soit dans l'essence, pour la raison que l'essence n'est sujette ni à l'altération ni à la génération selon les principes de la nature.

(12) Cependant, tout du moins à partir de ce qui suit, l'essence est parfois déterminée en vue de l'étant en tant que substance. C'est le cas de la production des substances des corps célestes qui procèdent d'un principe séparé vers l'être et dans lesquelles ce qui est par essence est déterminé dans ce qui est selon la substance, comme le plus formel dans le moins formel, comme lorsque l'acte est déterminé par la puissance, selon le *Livre des causes*[1]. De la même manière, l'étant est déterminé dans le vivant et le vivant dans le rationnel, leurs intentions formelles demeurant cependant, tout comme leurs raisons, distinctes; de même, inversement, la puissance est déterminée par l'acte, comme le genre est déterminé dans l'espèce, leurs raisons propres demeurant cependant, tout comme leurs intentions, distinctes en tant que genre et espèce.

(13) Mais, en voilà assez sur la raison et la propriété des agents, des actions et des opérations que l'on distingue dans les étants de la nature.

3.2. 9.6. *Au sujet de l'être conceptionnel*

(1) Or, parce que par la première division, l'étant est divisé dans ses parties en étant réel selon la nature et en étant conceptionnel ou cognitif, dans la mesure où il est dans la connaissance ou dans la conception, comme l'a montré le Commentateur dans le livre V du *Commentaire de la Métaphysique*[2], il faut maintenant s'engager, pour notre propos, dans la considération du second genre des étants.

(2) A cet endroit, il faut tout d'abord remarquer que l'étant conceptionnel dans sa généralité, c'est-à-dire selon qu'il englobe tous les modes d'appréhension ou de connaissance par lesquels la chose est d'une certaine manière dans la connaissance, est proportionné à l'étant selon la nature du réel de deux manières.

1. *Cf.* Anonyme, *Livre des causes*, chap. I, prop. 7-11, trad. P. Magnard, O. Boulnois, B. Pinchard, J.-L. Solère, 1990, p. 39-41.

2. *Cf.* Averroès, *Commentaire de la Métaphysique*, V, comm. 14. *Cf.* note 1, p. 273.

(3) Uno modo secundum sui generalitatem, videlicet inquantum omne ens potest esse in cognitione aliqua, quaecumque sit illa. Cognitivum enim et conceptivum[1] inquantum huiusmodi secundum propriam sui rationem importat totam universitatem entium secundum aliud esse. Nulla enim species entis se habet sic, quod ipsa sit cognoscibilis et non alia vel ipsa sit potius cognoscibilis quam alia, eo, quod cognitivum seu conceptivum per se respicit cognoscibilia, inquantum sunt entia et partes entis in eo, quod ens, prout etiam specialiter quoad intellectivum nostrum exprimit Philosophus in III *De anima*[2], scilicet quod intellectus agens est, in quo est « omnia facere », intellectus possibilis, in quo est « omnia fieri ».

(4) Alio modo ens conceptionale seu conceptivum proportionatur enti secundum naturam reali quantum ad modos generales entis, qui sunt actus et potentia et unum et multa et similia et quae in eis fundantur, quae, sicut ex generalitate entis descendunt in entia secundum naturam realia, sic proportionaliter descendunt in id genus entium, quod est secundum conceptionem, sicut et ipsa ratio entis descendit in ea, quae sunt entia secundum conceptionem seu cognitionem tamquam alteram partem dictae divisionis entis in suas partes. Non solum autem dicti modi substantiales, scilicet actus et potentia, in quibus fundatur ratio causae et causati, descendunt in entia conceptionalia, verum etiam hi modi substantiales entis, secundum quos entia naturalia sunt aliquid secundum gradum alicuius naturae concernendo per se ordinem suae constitutionis et processus in esse, proportionaliter descendunt in entia conceptionalia eo, quod sic ex generalitate entis in eo, quod ens, primo et per se et re et intellectu descendunt, ut primo et per se secundum eos entia suam existentiam habeant nec extra eos modos inveniri possit habens aliquam rationem entis eo, quod sunt per se et primo partium entis in eo, quod ens.

(5) Sunt autem huiusmodi quattuor praedicti modi, puta ut aliquid sit ens secundum rationem essentiae, quo primo differt a nihilo; secundo, ut habeat aliquid modum substantiae inquantum huiusmodi appropriate, videlicet eductum in esse ex aliquibus principiis compositionis naturae; tertio, ut sint aliquae accidentales formae, quae exigitive se habeant

1. Vide « Notes de traduction », n°5.
2. *Cf.* Aristoteles Latinus, *De anima*, III, 5, 430a14-15. Vide adnotationem 1, p. 116.

(3) D'une première manière, selon sa généralité, c'est-à-dire en tant que tout étant peut être dans une connaissance, quelle qu'elle soit. Le cognitif et le conceptif[1] en tant que tels impliquent, en effet, selon leur raison propre, la totalité des étants selon un autre être. Il n'en va en effet ainsi pour aucune espèce des étants : l'une n'est pas connaissable et une autre non, ou elle-même n'est pas plus connaissable qu'une autre. [Ceci vient] du fait que le cognitif et le conceptif par soi se réfèrent aux choses connaissables, dans la mesure où ils sont des étants et des parties des étants dans ce qui est étant. Ceci concerne particulièrement notre faculté intellectuelle dit le Philosophe dans le livre III du *De l'Âme*[2] : l'intellect agent est celui qui [peut] « tout faire » et l'intellect possible celui qui [peut] « tout devenir ».

(4) D'une autre manière, l'étant conceptionnel ou conceptif est proportionné à l'étant selon la nature du réel, quant aux modes généraux des étants qui sont l'acte et la puissance, l'un et le multiple et ceux qui s'y apparentent et sont fondés en eux. Et, de même qu'à partir de la généralité des étants ils descendent dans les étants réels selon la nature, ils descendent, de même, proportionnellement dans ce genre des étants qui est selon la conception. De la même manière, la raison même de l'étant descend dans ceux qui sont des étants selon la conception ou la connaissance, comme une autre partie de la division de l'étant dans ses parties. Or, non seulement ces modes substantiels, à savoir l'acte et la puissance, dans lesquels est fondée la raison de la cause et de la chose causée, descendent dans les étants conceptionnels, mais aussi ces modes substantiels des étants selon lesquels les étants naturels sont quelque chose selon le degré d'une nature unissant par soi l'ordre de sa constitution et de son processus vers l'être, descendent proportionnellement dans les étants conceptionnels. La raison en est qu'ainsi, à partir de la généralité de l'étant dans ce qui est étant, premièrement et par soi et réellement et par l'intellect, ils descendent de sorte que, à titre premier et par soi, les étants ont leur existence selon ces modes. On ne pourrait pas trouver en dehors de ces modes-ci quelque chose qui ait sa raison d'étant car ils sont par soi et sont à titre premier les parties des étants dans ce qui est étant.

(5) Il s'agit des quatre modes que l'on a mentionnés : par exemple quelque chose est étant selon la raison de l'essence; par cela il diffère premièrement du néant; deuxièmement il a un certain mode de sa substance en tant que telle de manière appropriée, c'est-à-dire en sortant vers l'être à partir des principes de composition de la nature; troisièmement, il y a des formes accidentelles qui se rapportent de manière exécutive à une

1. *Cf.* « Notes de traduction », n° 5.
2. *Cf.* Aristote, *De l'Âme*, III, 5, 430a14-15. *Cf.* note 1, p. 117.

ad actionem seu operationem aliquam, quarum potissimae sunt qualitates entium virtuales, ut ibi dictum est; quartum genus est qualitatum accidentalium, quae sunt extremae naturae et extrinsecae moventes non solum naturam quasi instrumentaliter, sed etiam sunt moventes sensum tamquam propria obiecta sensuum ut calidum in actu et cetera.

(6) Tales autem modi entium secundum naturam, qui dicti sunt, suo modo et proportionaliter entibus naturae inveniuntur in genere entium conceptionalium eo, quod ex eadem generali entis ratione per se et primo descendunt in haec entia conceptionalia sicut in illa, quae sunt secundum naturam, descendunt, inquam, et quantum ad ipsam existentiam entium conceptionalium in se et quantum ad proprias secundum entia conceptionalia seu conceptionum operationes.

3.2.9.7. *De modis entium conceptionalium in nobis*

(1) Distinguuntur igitur in nobis secundum similitudinem entium naturae quattuor genera conceptionum seu cognitionum habentia gradum secundum ordinem suae institutionis et processus in esse conceptionali, quod per se attenditur in huiusmodi genere entium, id est per se concernunt gradum et ordinem suae institutionis et ipsorum ad invicem differentiam secundum genus.

(2) Primum et intimum in eis attenditur hoc, quod sunt in hoc genere aliquid essentialiter seu per essentiam inquantum essentia, id est aliquid cognitivum seu conceptivum per essentiam, quod pertinet ad intellectum agentem, ut supra latius dictum est.

(3) Secundum quoad gradum et ordinem naturae in isto genere est hoc, quod invenitur in eo processus et constitutio ex aliquibus principiis, quale est cognitivum seu conceptivum nostrum quoad intellectum possibilem, cui per se proprium est intelligere, id est intus legere[1], sic, ut non nisi in suis principiis rem apprehendat, quae principia sunt principia secundum formam, id est partes formae, quae sunt ante totum secundum Philosophum in VII *Metaphysicae*[2], ut animal, rationale,

1. *Cf.* Thomas de Aquino, *Summa theologiae*, II-II, q. 8, a. 1, et *Quaestiones disputatae de Veritate*, q. 1, a. 12. Vide adnotationem 1, p. 202.

2. Aristoteles Latinus, *Metaphysica*, VII, 10, 1034b29-31, ed. G. Vuillemin-Diem, (AL XXV, 3,3), 1995, p. 149, transl. Guillelmi : *AMPLIUS AUTEM si PRIORES sunt partes toto, et recti acutus est pars et digitus hominis, prior erit acutus recto et digitus homine*.

certaine action ou opération, dont les plus puissantes sont les qualités virtuelles des étants, comme on l'a dit ici, le quatrième genre est celui des qualités accidentelles qui sont des natures extrêmes et extrinsèques, qui meuvent non seulement la nature comme instrumentalement mais même meuvent le sens, comme les objets propres des sens, comme la chaleur dans l'acte, *etc.*

(6) Or, on trouve de tels modes des étants selon la nature par leur mode et proportionnellement aux étants de la nature, dans le genre des étants conceptionnels du fait qu'à partir de cette même raison générale des étants par soi et à titre premier, ils descendent dans ces étants conceptionnels comme dans ceux qui sont selon la nature. Ils s'engagent, dis-je, d'une part quant à l'existence même des étants conceptionnels en soi et d'autre part quant à leurs opérations propres selon les étants conceptionnels ou les opérations de la conception.

3.2. 9.7. *Au sujet des modes des étants conceptionnels en nous*

(1) On distingue donc en nous, selon la similitude des étants de la nature, quatre genres de conception ou de connaissance possédant leur degré dans l'être conceptionnel selon l'ordre de leur institution [dans l'être] et de leur procès, que l'on observe par soi dans le genre des étants de cette sorte, c'est-à-dire qu'ils mêlent par soi le degré et l'ordre de leur institution et leur différence mutuelle selon le genre.

(2) Premièrement et de manière intime, on trouve en eux qu'ils sont dans ce genre quelque chose essentiellement ou par l'essence en tant qu'essence, c'est-à-dire quelque chose de cognitif ou de conceptif par essence, ce qui appartient à l'intellect agent.

(3) Deuxièmement, par rapport au degré et à l'ordre de la nature, on trouve dans ce genre le procès et la constitution à partir de certains principes : ceci est notre faculté de connaître ou de concevoir par rapport à l'intellect possible dont le propre est d'intelliger par soi, c'est-à-dire de lire à l'intérieur[1], de telle sorte qu'il n'appréhende la chose que dans ses principes qui sont des principes selon la forme, c'est-à-dire des parties de la forme qui sont avant le tout, selon le Philosophe au livre VII de *La Métaphysique*[2], comme l'animal rationnel. Il en va [de ces parties]

1. *Cf.* Thomas d'Aquin, *Somme théologique*, II-II, q. 8, a. 1, corp et *Questions disputées sur la vérité*, q. 1, a. 12, corp. *Cf.* note 1, p. 203.

2. Aristote, *Métaphysique*, VII, 10, 1034b27-30, trad. J. Tricot, rééd. 1991, t. 1, p. 273 : « Ensuite, si les parties sont antérieures au tout, l'angle aigu étant une partie de l'angle droit, et le doigt, une partie de l'animal, l'angle aigu sera antérieur à l'angle droit et le doigt antérieur à l'homme. »

quae proportionaliter se habent in hoc genere entium sicut principia compositionis naturae apud naturam.

(4) Tertium secundum ordinem entitatis in hoc genere entium, scilicet conceptionalium, quod magis ab intimitate essentiae inquantum essentia recedit, est hoc, quod est quasi principium motivum in hoc genere. Componit enim et dividit et distinguit et ordinat entia huius tertii generis, id est entia concepta sub suis intentionibus simplicibus, id est abstrahendo a suis idolis, sicut dicit Averroes in suo tractatu *De sensu et sensato*[1], et est hoc cogitativum nostrum, quod etiam vim distinctivam seu rationem particularem vocant, quod quamvis conceptivum sit intentionum simplicium, quae in hoc genere entium conceptionalium se habent ad id, quod habet modum essentiae inquantum huiusmodi, et ad id, quod habet modum substantiae, quae hic praemissa sunt, quantum ad hoc genus sic, inquam, se habent ad ista, sicut qualitates virtuales se habent ad essentiam et substantiam apud naturam, quae sunt formae superadditae substantiis rerum deservientes generationi naturae, sicut et istae intentiones deserviunt in hoc genere entium, scilicet conceptionalium, intellectuali inquisitioni et apprehensioni; quibus etiam suffragantur ea, quae sunt in imaginativa, ubi res secundum sua idola describuntur, sicut etiam qualitatibus naturalibus praedictis suffragantur in generatione entium aliquae formae inditae ipsi naturae ut quantitas, locus, tempus et similia.

(5) Quartum genus conceptionum seu entium conceptionalium est, quod ab intimitate praedictorum maxime recedit et est extremum in hoc genere, scilicet cognitivum secundum sensum, quod, sicut circa extrinsecas et extremas entium dispositiones versatur, sic et ipsum est extremum in hoc genere et extrinsecum, quo immediate cognitivum et res cognoscibiles secundum sui extrema sibi occurrunt in his, in quibus cognitivum exit de potentia ad actum.

1. Averroes, *In Aristotelis De anima III*, comm. 20, ed. F. S. Crawford, 1953, p. 449, l. 176-189 : *Et sunt tres virtutes, quarum esse declaratum est in* Sensu et Sensato, *scilicet ymaginativa et cogitativa et rememorativa; iste enim tres virtutes sunt in homine ad presentandam formam rei ymaginate quando fuerit sensus absens* (...). *Et intendebat hic per intellectum passibilem formas ymaginationis secundum quod in eas agit virtus cogitativa propria homini. Ista enim virtus est aliqua ratio, et actio eius nichil est aliud quam ponere intentionem forme ymaginationis cum suo individu apud rememorationem aut distinguere eam ab eo apud formationem et ymaginationem*.

proportionnellement dans ce genre des étants, comme [il en va pour] les principes de composition de la nature dans la nature.

(4) Selon l'ordre de l'entité, dans ce genre des étants, à savoir celui des étants conceptionnels, genre qui se sépare plus de l'intimité de l'essence en tant qu'essence, le troisième [genre] est comme un principe de mouvement dans ce genre. Il compose, en effet, divise, distingue et ordonne les étants de ce troisième genre, c'est-à-dire les étants conçus sous leurs intentions simples, à savoir en les abstrayant de leurs images comme le dit Averroès dans son traité *Du sens et du senti*[1]. Ceci correspond à notre cogitative qu'ils appellent aussi puissance distinctive ou raison particulière, bien qu'elle conçoive les intentions simples qui se rapportent, dans ce genre des étants conceptionnels, à ce qui a le mode de l'essence en tant que telle et à ce qui a le mode de la substance et qui ont été énoncés plus haut. Dans ce genre, dis-je, elles se rapportent à eux : de la même manière que les qualités virtuelles se rapportent à l'essence et à la substance dans la nature, qualités qui sont des formes surajoutées aux substances des choses servant à la génération de la nature, de la même manière, ces intentions servent dans ce genre des étants, à savoir les conceptionnels, aux investigations intellectuelles et aux appréhensions, et même les choses qui sont dans l'imagination aident celles-ci lorsque les choses sont décrites selon leur image, comme certaines formes inscrites dans la nature même, à savoir les qualités naturelles énoncées plus haut, comme la quantité, le lieu, le temps et celles qui s'y apparentent, aident dans la génération des étants.

(5) Le quatrième genre de conception ou des étants conceptionnels est celui qui se détache le plus de l'intimité des choses énoncées et est l'extrême dans ce genre, à savoir celui du cognitif selon le sens, qui, de même qu'il se tourne vers les dispositions extrinsèques et dernières des étants, est lui-même l'extrême dans ce genre et est extrinsèque; par lui ce qui peut connaître et les choses connaissables se rencontrent immédiatement selon leurs extrêmes dans les choses dans lesquelles le connaissable passe de la puissance à l'acte.

1. *Cf.* Averroès, *Grand commentaire du De l'Âme*, III, comm. 20, trad. A. de Libera, dans Averroès, *L'intelligence et la pensée, Grand commentaire du De Anima, l. III*, 1998, p. 117-118 : « Il y a trois facultés [de ce genre], dont l'être a été expliqué dans le *Sens et le senti* : l'imaginative, la cogitative et la remémorative. Ces trois facultés sont dans l'homme pour lui rendre présente la forme de la chose imaginée quand la sensation est absente. (…). Or [Aristote] entend ici par *intellect passible* les formes de l'imagination en tant qu'agit sur elles la faculté cogitative propre à l'homme. En effet, cette faculté a un caractère rationnel, et son activité consiste soit à déposer l'« intention » de la forme imaginée, avec son individu, dans la mémoire, soit à la distinguer de lui dans la faculté « formative » et l'imagination. »

(6) Si autem secundum iam dicta quaeratur, in quo ordine seu gradu entium conceptionalium ponendus sit sensus communis et vis imaginativa, in qua res secundum sua idola et corporales formas describuntur, dicendum, quod sensus communis eiusdem ordinis est cum sensibus particularibus et eiusdem virtutis et operationis aggregatae ex duabus, videlicet communi et propria. Unde et simul sunt in actu sentiendi et simul desinunt ab eo.

(7) Imaginativa autem ratione sui obiecti reducitur similiter ad sensitivum. Eaedem sunt enim res imaginatae et sensatae. Unde et ipsa imaginativa in actu non est nisi motus a sensu secundum actum factus. Similiter etiam et ipsa ex hoc, quod dictum est, circa exteriores rerum formas negotiatur Inquantum autem imaginativa attenditur quaedam vis compositiva ad invicem et ab invicem segregativa entium sensatorum seu idolorum suorum, quorum apprehensio concurrit simul cum apprehensione cogitativae partis quasi sibi cooperativum, secundum hoc ad genus cogitativi reduci habet.

3.2. 9.8. *De intellectu nostro ut ente conceptionali*

(1) Quod autem supra dictum est, quod intellectus agens, qui est intellectus semper in actu per essentiam, sit aliquod ens conceptionale, hoc, inquam, fere secundum aequivocationem dictum est sumendo ens conceptionale valde communiter pro quocumque cognitivo seu cognito qualitercumque, secundum quod etiam entia separata, quae intelligentias vocant, si quae sunt, possunt dici secundum hoc entia conceptionalia, inquantum habent cognitionem intellectualem et se ipsas in sui cognitione concipiunt per indifferentiam essentiae concipientis et concepti.

(2) Conceptionale autem proprie dicitur, cum aliquod ens existens aliquid in se praeter conceptum suum cognoscibiliter aliquid in se capit. Unde secundum hoc concipere etiam secundum proprietatem vocabuli est aliquid in se capere differens a substantia capientis, ut homo capit in se per sensum sensibilia, per intellectum intelligibilia, et sic de aliis differentibus a substantia hominis.

(3) Et secundum hoc etiam intellectus agens aliquo modo potest dici ens conceptionale in ordine ad hominem, inquantum videlicet talis intellectus intellectio, quae est per suam essentiam, potest communicari homini, ut sic quodammodo ab homine concipiatur, non solum quantum ad effectum

(6) Or, si selon les choses déjà dites, on recherche dans quel ordre ou quel degré des étants conceptionnels il faut poser le sens commun et la puissance imaginative dans laquelle les choses sont décrites selon leur image et selon leurs formes corporelles, il faut dire que le sens commun est du même ordre que les sens particuliers et les forces du même et relève de la même puissance et de la même opération, qui combine les deux, c'est-à-dire du commun et du propre. C'est pour cette raison qu'ils sont en même temps dans l'acte de sentir et qu'ils cessent en même temps.

(7) Or, [la faculté] imaginative, en raison de son objet, est ramenée de manière similaire à [la faculté] sensitive. Les choses imaginées et senties sont en effet les mêmes. C'est pourquoi la même faculté imaginative en acte n'est rien d'autre que le mouvement par le sens, lorsqu'il est produit en acte. Et de la même façon, à partir de ce qui a été dit, elle-même se réfère aux formes extérieures des choses. Or, en tant qu'elle est imaginative, on observe en retour une certaine puissance de composition réciproque et une puissance de ségrégation réciproque des étants sentis ou de leurs images, dont l'appréhension a lieu en même temps que l'appréhension de la partie cogitative, comme pour ainsi dire coopérant avec elle. Pour cela, elle doit être ramenée au genre de la cogitative.

3.2. 9.8. *Au sujet de notre intellect comme étant conceptionnel*

(1) Or, ce qui a été dit plus haut, que l'intellect agent qui est intellect toujours en acte par essence, est un étant conceptionnel, ceci, dis-je, a été dit presque selon une équivocité, en recevant l'étant conceptionnel de manière commune pour toute chose, cognitive ou connue de quelque manière. Selon ceci, les étants séparés qu'on appelle intelligences, s'ils existent, peuvent être appelés étants conceptionnels en tant qu'ils ont la connaissance intellectuelle et qu'ils se conçoivent eux-mêmes dans leur connaissance, par indifférence de l'essence de celui qui conçoit et de ce qui est conçu.

(2) On parle donc de manière propre de conceptionnel lorsqu'un étant existant saisit du point de vue de la connaissance quelque chose en soi, cette chose en soi n'étant pas son concept. C'est pourquoi, selon ceci, concevoir, selon la propriété du mot, est saisir en soi quelque chose différant de la substance de celui qui saisit, comme l'homme saisit en soi les choses sensibles par le sens, les choses intelligibles par l'intellect et de même pour d'autres choses différentes de la substance de l'homme.

(3) Selon ceci, l'intellect agent peut même d'une certaine manière être appelé étant conceptionnel en fonction de son rapport à l'homme, dans la mesure où une telle intellection de l'intellect, qui est par son essence, peut être communiquée à l'homme. [Ceci se fait] de sorte que d'une certaine manière elle est conçue par l'homme, non seulement quant à son effet, en

suum, inquantum ipse efficit intellecta in nobis, sed etiam ut aliquando fiat forma nobis eo modo intelligendi, quo ipse intelligit per suam essentiam, ut infra agetur.

(4) Sunt igitur in ordine entium conceptionalium in nobis quattuor cognitionum seu conceptionum genera distincta, quorum unumquodque absolute est sui proprii et determinati generis. Secundum unumquodque etiam ipsorum determinatum est per naturam et per se proprium genus operationis, quae sic per se convenit secundum proprium et determinatum tale genus, quod nequaquam alteri generi convenire potest, ut ex praehabitis patet.

(5) Sicut igitur sensus non attingit operationem cogitativae, quae est conceptiva entium secundum suas intentiones, nec cogitativum elevari potest in operationem intellectivi quantum ad intellectum possibilem, qui est cognitivus rerum uniuscuiusque in sua ratione seu in suis principiis et solum sic. Et hoc competit sibi per se secundum rationem sui generis, in quo etiam ens, quod intelligitur, quasi quadam forma seu specie vestitur, qua recedit a proprietate essentiae inquantum essentia secundum differentiam proprii generis. Concipere enim seu intelligere ens, inquantum ex tali ratione constat et inquantum in talibus principiis subsistit, est intelligere ipsum secundum aliquam formam seu speciem, qua modum substantiae habet secundum distinctionem supra positam essentiae et substantiae inquantum huiusmodi, id est inquantum essentia et substantia, et non est hoc intelligere per essentiam, sed per speciem.

3.2. 9.9. *Impossibile est Deum immediate per speciem videri*

(1) Secundum hoc igitur et tale intellectivum non attingit eam operationem, quae est entis per essentiam immediate, per essentiam, inquam, et ex parte cognoscentis et ex parte rei cognitae, sed proprie pertinet talis cognitio, scilicet per essentiam, ad intellectum, qui est intellectus per essentiam semper in actu, qualis non est intellectus possibilis.

(2) Patet igitur ex dictis, quod per intellectum possibilem etiam factum in actu per speciem quoad actum suum primum impossibile est pertingere immediate ad Deum videndum per essentiam.

3.2. 9.10. *Idem concluditur ex alia ratione*

(1) Quod etiam ex ea ratione habetur, quoniam omnis operatio elicita ab aliqua substantia secundum rationem alicuius principii formalis reperti in tali substantia non terminatur nec recipitur intimius seu formalius

tant que lui-même produit des choses intelligées en nous, mais aussi de telle sorte que parfois il devient pour nous forme d'intellection par ce mode par lequel lui-même intellige par son essence, comme il sera question plus bas.

(4) Il y a donc, dans l'ordre des étants conceptionnels en nous, quatre genres distincts de connaissance ou de conception, dont chacun appartient de manière absolue à son genre propre et déterminé. Selon chacun d'eux, le genre de l'opération est déterminé par nature et est propre par soi, opération qui convient ainsi par soi selon un tel genre propre et déterminé, et qui ne peut absolument pas convenir à un autre genre, comme on le voit par ce qui a été montré plus haut.

(5) Ainsi de la même manière que le sens n'atteint pas l'opération de la cogitative qui est ce qui conçoit des étant selon ses intentions, la cogitative ne peut pas être élevée dans l'opération de la puissance intellective quant à l'intellect possible qui est ce qui connaît les choses, chacune dans sa raison ou dans ses principes et seulement ainsi. Et ceci lui appartient par soi, selon la raison de son genre, dans lequel l'étant qui est intelligé est recouvert comme par une forme ou une espèce par laquelle il s'éloigne de la propriété de l'essence en tant qu'essence, selon la différence du genre propre. Concevoir ou intelliger l'étant en tant qu'il résulte d'une telle raison et en tant qu'il subsiste dans de tels principes, est en effet l'intelliger lui-même, selon une certaine forme ou espèce par laquelle il a le mode de la substance, selon la distinction de l'essence et de la substance en tant que telle posée plus haut, c'est-à-dire en tant qu'essence et substance, et ceci n'est pas intelliger par essence mais par espèce.

3.2. 9.9. *Il est impossible que Dieu soit vu immédiatement par espèce*

(1) Selon ceci donc, même une telle faculté intellective n'atteint pas cette opération qui est celle des étants immédiatement par essence; par essence, dis-je, non seulement de la part de celui qui connaît mais aussi de la part de la chose connue. Une telle connaissance appartient en propre, à savoir par essence, à l'intellect qui est intellect par essence toujours en acte, lequel n'est pas l'intellect possible.

(2) Il est donc clair, à partir de ce qui a été dit, que par l'intellect possible, même devenu en acte par une espèce quant à son acte premier, il est impossible d'atteindre immédiatement la vision de Dieu par essence.

3.2. 9.10. *La même chose est conclue à partir de l'autre raison*

(1) Ceci est obtenu du fait que toute opération tirée d'une substance, selon la raison d'un certain principe formel trouvé dans une telle substance, ne s'achève ni n'est reçue plus intimement ou plus formellement

in termino seu obiecto, in quo vel circa quod aliquis operatur, quam reperiatur in suo principio, id est in operante. Operatio enim seu actio quaecumque recepta in termino seu obiecto determinatur secundum magis et minus intime vel extrinsece recipi ex magis et minus intime vel extrinsece egredi et esse in operante quantum ad talis operationis principium. Calefactio enim non magis intime recipitur in calefacto, quam sit calor in igne.

(2) Operatio igitur intelligibilis, qua quis operatur circa Deum ex formali principio talis operationis, quod ponunt aliquam speciem in operante, non pertingit ad videndum Deum per essentiam, quae incomparabiliter et in infinitum intimior est omni tali principio intellectionis, quod est species creata vel lumen gloriae vel universaliter quidquid posueris creatum, quo quis agit seu operatur non per suam essentiam.

3.2.9.11. *Instantia et responsio*

(1) Nec obstat iam dictis, si quis opponat, quod similiter et ex eadem ratione nullus intellectus creatus, qui est intellectus per essentiam et operatur per suam essentiam, possit pertingere ad videndum Deum per essentiam eo, quod essentia divina in infinitum intimior est omni ente creato[1]. Ergo secundum praedicta operatio intellectualis egrediens etiam ab operante per essentiam, quod est ens creatum, non pertingit ad videndum Deum per essentiam.

(2) Ad quod dicendum dupliciter : uno modo, quod id, quod dicitur in proposito, scilicet de magis et minus intimo seu extrinseco, hoc, inquam, intelligendum quoad differentiam rerum et operationum secundum genus seu maneriem quasi secundum genus distinctam, quibus etiam non transitur de genere in genus, ut supra dictum est, et secundum hanc differentiam se habent entia quantum ad id, quod sunt seu operantur per essentiam, quod est maxime intimum, et quantum ad id, quod sunt secundum aliquam speciem in eis repertam, quod iam est aliquid extrinsecum ab essentia rei. Unde intelligens per speciem non attingit id, quod intelligit per essentiam,

1. Thomas de Aquino, *In I Sent.*, d. 37, q. 1, a. 1, corp., ed. P. Mandonnet, Paris, Lethielleux, 1929, p. 858 : *Ex quibus omnibus aperte colligitur quod Deus est unicuique intimus, sicut esse proprium rei est intimum ipsi rei, quae nec incipere nec durare posset, nisi per operationem Dei, per quam suo operi conjungitur ut in eo sit*.

dans le terme ou dans l'objet dans lequel ou sur lequel quelque chose opère qu'elle n'est trouvée dans son principe, c'est-à-dire dans celui qui opère. L'opération ou l'action reçue dans le terme ou dans l'objet est en effet déterminée à une réception plus ou moins intime ou extrinsèque, en fonction d'une sortie et d'un être plus ou moins intime ou extrinsèque, dans celui qui opère en tant que principe d'une telle opération. Le réchauffement n'est pas en effet reçu plus intimement dans ce qui est réchauffé que la chaleur ne l'est dans le feu.

(2) L'opération intelligible, par laquelle quelqu'un agit eu égard à Dieu à partir du principe formel d'une telle opération, parce qu'ils posent une certaine espèce dans celui qui opère, ne parvient donc pas à la vision de Dieu par essence, qui est incomparablement et infiniment plus intime qu'un principe d'intellection, qui est une espèce créée ou la lumière de la gloire ou toute chose créée universellement qu'on pourrait poser et par laquelle quelqu'un n'agit ou n'opère pas par son essence.

3.2.9.11. *Objection et réponse*

(1) Et cela ne s'opposerait pas à ce que l'on a dit, si quelqu'un objectait que de la même façon et à partir de la même raison aucun intellect créé qui est intellect par essence et opère par son essence, ne peut parvenir à la vision de Dieu par essence, pour la raison que l'essence divine est infiniment plus intime que tout étant créé[1]. Donc, [d'après cette position], selon l'opération intellectuelle énoncée plus haut qui procède de celui qui opère par essence et qui est un étant créé, on ne parvient pas à la vision de Dieu par essence.

(2) Ceci peut se dire de deux manières : d'une première, c'est ce qui est dit dans notre propos, [lorsqu'on parle] de ce qui est plus ou moins intime ou extrinsèque. Ceci, dis-je, il faut le comprendre quant à la différence des choses et des opérations selon un genre ou un mode distinct, comme le serait un genre. Dans ces choses et opérations, on ne va pas d'un genre à un autre comme on l'a dit plus haut. Selon cette différence, les étants se rapportent à ce qu'ils sont ou sont opérés par leur essence, qui est intime au plus haut degré, et à ce qu'ils sont selon une espèce trouvée en eux, qui est déjà une chose extrinsèque à l'essence de la chose. C'est pourquoi celui qui intellige par espèce n'atteint pas ce qu'il intellige par essence,

1. *Cf.* Thomas d'Aquin, *Commentaire sur le livre des Sentences*, l. I, d. 37, q. 1, a. 1, corp., éd. P. Mandonnet, 1929, p. 858 : « De tout ceci, on peut manifestement conclure que Dieu est intime à chacun, comme l'être propre de la chose est intime à la chose elle-même, qui ne peut ni commencer, ni perdurer si ce n'est par l'opération de Dieu par laquelle il est conjoint à son œuvre de sorte qu'il soit en elle. »

nec a parte intelligentis nec a parte rei intellectae nec a parte intelligibilis operationis.

(3) Quamvis igitur divina essentia sua intimitate et perfectione intensive in infinitum distet ab intellectu creato, qui est intellectus per essentiam in actu et operatur per suam essentiam, capit tamen ipsum finite, secundum quod competit tali intellectui secundum gradum suae perfectionis in sua essentia

(4) Nec hoc potest competere intellectui, qui agit seu intelligit per speciem, ut videlicet, quamvis sit quid creatum, ipsa species nihilominus tamen possit videre Deum per essentiam modo finito.

(5) Obstat etiam quaedam alia distantia intimitatis, quam sit ea, quae dicta est, scilicet qua Deus sua intimitate in infinitum distat a qualibet creatura. Est autem haec distantia, scilicet quod aliquod ens est id, quod est per essentiam, quod est intimum, alio autem modo, quod sit aliquid vel aliquale secundum speciem, quae modo differentiae secundum genus differunt. Unde nec actio seu operatio secundum unum istorum generum potest alteri vel secundum aliud genus competere. Unde intellectus, qui intelligit per speciem, non potest pertingere ad videndum Deum per essentiam.

(6) Alio modo dicta instantia removetur. Quod enim dicitur, quod actio sive operatio non recipitur intimius seu perfectius in suo termino seu obiecto, quam sit in suo principio, concedatur. Quod autem assumit, quod operatio intellectus intelligentis per essentiam intimius et formalius terminatur in suo obiecto, quia in Deo per essentiam, quam sit existentia eius in ipso seu egressus eius ab ipso tali intellectu, dicendum per interemptionem, quod hoc assumptum falsum est.

(7) Egreditur enim talis operatio ab ipso intellectu secundum eam rationem, qua idem intellectus emanat ab eodem suo principio, Deo, intellectualiter videndo et intelligendo ipsum, ex quo suam essentiam capit a Deo, ut supra actum est[1]. Unde talis intellectus, qui est intellectus in actu per suam essentiam, non prius habet essentiam seu esse suum absolute et postea seu natura posterius sua intellectione tendit in Deum sua conversione in ipsum, sed idem est respectus et habitudo et eadem intellectualis operatio, qua convertitur sua intellectione in Deum, eadem, inquam, cum ea, qua ab ipso eodem suo principio emanat per suam essentiam.

1. *Cf.* Theodoricus Teutonicus de Vriberg, *De visione beatifica*, 1.5.

ni de la part de ce qui intellige, ni de la part de la chose intelligée, ni de la part de l'opération intelligible.

(3) Donc, bien que l'essence divine par son intimité et sa perfection, se distancie, avec force, infiniment de l'intellect créé qui est intellect par essence en acte et qui opère par son essence, elle le saisit cependant, de manière finie, selon ce qui appartient à un tel intellect, [à savoir] selon le degré de sa perfection dans son essence.

(4) Ceci ne peut pas appartenir à l'intellect qui agit ou qui intellige par espèce de sorte que, bien qu'il soit quelque chose de créé, l'espèce elle-même pourrait néanmoins voir Dieu par essence sur un mode fini.

(5) Une autre distance de l'intimité qui serait celle qui a été énoncée, à savoir celle par laquelle Dieu se distancie infiniment par son intimité d'une certaine créature, fait aussi obstacle. Il y a encore cette distance, à savoir qu'un étant est ce qu'il est par essence, qui lui est intime d'une autre manière cependant qu'il n'est, quelque chose ou une certaine chose selon l'espèce, manières qui diffèrent selon le genre sur le mode de la différence. C'est pourquoi, ni l'action, ni l'opération selon un de ces genres ne peuvent être transformées ou revenir à un autre genre. C'est pour cette raison que l'intellect qui intellige par espèce ne peut pas parvenir à la vision de Dieu par essence.

(6) On peut éloigner l'objection énoncée d'une autre manière. Ce qu'on dit en effet – que l'action ou l'opération n'est pas reçue plus intimement ou plus parfaitement dans son terme ou son objet qu'elle le serait dans son principe – ceci, on l'accorde. Or lorsqu'on considère que l'opération de l'intellect qui intellige par essence est déterminée à son objet – parce qu'il est en Dieu par essence plus intimement et plus formellement qu'il n'est son existence en lui-même ou sa sortie à partir d'un tel intellect – on est amené à détruire cet argument parce que la prémisse est fausse.

(7) Une telle opération sort de cet intellect selon la raison par laquelle ce même intellect émane de son même principe, Dieu, en voyant intellectuellement, et en s'intelligeant lui-même, à partir de cela, il saisit son essence par Dieu, comme on l'a traité plus haut[1]. C'est pour cela qu'un tel intellect qui est intellect en acte par son essence, n'a pas d'abord son essence ou son être absolu et après, plus tard, sa nature par son intellection, et tend vers Dieu par sa conversion sur lui-même, mais le rapport et la relation sont les mêmes. L'opération intellectuelle par laquelle il se convertit par son intellection vers Dieu est la même que celle par laquelle, à partir de son principe, il émane par son essence.

1. *Cf.* Dietrich de Freiberg, *Traité de la vision béatifique*, 1.5.

Sua enim emanatione, qua intellectualiter emanat ab eo, est conversus in ipsum. Et sic non habet veritatem, quod sua intellectualis operatio intimius et formalius recipiatur in suo tali obiecto, quod Deus est, quam in sua propria essentia. Emanare enim intellectualiter a suo principio est tendere in ipsum.

(8) Et sic eadem formalitas et intimitas est ex parte principii emanationis suae, quae fit intellectualiter, et ex parte termini suae operationis, immo est omnino idem sua emanatio et in ipsum tentio, et omnino idem est sibi principium suae emanationis et terminus seu obiectum suae operationis et sub eadem ratione.

(9) Et sic non habet locum dicta instantia. Tendit enim in ipsum sua operatione intellectuali non sicut in obiectum qualitercumque, sed sicut in suum principium, a quo tali sua intellectione suam essentiam capit.

3.2.9.12. *Directe arguitur contra quartam positionem*

(1) Praeterea ad propositum, videlicet quod impossibile est per intellectum possibilem factum in actu per speciem pertingere immediate ad videndum Deum per essentiam, sic arguitur : Intellectus possibilis factus in actu per speciem non est essentia per se ipsam stans in esse absoluto, sed est forma in alio sicut quaecumque formae superadditae substantiis, quibus explent suas operationes, ut calor in igne, frigidum in aqua, potentiae seu virtutes vivorum, quibus explent suas vitales operationes. Omnis autem substantia agens suam quamcumque operationem per formam in se differentem a substantia sua tendit sua operatione seu actione in aliud extra se. Haec enim est intentio naturae in distribuendo entibus huiusmodi formas, quibus entia in invicem tendant, unumquodque eorum in aliud extra se, ut communicent sibi mutuo suas perfectiones vel active vel passive vel si quis sit alius modus.

(2) Igitur per intellectum possibilem factum in actu per speciem, qui est forma in alio, scilicet in intelligente, intelligens non operatur nisi circa aliud extra se.

Par son émanation par laquelle il émane intellectuellement de lui, il s'est converti vers lui. Et ceci – que son opération intellectuelle est reçue plus intimement et plus formellement dans son objet qui est Dieu que dans son essence propre – n'est pas vrai. Émaner intellectuellement de son principe est en effet tendre vers celui-ci.

(8) C'est la même formalité et intimité qui advient intellectuellement de la part du principe de son émanation et de la part du terme de son opération, et même plus, il est absolument identique à son émanation et à son retour vers lui, et absolument identique au principe de son émanation et à son terme ou à l'objet de son opération, sous cette même raison.

(9) Ainsi, l'objection énoncée n'a pas lieu d'être. Il tend en effet vers lui, par son opération intellectuelle, non comme vers un objet quelconque, mais comme vers son principe à partir duquel, par une telle intellection, il saisit son essence.

3.2.9.12. *On argumente directement contre la quatrième position*

(1) En outre, quant à notre propos, c'est-à-dire qu'il est impossible par l'intellect possible actualisé par espèce d'atteindre immédiatement la vision de Dieu par essence, on argumente ainsi : l'intellect possible devenu en acte par espèce n'est pas une essence par soi, se tenant dans l'être absolu, mais il est une forme dans une autre chose, comme c'est le cas pour certaines formes surajoutées aux substances par lesquelles sont accomplies les opérations, comme la chaleur dans le feu, le froid dans l'eau, les puissances ou les vertus des vivants par lesquelles sont accomplies les opérations vitales. Or toute substance produisant son opération par une forme en soi différente de sa substance tend par son opération ou par son action vers quelque chose d'autre, extérieur à elle. Ceci est en effet l'intention de la nature lorsqu'elle distribue aux étants ces formes par lesquelles les étants tendent mutuellement les uns vers les autres, chacun d'eux vers un autre extérieur à lui, de sorte qu'ils se communiquent mutuellement leurs perfections, activement ou passivement ou par un autre mode, s'il en existe un autre.

(2) Celui qui intellige par l'intellect possible actualisé par espèce, qui est forme dans un autre, à savoir dans celui qui intellige, n'opère pas, sauf sur ce qui est extérieur à lui.

(3) Et si intellectus possibilis se ipsum dicatur aliquando intelligere, intelligit tamen se sicut alia secundum Philosophum III *De anima*[1], id est per actum suum et sicut aliud a se. Non enim intelligit se per eum actum, sub quo stat, quando intelligit, sed sub quo aliquando stetit. Ergo per se loquendo non convertitur intra se seu in proprium subiectum, sicut nec aliqua substantia agens secundum aliquam formam in se existentem agit in ipsam formam vel in propriam suam substantiam. Ignis non enim agit suo calore in ipsum calorem nec in propriam suam substantiam, nec calor agit in se nec in suum subiectum.

(4) Si igitur intellectus possibilis per se loquendo non convertitur intra essentiam suam nec intra intimitatem proprii subiecti, et hoc propter respectum oppositum tendentem ab intimitate tali ad extra, impossibile est ipsum pertingere ad intelligendum divinam essentiam inquantum huiusmodi eo, quod divina essentia inquantum huiusmodi, id est essentiali modo, intimior est omni natura, non solum quoad hoc, quod ex simplicitate substantiae suae et infinita essentiae suae perfectione recedit in quoddam secretum intraneitatis suae, in quo inhabitat lucem inaccessibilem, I *Tim.* 6[2], verum etiam intraneitas seu intimitas attenditur in eo secundum rationem ordinis causalis, quo videlicet per productionem creaturarum ordo quidam entium contexitur incipiens ab intimitate divinae perfectionis et bonitatis et procedens ad extra secundum magis et minus, secundum distantiam entium ab eodem primo principio.

1. *Cf.* Aristoteles Latinus, *De anima*, III, 429b 9-10, transl. Michaeli Scoti, *in* Averroes, *In Aristotelis De anima III*, ed. F. S. Crawford, 1953, p. 419 : *(...), (et hoc continget quando poterit intelligere per se), tunc etiam erit in potentia quoquo modo, sed non eodem modo quo ante erat, antequam scivit aut invenit. Et ipse tunc potest intelligere per se.;* transl. Jacobi Venetici, *in* Anonymi Magistri artium, *Lectura in librum de anima a quodam discipulo reportata*, ed. R. Gauthier, 1985, p. 446 : *Hoc autem accidit cum possit operari per se ipsum. Est quidem et tunc similiter potencia quodam modo, non tamen similiter est et ante addiscere aut invenire; et ipse autem se ipsum aliquando potest intelligere.* transl. Jacobi Venetici, *in* Anonymi Magistri artium, *Lectura in librum de anima a quodam discipulo reportata*, ed. R. Gauthier, 1985, p. 446 : *Hoc autem accidit cum possit operari per se ipsum. Est quidem et tunc similiter potencia quodam modo, non tamen similiter est et ante addiscere aut invenire; et ipse autem se ipsum aliquando potest intelligere.;* transl. Guillelmi, *in* Thomas de Aquino, *Sentencia libri de anima*, ed. Leon. 1984, p. 208 : *Hoc autem confestim accidit cum possit operari per se ipsum. Est quidem igitur et tunc potencia quodam modo, non tamen similiter et ante addiscere aut inuenire. Et ipse autem se ipsum tunc potest intelligere.*

2. I *Tim.* 6, 16 : *Qui solus habet inmortalitatem lucem habitans inaccessibilem quem vidit nullus hominum sed nec videre potest cui honor et imperium sempiternum amen.*

(3) Et si l'on disait que l'intellect possible s'intellige parfois lui-même, il s'intellige cependant comme [il intellige] les autres choses, selon le Philosophe au livre III du *De l'Âme*[1], c'est-à-dire par son acte et comme un autre différent de lui. Il ne s'intellige pas en effet par l'acte même sous lequel il se tient lorsqu'il intellige, mais par celui sous lequel il s'est parfois tenu. Donc, considéré en soi, il ne se tourne pas vers soi ou vers son sujet propre, de même qu'une substance agente, selon une forme existant en elle, n'agit pas dans cette forme même ou dans sa propre substance. Le feu n'agit pas en effet par sa propre chaleur dans ce qui lui-même est chaleur, ni dans sa substance propre, et la chaleur n'agit pas en soi ni en son sujet.

(4) Si, considéré en soi, l'intellect possible ne se tourne pas vers l'intérieur de son essence ni vers l'intérieur de l'intimité de son propre sujet, et ceci en vue du rapport opposé tendant d'une telle intimité vers l'extérieur, il est impossible que lui-même parvienne à intelliger l'essence divine en tant que telle. Ceci vient de ce que l'essence divine en tant que telle, c'est-à-dire sur un mode essentiel, est plus intime que toute la nature. La raison en est d'abord qu'à partir de la simplicité de sa substance et de la perfection infinie de son essence, [l'essence divine] se retire vers un certain secret de son intériorité dans lequel habite la lumière inaccessible, *Epître à Timothée*, I, 6, 16[2]. C'est aussi parce qu'on distingue l'intériorité ou l'intimité en celui-ci, selon la raison de l'ordre causal par lequel, par la production des créatures, un certain ordre des étants est ajointé en partant de l'intimité de la perfection et de la bonté divine et en procédant vers l'extérieur, selon le plus et le moins, selon la distance des étants par rapport à ce même premier principe.

1. *Cf.* Aristote, *De l'Âme*, III, 429b9-10, trad. R. Bodeüs, 1993, p. 224 : « (…) quand elle est capable de déployer son activité par elle-même, bien qu'elle demeure, même alors, potentielle d'une certaine façon, ce n'est plus, en vérité, de la même façon qu'avant d'avoir appris et trouvé. Et elle-même d'ailleurs, est alors capable de se penser elle-même. »

2. *Premier Epître à Timothée*, 6, 16 : « Le seul qui possède l'immortalité, qui habite une lumière inaccessible que nul d'entre les hommes n'a vu ni ne peut voir. »

3.2.9.13. *Instantia et responsio*

(1) Sed videtur esse instantia ad ea, quae dicta sunt, videlicet quod substantia habens in se aliquam formam superadditam sibi secundum eam tendit sua operatione in aliud extra et non ad intra. Secundum hoc enim videtur, quod, etiam si intelligendo abditum mentis seu intellectus agens fiat forma nobis, quod per ipsum non possimus pertingere ad videndum Deum per essentiam, quae est intimum omnium entium.

(2) Sed dicendum ad hoc, quod, cum dicitur, quod secundum formam, quae est forma in alio, res tendit in extra, verum est hoc de formis in eo, quod sunt solum formae in alio et solum ipsi substantiae principium operationis in se nihil operationis habentes, ut videlicet aliquid secundum se ipsas operentur, eo, quod non sunt substantiae, sed solum substantiis superadditae ut formales quaedam dispositiones accidentales. Intellectus autem agens, qui est intellectus in actu per essentiam, non est talis, sed vere in sua essentia substantia est habens secundum se ipsum suam propriam operationem, quae aliquando in statu alterius vitae habet communicari homini, ut intelligat ea, qua ipse talis intellectus intelligit, intellectione, quae est sua essentia, ut supra dictum est.

(3) Unde secundum hoc ipse homo tendit et pertinget sua beatifica visione ad id intimum, quod est divina essentia, quod impossibile est fieri per intellectum possibilem immediate ad Deum, quocumque modo ponatur per intellectum possibilem intelligere.

(4) Et hoc est tertium principale de numero eorum quattuor, quae ostendenda proposita sunt in principio huius tractatus. Benedictus Dominus Iesus Christus.

4. *De Modo visionis beatae*

4.1. *Prooemium*

(1) Sequitur nunc considerare quartum et ultimum praemissorum, videlicet qualiter illa beata visio perficiatur in nobis per unionem nostri ad Deum immediate secundum intellectum agentem.

3.2.9.13. *Objection et réponse*

(1) Mais il semble qu'il y ait une objection à ce qui vient d'être dit, c'est-à-dire que la substance, qui a en soi une certaine forme ajoutée à elle, tend selon elle, par son opération, vers autre chose à l'extérieur et non à l'intérieur. Selon ceci, même si nous considérons que le fond secret de l'âme ou l'intellect agent devient forme en nous, il semble que par lui nous ne puissions pas atteindre la vision de Dieu par essence, qui est le point intime de tous les étants.

(2) Mais au sujet de ceci, il faut dire que lorsqu'on soutient que selon la forme, qui est forme en autre chose, la chose tend vers l'extérieur, ceci est vrai au sujet des formes qui sont uniquement formes en autre chose et uniquement principe de l'opération de la substance, elle-même n'ayant rien en elles de l'opération, de sorte que ces formes opèrent quelque chose selon elles-mêmes, pour la raison qu'elles ne sont pas substances, mais seulement surajoutées aux substances, comme des dispositions accidentelles formelles. Or, l'intellect agent, qui est intellect en acte par essence, n'est pas tel, mais dans son essence, il est véritablement une substance, ayant selon elle sa propre opération qui parfois, dans une autre vie, peut être communiquée à l'homme, de sorte qu'il intellige ce par quoi un tel intellect intellige lui-même, par l'intellection qui est son essence, comme on l'a dit plus haut.

(3) C'est pourquoi, d'après cela, l'homme lui-même tend et atteint par sa vision béatifique ce qui est intime, qui est l'essence divine. Ceci ne peut pas advenir par l'intellect possible immédiatement par rapport à Dieu, quel que soit le mode par lequel l'intellect possible intellige.

(4) Et ceci est le troisième point principal des quatre énumérés dans le début de ce traité que nos propositions ont montré. Béni soit Seigneur Jésus Christ.

4. *Du mode de la vision bienheureuse*

4.1. *Proème*

(1) Il s'ensuit que l'on doit maintenant considérer le quatrième et dernier des points annoncés plus haut : de quelle manière la vision bienheureuse est achevée en nous par notre union immédiate à Dieu selon l'intellect agent ?

(2) Ostensum est enim supra[1], quod ipse talis intellectus, quem Augustinus[2] ponit in abdito mentis, est supremum et nobilissimum, quod Deus in natura nostra plantavit. Secundum legem autem divini ordinis in dispositione entium inferiora secundum sui supremum tangunt superiora et copulantur eis secundum sui ad ipsa assimilationem. Unde Proclus 143 propositione[3] : « Omnium divinorum ornatuum summa ultimis assimilantur supra positorum. » Commentum ibidem[4] : « Si enim oportet continuitatem esse divini processus et propriis medietatibus unumquemque ordinem colligari, necesse summitates secundorum copulari finibus primorum. Copulatio autem per similitudinem. Similitudo ergo primorum submissi ordinis ad ultima superlocati. »

(3) Copulatio igitur nostri summa et ultima et immediata ad Deum fit per intellectum agentem, tum quia gradu naturae supremum nostri est, tum quia maxime Deo simile et ea similitudine, quae est imago Dei, quae prae omnibus, quae in nobis sunt, maxime in eo relucet, ut supra latius ostensum est, tum etiam quia eius intellectualis operatio est essentia eius et secundum hoc quidquid est et operatur, totum est et operatur per suam essentiam.

(4) Cognitio autem intellectualis ea, quae est per essentiam, intimior est ex parte cognoscentis, quia nihil pertinens ad substantiam rei tam intimum quam propria essentia, ex parte etiam rei cognitae perfectior et intimior, quia magis rei cognitae penetrativa pertingens usque ad rei cognitae essentiam inquantum huiusmodi.

(5) Hanc autem perfectionem et nobilitatem et intimitatem in intelligendo nequaquam attingit intellectus possibilis, quocumque dictorum modorum supra distinctorum aliquis ponat ipsum intelligere.

(6) De modo igitur, quomodo illa beata visio perficiatur per immediatam unionem nostri ad Deum secundum intellectum agentem, quod est abditum mentis secundum Augustinum XIV *De Trinitate* c. 13 et 14[5]

1. *Cf.* Theodoricus Teutonicus de Vriberg, *De visione beatifica*, prooemium.

2. Augustinus Hipponensis, *De Trinitate*, XIV 7, 9-10, BA t. 16, 1997, p. 366-372 et XV, 21, 40, BA t. 16, 1997, p. 530-532.

3. Proclus, *Elementatio theologiae*, prop. 147, ed. H. Boese, 1987, p. 73.

4. Proclus, *Elementatio theologiae*, prop. 147, ed. H. Boese, 1987, p. 73.

5. Augustinus Hipponensis, *De Trinitate*, XIV, 7, 9-10. Vide adnotationem 3, p. 74.

(2) On a en effet montré plus haut[1] que ce même intellect, qu'Augustin[2] pose dans le fond secret de l'âme, est l'élément le plus haut et le plus noble déposé par Dieu dans notre nature. Or, selon la loi de l'ordre divin dans la disposition des étants, les inférieurs, selon leur point le plus haut, touchent les supérieurs et se joignent à eux par une assimilation. C'est pourquoi la proposition 143 de Proclus dit[3] : « Les degrés les plus élevés de chaque ordre divin ressemblent aux derniers degrés de l'ordre supérieur. ». Et au même endroit le commentaire est[4] : « Puisqu'il doit y avoir continuité dans la procession divine et puisque chaque ordre doit être lié à l'ensemble par des médiations appropriées, les cimes des dérivés sont nécessairement joints aux dernières limites des premiers. Or cette jonction se fait par ressemblance. Il y aura donc assimilation des principes de l'ordre inférieur aux termes ultimes de l'ordre supérieur. »

(3) Notre union à Dieu la plus haute, dernière et immédiate advient donc par l'intellect agent; d'une part parce que, par son degré de nature, il est ce que nous avons de plus haut; d'autre part parce qu'il est au plus haut point semblable à Dieu et que cette ressemblance qui est l'image de Dieu brille au plus haut point parmi les choses qui sont en nous, comme on l'a largement montré plus haut, d'autre part parce que son opération intellectuelle est son essence et selon [le principe qui dit que] quelque chose est et opère, il est tout et il opère par son essence.

(4) Or cette connaissance intellectuelle, qui est par essence, est plus intime de la part de celui qui connaît parce que rien n'appartient à la substance de la chose aussi intimement que sa propre essence. De la part de la chose connue, elle est plus parfaite et plus intime parce qu'elle est ce qui pénètre la chose connue en parvenant jusqu'à l'essence de la chose connue en tant que telle.

(5) L'intellect possible, cependant, en intelligeant, n'atteint nullement la perfection, la noblesse et l'intimité, quel que soit le mode des distinctions énoncées plus haut selon lesquelles il peut intelliger.

(6) Au sujet de ce mode par lequel la vision béatifique est achevée par notre union immédiate à Dieu selon l'intellect agent, qui est le fond secret de l'âme selon Augustin aux chapitres 13 et 14 du livre XIV de *La Trinité*[5]

1. *Cf.* Dietrich de Freiberg, *Traité de la vision béatifique*, proème.

2. Augustin d'Hippone, *La Trinité*, XIV, 7, 9-10, BA t. 16, trad. P. Agaësse, 1997, p. 367-373 et XV, 21, 40, BA t. 16, trad. P. Agaësse, 1997, p. 531-533.

3. Proclus, *Eléments de théologie*, prop. 147, trad. J. Trouillard, 1965, p. 148.

4. Proclus, *Eléments de théologie*, prop. 147, comm., trad. J. Trouillard, 1965, p. 148-149.

5. Augustin d'Hippone, *La Trinité*, XIV, 7, 9-10. *Cf.* note 3, p. 75.

et l. XV c. 63 et 64[1], difficile est secundum omnimodam certitudinem dissere. Liceat tamen circa hoc probabiliter ex ratione conicere. Artamur enim ex supra habitis conclusi in hanc viam, ut quaeramus apud intellectum agentem modum saepe dictae unionis nostrae ad Deum in beata visione, quia ostensum est eam fore per intellectum possibilem esse impossibile.

4.2. *De positionibus philosophorum*

4.2.1. *Exponuntur hae positiones*

(1) Supposita igitur principaliter fiducia in Dei adiutorio ad rem tam arduam tractandam aliqualem ausum subministrat diligentia studii philosophorum, qui eandem vel saltem similem quaestionem tractaverunt.

(2) Inquirit enim Commentator *Super III De anima*[2] et post suam inquisitionem concludit possibile esse intellectum agentem aliquando nobis uniri ut formam, quo per ipsum intelligamus omnia entia et, sicut dicit *Super Librum Physicorum*[3] per ipsum simus dependentes ab eodem principio, a quo dependet caelum. Nunc enim quoad communem modum intelligendi unitur nobis, secundum quod actio eius differt ab essentia eius. Actio enim eius sunt formae intelligibiles in nobis, quarum ipse principium et causa est.

1. Augustinus Hipponensis, *De Trinitate*, XV, 21, 40. Vide adnotationem 3, p. 70.

2. Averroes, *In Aristotelis De anima III*, comm. 20, ed. F. S. Crawford, 1953, p. 444, l. 21-24 : *Iste intellectus, cum fuerit copulatus in nobis et intellexerimus per illum alia entia secundum quod est forma nobis, ipse solus tunc inter partes intellectus est non mortalis.*; comm. 36, p. 500, l. 611-616 : *Et cum ita sit, necesse est ut homo intelligat per intellectum sibi proprium omnia entia, et ut agat actionem sibi* propriam *in omnibus entibus, sicut intelligit per intellectum qui est in habitu, quando fuerit continuatus cum formis ymaginabilibus, omnia entia intellectione propria.*; comm. 36, p. 501, lin. 636-639 : *Sed cum efficietur forma nobis in actu (et hoc erit apud continuationem eius in actu), tunc intelligemus per illum omnia que intelligimus, et agemus per illum actionem sibi propriam*.

3. Non invenitur ibi, sed vide : Averroes, *Aristotelis opera cum Averrois commentariis*, *Metaphysicorum*, liber XII, comm. 38, Venetiis apud Junctas, 1562-1574, [reimpr. Frankfurt, Minerva, 1962], 321 vG : *Intelligentia enim agens, inquantum est abstracta et est principium nobis, necesse est ut moueat nos secundum amatum amans et si omnis motus necesse est ut continuetur cum eo, a quo fit secundum finem, necesse est ut in postremo continuetur cum hoc intellectu abstracto : ita quod erimus dependentes a tali principio, a quo coelum dependet : quamvis hoc fit in nobis modico tempore, sicut dixit Aristoteles.*

et aux chapitres 63 et 64 du livre XV de *La Trinité*[1], il est difficile de résoudre ces questions avec certitude. Il est cependant permis de répondre par une argumentation, de manière probable, à ce sujet. Nous sommes en effet contraints de conclure, à partir de ce que l'on a obtenu précédemment, dans cette direction pour rechercher auprès de l'intellect agent le mode souvent énoncé d'union à Dieu dans la vision bienheureuse, parce qu'il a été montré qu'il est impossible qu'elle advienne par l'intellect possible.

4.2. *Sur la position des philosophes*

4.2. 1. *On expose ces positions*

(1) Une fois posée en principe la confiance en l'aide de Dieu pour traiter une question si difficile, le zèle studieux des philosophes – qui ont traité cette même question ou une question au moins semblable – sert cette sorte de projet audacieux.

(2) Le Commentateur examine en effet ceci dans le *Commentaire du De l'Âme*[2] et après sa recherche, il conclut qu'il est possible que l'intellect agent s'unisse parfois à nous comme forme, et que par cela, nous intelligeons par lui tous les étants et comme il le dit dans le *Commentaire de la Physique*[3], nous serions par lui dépendants du même principe dont dépend le ciel. Il nous est maintenant uni par le mode commun d'intelliger selon lequel son action diffère de son essence. Ses actions sont en effet les formes intelligibles en nous dont lui-même est principe et cause.

1. Augustin d'Hippone, *La Trinité*, XV, 21, 40. Voir note 3, p. 71.

2. Averroès, *Grand commentaire du De l'Âme*, III, comm. 20, trad. A. de Libera, dans Averroès, *L'intelligence et la pensée, Grand commentaire du De Anima, l. III*, 1998, p. 113 : « (…) quand il nous est uni et que nous concevons par lui les autres êtres en tant qu'il est forme pour nous, cet intellect [agent] seul, parmi les parties de l'intellect, est à ce moment, non mortel. » ; Comm. 36, p. 167 : « Et lorsqu'il en est ainsi [que cette jonction avec l'intellect agent est accomplie], il est nécessaire que [par cet intellect], l'homme pense tous les êtres par un intellect qui lui est propre et effectue sur tous les êtres l'action qui lui est propre [qui est de les penser], de la même manière que, par l'intellect en habitus, il pensait tous les êtres par une intellection qui lui était propre, quand [son intellect] était joint aux formes imaginables. » ; Comm. 36, p. 168 : « Mais dès qu'il est pour nous forme en acte (ce qui a lieu dans sa jonction avec nous), nous pensons par lui tout ce que nous pensons, et nous effectuons par lui l'action qui lui est propre. »

3. Référence inexacte. *Cf.* plutôt Averroès, *Commentaire de la Métaphysique*, XII, comm. 38, Venetiis apud Junctas, 1562-1574, [reimpr. Frankfurt, Minerva, 1962], 321 vG : « L'intelligence agente, en effet, dans la mesure où elle est abstraite et est pour nous principe, doit nécessairement nous mouvoir à la manière dont l'amant meut l'aimé, et si tout moteur doit être continué avec celui dont il est comme la fin, il est donc nécessaire que [l'intelligence agente] soit ensuite continuée avec cet intelligé abstrait. C'est pour cela que nous serons dépendants de ce principe dont le Ciel dépend, bien que cela se fasse en nous durant peu de temps comme le dit Aristote. »

(3) Quaestio autem nostra est, utrum aliquando uniatur nobis, secundum quod actio eius est essentia eius – actio autem eius, quae est essentia eius, est eius intellectualis operatio in se ipso – ita videlicet, ut ex tali unione nos intelligamus ea intellectione et eo intelligendi modo, quo ipse intelligit.

(4) Ad hoc autem necessarium est ipsum nobis uniri ut formam. Nulla enim operatio egreditur ab aliquo nec exercetur ab aliquo nisi secundum aliquod principium secundum formam repertum in operante. Ex hoc enim nunc secundum statum huius vitae non intelligimus ea intellectione, qua ipse intelligit, quia secundum hunc statum non est nobis unitus ut forma, sed solum ut principium intellectorum in nobis.

(5) Quomodo autem se habeat ipse intellectus agens ad essentiam animae, magis opportunus et proprius locus est tractatui *De intellectu et intelligibili*[1]. Hic igitur principaliter quaerendum video, utrum saltem in illa beata vita uniatur nobis ut forma, ut per hoc pertingamus ad visionem Dei per essentiam. In hoc enim consistit modus, quo per intellectum saepe dictum immediate ad Deum perficitur dicta visio.

(6) Ad ostendendum igitur, quod talis intellectus aliquando nobis uniatur ut forma, utuntur quidam ratione una collecta ex duabus positionibus. Quarum una est, quae etiam sumpta est de libro II *De anima*[2], videlicet quandocumque aliqua duo congregantur ad invicem in una essentia seu etiam in una actione seu operatione et unum illorum duorum est perfectius et nobilius altero, hoc, quod est perfectius, est alteri imperfectiori forma. Ex hoc enim sumit Philosophus[3] animam esse formam

1. *Cf.* Theodoricus Teutonicus de Vriberg, *De intellectu et intelligibili*, II, 1-12, ed. B. Mojsisch, 1977.

2. *Cf.* Averroes, *In Aristotelis De anima III*, comm. 24, ed. F.S. Crawford, 1953, p. 164, l. 38-40 : *Unde necesse est ut omnis actio attributa alicui enti propter aliqua duo existentia in eo, ut unum eorum sit materia et aliud forma (…).*

3. *Cf.* Aristoteles Latinus, *De anima*, II, 1, 412 a 16-21, transl. M. Scoti, *in* Averroes, *In Aristotelis De anima III*, ed. F. S. Crawford, 1953, p. 132-133 : *Et quia corpus vivum est corpus, et est tale, impossibile est ut anima sit corpus. Corpus enim non est eorum que sunt in subieto; immo est sicut subiectum et materia. Unde necesse est ut anima sit substantia secundum quod est forma corporis naturalis habentis vitam in potentia.;* transl. Jacobi Venetici, *in* Anonymi Magistri artium, *Lectura in librum de anima a quodam discipulo reportata*, ed. R. Gauthier, 1985, p. 135 : *Quare omne corpus phisicum participans uitam substancia erit, substancia autem sic sicut composita, quoniam est et corpus huiusmodi. Vitam autem habens non erit corpus anima : non enim est eorum que de subiecto sunt corpus; magis autem sicut subiectum et materia est. Necesse est ergo animam substanciam esse, sicut speciem corporis phisici potencia uitam habentis;* transl. Guillelmi, *in* Thomas de Aquino, *Sentencia libri de anima*, ed. Leon. 1984, p. 67 : *Quare omne corpus phisicum participans*

(3) Or, notre question est de savoir si parfois il nous est uni lorsque son action est son essence. Cette action, qui est son essence, est son opération intellectuelle [se déroulant] en lui-même, de sorte que par une telle union nous intelligerions par cette intellection et nous intelligerions par le mode par lequel lui-même intellige.

(4) Il est toutefois nécessaire, pour cela, que lui-même nous soit uni comme forme. Aucune opération n'est en effet réalisée par un autre ou n'est exercée par un autre si ce n'est d'après un principe selon la forme trouvée en celui qui opère. A partir de ceci en effet, dans cette vie, nous intelligeons maintenant par cette intellection par laquelle lui-même intellige, parce que selon cette situation, il ne nous a pas été uni comme forme, mais seulement comme principe des choses intelligées en nous.

(5) Cependant, savoir de quelle manière l'intellect agent lui-même se rapporte à l'essence de l'âme, relève de manière plus appropriée du traité de *L'intellect et l'intelligible*[1]. C'est là que je vois qu'il faut se demander si dans l'autre vie, bienheureuse, il nous est enfin uni comme forme pour nous permettre d'atteindre la vision de Dieu par essence. C'est en effet ainsi, par le biais de cet intellect, que s'accomplit de manière immédiate la vision de Dieu dont nous parlons.

(6) Pour montrer que cet intellect nous est parfois uni comme forme, ils utilisent un raisonnement composé de deux positions. L'une vient du livre II du *De l'Âme*[2], à savoir que du moment où deux [étants] sont rassemblés mutuellement dans une seule essence ou même dans une seule action ou opération et où l'un des deux est plus parfait et plus noble que l'autre, celui qui est plus parfait est forme de l'autre plus imparfait. A partir de ceci, le Philosophe[3] accepte en effet que l'âme soit forme du

1. *Cf.* Dietrich de Freiberg, *De intellectu et intelligibili*, II, 1-12, éd. B. Mojsisch, 1977.

2. *Cf.* Averroès, *Grand commentaire du De l'Âme*, II, comm. 24, éd. F.S. Crawford, 1953, p. 164, l. 38-40 : « C'est pourquoi il est nécessaire que lorsqu'une action est attribuée à un étant en raison de deux étants existant en lui, l'un des deux soit la matière et l'autre la forme. »

3. *Cf.* Aristote, *De l'Âme*, II, 1, 412a16-21, trad. R. Bodeüs, 1993, p. 136 : « Mais, puisque c'est précisément un corps qui a cette propriété, c'est-à-dire, possède la vie, le corps ne saurait être l'âme. Le corps, en effet, ne se range pas dans les réalités qui se disent d'un sujet, mais se présente plutôt comme sujet ou matière. Il faut donc nécessairement que l'âme soit substance comme forme d'un corps naturel qui a potentiellement la vie. »

corporis, quae simul in una substantia congregantur. Similiter[1] et scientiam dicit esse formam animae. In operationibus etiam seu actionibus idem apparet. Ubi enim in actione aliqua principalis et instrumentalis causa aggregantur, principalis causa formaliter se habet ad instrumentalem, ut patet in arte, quae est causa principalis et perfectior instrumento artis, quod movet secundum formam artis.

(7) Ex hoc igitur arguunt ad propositum. Ad movendum enim intellectum possibilem concurrunt duo, scilicet intellectus agens, qui est principalis causa in movendo intellectum possibilem ad actum suum. Secunda autem causa et minus principalis sunt intellecta in nobis. Igitur secundum hoc intellectus agens erit forma huiusmodi intellectorum, quod concordat ei, quod Philosophus dicit[2], quod intellectus agens ad intellecta se habet sicut lumen.

(8) Si igitur huic deductioni addatur, quod dicunt Alpharabius[3], Alexander[4], Averroes[5], scilicet quod huiusmodi intellecta seu species intelligibiles in nobis sunt idem, quod intellectus possibilis factus in actu, inquantum videlicet intellectus possibilis est noster, manifestum est, quod intellectus agens in omni intellectione unitur intellectui possibili ut forma. In ipso enim et ex ipso resplendet in mente

uita substancia erit, substancia autem sic sicut composita. Quoniam autem est corpus et huiusmodi, uitam enim habens, non utique erit corpus anima; non est enim eorum que in subiecto corpus, magis autem sicut subiectum et materia est. Necesse est ergo animam substanciam esse, sicut speciem corporis phisici potencia uitam habentis. Substancia autem, actus; huiusmodi igitur corporis actus.

1. *Cf.* Aristoteles Latinus, *De anima*, II, 412a 22, transl. M. Scoti, *in* Averroes, *In Aristotelis De anima III*, ed. F. S. Crawford, 1953, p. 134 : *Et ista substantia est perfectio; est igitur perfectio talis corporis.*; transl. Jacobi Venetici, *in* Anonymi Magistri artium, *Lectura in librum de anima a quodam discipulo reportata*, ed. R. Gauthier, 1985, p. 148 : *Substancia autem actus est; huiusmodi ergo corporis actus est.*; transl. Guillelmi, *in* Thomas de Aquino, *Sentencia libri de anima*, ed. Leon. 1984, p. 67 : *Substancia autem, actus; huiusmodi igitur corporis actus.*

2. *Cf.* Aristoteles Latinus, *De anima*, III, 5, 430a15, transl. M. Scoti, *in* Averroes, *In Aristotelis De anima III*, ed. F. S. Crawford, 1953, p. 437 : *(...) et intellectus secundum quod intelligit omne, quasi habitus, qui est quasi lux.*; transl. Jacobi Venetici, *in* Anonymi Magistri artium, *Lectura in librum de anima a quodam discipulo reportata*, ed. R. Gauthier, 1985, p. 459 : *(...) ille vero est quo omnia est facere. Et est habitus quidam, ut lumen.*; transl. Guillelmi, *in* Thomas de Aquino, *Sentencia libri de anima*, ed. Leon. 1984, p. 218 : *(...) ille vero quo omnia est facere, sicut habitus quidam, ut lumen (...).*

3. Alpharabius, *De int. et int.* Vide adnotationem 2, p. 240.

4. Alexander Aphrod., *De int. et int.* Vide adnotationem 1, p. 240.

5. Averroes, *In Aristotelis De anima III*, comm. 5, ed. F. S. Crawford, 1953, p. 404, l. 503-508 : *Et est etiam manifestum quod materia et forma copulantur adinvicem ita quod congregatum ex eis sit unicum, et maxime intellectus materialis et intentio intellecta in actu; quod enim componitur ex eis non est aliquod tertium aliud ab eis sicut est de aliis compositis ex materia et forma.*

corps et qu'ils soient en même temps rassemblés dans une seule substance. De la même façon[1], il dit que la science est forme de l'âme. Et y compris dans ces opérations ou ces actions, la même chose apparaît. Lorsqu'en effet, dans une certaine action, la cause principale et la cause instrumentale sont rassemblées, la cause principale se rapporte formellement à l'instrumentale comme ceci a lieu dans l'art qui est cause principale et plus parfaite que l'instrument de l'art qui meut selon la forme de l'art.

(7) A partir de ceci donc, ils développent ce propos. Il y a deux choses qui contribuent en effet à mouvoir l'intellect possible, [l'une est] l'intellect agent qui est cause principale et qui meut l'intellect possible vers son acte. La cause seconde et moins principale correspond aux choses intelligées en nous. D'après cela, l'intellect agent sera donc la forme de ces choses intelligées, ce qui concorde avec ce que dit le Philosophe[2], à savoir que l'intellect agent se rapporte aux choses intelligées à la manière de la lumière.

(8) Si l'on ajoute donc à cette déduction ce que disent Al Fârâbî[3], Alexandre[4] et Averroès[5], à savoir que les choses intelligées ou les espèces intelligibles sont en nous identiques, que l'intellect possible est advenu en acte dans la mesure où cet intellect possible est nôtre, il est manifeste que l'intellect agent, en toute intellection, est uni à l'intellect possible comme forme. En lui, en effet et à partir de lui, resplendit dans notre esprit

1. *Cf.* Aristote, *De l'Âme*, II, 412a22, trad. R. Bodeüs, 1993, p. 136 : « Or, cette substance est réalisation. Donc, elle est la réalisation d'un tel corps. »

2. *Cf.* Aristote, *De l'Âme*, III, 5, 430a15, trad. R. Bodeüs, 1993, p. 228 : « et [l'intelligence] qui se caractérise par le fait qu'elle produit toutes choses, comme une sorte d'état comparable à la lumière. »

3. Al Fârâbî, *De l'intellect et de l'intelligé*. Voir note 2, p. 241.

4. Alexandre d'Aphrodise, *De l'intellect et de l'intelligé*. Voir note 1, p. 241.

5. Averroès, *Grand commentaire du De l'Âme*, III, comm. 5, trad. A. de Libera, dans Averroès, *L'intelligence et la pensée, Grand commentaire du De Anima, l. III*, 1998, p. 73 : « Et il est aussi manifeste que la matière et la forme s'unissent l'une à l'autre d'une manière telle que l'agrégat qui en résulte ne fait qu'un. C'est par excellence le cas de l'intellect matériel et de l'« intention » intelligible en acte : ce qui se compose à partir d'eux n'est pas une troisième [chose] distincte d'eux, comme c'est le cas des autres composés de matière et de forme. »

propria et determinata ratio uniuscuiusque intellecti a nobis, immo sine tali ratione rei impossibile esset aliquid intelligere. Talis etiam ratio est forma rei intellectae, in qua ipsa res intelligitur.

(9) Descendendo autem a primo omnium intellectorum seu intelligibilium principio, quod Deus est, ipse intellectus agens secundum ordinem proprium essentialium causarum est ultimum et proximum et maxime determinatum principium intellectionis in nobis, quia lumen intellectuale primae causae in ipso tali intellectu determinatur secundum eum modum, quo virtus causae superioris vel prioris ordine essentiali determinatur in causa secunda seu posteriore et plus influit in causatum causae secundae quam ipsa causa secunda, sicut dicit prima propositio *Libri de causis*[1]. Unde in tam multis locis[2] habemus ab Augustino de regulis aeternis et ratione incommutabili praesente menti nostrae, in qua intelligimus, quidquid intelligimus, ut ipse dicit.

(10) Secundum hoc igitur ordine essentiali per prius a ratione aeterna, quae Deus est, fluunt in intellectum nostrum possibilem intellecta. Fluunt et ab intellectu agente, inquantum lumen rationis aeternae est in ipso determinatum. Et sic non solum intellectus agens unitur nobis ut forma, inquantum ipse est ratio intellectorum in nobis, ut dictum est, verum etiam ipse Deus, inquantum ipse est ratio summa intellectorum in nobis, in qua intelligimus, quidquid intelligimus, et eam rationem aeternam visu mentis aspicimus etiam in hac vita, sicut dicit Augustinus *De vera religione* c. 53[3], ubi dicit, quod incommutabilis veritas mente videtur in hac vita, cum quis iudicat de veris, et quod illa est Deus, c. 54[4] et multis aliis capitulis sequentibus ibi.

(11) Sed quia rem aliquam intelligere in sua ratione seu per suam rationem, inquantum est ratio alicuius inquantum huiusmodi, non est intelligere rem per suam essentiam inquantum huiusmodi, ipsa etiam determinatae rei determinata ratio non adaequat totalitatem et amplitudinem eius,

1. Anonymus, *Liber de causis*, I, prop. 7-10, ed. A. Pattin, 1966, p. 47-48.

2. Augustinus Hipponensis, *De immortalitate animae*, VI, 11, BA t. 5, 1939, p. 188-190; *De Trinitate*, IX, 7, 12, BA t. 16, 1997, p. 96-98.

3. Augustinus Hipponensis, *De vera religione*, XXXI, 57, BA t. 8, 1951, p. 106.

4. Augustinus Hipponensis, *De vera religione*, XXXI, 58, BA t. 8, 1951, p. 106-108.

la raison propre et déterminée par nous de chaque chose intelligée et sans une telle raison de la chose, il serait impossible que quelque chose intellige. Et même une telle raison est forme de la chose intelligée dans laquelle cette chose elle-même est intelligée.

(9) Or, en descendant du premier principe des choses intelligées ou intelligibles qui est Dieu, l'intellect agent lui-même, selon l'ordre propre des causes essentielles, est le principe dernier, le plus proche et le plus déterminé en nous de l'intellection, parce que la lumière intellectuelle de la cause première en l'intellect lui-même est déterminée selon ce mode par lequel la vertu de la cause supérieure ou antérieure dans l'ordre essentiel est déterminée dans la cause seconde ou postérieure et influe plus sur le causé de la cause seconde que la cause seconde elle-même, comme le dit la première proposition du *Livre des causes*[1]. C'est pourquoi en de nombreux lieux[2], nous retenons d'Augustin les règles éternelles et une raison immuable présente à notre esprit dans laquelle nous intelligeons tout ce que nous intelligeons comme lui-même le dit.

(10) Selon ceci, donc, par l'ordre essentiel et antérieurement par la raison éternelle qui est Dieu, les choses intelligées fluent vers notre intellect possible. Elles fluent à partir de l'intellect agent qui, en tant que lumière de la raison éternelle, est en lui-même déterminé. Ainsi, l'intellect agent est uni à nous comme forme, dans la mesure où lui-même est la raison des choses intelligées en nous, comme on l'a dit. De plus, Dieu lui-même est [uni à nous en tant que forme] en tant qu'il est lui-même la raison la plus haute des choses intelligées en nous, [raison] dans laquelle nous intelligeons tout ce que nous intelligeons, et [dans laquelle] nous voyons cette raison éternelle par la vue de l'esprit même dans cette vie. C'est ce que soutient Augustin dans *La vraie religion*[3] lorsqu'il dit au chapitre 53 que la vérité immuable est vue par l'esprit dans cette vie lorsque quelqu'un juge d'une chose vraie, et au chapitre 54[4] et dans de nombreux chapitres suivants, [lorsqu'il dit] que celle-ci est Dieu.

(11) Mais intelliger une chose dans sa raison ou par sa raison en tant qu'elle est raison d'une certaine chose en tant que telle, n'est pas intelliger une chose par son essence en tant que telle. La raison déterminée de la chose déterminée elle-même n'est pas adéquate au tout et à l'amplitude de ce qui

1. Anonyme, *Livre des causes*, chap. I, prop. 1, trad. P. Magnard, O. Boulnois, B. Pinchard, J.-L. Solère, 1990, p. 39 : « Toute cause première influe plus sur son effet que la cause universelle seconde. »

2. Augustin d'Hippone, *L'immortalité de l'âme*, VI, 11, BA t. 5, 1939, p. 189-191 ; *La Trinité*, IX, 7, 12, BA t. 16, p. 97-99.

3. Augustin d'Hippone, *La vraie religion*, XXXI, 57, BA t. 8, 1951, p. 107.

4. Augustin d'Hippone, *La vraie religion*, XXXI, 58, BA t. 8, 1951, p. 107-109.

qui est intellectus semper in actu per suam essentiam, qui ex hoc ipso est similitudo totius entis et omnia intelligit per suam essentiam et sua amplitudine complectitur totam entium universitatem, ideo inducta ratio deficit in eo, quod per eam concludi non potest intellectum agentem nobis fieri formam per suam essentiam et quod intelligamus ea, qua ipse intelligit, intellectione, quae est essentia eius, qua intellectualiter complectitur omnia entia, sicut etiam Deum, qui est summa ratio intellectorum in nobis, quamvis ipsum inquantum rerum rationem attingamus, ut dictum est, non tamen ex hoc videmus eum per essentiam inquantum huiusmodi.

(12) Hinc est, quod dictae rationis deductioni aliam viam addunt ad sui complementum Dicunt enim, quod per profectum in scientiis speculativis quantum ad numerum et habitus speculabilium homo potest adipisci totalitatem seu universitatem speculabilium vel saltem ad tantum perfectionis gradum pervenire, ut sit in ultima dispositione et supremo limite, quo intellectuale nostrum attingit intellectus separatos[1], secundum quod entia inferiora secundum sui superius pertingunt ad superiora entia secundum sui inferius.

(13) Quamvis autem unicuique enti determinato correspondeat aliqua determinata et propria ratio apud intellectum agentem sive ex prioribus rei secundum naturam sive ex posterioribus confecta, in qua unumquodque entium intelligitur, totalitati tamen seu universitati entium non respondet aliqua una communis ratio univoca, quae adaequet totam entium universitatem, sed sola universalitas talis intellectus, quae attenditur in essentia sua, correspondet universitati seu totalitati entium.

(14) Cuius causa est, quoniam propria ratio rei dicens quid est seu ipsae partes formales, ex quibus huiusmodi ratio conficitur, habent rationem principii respectu rei, cuius est propria ratio, principii, inquam, et secundum rationem essendi et secundum rationem innotescendi seu intelligendi. Ratio autem concepta virtute intellectus agentis de entibus separatis,

1. *Cf.* Averroes, *In Aristotelis De anima III*, comm. 36, ed. F. S. Crawford, 1953, p. 501-502, l. 640-646 : *Ex hoc apparet quod sua intellectio non est aliquid scientiarum speculativum, sed est aliquid currens cursu rei generate naturaliter a disciplina scientiarum speculativarum. Et ideo non est remotum ut homines adiuvent se in hac intentione, sicut iuvant se in scientiis speculativis. Sed necesse est ut inveniatur illud currens a scientiis speculativis, non ab aliis.*

est intellect toujours en acte par son essence et qui, en raison de ceci même, est la ressemblance de tous les étants et intellige tout par son essence et embrasse par son amplitude la totalité des étants. Ainsi l'argument avancé est défaillant car par lui on ne peut pas conclure que l'intellect devient en nous forme par son essence et que nous intelligeons ce par quoi il intellige lui-même, par cette intellection qui est son essence, par laquelle intellectuellement sont embrassés tous les étants. Dieu aussi tel, lui qui est la raison la plus haute des choses intelligées en nous, que nous atteignons bien en tant que raison des choses comme on l'a dit; cependant ce n'est pas à cause de cela que nous le voyons par essence en tant que tel.

(12) C'est là que les déductions de ladite argumentation ajoutent une autre voie pour compléter la première. Ils disent en effet qu'en progressant dans les sciences spéculatives quant au nombre et à l'habitus des objets de la spéculation, l'homme peut atteindre la totalité ou l'ensemble des objets de la spéculation et peut enfin parvenir à un degré de perfection tel qu'il serait dans la dernière disposition et limite suprême par laquelle notre être intellectuel atteint les intellects séparés[1] car les étants inférieurs selon leur limite supérieure atteignent les étants supérieurs selon leur limite inférieure

(13) A chaque étant déterminé correspond une certaine raison déterminée et propre à l'intellect agent ou achevée, soit à partir de [déterminations] antérieures à la chose selon la nature soit à partir de [déterminations] postérieures, [raison] dans laquelle chaque étant est intelligé. Cependant à l'ensemble ou à la totalité des étants ne correspond pas une certaine raison commune univoque qui rendrait égal tout l'ensemble des étants. Seule l'universalité d'un tel intellect, que l'on observe dans son essence, correspondrait donc à l'ensemble ou à la totalité des étants.

(14) La cause en est que ce sont la raison propre de la chose exprimant ce qui est, ou bien les parties formelles à partir desquelles une raison de cette sorte est achevée, qui possèdent la raison du principe par rapport à la chose dont elle est la raison propre. Je parle du principe selon la raison de l'être et selon la raison de la connaissance ou de l'intellection. Or, la raison conçue par la puissance de l'intellect agent au sujet des étants séparés,

1. *Cf.* Averroès, *Grand commentaire du De l'Âme*, III, comm. 36, trad. A. de Libera, dans Averroès, *L'intelligence et la pensée, Grand commentaire du De Anima, l. III*, 1998, p. 168 : « De là apparaît aussi que son intellection n'est pas l'une d'entre les sciences théorétiques, mais l'aboutissement naturel de l'apprentissage des sciences théorétiques. C'est pourquoi il n'y a rien d'absurde à penser que les hommes s'entraident sous ce rapport, comme ils s'entraident dans [l'apprentissage] de [chacune des] sciences théorétiques [prises séparément]. Mais il est nécessaire que cela, [étant] l'aboutissement [de l'apprentissage des sciences théorétiques], soit découvert à partir des sciences théorétiques et non d'autres. »

si qua sunt puri intellectus, non habet rationem principii respectu eorum. Esset enim intellectus agens talibus entibus separatis et principium intelligendi et principium essendi in genere intelligibilium, quod est impossibile.

(15) Similiter dicendum de ratione concepta de tota entium universitate.

(16) Si igitur intellectus agens est proprie forma intellectorum in nobis, ut supra dictum est, non autem potest esse forma entium separatorum intellectorum a nobis seu etiam universitatis entium secundum proprias eorum rationes dicentes quod quid est, ut hic dictum est, necessarium est in intelligendo talia entia ipsum intellectum agentem per suam essentiam fieri nobis formam.

(17) Sed haec hactenus de positione et rationibus, quas quidam inducunt ad probandum, quod possibile sit nobis uniri intellectum agentem ut formam, et hoc per suam essentiam, secundum quod actio eius est essentia eius.

4.2. 2. *Improbantur hae positiones*

(1) Rationes autem istae nec in se videntur habere efficaciam nec ad propositum sufficere.

(2) Primae enim deductionis defectus patet ex supra dictis.

(3) Quod autem addunt secundo de profectu in speculabilibus, non est efficax etiam ad suum propositum concludendum.

(4) Si enim ponamus aliquem aliquando pervenire ad summum gradum perfectionis in speculabilibus, adhuc huiusmodi perfectio non sufficeret, quia nec perfectio speculatorum in actu, quia non potest quis plura simul in actu speculari[1] eo modo intelligendi, quo communiter intellecta speculamur, nec perfectio speculatorum in habitu sufficit, quia speculata in habitu sunt speculata in potentia et habent reduci in actum per intellectum in actu.

(5) Praeterea intellectus possibilis quantum ad id, quod est pure intellectuale et separatum, non est subiectum cuiuscumque habitus, quia est simplex. Habitus autem, cum sit quaedam dispositio, est habentis partes.

1. Vide « Notes de traduction », n°6.

si de purs intellects existent, n'a pas la raison du principe envers eux. L'intellect agent serait en effet, pour de tels intellects séparés, principe d'intelliger et principe d'être dans le genre des intelligibles, ce qui est impossible.

(15) Il faut donc dire la même chose de la raison conçue au sujet de la totalité des étants.

(16) Si l'intellect agent est donc proprement la forme de ce qui est intelligé en nous, comme on l'a dit plus haut, il ne peut alors pas être la forme des étants séparés intelligés par nous ou même la forme de la totalité des étants selon leurs raisons propres qui disent ce qu'ils sont, comme on l'a exprimé. Il est nécessaire qu'en intelligeant de tels étants, l'intellect agent lui-même par son essence devienne pour nous forme.

(17) Mais, en voici assez au sujet de la position et des raisons que certains introduisent pour prouver qu'il serait possible que l'intellect agent nous soit uni comme forme et ce par son essence, selon que son action est son essence.

4.2.2. *On rejette ces positions*

(1) Or ces raisons ne semblent pas efficaces et ne semblent pas suffire pour notre propos.

(2) Le défaut de la première déduction apparaît à partir de ce qui a été dit plus haut.

(3) Or, le second argument qu'ils ajoutent sur le progrès dans les sciences spéculatives n'est pas plus efficace pour conclure leur propos.

(4) Si l'on suppose en effet que quelqu'un parvienne parfois au plus haut degré de perfection dans les objets de la spéculation, une perfection de cette sorte ne suffirait pas parce qu'il n'y a pas de perfection des choses spéculatives en acte, du fait qu'on ne peut pas spéculer[1] sur plusieurs choses en même temps par ce mode d'intelliger par lequel nous spéculons communément sur les choses intelligées. La perfection des choses spéculées ne suffit pas dans l'habitus parce que les choses spéculées dans l'habitus sont spéculées en puissance et doivent retourner vers l'acte par l'intellect en acte.

(5) En outre, l'intellect possible, quant à ce qui est purement intellectuel et séparé, n'est pas le sujet d'un certain habitus, parce qu'il est simple. Or, l'habitus, bien qu'il soit une certaine disposition, est le propre de ce qui a des parties.

1. *Cf.* « Notes de traduction », n° 6.

(6) Praeterea intellectus agens est activum principium intellectorum, in quo est « omnia facere » secundum Philosophum in III *De anima*[1], sed respectus activi et formae non coincidunt in idem numero respectu eiusdem et se mutuo non compatiuntur. Igitur secundum hoc non potest nobis continuari, ut uniatur nobis per essentiam inquantum forma intellectorum, cum secundum hoc sit ipsorum activum principium[2].

(7) Quod autem additur de propriis rationibus entium separatorum vel etiam totius universitatis entium, haec, inquam, consideratio procedit ex aliquo, quod etiam praecedentes rationes supponunt, quod tamen negari potest, videlicet quod intellectus agens per suam essentiam sit forma intellectorum eorum, quorum ipse est principium et causa in nobis, quod improbatum est rationibus iam dictis.

4.3. *Arguitur ad propositum*

(1) Aliter igitur procedendum ad propositum supposito hoc, quod per scripturam veritatis nobis promittitur, eo, quod per rationem solam hoc concludi non potest, videlicet quod in beata vita visuri simus Deum in claritate suae essentiae. De modo autem, quo hoc perficiatur in nobis, inquiritur. Et quoniam hoc fit per intellectuale nostrum, ostensum est etiam, quod impossibile est hoc fieri per intellectum possibilem immediate ad Deum, necesse est fieri per intellectum agentem.

1. Aristoteles Latinus, *De anima*, III, 5, 430a15, transl. M. Scoti, *in* Averroes, *In Aristotelis De anima III*, ed. F. S. Crawford, 1953, p. 437 : *(...), et intellectus qui est intellectus secundum quod facit ipsum intelligere omne (...).;* transl. Jacobi Venetici, *in* Anonymi Magistri artium, *Lectura in librum de anima a quodam discipulo reportata*, ed. R. Gauthier, 1985, p. 459 : *(...), ille vero est quo omnia est facere.;* transl. Guillelmi, *in* Thomas de Aquino, *Sentencia libri de anima*, ed. Leon. 1984, p. 218 : *(...), ille vero quo omnia est facere (...).*

2. *Cf.* Averroes, *In Aristotelis De anima III*, comm. 36, ed. F.S. Crawford, 1953, p. 500, l. 607-616 : *Et manifestum est quod, cum iste motus complebitur, quod statim iste intellectus copulabitur nobiscum omnibus modis. Et tunc manifestum est quod proportio eius ad nos in illa dispositione est sicut proportio intellectus qui est in habitu ad nos. Et cum ita sit, necesse est ut homo intelligat per intellectum sibi proprium omnia entia, et ut agat actionem sibi propriam in omnibus entibus, sicut intelligit per intellectum qui est in habitu, quando fuerit continuatus cum formis ymaginabilibus, omnia entia intellectione propria.*; comm. 5, p. 411, l. 703-706 : *Et cum intellectus materialis fuerit copulatus secundum quod perficitur per intellectum agentem, tunc nos sumus copulati cum intellectu agenti.;* comm. 5, p. 404-405 l. 513-520 : *Et cum declaratum est ex predictis dubitationibus quod impossibile est ut intellectum copuletur cum unoquoque hominum et numeretur per numerationem eorum per partem que est de eo quasi materia, scilicet intellectum materialem, remanet ut continuatio intellectorum cum nobis hominibus sit per continuationem intentionis intellecte cum nobis (et sunt intentiones ymaginate), scilicet partis que est in nobis de eis aliquo modo quasi forma.*

(6) De plus, l'intellect agent est le principe actif des choses intelligées : il peut « tout faire » selon le Philosophe au livre III du *De l'Âme*[1]. Mais le rapport de l'actif et le rapport de la forme ne sont pas identiques en nombre par leur rapport et ils ne partagent rien mutuellement. Donc, selon ceci, [l'intellect agent] ne peut pas être continué en nous de sorte qu'il serait uni à nous par essence en tant que forme des intelligés, bien que selon ceci, lui même soit leur principe actif[2].

(7) Or, ceci se dit aussi au sujet des raisons propres des étants séparés ou même de la totalité des étants. Cette considération, dis-je, procède de ce que les raisons précédentes supposent qu'on ne peut nier que l'intellect agent, par son essence, est forme des choses intelligées dont lui-même est le principe et la cause en nous, ce qui ne peut pas être soutenu, pour les raisons déjà énoncées.

4.3. *On prouve notre propos*

(1) Il faut donc procéder autrement pour notre propos, en supposant ce qui nous est promis par l'Ecriture de la vérité du fait que par la raison seule on ne peut pas conclure que dans la vie bienheureuse nous verrons Dieu dans la clarté de son essence. Or, il faut s'interroger sur le mode par lequel ceci s'accomplit en nous. Et parce que ceci advient par notre être intellectuel, il a été montré qu'il est impossible que cette connaissance immédiate de Dieu advienne par l'intellect possible, mais qu'il est nécessaire qu'elle se réalise par l'intellect agent.

1. Aristote, *De l'Âme*, III, 5, 430a15, trad. R. Bodeüs, 1993, p. 228 : « (...) [l'intelligence] qui se caractérise par le fait qu'elle produit toutes choses (...). »

2. *Cf.* Averroès, *Grand commentaire du De l'Âme*, III, comm. 36, trad. A. de Libera, dans Averroès, *L'intelligence et la pensée, Grand commentaire du De Anima, l. III*, 1998, p. 167 : « Et il est manifeste que quand ce mouvement est achevé, l'intellect [agent] s'unit aussitôt à nous sur tous les modes. Et il est manifeste qu'alors, dans cet état [qu'est la jonction], le rapport de l'intellect [agent] à l'homme est comme le rapport de l'intellect en habitus à l'homme. Et lorsqu'il en est ainsi [que cette jonction avec l'intellect agent est accomplie], il est nécessaire que [par cet intellect], l'homme pense tous les êtres par un intellect qui lui est propre et effectue sur tous les êtres l'action qui lui est propre [qui est de les penser], de la même manière que, par l'intellect en habitus, il pensait tous les êtres par une intellection qui lui était propre, quand [son intellect] était joint aux formes imaginables. » ; Comm. 5, p. 80 : « Et l'intellect matériel est uni [à l'intellect agent] en tant qu'il est parfait par l'intellect agent, alors nous sommes unis avec l'intellect agent (...) » ; Comm. 5, p. 73-74 : « Et puisqu'il est [maintenant] établi à partir des précédentes discussions qu'il est impossible que l'intelligible soit uni avec chacun des hommes et multiplié par leur nombre pour ce qui est de la partie de lui qui est comme [sa] matière, à savoir l'intellect matériel, il reste que la jonction des « intentions » intelligibles avec nous, [plus précisément] de cette partie des [« intentions » intelligibles] qui est en nous d'une certaine manière comme [leur] forme – et ce sont les « intentions » imaginées. »

4.3.1. *De duobus praemittendis*

(1) Ad cuius considerationem duo praemittenda sunt : unum pertinens ad ordinem entium conceptionalium, in quo volo includi etiam entia intellectualia, quorum entitas est per se in universitate entium. Ex quo sequitur, quod ipsorum ad invicem est ordo per se secundum Boethium *De consolatione*[1]. Omnis autem ordo, qui est per se et essentialis, sicut est terminatus in suis extremis et non vadit in infinitum, sic consequenter et in mediis per se et essentialiter dispositus est secundum diversum gradum perfectionis et naturae eorum, quae concluduntur in tali ordine. Igitur necessarium est in huiusmodi in eo ordine conclusis quandam immediationem inveniri, uniuscuiusque videlicet eorum ad alterum sibi propinquum secundum gradum suae naturae.

(2) Cum autem huiusmodi entia conceptionalia seu intellectualia et ipsorum operationes sint entia formalia et formae quaedam, secundum hoc attenditur in eis ordo causae formalis, cuius ordinis proprium est disponi per magis et minus formalia secundum eam habitudinem, quae est quasi formae ad materiam quoad superiora respectu inferiorum et quasi materiae ad formam quoad inferiora respectu superiorum. Secundum talem enim habitudinem conceptionaliter seu intellectualiter unum talium entium intimatur alteri, puta prima causa secundum hunc modum intimatur intellectui, qui est intellectus per essentiam semper in actu, eo, quod talis intellectus intellectualiter, scilicet intelligendo primam causam, fluit ab ea in esse, et intellectus noster possibilis quantum ad formam suam, qua est in actu, intimatur cogitativo nostro, quod immediate subordinatur intellectivo, et sic de aliis entibus conceptionalibus seu intellectualibus, inter quae attenditur aliqua immediatio ratione praetacta.

(3) Igitur id, quod est summum et in supremo et ultimo limite intellectualitatis secundum genus quoad intellectum possibilem, attingit intellectum separatum secundum eam habitudinem et coexistentiam, quae est quasi materiae ad formam suam ratione immediationis, quae attenditur in dispositione ordinis causae formalis.

1. *Cf.* Boethius, *De consolatione Philosophiae*, III, 2, 34-38, ed. C. Moreschini, 2000, p. 63-64 :

Repetunt proprios quaeque recursus
Reditu que suo singula gaudent
Nec manet ulli traditus ordo
Nisi quod fini iunxerit ortum
Stabilem que sui fecerit orbem.

4.3.1. *De deux prérequis*

(1) Il y a deux prérequis à notre considération : l'un appartient à l'ordre des étants conceptuels, dans lequel je veux que soient inclus les étants intellectuels dont l'entité est par soi dans l'ensemble des étants. A partir de cela, il s'ensuit que leur rapport mutuel est par soi selon Boèce dans la *Consolation*[1]. Et de même que tout ordre qui est par soi et est essentiel, est terminé dans ses extrémités et ne s'avance pas vers l'infini, de même par conséquent, dans les milieux par soi et [qui sont] essentiellement, se trouve la disposition, selon le différent degré de perfection et de nature, de ceux qui sont inclus dans un ordre. Il est donc nécessaire par ce qui a été conclu, que l'on trouve dans cet ordre une certaine immédiation, chacun d'eux étant proche de l'autre selon le degré de leur nature.

(2) Or, bien que ces étants conceptionnels ou intellectuels et leurs opérations soient des étant formels et des formes, selon ceci, on distingue en eux l'ordre de la cause formelle dont le propre de l'ordre est d'être plus ou moins disposé par les choses formelles. [Ceci advient] selon la relation qui est comme celle de la forme envers la matière pour les supérieurs par rapport aux inférieurs et comme celle de la matière par rapport à la forme pour les inférieurs par rapport aux supérieurs. Selon une telle relation en effet, un de ces étants devient conceptionnellement ou intellectuellement intime avec l'autre ; par exemple, la cause première, selon ce mode, devient intime avec l'intellect qui est intellect par essence toujours en acte pour la raison qu'un tel intellect, en intelligeant la cause première, flue intellectuellement à partir d'elle vers l'être. Notre intellect possible, quant à sa forme par laquelle il est en acte, devient intime avec notre cogitative qui est immédiatement subordonnée à la faculté intellectuelle et il en est ainsi des autres étants conceptionnels ou intellectuels dans lesquels on observe une certaine immédiation pour la raison énoncée auparavant.

(3) Ce qui est donc le plus haut et est dans la limite intellectuelle la plus haute et la plus suprême, selon le genre, quant à l'intellect possible, atteint l'intellect séparé selon la relation et la coexistence qui est comme celle de la matière envers sa forme du fait de l'immédiation que l'on observe dans la disposition de l'ordre de la cause formelle.

1. *Cf.* Boèce, *Consolation de Philosophie*, III, 2, 34-38, trad. E. Vanpeteghem, 2008, p. 145 :

« Toute chose recherche ses origines
Et chacune se réjouit d'y revenir
Et nul ordre transmis ne se maintient
S'il ne joint l'origine à la fin
Et ne forme un cercle stable. »

(4) Ad quod ulterius considerandum, quod in dispositione et ordine causali essentiali formarum ad invicem duo attenduntur : unum videlicet, quod illud, quod est formalius et simplicius et nobilius in superiore forma, contracte et magis determinate et minus perfecte invenitur in inferiore, sicut in exemplo *Libri de causis*[1] accipere possumus de ente, vivo, rationali, sicut etiam se habent intellectivum, cogitativum, imaginativum, sensitivum.

(5) Quamvis autem ista sic se habeant, ut dictum est, non tamen semper concluduntur in ordine causarum formalium, scilicet quando inveniuntur in diversis entibus et unum sine alio, puta sensitivum sine imaginativo in animalibus imperfectis, in quibus non distinguitur imaginatio a sensu ; item sensitivum sine cogitativo ut in brutis perfectis ; et sic de aliis. In huiusmodi enim cognitivum in uno non est forma cognitivi in alio.

(6) Ad hoc ergo, quod aliquae formae stent sub ordine et dispositione causarum formalium, necessarium est, quod una earum sit forma alterius, et hoc esse non potest, nisi inveniantur in eodem, puta intellectivum, cogitativum, imaginativum, sensitivum in homine, et hoc est proprium ordinis causalis in formis. Per hunc enim modum solum perfectio unius formae causaliter determinatur in aliam, si sint in eodem.

(7) Quid autem et quale sit illud supremum secundum genus et ultimus limes intellectualitatis quoad intellectum possibilem, nunc quaerendum.

(8) Ad cuius considerationem praemittendum secundum, sicut supra propositum fuit, et est hoc, quod, sicut in qualibet re naturae, et ut fiat sermo specialiter de substantiis naturalibus, in unaquaque earum attenditur hoc, quod est per suam essentiam, item id, quod ipsa est secundum aliquem respectum fundatum in essentia, qui, quamvis posterior sit intellectu ipsa essentia, non tamen ponit in numerum cum ipsa essentia. Hoc enim proprium est respectuum cum suo fundamento. Attendimus etiam in substantia quacumque suam propriam rationem importantem quod quid est

1. Anonymus, *Liber de causis*, I, prop. 1, ed. A. Pattin, 1966, p. 46.

(4) Il faut donc ensuite considérer que, dans la disposition et dans l'ordre de la cause essentielle des formes, on observe mutuellement les deux [termes] : le premier, qui est plus formel, plus simple et plus noble dans la forme supérieure, [le second qui est] de manière plus étroite, plus déterminée et moins parfaite, dans la forme inférieure. C'est de la manière dont nous pouvons comprendre l'exemple du *Livre des causes* [1] au sujet de l'étant, du vivant, du rationnel, que l'intelligible, le pensable par la cogitative, l'imaginatif, et le sensitif se rapportent les uns aux autres.

(5) Or, bien qu'il en aille de cette manière, ils ne sont cependant pas toujours achevés dans l'ordre des causes formelles, comme lorsque, dans les différents étants, se trouve l'un sans l'autre, par exemple le sensitif sans l'imaginatif dans les animaux imparfaits dans lesquels on ne distingue pas l'imagination du sens ou de même le sensitif sans le cogitatif comme dans les bêtes parfaites ; et il en va ainsi dans d'autres choses. Dans ces cas là, en effet, le cognitif dans l'un n'est pas la forme cognitive dans l'autre.

(6) Puisque certaines formes se tiennent donc sous l'ordre et la disposition des causes formelles, il est nécessaire que l'une d'elles soit forme de l'autre, et ceci ne peut être que si on les trouve dans le même [être], par exemple [si l'on trouve] l'intellectif, le cogitatif, l'imaginatif et le sensitif dans l'homme. Ceci est le propre de l'ordre causal dans les formes. C'est uniquement sur ce mode que la perfection de cette seule forme est en effet déterminée de manière causale dans l'autre, s'ils sont dans le même [être].

(7) Il faut donc maintenant rechercher quelle est et comment est cette chose suprême selon le genre et [quelle est et comment est] cette limite ultime de l'intellectualité en ce qui concerne l'intellect possible.

(8) Il faut passer à la seconde considération, comme on l'a annoncé plus haut, et celle-ci est que, de même que dans n'importe quelle chose de la nature – et notre discussion portera plus précisément sur les substances naturelles – on observe, dans chacune d'elles, ce qui est par son essence, de même [on trouve] ce qu'elle est par elle-même selon un certain rapport fondé dans l'essence, rapport qui bien qu'il soit postérieur à l'intellect par son essence, n'est cependant pas numériquement distinct de l'essence elle-même. Ceci est en effet le propre du rapport à son fondement. On observe même dans la substance sa raison propre qui inclut quelque chose qui est

1. Anonyme, *Livre des causes*, chap. I, prop. 1, trad. P. Magnard, O. Boulnois, B. Pinchard, J.-L. Solère, 1990, p. 39 : « Toute cause première influe plus sur son effet que la cause universelle seconde. »

ipsa essentia, quae propria rei ratio non ponit in numerum cum essentia, sicut etiam ratione exempli dictum est de essentia et eius proprio respectu.

(9) Inter haec autem tria, scilicet essentiam, respectum et propriam rationem, ipsa essentia inquantum huiusmodi absolutioris intellectus et considerationis est, quia secundum se absolute accepta. Secundum respectum autem concernit quendam ordinem sui ad aliqua alia. Secundum rationem vero attenditur in essentia hoc, quod quid est ipsa essentia. Propria igitur ratio rei est, qua rationabile est rem esse id, quod est secundum rationem suae quiditatis et naturalis proprietatis, et secundum hoc propria rei ratio saltem secundum modum intelligendi habet rationem principii respectu rei, cuius est, et secundum rationem essendi et secundum rationem innotescendi rem talem.

(10) Ubi etiam hoc advertendum, quod ea, quae hic dicuntur, non solum locum habent in compositis, sed etiam in simplicibus. Quamvis enim quiditas simplicis sit ipsum simplex per realem indifferentiam secundum Avicennam[1], nihilominus tamen quanto aliquid simplicius et perfectius est in suo genere, tanto plurium rationum est. Sicut enim perfectio talis entis simplicis colligit ipsum in suae essentiae simplicitatem, sic pluralitas rationum extendit ipsum in diversos respectus causales respectu aliorum, quorum est principium, sicut se habet unitas respectu numerorum et punctus respectu dimensionum. Sicut igitur propria rei ratio et quiditas secundum eam rationem accepta et ipsa rei essentia non ponunt in numerum, sic nec pluralitas rationum numerat ipsam quiditatem vel rei essentiam.

4.3.2. *Proceditur ad propositum*

(1) His praenotatis procedendum ad propositum.

(2) Sicut autem ex praehabitis summarie colligitur, entia conceptionalia seu intellectualia et eorum operationes conceptionales sunt entia formalia et formae quaedam et sunt entia per se intra totalitatem universi et per consequens habent ordinem causalem per se,

1. *Cf.* Avicenna, *Liber de philosophia prima sive scientia diuina*, tract. 5, cap. 5, « Avicenna Latinus », ed. S. Van Riet, Louvain-la-Neuve-Leiden, Peeters-Brill, 1977-1983, p. 274, l. 57 : *Quidditas autem omnis simplicis est ipsummet simplex.*

l'essence elle-même. Cette raison propre de la chose n'est cependant pas numériquement distincte de l'essence; du fait de l'exemple cité, il en va de la même manière de l'essence et de son rapport propre.

(9) Or entre ces trois, à savoir l'essence, le rapport et la raison propre, l'essence appartient en tant que telle à l'intellection et à la considération plus absolue, parce qu'elle est considérée selon elle de manière absolue. Or, quant au rapport, il inclut une relation d'elle-même à autre chose. Mais, quant à la raison, on observe dans l'essence ce qu'est l'essence elle-même. La raison propre de la chose est donc ce par quoi de manière rationnelle, la chose est ce qu'elle est selon la raison de sa quidité et de sa propriété naturelle. Selon ceci, la raison propre de la chose, du moins selon le mode d'intelliger, a la raison du principe par rapport à la chose dont elle est la raison, selon la raison d'être d'une part et selon la raison de la connaissance d'une telle chose d'autre part.

(10) A cet endroit, il faut donc faire attention à ceci : les choses que l'on a dites n'ont pas seulement lieu dans les composés mais aussi dans les simples. En effet bien que la quidité simple soit elle-même simple par indifférence réelle selon Avicenne[1], cependant, plus quelque chose est plus simplement et plus parfaitement dans son genre, plus il appartient à plusieurs raisons. En effet, de même que la perfection d'un étant simple le rassemble dans la simplicité de son essence, de la même manière, la pluralité des raisons l'étend vers différents rapports causaux par rapport aux autres dont il est le principe. Il en va de la même manière de l'unité par rapport aux nombres et du point par rapport aux dimensions. De la même manière donc que la raison propre de la chose, et la quidité comprise selon la raison et l'essence même de la chose ne diffèrent pas numériquement, de la même manière la pluralité des raisons ne nombre pas la quidité elle-même ou l'essence de la chose.

4.3.2. *On passe à notre propos*

(1) Après ces préliminaires, il faut maintenant passer à notre propos.

(2) De la même manière on conclut sommairement à partir de ce qui a été montré : les étants conceptionnels ou intellectuels et leurs opérations conceptionnelles sont des étants formels et des formes et sont des étants par soi à l'intérieur de la totalité de l'univers. Par conséquent ceux

1. *Cf.* Avicenne, *Livre de philosophie première ou de la science divine*, traité 5, chap. 5, éd. S. Van Riet, 1977-1983, p. 274, l. 57 : « Or la quidité d'une chose simple est elle-même simple. »

qui attenditur in dispositione formarum causalium ad invicem, inter quas attenditur quaedam immediatio, ut dictum est.

(3) Et ad hoc, quod talis ordo causalis salvetur ex integro, quo formalitas causaliter determinetur ab una in aliam, rationabile est totam huius ordinis dispositionem inveniri in uno aliquo, et hoc est ens, quod participat intellectu, quo apprehendit quiditates rerum in suis propriis rationibus, quo intellectu secundum genus nihil est superius nisi intellectus separatus, qui intelligit per suam essentiam. Et in hoc attenditur quaedam immediatio inter hunc intellectum et illum. Unde possibile, immo rationabile est hunc superiorem fieri formam huius inferioris.

(4) Et dico rationabile esse hoc et non dico necessarium esse, quia huiusmodi non fit ex necessitate ordinis, qui attenditur in providentia naturali, sed contingit ex sola Dei gratia et bonis meritis, quod pertinet ad ordinem voluntariae providentiae, qui est complementum et consummatio ordinis providentiae naturalis, quem duplicem ordinem in universo distinguit Augustinus VIII *Super Genesim*[1].

(5) Et quia intellectus agens in ordine intellectuum separatorum, si qui sunt, est ultimus[2] in ordine ad nos et immediatus, necessarium est in ea unione, quae est intellectus separati ad nos, ipsum immediate uniri nobis ut formam quoad intellectum nostrum possibilem factum in actu, et hoc ratione immediationis, quae attenditur inter hos duos intellectus, et sic intelligemus ea intellectione, qua ipse intellectus agens intelligit, scilicet per suam essentiam. Et hoc est, quod philosophi[3] dicunt intellectum adeptum.

1. Augustinus Hipponensis, *De Genesi ad litteram* VIII, 24, 45, BA t. 49, 1927, p. 78 : *Et ideo Deus bipertito prouidentiae suae opere praeest uniuersae creaturae suae, naturis, ut fiant, uoluntatibus autem, ut sine suo iussu uel permissu nihil faciant.*

2. *Cf.* in oppositum : Averroes, *In Aristotelis De anima III*, comm. 19, ed. F. S. Crawford, 1953, p. 442, l. 62-64 : *Et ideo opinandum est secundum Aristotelem quod ultimus intellectus abstractorum in ordine est iste intellectus materialis*.

3. *Cf.* Alexander Aphrod., *De intellectu et intellecto*, ed. G. Théry, 1926, p. 78 et Alpharabius, *De intellectu et intellecto*, ed. E. Gilson, 1929, p. 121 et Averroes, *In Aristotelis De anima III*, comm. 5, ed. F. S. Crawford, 1953, p. 411, l. 703-706 : *Et cum intellectus materialis fuerit copulatus secundum quod perficitur per intellectum agentem, tunc nos sumus copulati cum intellectu agenti ; et ista dispositio dicitur adeptio et intellectus adeptus ut post videbitur.* ; *ibidem*, p. 483, l. 100-103 : *Si igitur intendebat per intellectum adeptum per quem intelligimus intelligentias abstractas, intelligentiam agentem, tunc sermo in modo continuationis istius intellectus nobiscum adhuc remanet.* ; *ibidem*, p. 484-485, l. 151-158 : *Manifestum est igitur quod intelligit per hunc sermonem quod, quando intellectus qui est in actu fuerit causa secundum formam intellectus materialis in actione eius propria (et hoc erit per ascensionem intellectus materialis apud illam formam), tunc dicetur intellectus adeptus, quoniam in illa dispositione erimus intelligentes per ipsum quoniam est forma nobis; quoniam tunc erit ultima forma nobis.*

qu'on observe dans la disposition des formes causales, formes entre lesquelles on distingue une certaine immédiation, ont l'ordre causal par eux, comme on l'a dit.

(3) Puisqu'un tel ordre causal est maintenu en totalité, ordre par lequel la formalité est déterminée de manière causale, d'une forme causale à l'autre, il est raisonnable qu'on trouve toute la disposition de l'ordre dans un seul autre qui est l'étant participant à l'intellect qui appréhende la quidité des choses dans leurs raisons propres et qui, selon le genre, n'a rien de supérieur si ce n'est l'intellect séparé qui intellige par son essence. En ceci, on observe une certaine immédiation entre cet intellect et celui-ci. C'est pourquoi, il est possible, et même il est raisonnable, que ce qui est supérieur devienne forme de cet inférieur.

(4) Et je dis bien que ceci est raisonnable, je ne dis pas que c'est nécessaire parce que ceci n'advient pas selon la nécessité de l'ordre de la providence naturelle, mais cela résulte de la seule grâce de Dieu et des bons mérites, ce qui appartient à l'ordre de la providence volontaire qui est l'achèvement et la fin de l'ordre de la providence naturelle. Augustin distingue cet ordre double dans le livre VIII de *Sur la Genèse*[1].

(5) Et parce que l'intellect agent, dans l'ordre des intellects séparés, s'ils existent, est dernier[2] et immédiat dans son rapport à nous, il est nécessaire que par cette union, qui est celle avec l'intellect séparé de nous, il nous soit immédiatement uni comme une forme, par notre intellect possible devenu en acte et du fait de cette immédiation que l'on observe entre ces deux intellects. Ainsi nous intelligeons par cette intellection par laquelle l'intellect agent lui-même intellige, à savoir par son essence. Et ceci est ce que les philosophes[3] appellent l'intellect acquis.

1. Augustin d'Hippone, *La Genèse au sens littéral*, VIII, 24, 45, BA t. 49, trad. P. Agaësse et A. Solignac, 1972, p. 79 : « Ainsi Dieu par la double opération de sa providence, gouverne la totalité de sa créature : les natures, pour qu'elles soient, les volontés, pour qu'elles ne fassent rien sans son ordre ou sa permission. »

2. *Cf.* pour la position inverse : Averroès, *Grand commentaire du De l'Âme*, III, comm. 5, trad. A. de Libera, dans Averroès, *L'intelligence et la pensée, Grand commentaire du De Anima, l. III*, 1998, p. 111 : « C'est pourquoi il faut penser, selon Aristote, que hiérarchiquement cet intellect matériel est le dernier des intellects séparés. »

3. *Cf.* Alexandre d'Aphrodise, *De l'intellect et de l'intelligé*, Théry, 1926, p. 78 et Al Fârâbî, *De l'intellect et de l'intelligé*, Gilson, 1929, p. 121 et Averroès, *Grand commentaire du De l'Âme*, III, comm. 5, trad. A. de Libera, dans Averroès, *L'intelligence et la pensée, Grand commentaire du De Anima, l. III*, 1998, p. 80 : « Et quand l'intellect matériel est uni [à l'intellect agent] en tant qu'il est parfait par l'intellect agent, alors nous sommes unis avec l'intellect agent ; et cet état est appelé « acquisition » et « intellect acquis » comme on le verra ensuite. » ; p. 151 : « Si, par conséquent, il entend *par intellect acquis, par lequel nous pensons*

(6) Modus autem, quo saepe dictus intellectus potest fieri forma nobis in intelligendo, ut videlicet per ipsum tamquam quodam principio formali in nobis eliciamus dictam intellectionem, colligitur ex praemissis.

(7) Oportet enim intellectum possibilem fieri in actu secundum se. Alioquin non posset recipere dictam unionem saepe dicti intellectus, cum quantum ad id, quod est pure intellectuale in ipso, sit ens possibile et pura possibilitas, ut supra dictum est[1].

(8) Item necessarium est ipsum fieri in actu quantum ad supremum et ultimum limitem secundum genus suae intellectionis, ut secundum sui supremum appropinquet intellectibus separatis secundum sui infimum, quod est intellectus agens.

(9) Sicut igitur sensus et imaginatio tendunt in idem obiectum, quamvis secundum diversum gradum in modo apprehensionis, item imaginativum et cogitativum tendunt in idem, quamvis cogitativum simpliciore modo et intimiore quam imaginativum, quia imaginatio apprehendit rem vestitam suis idolis, cogitativa autem ab huiusmodi idolis rem denudatam, ut dicit Commentator[2]. Species etiam simplicium intentionum, quae sunt in apprehensione cogitativae, sunt immediatum subiectum secundum ultimam sui dispositionem, quae est necessitas, ut eis uniatur intellectuale nostrum quantum ad intellectum possibilem factum in actu per species intelligibiles. Et secundum hoc necessarium est in idem tendere intellectum possibilem quoad suam speciem intelligibilem et cogitativum quoad conceptas intentiones rerum, et ideo ex specie intelligibili et phantastico cogitativo fit unum tamquam compositum ex materia et forma, et ipse intellectus possibilis factus in actu quoad speciem intelligibilem fit forma cogitativi

1. *Cf.* Theodoricus Teutonicus de Vriberg, *De visione beatifica*, 3.2.5.

2. Averroes, *In Aristotelis De anima III*, Comm. 6, ed. F. S. Crawford, 1953, p. 415, l. 62-67 : *Declaratum est enim illic quod virtus cogitativa non est nisi virtus que distinguit intentionem rei sensibilis a suo idolo ymaginato : et ista virtus est illa cuius proportio ad has duas intentiones, scilicet ad idolum rei et ad intentionem sui idoli, est sicut proportio sensus communis ad intentiones quinque sensuum.*

(6) Or ce mode par lequel cet intellect peut devenir pour nous forme en intelligeant, de telle sorte que par lui-même autant que par un certain principe formel en nous nous tirons l'intellection annoncée, est conclu de ce qui a été énoncé plus haut.

(7) Il importe en effet que l'intellect possible devienne en acte selon lui. Autrement, il ne pourrait pas recevoir cette union avec cet intellect, parce que ce qui est pur être intellectuel en lui serait étant possible ou pure possibilité, comme on l'a dit plus haut[1].

(8) De la même manière, il est nécessaire que lui-même devienne en acte quant à la limite suprême et ultime selon le genre de son intellection, de sorte que selon cette limite la plus haute, il approcherait les intellects séparés selon leur limite la plus basse qui est l'intellect agent.

(9) De même donc que le sens et l'imagination tendent vers le même objet, bien que selon un degré différent dans le mode de l'appréhension, de même l'imaginatif et le cogitatif tendent vers le même, bien que le cogitatif le fasse sur un mode plus simple et plus intime que l'imaginatif, parce que l'imagination appréhende la chose vêtue de son image et la cogitative la chose dénudée de son image, comme le dit le Commentateur[2]. Les espèces des intentions absolues qui sont dans l'appréhension de la cogitative, sont en effet le sujet immédiat selon leur disposition ultime qui est la nécessité, de sorte que notre être intellectuel leur soit uni par l'intellect possible devenu en acte grâce aux espèces intelligibles. Selon ceci, il est nécessaire que l'intellect possible tende à la même chose par son espèce intelligible et que la cogitative [le fasse] par les intentions des choses conçues. Ainsi à partir de l'espèce intelligible et à partir des images pour la cogitative, ce composé de matière et de forme devient un et l'intellect possible lui-même devenu en acte par l'espèce intelligible devient la forme de la cogitative

les Intelligences sépares, l'Intelligence agente, le discours sur le mode de jonction de cet intellect avec nous reste à écrire. » ; p. 153 : « Il est par conséquent manifeste qu'il entend par ce discours que, quand l'intellect qui est en acte, est devenu cause formelle de l'intellect matériel pour l'action qui lui est propre (ce qui suppose l'ascension de l'intellect matériel jusqu'à cette forme), il est dit « intellect acquis » – cela parce que, dans cet état, nous pensons par lui du fait qu'il est pour nous forme, et parce que [cette forme] est pour nous une forme [qui vient en] dernier. »

1. *Cf.* Dietrich, *Traité de la vision béatifique*, 3.2.5.

2. Averroès, *Grand commentaire du De l'Âme*, III, comm. 6, trad. A. de Libera, dans Averroès, *L'intelligence et la pensée, Grand commentaire du De Anima, l. III*, 1998, p. 83-84 : « Car il a été expliqué [dans le *Sens et le senti*] que la faculté cogitative n'est qu'une faculté qui distingue l'« intention » d'une chose sensible de son idole imaginée. Cette faculté est telle que son rapport à ces deux entités, à savoir à l'idole de la chose et à « l'intention » de son idole, est comme le rapport du sens commun aux « intentions » des cinq sens. »

quoad suum phantasticum, secundum quod impossibile est sine phantasmate intelligere secundum Philosophum[1].

(10) Haec igitur omnia sic se habent quantum ad ordinem et diversos gradus conceptionum, inter quas attenditur quaedam immediatio cuiuslibet earum ad sibi proximam, ut patet.

(11) Sic etiam necessarium est se habere in proposito quoad ultimum gradum et supremum limitem secundum genus intellectionis intellectus possibilis in ordine ad intellectum agentem, ut videlicet uterque istorum intellectuum tendat sua operatione in idem obiectum. Alias enim isti duo intellectus sic essent ab invicem disparati et seiunctae suae operationes, quod ad invicem non haberent eam comparationem, quae est formae ad materiam, nec immediationem, quae ad ipsorum ad invicem unionem requiritur. Talis enim comparatio et habitudo eorum ad invicem secundum dictam immediationem radicatur in ordine ad idem obiectum.

(12) Ex cuius diversis rationibus immediate se ad invicem habentibus attenditur id, quod formale est in conceptionibus seu apprehensionibus, quibus apprehenditur tale obiectum, et per consequens immediatio earum ad invicem, et ulterius, quod unite secundum rationem formae et materiae tendant in idem obiectum, potissime et immediatissime ad obiectum secundum id, quod in eis est magis formale.

(13) Attenditur autem duorum saepe dictorum intellectuum, scilicet intellectus possibilis et agentis, immediatio ad invicem secundum genus utriusque eorum quantum ad immediationem duorum modorum, quibus aliquid apprehenditur per intellectum, quorum unus est, ut aliquid apprehendatur intellectualiter in sua ratione determinante rei quiditatem suam et suas per se proprietates, quod genus proprium est secundum se intellectui possibili, nec extra hoc genus et modum intelligendi cadere potest.

(14) Est alius modus, ut apprehendatur res intellectualiter per suam essentiam, ut ipsa essentia inquantum huiusmodi sit et ratio intelligendi et res intellecta, qui proprius est intellectibus simpliciter separatis.

1. Aristoteles Latinus, *De anima* III, 7, 431a17, transl. M. Scoti, *in* Averroes, *In Aristotelis De anima III*, ed. F.S. Crawford, 1953, p. 468 : *Et ideo nichil intelligit anima sine ymaginatione.;* transl. Jacobi Venetici, *in* Anonymi Magistri artium, *Lectura in librum de anima a quodam discipulo reportata*, ed. R. A. Gauthier, 1985, p. 477 : *(...) ex quo nequaquam sine fantasmate intelligit anima.;* transl. Guillelmi, *in* Thomas de Aquino, *Sentencia libri de anima*, ed. Leon. 1984, p. 229 : *(...), propter quod nequaquam sine fantasmate intelligit anima.*

comme être des images. Selon ceci, il est impossible qu'il intellige sans image sensible selon le Philosophe[1].

(10) Il en va ainsi de toutes ces choses quant à l'ordre et aux différents degrés de conception entre lesquelles on observe une immédiation de l'une à l'autre qui lui est proche, comme cela se voit clairement.

(11) Et même il est nécessaire qu'il en aille ainsi dans notre propos quant au degré ultime et à la limite suprême selon le genre de l'intellection de l'intellect possible dans son rapport à l'intellect agent, de sorte que l'un et l'autre de ces intellects tendent par leur opération vers le même objet. Autrement en effet ces deux intellects seraient mutuellement séparés et disjoints de leurs opérations parce qu'ils n'auraient pas mutuellement ce rapport qui est celui de la forme à la matière et ils n'auraient pas cette immédiation qui est recherchée pour une union mutuelle. Un tel rapport et une telle relation de l'un à l'autre selon l'immédiation énoncée s'enracine en effet dans la relation au même objet.

(12) A partir de ceux qui se rapportent immédiatement et mutuellement l'un à l'autre par ces différentes raisons, on observe ce qui est formel dans les choses conçues ou appréhendées par lesquelles on appréhende un tel objet et par conséquent aussi leur immédiation mutuelle. Ensuite on observe ce qui permet qu'ils ne fassent qu'un selon la raison de la forme et de la matière, lorsqu'ils tendent vers le même objet, au plus haut point et le plus immédiatement vers l'objet selon ce qui est le plus formel en lui.

(13) Or on distingue au sujet de ces deux intellects, à savoir l'intellect possible et l'agent, une immédiation mutuelle selon les genres de l'un et l'autre en raison de l'immédiation des deux modes par lesquels on appréhende quelque chose par l'intellect. [Le premier de ces modes consiste à] appréhender quelque chose de manière intellectuelle dans sa raison qui détermine la quidité de la chose et ses propriétés par soi; et le genre est selon soi le propre de l'intellect possible et celui-ci ne peut pas tomber hors de ce genre et de ce mode d'intelliger.

(14) L'autre mode réside dans le fait d'appréhender la chose intellectuellement par son essence de sorte que son essence en tant que telle serait la raison d'intelliger et la chose intelligée, ce qui est propre aux intellects absolument séparés.

1. Aristote, *De l'Âme*, III, 7, 431a17, trad. R. Bodeüs, 1993, p. 235 : « Aussi l'âme ne pense-t-elle jamais sans représentation. »

4.3.2.1. *Diversi modi intelligendi rem in sua ratione*

(1) Sicut autem in hoc genere et modo intelligendi, qui est proprius intellectibus separatis, est diversus gradus in eisdem intellectibus separatis, quo secundum sui infimum attingunt et immediationem habent ad aliud genus iam dictum, videlicet quoad modum intelligendi proprium intellectui possibili, sic in isto eodem genere, quo res apprehenditur in sua ratione et non immediate per essentiam, sunt intra idem genus diversi gradus et pervenitur ad aliquod supremum secundum genus. Dico autem supremum secundum genus, quia istud genus et modus intelligendi, qui est per propriam rei rationem, qui proprius est intellectui possibili, distinguitur in duas maneries seu modos differentes.

(2) Quorum unus est, ut propria rei ratio, qua aliquid apprehendimus per intellectum possibilem, et ipsum intellectum inquantum intellectum fluat in intellectum possibilem per causalem efficientiam intellectus agentis. Et talium intellectorum intellectus agens per suam essentiam forma esse non potest – non enim coincidunt in eodem, respectu eiusdem, habitudo efficientis et formae.

(3) Nec in intelligendo intellectus separatos potest aliquid fieri effective in intellectu possibili per intellectum agentem, quo intelligamus ipsos quoad quid est essentia eorum per aliquam rationem confectam ex principiis formalibus prioribus secundum rationem intelligendi, quae sunt ante totum, quibus directe et formaliter designetur quiditas eorum et secundum rationem essendi et secundum rationem innotescendi. Cuius ratio est, quia non est eorum aliquod phantasma collectum ex cognitione sensitiva, quod genus phantasmatum solum est in facultate intellectus agentis, ut secundum ipsum faciat intellectum possibilem in actu, et ideo talis intellectus sic facti in actu per intellectum agentem ipse intellectus agens non potest esse forma per suam essentiam ratione praedicta.

(4) Iste igitur est unus modus apprehendendi aliquid in sua ratione per intellectum possibilem.

(5) Est autem alius modus, quo res in sua ratione apprehenditur per intellectum communiter sumendo intellectum, ut etiam includat id, quod pertinet ad rationem particularem et aestimativam rationis particularis, et est hic modus, quando per aliquod principium altius intellectu agente influitur in rationale nostrum cognitio aliquarum rerum, quae facultatem naturae excedit, qui modus cognitionis proprius est prophetarum, qui Spiritu sancto inspirante loquuntur, et ex hoc constituuntur prophetae. Habuit enim Pharao apud se imaginationem spicarum et boum, sed ex hoc

4.3. 2.1. *Les différents modes d'intelliger la chose dans sa raison*

(1) Or, de la même manière que dans ce genre et dans ce mode d'intelliger qui est le propre des intellects séparés, il y a un degré différent dans les mêmes intellects séparés, par lequel selon leur limite inférieure ils atteignent et ont l'immédiation par rapport à un autre genre déjà énoncé, à savoir le mode d'intelliger propre à l'intellect possible, de la même manière dans ce même genre par lequel on appréhende la chose dans sa raison et non immédiatement par essence, il y a des degrés différents dans le même genre et on peut parvenir à une limite supérieure selon le genre. Or, je dis supérieure selon le genre, parce que le genre et le mode d'intelliger, qui est par la raison propre de la chose et qui est propre à l'intellect possible sont distingués de deux manières ou modes différents.

(2) La première manière est comme la raison propre de la chose par laquelle nous appréhendons par l'intellect possible, et ce même intelligé en tant qu'intelligé flue vers l'intellect possible par l'efficience causale de l'intellect agent. L'intellect agent ne peut pas par son essence être forme de ces intelligés : en effet la relation de l'efficient et de la forme ne coïncident pas dans la même chose, dans un rapport à une même chose.

(3) En intelligeant les intellects séparés, quelque chose ne peut pas, par l'intellect agent, devenir effectif dans l'intellect possible, par lequel nous les intelligeons quant à ce qui est leur essence par une certaine raison constituée à partir des principes formels antérieurs, selon la raison d'intelliger, principes qui sont avant le tout et par lesquels est désignée directement et formellement leur quidité selon la raison d'être et selon la raison de connaître. La raison en est que d'eux, il n'y a pas d'image sensible composée à partir de la connaissance sensitive, parce que le genre des images sensibles n'est dans la faculté de l'intellect agent que pour que selon lui, l'intellect possible passe à l'acte. Un tel intellect ainsi actualisé par l'intellect agent ne peut pas être forme par son essence pour la raison énoncée plus haut.

(4) Ceci est donc le premier mode d'appréhension de quelque chose dans sa raison par l'intellect possible.

(5) Mais il y a aussi un autre mode par lequel la chose est appréhendée dans sa raison par l'intellect communément accepté comme étant intellect, de telle sorte qu'il inclurait ce qui appartient à la raison particulière et l'estimative de la raison particulière. Ce mode se produit, lorsque par un certain principe plus haut que l'intellect agent, notre connaissance des choses, qui excède la faculté de la nature, influe sur le rationnel. Ceci est le mode de connaissance propre aux prophètes qui parlent par l'inspiration de l'Esprit Saint. C'est ce qui caractérise les prophètes. Le Pharaon avait en effet en lui l'image des épis et des vaches mais ce n'est pas à partir de ceci

ipse propheta non fuit, sed Ioseph, qui interpretabatur, secundum Augustinum[1], quia altiore lumine inspiratus novit spicarum et boum significationem.

(6) Fiunt autem huiusmodi phantasmatum significativorum expressiones in nobis etiam in somnis ex aliquorum spirituum separatorum commixtione secundum Augustinum *XII Super Genesim*[2]. Intelligentia autem et significationes eorum descendunt ab aliquo principio separato, quod est intellectus per essentiam, sicut dicit Commentator in suo tractatu *De divinatione somnorum*[3] et Philosophus innuit in libro *De bona fortuna*[4].

(7) Et quia huiusmodi revelationes fiunt circa particularia seu agibilia, hinc est, quod cognitio et certitudo talium non habetur ex ratione dicente quid est, quae est proprie ut simpliciter entium et universalium, sed ex quodam interiore instinctu fulgente in mentibus prophetarum, qui instinctus vocetur taliter cognitae rei ratio et quoad eventum seu existentiam rei et quoad ipsius certitudinem.

(8) Est autem iste modus incidenter inductus gratia maioris evidentiae propositi principalis. Non enim mediat inter intellectum possibilem et agentem in illa beata visione.

(9) Alius autem modus apprehendendi aliquid in sua ratione dicente quid est pertinens ad intellectum possibilem consistit in eo, quod entis cogniti propria ratio dicens quid est, ratio, inquam, confecta ex aliquibus modis formalibus et quasi partibus formae, quae sunt ante totum saltem secundum modum intelligendi, et ipsum sic intellectum fluit in intellectum possibilem non ab intellectu agente – excedit enim in hoc genere intelligendi facultatem suam – sed a principio separato.

1. Augustinus Hipponensis, *De Genesi ad litteram*, XII, 9, 20, BA t. 49, 1972, p. 356-358.

2. Augustinus Hipponensis, *De Genesi ad litteram*, XII, 9, 20, BA t. 49, 1972, p. 356-358.

3. Averroes, *Libri Aristotelis De Sompno et Vigilia*, ed. A. L. Shields, Cambridge (mass), Medieval Academy of America, 1990, p. 102-103, l. 57-65 et p. 110, l. 13-18 : *Revertamus ergo et dicamus quod, cum dator illius cognitionis est intellectus liberatus a materia et est declaratum in Prima Philosophia quod istae intelligentiae abstractae intelligunt naturas universales et non dant nisi simile eius quod habent, impossibile est ut dent intentionem individuales omnino, cum non habent naturam comprehendendi intentionem particularem, et illae formae universales non individuantur nisi propter materiam. (…). Declaratum enim quod intelligentia agens dat primas perfectiones virtutum animae particulares particularium, scilicet quinque sensus, et virtute ymaginativae. Dator enim ultimarum perfectionum in eis est res sensibilis. In hac autem comprehensione spirituali, quae fit in sompno, illa dat anime postremam perfectionem.*

4. Cf. *Liber de bona fortuna*, ed. Th. Deman, RSPT (17), 1928, p. 39-40.

qu'il fut prophète, c'est Joseph qui l'interpréta selon Augustin[1] parce que, inspiré par une lumière plus haute, il comprit la signification des épis et des vaches.

(6) Or les expressions des significations des images sensibles adviennent en nous même dans les songes par le mélange, à partir de certains esprits séparés selon Augustin au livre XII de *La Genèse*[2]. Leur compréhension et leurs significations descendent d'un principe séparé qui est l'intellect par essence, comme le dit le Commentateur dans son traité *De l'interprétation des songes*[3] et comme le Philosophe le signalait dans son livre *Sur la bonne fortune*[4].

(7) Parce que ces révélations adviennent au sujet de choses particulières ou appartenant au domaine de l'action, la connaissance et la certitude de telles choses ne vient pas de la raison qui dit ce qui est et qui est le propre des étants absolument et des universaux, mais vient d'un certain instinct intérieur resplendissant dans les esprits des prophètes, instinct qui est appelé raison de la connaissance de la chose quant à l'événement ou l'existence de la chose et quant à la certitude d'elle-même.

(8) Or ce mode est introduit incidemment pour une évidence plus grande du propos principal. Il n'y a en effet pas d'intermédiaire entre l'intellect possible et l'agent dans la vision bienheureuse.

(9) Une autre manière d'appréhender quelque chose dans sa raison qui dit ce qui est et qui concerne l'intellect possible, consiste en ceci que la raison propre qui dit ce qui est de l'étant connu, la raison dis-je, réalisée à partir de certains modes formels et comme à partir des parties de la forme qui sont avant le tout, tout du moins selon le mode de l'intelliger, et cette même chose intelligée, fluent vers l'intellect possible non à partir de l'intellect agent – dans ce genre d'intelliger il excède en effet sa faculté- mais à partir d'un principe séparé.

1. Augustin d'Hippone, *La Genèse au sens littéral*, XII, 9, 20, BA t. 49, 1972, p. 357-359.

2. Augustin d'Hippone, *La Genèse au sens littéral*, XII, 9, 20, BA t. 49, 1972, p. 357-359.

3. Averroès, *Du sommeil et de la veille*, éd. A. L. Shields, 1949, p. 102-103 : « Nous y revenons donc et disons que celui qui donne cette connaissance est l'intellect libéré de la matière, et il a été déclaré dans la *Philosophie première* que ces intelligences abstraites intelligent les natures universelles et ne donnent que du semblable à ce qu'elles ont; il est absolument impossible qu'elles donnent une quelconque intuition individuelle parce qu'elles n'ont pas une nature apte à saisir l'intention individuelles et ces formes universelles ne sont individuées qu'en raison de la matière. (…) Il a en effet été affirmé que l'intelligence agente donne les premières perfections particulières des puissances particulières de l'âme, à savoir les cinq sens et par la puissance de la faculté imaginative. Ce qui donne en effet les ultimes perfections en eux est la chose sensible. Dans cette saisie intellectuelle qui advient dans le sommeil, celle-ci donne à l'âme sa perfection dernière. »

4. *Cf. Le livre de la bonne fortune*, éd. Th. Deman, 1928, p. 39-40.

(10) Loquimur enim hic de eo modo intelligendi, quo principium separatum intelligitur in eo, quod quid est, et maxime primum omnium principium, quod Deus est, quod quanto perfectius et simplicius est, tanto plurium formalium rationum est dicentium quid est, quae tamen, ut praemissum est, non ponunt in numerum cum essentia eius, sed secundum modum tamen intelligendi distinguuntur essentia inquantum essentia et quiditas seu ratio indicans quod quid est.

(11) Et quia huiusmodi ratio secundum modum saltem intelligendi habet rationem principii et secundum rationem essendi et secundum rationem innotescendi quod quid est, modus autem innotescendi seu intelligendi rem in sua ratione proprius est soli intellectui possibili, nihil etiam est frustra in universitate entium, maxime quoad ea, quae pertinent ad primum omnium principium, ideo huiusmodi modus intelligendi primum principium appropriatur intellectui possibili, videlicet ut intelligat ipsum in eo, quod quid est.

(12) Et hic est ultimus limes et supremus gradus intellectionis, ad quem pervenire potest intellectus possibilis secundum sibi proprium modum intelligendi, qui est intelligere rem in sua ratione, supremus, inquam, quoad tria : primo quantum ad obiectum, quod est summum in ordine intelligibilium, quod est Deus ; secundo quoad rationem dicentem quid est, qua ipsum intelligit, quae conficitur ex aliquibus quasi partibus formalibus, quae sunt ante totum secundum modum intelligendi, non tamen ponentibus in numerum cum essentia, ut dictum est, quibus nihil superius est in natura, sicut nec aliquid superius est ipsa quiditate divinae essentiae ; tertio quoad originem huius rationis in intellectu. Fluit enim a Deo immediate in intellectum tamquam formale principium intelligendi, in quo ipse Deus intelligatur in eo, quod quid est. Non enim subiacet facultati intellectus agentis talem rationem influere, qui non agit intellectum possibilem in actum nisi in phantasmatibus collectis a sensibilibus.

(13) Cum igitur, ut praemissum est, ratio intelligendi aliquid in eo, quod quid est, non ponat in numerum cum re intellecta maxime in simplicibus, necessarium est in intellectione, qua intelligitur Deus in eo, quod quid est, Deum esse ipsam rationem, in qua intelligitur, et se ipso se facere rationem, qua intelligitur in eo, quod quid est.

(14) Inter hunc igitur modum intelligendi primum principium et modum, quo intellectus separatus intelligit ipsum, non cadit aliquis alius medius, sed nec fingi potest.

(10) Nous parlons en effet ici de ce mode d'intelliger par lequel on intellige le principe séparé dans ce qui est et surtout le premier de tous les principes qui est Dieu. Ce principe, en étant plus parfaitement et plus absolument, est le principe d'un plus grand nombre de raisons formelles qui disent ce qui est, raisons qui cependant comme on l'a dit, ne diffèrent pas numériquement de leur essence. Mais selon le mode d'intelliger, on distingue cependant l'essence en tant qu'essence et la quidité ou la raison qui indique ce qui est.

(11) Parce que cette raison selon le mode d'intelliger a la raison du principe selon la raison d'être et selon la raison de la connaissance de ce qui est, le mode de connaissance ou d'intellection de la chose dans sa raison est propre seulement à l'intellect possible, et rien n'est vain dans la totalité des étants, surtout en ce qui concerne le premier de tous les principes. C'est pourquoi ce mode d'intelliger le premier principe est approprié à l'intellect possible de sorte qu'il l'intellige dans ce qui est.

(12) Et ceci est l'ultime limite et le suprême degré d'intellection auquel peut parvenir l'intellect possible selon son mode propre d'intelliger qui est d'intelliger la chose dans sa raison. Je dis suprême en référence à trois points : le premier quant à l'objet qui est le plus haut dans l'ordre des intelligibles qui est Dieu ; le deuxième quant à la raison qui dit ce que c'est par laquelle il intellige, [raison] constituée des parties formelles qui sont avant le tout selon le mode d'intelliger, en ne différant cependant pas numériquement de l'essence comme on l'a dit et auxquelles rien n'est supérieur dans la nature de la même manière que rien n'est supérieur à la quidité de l'essence divine elle-même; le troisième point concerne l'origine de cette raison dans l'intellect. Elle flue en effet à partir de Dieu immédiatement vers l'intellect en tant que principe formel de l'intellection dans lequel Dieu est intelligé dans ce qu'il est. Il n'incombe pas à la faculté de l'intellect agent d'influer cette raison, intellect qui ne meut l'intellect possible vers l'acte que dans les images sensibles collectées à partir des sensibles.

(13) Donc comme on l'a montré plus haut, parce que la raison d'intelliger quelque chose dans ce qui est ne diffère pas numériquement de la chose intelligée surtout dans les choses les plus simples, dans l'intellection par laquelle Dieu est intelligé dans ce qui est, il est nécessaire que Dieu soit la raison elle-même dans laquelle il est intelligé et qu'il assume par lui-même le rôle de la raison par laquelle il est intelligé dans ce qui est.

(14) Entre ce mode d'intelliger le premier principe et le mode par lequel l'intellect séparé l'intellige, il n'y a donc pas de milieu et celui-ci ne peut même pas être conçu.

(15) Ratione igitur talis immediationis in ordine formarum causalium, quo formalitas superioris formae determinatur in inferiorem causaliter, necessarium est intellectum separatum, qui est intellectus agens, uniri nobis mediante intellectu possibili[1] et ipsi intellectui possibili tamquam formam eius, intellectui, inquam, possibili facto in actu secundum supremum gradum et ultimum limitem secundum genus huius intellectionis, quo intelligit Deum in eo, quod quid est.

4.3. 2.2. *Revertitur ad propositum*

(1) Et secundum hoc per intellectum agentem intelligimus ea intellectione, qua ipse intelligit, quae est per suam essentiam, qua semper conversus est in Deum, et in hoc perficitur illa beata visio, quae nobis promittitur per Scripturam veritatis.

(2) Et est iste modus unus de numero eorum, quibus se Deus secundum communem legem et permanentem statum communicat. Dico autem secundum communem legem, ne includatur illa privilegiata communicatio, qua se communicavit naturae humanae in unitate personae. Permanentem autem statum volo intelligi, ut excludantur hi modi, quibus se communicat in statu vitae istius per sacramenta, gratiam et virtutes etsi[2] qua sunt talia pertinentia ad statum viae.

4.3. 3. *Declaratur propositum*

(1) Praeter hos autem modos sufficiat ad declarationem propositi considerare quinque modos, quibus se fecunditas divinae bonitatis communicat, et hoc secundum quinque, quae attendimus in Deo, quae, quamvis sint secundum rem unum et idem in divina substantia et ipsa divina substantia, differunt tamen ratione, et ex earum rationum diversitate diversi modi principiandi et se communicandi oriuntur in Deo.

(2) Attendimus enim in Deo id, quod ipse est divina essentia in eo, quod essentia. Est etiam ipse quid divinum, secundum rationem videlicet suae quiditatis. Universaliter enim omnis essentia est aliquid secundum rationem suae quiditatis. Consideramus etiam in eo, inquantum

1. *Cf.* Averroes, *In Aristotelis De anima III*, comm. 20, ed. F. S. Crawford, 1953, p. 443-454.

2. Ibi non legimus « *et si* » sed potius « *etsi* ».

(15) En raison d'une telle immédiation dans l'ordre des formes causales par lequel la formalité de la forme supérieure est déterminée vers l'inférieure de manière causale, il est nécessaire que l'intellect séparé, qui est l'intellect agent, nous soit uni au moyen de l'intellect possible[1] et qu'il soit uni à l'intellect possible lui-même comme sa forme. [Je dis ici] uni à l'intellect possible [en tant qu'il est] devenu en acte selon le degré suprême et l'ultime limite selon le genre de son intellection par laquelle il intellige Dieu dans ce qui est.

4.3.2.2. *On retourne à notre propos*

(1) Selon ceci, par l'intellect agent, nous intelligeons par cette intellection par laquelle lui-même intellige, qui est par son essence et par laquelle il est toujours converti vers Dieu. C'est par là qu'est achevée cette vision bienheureuse qui nous est promise par l'Ecriture de la Vérité.

(2) Et ceci est un des modes par lesquels Dieu se communique selon la loi commune et selon le statut permanent. Je dis selon la loi commune pour ne pas inclure cette communication privilégiée par laquelle il s'est communiqué à la nature humaine dans l'unité de la personne. Je veux qu'on comprenne le statut permanent de sorte que soient exclus les modes par lesquels il se communique dans cette vie par les sacrements, par la grâce et par les vertus, même si[2] de telles choses existent dans cette vie.

4.3.3. *On explicite notre propos*

(1) Or, outre ces modes, il serait suffisant pour expliciter notre propos de considérer les cinq modes par lesquels la fécondité de la bonté divine se communique et ceci selon les cinq [modes] que nous observons en Dieu qui, bien qu'ils soient réellement un et identiques dans la substance divine et qu'ils soient la substance divine même, diffèrent cependant selon la raison. [C'est en effet] à cause de la diversité de leurs raisons résultent en Dieu différents modes d'être principe et de se communiquer.

(2) Nous observons en effet en Dieu qu'il est lui-même l'essence divine en ce qui est essence. Et il est lui-même le 'ce qui est divin' selon la raison de sa quidité. Toute essence est en effet universellement quelque chose, selon la raison de sa quidité. Nous considérons en effet cela dans la mesure où

1. *Cf.* Averroès, *Grand commentaire du De l'Âme*, III, comm. 20, trad. A. de Libera, dans Averroès, *L'intelligence et la pensée, Grand commentaire du De Anima, l. III*, 1998, p. 112-123.

2. Rectification de lecture par rapport à l'édition critique.

ipse est aliqua natura proportionaliter et secundum quandam similitudinem loquendo, secundum quod natura est principium motus eius, in quo est per se. Quarto attendimus in eo, quod ipse est uniuscuiusque rerum propria ratio, et hoc dupliciter : uno modo secundum rationem essendi rem quamcumque, secundum quam unaquaeque res producitur ; alio modo secundum rationem innotescendi, in qua unaquaeque res intelligitur secundum Augustinum in quam plurimis locis[1].

(3) In quolibet autem istorum quinque aliqua graduum ratione differentium distinctio invenitur, secundum quorum distinctionem diversi gradus divinae communicationis procedunt.

(4) Si enim attendamus divinam essentiam in eo, quod essentia, diversi perfectionis gradus ex ea intelliguntur sola ratione differentes, secundum quos intellectus separati, si qui sunt, secundum diversum gradum essentialis suae perfectionis a Deo procedunt, qui, sicut saepe supra dictum est, intellectualiter a Deo procedunt, id est intelligendo divinam essentiam.

(5) Si autem consideremus divinam essentiam in eo, quod quid est inquantum huiusmodi, secundum hoc, quia quod quid est inquantum huiusmodi dependet ex aliqua ratione designante quod quid est et secundum rationem essendi et secundum rationem innotescendi, attenditur similiter quaedam differentia secundum diversos gradus talium rationum designantium quod quid est Deus sola ratione differentes, secundum quas secundum diversum gradum informatur intellectus possibilis ad intelligendum Deum in eo, quod quid est, quod pertinet ad statum patriae.

(6) Essentia autem divina inquantum natura similiter importat differentes gradus secundum rationem, ut ipsa natura inquantum huiusmodi sit ratio originis et distinctionis divinarum personarum secundum eum modum, quo natura in Patre sit ratio generationis activae, in Filio autem generationis passivae, et sic de processione Spiritus sancti.

(7) Si autem attendamus in Deo, inquantum est ratio uniuscuiusque entium procedentium ab eo in esse, secundum hoc manifestum est, quod similiter considerantur in eo diversi gradus talium rationum, secundum quas diversi gradus et ordinis creaturae procedunt ab eo in esse.

1. Augustinus Hipponensis, *De Trinitate*, IX, 7, 12, BA t. 16, 1997, p. 96-98.

lui-même est, proportionnellement, une certaine nature – pour parler selon une certaine similitude – du fait que la nature est le principe du mouvement de ce en quoi elle est par soi. Nous observons quatrièmement en lui qu'il est la raison propre de chaque chose, et ceci de manière double : d'une première manière selon la raison d'être une chose, selon laquelle chaque chose est produite, d'une autre manière selon la raison de connaître dans laquelle chaque chose est intelligée selon Augustin, à de très nombreux endroits[1].

(3) Or, dans n'importe lequel de ces cinq [modes], on trouve une distinction de degrés différant en raison ; selon leur distinction procèdent divers degrés de communication divine.

(4) Si l'on observait en effet l'essence divine dans ce qui est essence, divers degrés de perfection sont compris comme différant par la seule raison, du fait que les intellects séparés, s'ils existent, procèdent de Dieu, selon un degré essentiel différent de leur perfection. Ces intellects procèdent, comme on l'a souvent dit plus haut, intellectuellement de Dieu, c'est-à-dire en intelligeant l'essence divine.

(5) Or si nous considérons l'essence divine en ce qu'elle est de cette manière-ci, puisque le 'ce que c'est' de cette manière-ci dépend d'une raison qui désigne le 'ce que c'est' selon la raison d'être et selon la raison de connaître, on observe de la même façon une certaine différence selon divers degrés de telles raisons différents seulement selon la raison qui désigne le 'ce qui est divin' ; l'intellect possible est informé pour intelliger Dieu en ce qu'il est selon ces différents degrés. Ceci concerne l'étant dans la patrie.

(6) Or, l'essence divine en tant que nature implique de la même façon [qu'il y ait] différents degrés selon la raison, de sorte que la nature elle-même en tant que telle est la raison de l'origine et de la distinction des personnes divines selon ce mode par lequel la nature dans le Père serait la raison de la génération active, mais dans le fils la raison de la génération passive, et il en serait ainsi de la procession de l'Esprit Saint.

(7) Or, si l'on regarde en Dieu, en tant qu'il est raison de tous les étants qui procèdent à partir de lui vers l'être, selon ceci, il est manifeste que de la même façon les différents degrés de ces raisons sont considérés en lui selon que les différents degrés de l'ordre des créatures procèdent à partir de lui dans l'être.

1. Augustin d'Hippone, *La Trinité*, IX, 7, 12, BA t. 16, 1997, p. 97-99.

(8) Quinto etiam loco, inquantum videlicet ipse est ratio intelligendi unumquodque, manifestum est in hoc similiter attendi diversum gradum et ordinem perfectionis rationum, quibus res intelliguntur.

(9) Quamvis autem intelligere aliquid in sua ratione dicente quod quid est secundum se acceptum, quod competit intellectui possibili, sit aliud ab eo intelligere, quod est per essentiam, quod competit intellectui separato, in hoc tamen concursu duorum saepe dictorum intellectuum, quo videtur Deus per essentiam, ille modus intelligendi, qui pertinet ad intellectum possibilem, materialiter se habet, immo, ut expressius loquar, est materia alterius intellectionis, qui est proprius intellectui agenti.

(10) Et sic expletur una intellectualis visio, qua videtur Deus per essentiam, sicut se habet in ea intellectione, qua communiter aliquid intelligimus per intellectum possibilem. Quamvis enim alia sit apprehensio seu cognitio, qua cogitativum nostrum phantastice aliquid apprehendat, ab ea, qua aliquid intellectualiter cognoscitur, nihilominus tamen « sine phantasmate non est intelligere »[1]. Et necessarium est ad intelligendum aliquid speciem intelligibilem fieri formam phantasmatum et eis uniri ut formam, et sic expletur una intellectualis operatio.

(11) Est etiam hoc in proposito advertendum, quod ens divinum, cum sit summe simplex, non solum est colligens in se omnium generum perfectiones et omnium rerum rationes quoad exitum rerum ab ipso in esse secundum uniuscuiusque propriam rationem, verum etiam secundum se quantum ad perfectionem et plenitudinem et immensitatem suae essentiae et quiditatis innumeris claret rationibus, quibus designari potest secundum rationem innotescendi essentia eius in eo, quod quid est, ut praemissum est. In quibus rationibus attenditur nonnullus ordo secundum perfectum et magis perfectum seu clarum et magis clarum secundum rationem innotescendi.

(12) Hinc est, quod ad sui beatam visionem clare vel magis clare habendam influat diversas rationes, in quibus secundum intellectum

1. *Cf.* Aristoteles Latinus, *De anima*, III, 7, 431a17. Vide adnotationem 1, p. 342 et Averroes, *In Aristotelis De anima III*, comm. 30, ed. F. S. Crawford, 1953, p. 468-470.

(8) Dans le cinquième mode en effet, en tant que lui-même est la raison d'intelliger toute chose, il est manifeste qu'on observe en ceci de la même façon un degré et un ordre de perfection des raisons par lesquelles les choses sont intelligées.

(9) Or, bien qu'intelliger quelque chose dans la raison qui dit ce qu'elle est considérée selon lui, ce qui est le propre de l'intellect possible, est d'intelliger quelque chose d'autre à partir de ce qui est par essence, et qui appartient à l'intellect séparé, en la rencontre de ces deux intellects, par laquelle on voit Dieu par essence, ce mode d'intellection, qui appartient à l'intellect possible, se rapporte cependant matériellement, et même pour parler de manière plus expressive, est la matière d'une autre intellection, qui est le propre de l'intellect agent.

(10) De la même manière qu'est accomplie cette vision intellectuelle par laquelle Dieu est vu par essence, se produit aussi cette intellection par laquelle nous intelligeons communément les choses par l'intellect possible. En effet, bien que l'appréhension ou la connaissance par laquelle notre cogitative appréhende quelque chose de manière imagée, soit différente de celle par laquelle nous connaissons quelque chose intellectuellement, on ne peut cependant pas intelliger sans image[1]. Et il est nécessaire, pour intelliger quelque chose, qu'une certaine espèce intelligible devienne forme des images et qu'elle leur soit unie comme la forme. C'est ainsi que s'accomplit cette opération intellectuelle.

(11) Il faut faire attention dans notre propos, que l'étant divin, parce qu'il est au plus haut point simple, non seulement rassemble en lui les perfections de tous les genres et les raisons de toutes les choses, quant à la sortie des choses de lui-même vers l'être, selon la raison propre de chacune d'elles, mais, quant à la perfection, la plénitude et l'immensité de son essence et de sa quidité, il brille aussi selon soi dans les raisons innombrables par lesquelles son essence peut être désignée selon la raison de la connaissance de ce qui est, comme on l'a annoncé plus haut. Dans ces raisons, on ne distingue aucun ordre selon le parfait et le plus parfait ou selon l'éclairant et le plus éclairant selon la raison de la connaissance.

(12) Il s'ensuit qu'il influe pour éclairer la vision bienheureuse ou pour plus éclairer ce qui a différentes raisons dans lesquelles, selon l'intellect

1. *Cf.* Averroès, *Grand Commentaire du De l'Âme*, III, comm. 30, trad. A. de Libera, dans Averroès, *L'intelligence et la pensée, Grand commentaire du De Anima, l. III*, 1998, p. 138 : « Il dit ensuite : Et c'est pourquoi l'âme ne conçoit rien sans l'imagination. C'est-à-dire : et puisque le rapport des images à l'intellect matériel est comme le rapport des sensibles au sens [commun], il en résulte nécessairement que l'intellect matériel ne conçoit pas de sensible indépendamment de l'imagination. »

possibilem perfecte vel magis perfecte cognoscatur in eo, quod quid est. Secundum huiusmodi enim diversas rationes repertas in intellectu possibili magis vel perfectius claras magis vel minus clare et intime informatur intellectus possibilis ipso intellectu separato, qui unitur ei ut forma. Actus enim activorum sunt in patiente proportionaliter sic vel sic disposito.

(13) Et in hoc attenditur diversus gradus beatitudinis secundum diversum gradum visionis Dei per essentiam.

(14) Patet etiam ex praehabitis, quare nunc in statu huius vitae non intelligimus per saepe dictum intellectum agentem nec hi, qui ab illa beata vita separati sunt. Ipsis enim talibus, qui ab illa beata vita alieni sunt, nobis quoque, qui degimus in hac vita, non unitur ut forma, secundum quod actio eius est essentia eius, ut dicit Commentator *Super III De anima*[1], sed solum unitur nobis per intellecta in actu seu species intelligibiles, quae sunt actio eius, secundum quod actio eius differt ab essentia eius.

4.3.4. *Respondetur ad obiectiones*

(1) Nec obstat his, quae dicta sunt, si quis opponat dictum Philosophi[2], qui dicit, quod impossibile est esse in nobis aliquos habitus nobiles et quod eos ignoremus.

1. *Cf.* Averroes, *In Aristotelis De anima III*, comm. 19, ed. F. S. Crawford, 1953, p. 443, l. 85-91 : *Deinde dixit*: Et scientia in actu idem est cum re. *Et innuit, ut reputo, aliquod proprium intellectui agenti, in quo differt a materiali, scilicet quod in intelligentia agenti scientia in actu eaedem est cum scito, et non est sic in intellectu materiali, cum suum intellectum est res que non sunt in se intellectus. Et cum notificavit quod sua substantia est sua actio, dedit causam super hoc.* Cf. *ibidem*, comm. 19, ed. F. S. Crawford, 1953, p. 442, l. 53-58 : *Et cum notificavit quod intellectus agens differt a materiali in eo quod agens semper est pura actio, materialis autem est utrunque propter res que sunt hic, dedit causam finalem in hoc. Et dixit*: Agens enim semper est nobilius patiente. *Idest, et iste semper est in sua substantia actio, et ille invenitur in utraque dispositione (…)*

2. *Cf.* Aristoteles Latinus, *Ana. Post.* II, 19, 99b25-26, ed. L. Minio-Paluello et B. G. Dud, (AL IV, 1-4), 1968, p. 341-342, transl. Guillelmi : *(…), aut huius quidem scientia, illius autem alterum aliquod genus sit, et utrum cum non insint habitus infiant aut cum insint lateant. Si quidem igitur habemus ipsos, inconveniens est; contingit enim certiores habentes cognitiones demonstratione latere.*

possible, il est connu parfaitement ou plus parfaitement en ce qui est. Selon les différentes raisons trouvées dans l'intellect possible en effet ou selon les éclats qui l'éclairent plus ou moins parfaitement et intimement, l'intellect possible est lui-même informé par l'intellect séparé qui lui est uni comme une forme. Les actes des actifs sont en effet dans le patient disposé proportionnellement, de cette manière ou d'une autre.

(13) Et en ceci, on observe les différents degrés de la béatitude selon les différents degrés de la vision de Dieu par essence.

(14) Et même apparaît maintenant, à partir de ce qui a été dit, la raison pour laquelle dans cette vie, nous n'intelligeons pas par cet intellect agent, ni ceux qui sont séparés de cette vie bienheureuse. A ceux là mêmes en effet qui sont étrangers à cette vie bien heureuse et à nous aussi qui vivons cette vie, il ne nous est pas uni comme la forme, du fait que son action est son essence comme le dit le Commentateur dans le *Commentaire du livre III du De l'Âme* [1], mais il nous est seulement uni par l'intellect en acte ou par les espèces intelligibles qui sont son action selon que son action diffère de son essence.

4.3.4. *On répond aux objections*

(1) Si quelqu'un nous oppose les paroles du Philosophe [2] qui dit qu'il est impossible que certains habitus connus soient en nous et que nous les ignorions, cela ne fait pas obstacle à ce qui a été dit.

1. *Cf.* Averroès, *Grand commentaire du De l'Âme*, III, comm. 19, trad. A. de Libera, dans Averroès, *L'intelligence et la pensée, Grand commentaire du De Anima, l. III*, 1998, p. 112 : « Il dit ensuite : *Et la science en acte est identique à la chose.* Et il veut indiquer, à mon avis, quelque chose de propre à l'intellect agent, en quoi il diffère du matériel : dans l'Intelligence agente la science en acte est identique à ce qui est su. Il n'en est pas ainsi dans l'intellect matériel, puisque son intelligible est constitué par des choses qui ne sont pas intellect par soi. Et, ayant notifié que l'essence [de l'intellect agent] est son action, il en donne la cause [dans le *textus* suivant] » et p. 111 : « Ayant notifié que l'intellect agent diffère du matériel en ce que l'agent est toujours acte pur, tandis que l'intellect matériel est [tantôt] ceci [en puissance] tantôt cela [en acte], du fait qu'il est [en relation] avec les choses qui sont ici-bas, [Aristote] en donne la cause finale, en disant : *En effet, l'agent est toujours plus noble que le patient.* C'est-à-dire : et [l'agent] est toujours, en son essence, activité, tandis que [le patient] se trouve dans l'un et l'autre état. »

2. *Cf.* Aristote, *Seconds analytiques*, II, 19, 99b25-26, trad. P. Pellegrin, Paris, Flammarion, 2005, p. 335 : « (...) ou bien si dans un cas il y a une science et dans l'autre un autre genre de connaissance, et si les états s'acquièrent du fait qu'ils ne sont pas en nous, ou s'ils sont en nous sans que nous les apercevions. Assurément, si nous possédons ces états, c'est étrange. Car il s'ensuit que nous restent cachées des connaissances plus distinctes que la démonstration que nous possédons. »

(2) Primo, inquam, non obstat ei, quod dictum est, scilicet quod intellectus agens semper intelligit. Quamvis enim ruditas aliquorum dicat se ignorare saepe dicti intellectus nobilem operationem intelligibilem, quae est essentia eius, apud peritos tamen non est huius rei dubitatio, quia omnis operatio nostra intellectualis secundum exteriorem cogitationem, quod est secundum intellectum possibilem, fluit ex illa interiore saepe dicti intellectus agentis essentiali intellectione, sicut dicit Augustinus XV *De Trinitate* c. 63 et 64[1]. Sine hac enim interiore, essentiali et abdita sua intellectione impossibile est ipsum posse « facere omnia » intellecta in nobis secundum intellectum possibilem, in quo possibile est « omnia fieri » secundum Philosophum[2].

(3) Item non obstat praedictis circa intellectionem intellectus agentis inductum verbum Philosophi. Philosophus enim loquitur de habitibus, qui sunt vere habitus in nobis. Ea autem, quae sunt intellectualiter in intellectu agente, non sunt habitus nec per modum habitus sunt in ipso quasi in quadam memoria, quae est habitus scientiarum in nobis, sicut dicit Augustinus X *Confessionum* c. 7[3], sed sunt ibi in quodam lumine intelligentiae suae, quae est essentia eius, ut saepe supra dictum est. Unde verbum Philosophi, quod inducunt, non est ad propositum.

(4) Eis autem, quae dicta sunt, scilicet quod intellectus agens fiat forma nobis mediante intellectu possibili in illa beata visione, videtur obviare hoc, quod habemus de natura utriusque dictorum intellectuum. Intellectus enim agens est quaedam res naturae in sua substantia et est substantia substantialiter subsistens in sua natura. Intellectus autem possibilis est quoddam ens conceptionale, quod sola conceptione naturatur, et est res delata super aliud modo accidentali ipsum perficiens, videlicet substantiam intellectualem, cuius substantia non est suum intelligere, ut anima vel homo vel angelus, quibus competit intelligere accidentaliter, non essentialiter. Igitur secundum hoc non videtur possibile, quod intellectus agens possit uniri

1. Augustinus Hipponensis, *De Trinitate*, XV, 21, 40. Vide adnotationem 3, p. 70.

2. Aristoteles Latinus, *De anima*, III, 5, 430a14-15, transl. M. Scoti, *in* Averroes, *In Aristotelis De anima III*, ed. F.S. Crawford, 1953, p. 437 : *Oportet igitur ut in ea sit intellectus qui est intellectus secundum quod efficitur omne (…).*; transl. Jacobi Venetici, *in* Anonymi Magistri artium, *Lectura in librum de anima a quodam discipulo reportata*, ed. R. Gauthier, 1985, p. 459 : *Et huiusmodi quidem est intellectus in quo omnia fiunt (…);* transl. Guillelmi, *in* Thomas de Aquino, *Sentencia libri de anima*, ed. Leon. 1984, p. 218 : *(…) et est huiusmodi quidem intellectus in quo omnia fiunt (…).*

3. *Cf.* Augustinus Hipponensis, *Confessiones*, X, 9, 16, BA t. 14, 1962, p. 168-170.

(2) Premièrement, ceci ne fait pas obstacle, dis-je, à ce qui a été dit, à savoir que l'intellect agent intellige toujours. En effet, bien que l'ignorance de certains leur fasse dire que cet intellect ignore lui-même toujours l'opération intelligible la plus haute qui est son essence, pour ceux qui s'y connaissent cependant, il n'y a pas de doute sur ce point parce que toute notre opération intellectuelle, selon la pensée extérieure, qui est selon l'intellect possible, flue à partir de l'intellection essentielle plus intérieure de cet intellect agent, comme le dit Augustin aux chapitres 63 et 64 du Livre XV de *La Trinité*[1]. Sans cette intellection plus intérieure, essentielle et cachée, il est en effet impossible que lui-même puisse produire toutes les choses intelligées en nous selon l'intellect possible dans lequel il est possible que tout devienne selon le Philosophe[2].

(3) De même, ceci ne fait pas obstacle à ce qui a été dit plus haut au sujet de l'intellection de l'intellect agent introduite par la parole du Philosophe. Le Philosophe parle en effet des habitus qui sont vraiment habitus en nous. Or, ceux qui sont intellectuellement dans l'intellect agent ne sont pas habitus et ils ne sont pas là sur le mode de l'habitus, comme dans la mémoire qui est l'habitus des sciences en nous, comme le dit Augustin au livre X des *Confessions*[3], mais ils sont là dans une certaine lumière de son intelligence qui est son essence, comme on l'a souvent dit plus haut. C'est pourquoi la parole du Philosophe que [les opposants] introduisent, ne correspond pas à notre propos.

(4) Quant aux choses qui ont été dites, à savoir que l'intellect agent devient forme pour nous au moyen de l'intellect possible dans la vision bienheureuse, elles semblent faire obstacle à ce que nous prétendons au sujet de la nature de l'un et l'autre de ces intellects. L'intellect agent est en effet une certaine chose de la nature dans sa substance et est substance substantiellement subsistante dans sa nature. Or, l'intellect possible est un certain étant conceptionnel qui est devenu nature par la seule conception et il est une chose référée au-dessous d'une autre qu'il parachève sur le mode accidentel, c'est-à-dire la substance intellectuelle dont la substance n'est pas son intelliger, comme l'âme, l'homme, ou l'ange pour lesquels il est propre d'intelliger accidentellement et non substantiellement. Donc, selon ceci, il ne semble pas possible que l'intellect agent puisse s'unir à

1. Augustin d'Hippone, *La Trinité*, XV, 21, 40. Voir note 3, p. 71.

2. Aristote, *De l'Âme*, III, 5, 430a14-15, trad. Richard Bodeüs, 1993, p. 228 « Et c'est ainsi d'un côté qu'il y a l'intelligence caractérisée par le fait qu'elle devient toutes choses (...). »

3. *Cf.* Augustin d'Hippone, *Les confessions*, X, 9, 16, BA t. 14, trad. E. Trehorel et G. Bouissou, 1962, p. 169-171.

intellectui possibili ut forma materiae. Ens enim reale non videtur posse uniri enti conceptionali nec substantia accidenti.

(5) Ad quod intelligendum, quod ens conceptionale inquantum huiusmodi est omne id, quod intellectualiter est, non solum quoad rem conceptam in eo, quod concepta seu intellecta, sed quoad ipsam intellectionem seu conceptionem, quae ex hoc ipso est ens conceptionale. Unde hoc est commune omni intellectui et convenit per se.

(6) Ex hoc autem convenit omni intellectui, ut sit extra genus praedicamenti et non sit in aliquo genere praedicamenti, tum quia simplicia sunt extra coordinationem generum praedicamentalium, tum etiam quia genera praedicamentorum distincta sunt secundum naturas et naturales modos entium, secundum quod naturale distinguitur contra conceptionale.

(7) Quorum entium conceptionalium quaedam sunt posteriores rebus et entibus naturae, puta apprehensiones sensitivae, posteriores, inquam, et quantum ad sui originem a rebus naturae et quantum ad proprietatem essentiae suae, qua sunt quidam conceptus rerum naturae quoad exteriores dispositiones seu formas entium naturae, ut sunt soni, colores et similia.

(8) Conceptiones autem intellectuales quorumcumque intellectuum sunt entium quoad ea, quae sunt priora in eis et intimiora, puta essentias rerum et quiditates earum et quae secundum hoc insunt, et hoc non quocumque modo, sed prout huiusmodi fulgent et subsistunt ex ratione aeterna secundum Augustinum in quam plurimis locis[1]. Et ideo secundum hoc tales conceptiones intellectuales secundum rationem suae essentiae priores sunt entibus naturae et ideo abstrahunt inquantum huiusmodi a natura substantiae, quantitatis, qualitatis et cuiuslibet alterius generis inquantum talia genera praedicamentalia, abstrahunt, inquam, non sicut universale a particulari seu magis speciali, sed sicut simpliciora et intimiora et nobiliora ab his, quae non sunt talia.

(9) Aliquid igitur competit talibus intellectualibus conceptionibus in eo, quod talia entia conceptionalia, quod non oportet reduci in naturam substantiae vel accidentis seu materiae et formae, prout sunt principia entium naturalium, quae sunt in aliquo genere praedicamentali.

1. *Cf.* Augustinus Hipponensis, *De Trinitate*, IX, 7, 12, BA t. 16, 1997, p. 96-98.

l'intellect possible comme la forme à la matière. L'étant réel ne semble pas, en effet, pouvoir être uni à l'étant conceptionnel ni la substance à l'accident.

(5) A ce sujet, il faut comprendre que l'étant conceptionnel en tant que tel est toute chose qui est intellectuellement, non seulement quant à la chose conçue en lui qui est conçue ou intelligée, mais aussi quant à l'intellection ou à la conception elle-même qui est à partir de ceci un étant conceptionnel. C'est pourquoi ceci est commun à tout intellect et convient par soi.

(6) Il convient donc à tout intellect d'être hors du genre de la catégorie et non pas d'être en un certain genre des catégories, d'une part parce que les choses simples sont hors de la coordination des genres catégoriaux, d'autre part parce que les genres des catégories sont distincts selon leurs natures et selon les modes naturels des étants. D'après cela, le naturel se différencie comme le contraire du conceptionnel.

(7) Certains des étants conceptionnels sont postérieurs aux choses et aux étants de la nature, par exemple les appréhensions sensitives. Ils sont postérieurs, dis-je, quant à leur origine à partir des choses de la nature et quant à la propriété de leur essence par laquelle ils sont certains concepts des choses naturelles qui concernent les dispositions extérieures ou les formes des étants de la nature comme les sons, les couleurs et les choses semblables.

(8) Or les conceptions intellectuelles de ces intellects appartiennent aux étants eu égard aux choses qui sont antérieures en eux et qui sont plus intimes, par exemple les essences des choses, leurs quidités et ce qui est ainsi présent en elles, et ceci non par un mode quelconque mais selon qu'ils resplendissent de cette sorte et qu'ils subsistent à partir de la raison éternelle selon Augustin, comme on le voit à plusieurs endroits [1]. Ainsi, ces conceptions intellectuelles, selon la raison de leur essence, sont antérieures aux étants de la nature et s'abstraient en tant que telles de la nature de la substance, de la quantité, de la qualité, et de certains autres genres en tant qu'ils sont genres des catégories. Elles s'abstraient, dis-je, non pas comme l'universel du particulier ou du plus spécial, mais comme les choses plus simples, plus intimes et plus nobles de celles qui ne sont pas telles.

(9) Le propre de telles choses intellectuelles conçues en ceux qui sont de tels étants conceptionnels est donc autre, parce qu'il importe qu'elles ne soient pas reconduites vers la nature de la substance ou de l'accident ou de la matière et de la forme dans la mesure où ceux-ci sont principes des étants naturels qui sont dans quelque genre catégoriel.

1. *Cf.* Augustin d'Hippone, *La Trinité*, IX, 7, 12, BA t. 16, trad. P. Agaësse, 1997, p. 97-99.

(10) Quia igitur in saepe dictis conceptionibus intellectualibus est gradus et ordo, qui est per se, ut supra actum est, et secundum hoc etiam attenditur quaedam immediatio aliquorum ad aliqua, quae in huiusmodi ordine concluduntur, circumscripta ab utroque istorum intellectuum ratione et proprietate substantiae et accidentis proprie sumptorum secundum sua genera, quibus distinguuntur praedicamenta, nihilominus tamen ratione immediationis saepe dictae in genere entium conceptionalium unus potest uniri alteri sicut forma materiae.

(11) Quaelibet enim duo entia habentia per se ordinem secundum gradum suae entitatis et immediationem ad invicem inquantum sunt entia qualitativa, unum est forma alterius, et operatio ex utroque elicita est operatio una. Unitas enim ordinis ipsorum ad invicem et immediatio inquantum entia qualitativa importat respectum eorum ad invicem secundum rationem actus qualitativi in uno eorum et potentiae qualitativae in altero, et per consequens erit ibi habitudo formae ad materiam.

(12) Sic ergo se habet circa saepe dictos intellectus, videlicet agentem et possibilem, in illa beata visione ratione sui ordinis et immediationis qualitativi respectus alterius ad alterum, quo uniuntur in una operatione visionis Dei per essentiam, qui benedictus est in saecula. Amen.

(10) Parce que dans lesdites conceptions intellectuelles il y a un degré et un ordre qui sont par soi et que, en vertu de ceci, on observe une immédiation de certains intellect à d'autres qui sont achevés dans cet ordre – une fois la raison de ces deux intellects circonscrite, ainsi que la propriété de substance et d'accident pris proprement selon leurs genres –, en raison de cette immédiation dont nous avons souvent parlé, l'un peut cependant s'unir à l'autre dans le genre des étants conceptionnels, comme la forme à la matière.

(11) Ces deux étants ont, en effet, par soi, l'ordre selon le degré de leur entité et selon leur immédiation mutuelle en tant qu'ils sont des étants qualitatifs, l'un est forme de l'autre et l'opération produite à partir de l'un des deux est une seule opération. L'unité de leur ordre mutuel et l'immédiation en tant qu'étants qualitatifs impliquent un rapport mutuel selon la raison de l'acte qualitatif dans l'un d'eux et de la puissance qualitative dans l'autre. Par conséquent, il y aura ici la relation de la forme avec la matière.

(12) Il en va donc ainsi de ces deux intellects – l'agent et le patient – dans la vision bienheureuse en raison de leur rapport et de leur immédiation qualitative l'un par rapport à l'autre, par lesquels ils sont unis dans une seule opération de la vision par essence de Dieu qui est bénie pour l'éternité. Amen.

NOTES COMPLÉMENTAIRES

Note complémentaire 1 : « Capax Dei »

Il s'agit d'un syntagme d'origine augustinienne, couramment usité au XIIIe siècle.

La source en est : Augustin, *La Trinité* XIV, 8, 11 : « *Eo quippe ipso imago ejus est, quo ejus capax est, ejusque particeps esse potest; quod tam magnum bonum, nisi per hoc quod imago ejus est, non potest.* » (« (...), car ce qui fait qu'elle est image, c'est qu'elle est capacité de Dieu, qu'elle peut participer à Dieu. Un si grand bien n'est possible, que parce qu'elle est image de Dieu. ». B.A. t. 16, trad. P. Agaësse, Paris, 1997, p. 375.) Cette expression serait en fait elle-même la traduction latine par Rufin de l'expression « *Theou chôrètikos* » employée par Origène dans son traité *Péri Archôn* (*cf.* G. Madec, « Capax Dei », dans *Augustinus Lexikon*, hrsg. von Cornelius Mayer, Basel : Schwabe, 1986-1994, vol. 1, p. 728-729.)

Ce terme désigne le caractère naturel de la tension de l'âme humaine vers Dieu lorsqu'elle chercher à s'assimiler à lui dans l'acte de la vision béatifique. Créée à l'image de Dieu, l'âme peut le recevoir et l'assimiler.

Cette notion augustinienne prend donc tout son sens dans la cosmologie d'influence néoplatonicienne de Dietrich puisqu'elle renforce l'idée de conversion naturelle de l'âme vers le principe dont elle émane.

Cette expression est utilisée à de nombreuses reprises par Thomas d'Aquin, qui indique la plupart du temps son origine augustinienne, par exemple en *II Sent*, d. 16, q. 1, a. 2, s.c. 1 ou encore en *Somme Théologique*, II – II q. 18, a. 1, s.c. ou encore par Bonaventure, dans son commentaire des Sentences entre autres (II *Sent*, d. 16, a. 2, q. 1).

Note complémentaire 2 : « Omne quod recipitur in alio, est ibi per modum recipientis. »

Cet adage est très courant au Moyen Âge : il est employé à de nombreuses reprises chez Bonaventure, chez Thomas (107 occurrences)[1], chez J. Peckham, chez R. Bacon ... Sa formulation subit toutefois quelques variantes (on trouve ainsi entre autres : « *Omne quod recipitur in alio/aliquo/altero, est/ recipitur in eo per modum recipientis* »). De même son attribution est variable. S'il est le plus souvent posé comme adage courant et non comme citation, il est parfois rapporté à différents auteurs, et ce chez un même utilisateur. C'est en effet le cas de Thomas qui, dans ses 107 utilisations de l'adage, n'indique que 29 fois un auteur, celui-ci étant soit le *Livre des Causes*, soit Boèce, soit Denys[2]. L'adage ne se trouve comme tel dans aucune des autorités mentionnées. La formulation qui s'en rapprocherait le plus pourrait être celle du *Liber de Causis* proposition 99 « *Et similiter aliqua ex rebus non recipit quod est supra eam nisi per modum secundum quem potest recipere ipsum, non per modum secundum quem est res recepta.* »[3]. Chez Boèce, trois textes issus de la *Consolation de Philosophie* peuvent être rapprochés de cet adage : « *Quoniam igitur, uti paulo ante monstratum est, omne quod scitur non ex sua sed ex comprehendentium natura cognoscitur, intueamur nunc quantum fas est quis sit divinae substantiae status, ut quaenam etiam scientia eius sit possimus agnoscere.* »[4] ; « *Cuius erroris causa est quod omnia quae quisque novit ex ipsorum tantum vi atque natura cognosci aestimat quae sciuntur. Quod totum contra est; omne enim quod cognoscitur non secundum sui vim sed secundum cognoscientium potius comprehenditur facultatem.* »[5] ; « *Videsne igitur ut in cognoscendo cunca sua potius facultate quam eorum quae cognoscuntur utantur ? Neque id iniuria ; nam cum omne iudicum iudicantis actus exsistat, necesse est ut suam quisque operam non ex aliena sed ex propria potestate perficiat.* »[6]

Cet adage est utilisé à quatre reprises explicitement dans le *De Visione beatifica*, uniquement dans la partie III et une digression complète lui est consacrée. Toutes ces occurrences, sauf une, l'attribuent à Boèce. Il peut être intéressant de noter que la formulation, telle que Dietrich l'énonce, ne se retrouve jamais telle quelle chez un autre auteur. De même, l'adage énoncé d'une manière

1. On se rapportera à ce sujet à l'article de John Tomarchio, « Four Indices for the Thomistic Principle 'Quod recipitur in aliquo est in eo per modum recipientis' », *Mediaeval Studies* 60, (1998), p. 315-367.

2. *Cf.* J. Thomarchio, *op. cit.*

3. Anonymus, *Liber de Causis*, c. IX, prop. 99, ed. A. Pattin, *Tijdschrift voor Filosofie* 28, 1966, p. 56.

4. Boethium, *De Consolatione philosophiae*, l. V, 6, 1, ed. C. Moreschini, München, K. G. Saur, 2000, p. 155, l. 1 - 3.

5. Boethium, *De Consolatione philosophiae*, l. V, 4, 24 -25, ed. C. Moreschini, München, K. G. Saur, 2000, p. 149, l. 70 - 75.

6. Boethium, *De Consolatione philosophiae*, l. V, 4, 38, ed. C. Moreschini, München, K. G. Saur, 2000, p. 150, l. 111-113.

assez proche ne se retrouve que deux fois (selon mes recherches dans un corpus relativement réduit) attribué à Boèce : chez Roger Bacon (*Opus Maius*, pars V, perspectivae pars prima, distinctio VI, cap. IV et *Tractatus de Multiplicatione specierum*, pars III, cap. II. R. Bacon précise aussi que cet adage se trouve dans le *Liber de Causis*) et chez Helvicus Theutonicus, (*De dilectione Dei et proximi*, pars 1 cap. 26).

L'emploi de cet adage est cependant courant dans le contexte de la vision béatifique : on le trouve en effet dans ce contexte chez Thomas (IV *Sent* d. 49, a. 2, q. 1, sol. ; *De Veritate*, q. 10, a. 11, arg. 8 ; *Quodlibeta* VII, 1.1.co), mais aussi chez Bernard de Trilia (9 occurrences dans les *Quaestiones de cognitione animae separatae*), chez Helvicus Theutonicus (cf. *supra*) …

Note complémentaire 3 : Actus primus / secundus

Il s'agit d'un couple de termes relativement classique dans la philosophie médiévale désignant le fait de posséder une faculté / une capacité pour le premier et le fait de l'exercer en acte pour le second terme. Voir selon l'acte premier, c'est donc posséder la faculté de la vision et voir en acte second, c'est voir effectivement.

Cf. par exemple : Thomas d'Aquin, *Somme contre les Gentils*, l. II, chapitre 59, n. 15, trad. C. Michon, Paris, GF, Flammarion, 1999, p. 244 : « (…). Ce qui résulte de l'opération d'une chose n'est pas ce qui lui donne son espèce, car l'opération est un acte second, tandis que la forme, qui donne à une chose son espèce, est un acte premier. »

Note complémentaire 4 : Maneries

Ce terme est un de ceux dont Jean de Salisbury souligne la dimension problématique. Dans son *Metalogicon*, II, 17[1], il exprime en effet son incompréhension face à l'usage de ce terme, courant chez les Maîtres de son époque et dont il ne saisit pas véritablement le sens, trop large selon lui pour pouvoir être précis, puisque ce terme est défini comme « le rassemblement de réalités en un tout. » :

« *Maneries* » (ou « *Maneria* » chez certains auteurs comme Abélard) est un terme utilisé au départ dans le domaine de la logique. Il est alors usité avec le sens ou bien de « genre », « espèce », comme chez Abélard (*cf.* à ce sujet : Jean Jolivet, *Pierre Abélard Pierre le Vénérable, les courants philosophiques, littéraires et artistiques en Occident au milieu du XII*ᵉ *siècle*, Colloques internationaux du CNRS, Abbaye de Cluny, 2 au 9 juillet 1972, éditions du CNRS, Paris, 1975, p. 532-545 et plus particulièrement p. 531-534; article repris dans Jean Jolivet, *Aspects de la pensée médiévale : Abélard. Doctrines du langage*, Paris, Vrin, 1987,

1. *Cf.* Jean de Salisbury, *Metalogicon*, 2, 17, éd. C. Webb, Oxford, 1929, p. 95-96. Dans sa traduction française, François Lejeune traduit ce terme par « demeureíté ». *Cf.* Jean de Salisbury, *Metalogicon*, , trad. F. Lejeune, Laval-Paris, Presses de l'Université-Vrin, 2009, p. 200-201.

p. 125-137 et plus particulièrement, p. 125-128) ou bien avec le sens plus technique de « catégorie. » (C'est dans ce sens que l'on note l'emploi de ce terme dans un commentaire du XIIe siècle sur *Les Catégories* d'Aristote cité par L.M. De Rijk dans son article « Some new evidence on twelfth century Logic : Alberic and the School of Mont Ste Geneviève », *Vivarium*, IV (1966), p. 1-57, et plus particulièrement, p. 32 : « Genera rerum sunt decem, idest maneries rerum sunt decem, scilicet substantia, qualitas, ubi et sic de ceteris. »)

Il est en fait construit sur le mot français « manière » dont les premiers sens sont ceux de « sorte », « espèce », « catégorie ». Il s'agit alors d'un emploi plus technique d'un terme courant.

La présence de ce terme dans les écrits théodoriciens témoigne d'un héritage de termes scolaires et plus proprement logiques et de leur réemploi par Dietrich dans un contexte autre que celui qui était le leur originellement (comme l'attestait déjà l'emploi des termes de « première » et « seconde intention », d'origine modiste, dans le traité *De origine rerum praedicamentalium*)[1].

Cependant, la particularité de Dietrich est que, outre le fait qu'il emploie ce terme dans un contexte de réflexion ontologique et non logique, il lui accole un complément original. Dans les textes mentionnés auparavant, on trouve en effet l'emploi du terme *maneries* dans l'expression « *maneries rerum* ». Or, Dietrich l'emploie aussi, et c'est là sa particularité, dans l'expression « *maneries entium* », donnant ainsi une tonalité ontologique forte à ce terme.

Dans le *De Visione beatifica*, on relève sept emplois de ce terme. Sur ces sept emplois, le terme *maneries* est employé six fois comme synonyme du terme *genus* puisqu'on le retrouve six fois dans l'expression « *genus sive maneries* ». Il est compris une fois comme signifiant « mode ».

Cette expression « maneries », ou tout du moins son contenu, est rapportée par Dietrich à Proclus dans le *De Intellectu et intelligibili*, sous la forme, toutefois, du syntagme « Maneries rerum » : « Distinguit autem idem Proclus quadruplicem rerum maneriem, in quibus singulis diligens indagator, prout fuerit de proposito suo, necesse habet quaerere proprias uniuscuiusque eorum operationes »[2]

Berthold de Moosburg fera d'ailleurs lui-même usage de ce terme dans son *Expositio super elementationem theologicam Procli*, certainement en suivant Dietrich[3].

1. *Cf.* A. de Libera, « La problématique des intentiones primae et secundae chez Dietrich de Freiberg », *Von Meister Dietrich zu Meister Eckhart*, hsgb. von K. Flasch, (Beihefte zum Corpus Philosophorum Teutonicorum Medii Aevi 2), Hamburg, Meiner, 1984, p. 68-94.

2. Dietrich de Freiberg, *De Intellectu et intelligibili*, I, 4 (1), éd. B. Mojsisch, Hamburg, Meiner, 1977, p. 138.

3. *Cf.* Berthold de Moosburg, *Exposition super elementationem theologicam Procli*, 14-34, hsgb. L. Sturlese, M.R. Pagnoni – Sturlese, B. Mojsisch, CPTMA, VI, 2, Hamburg, Meiner, 1986, p. 229 : « His praemissis dicendum est de eo, quod convertitur secundum naturam, ubi sciendum, quod sicut sunt tres rerum maneries et tres talium rerum actiones, ita etiam sunt diversi modi conversionum. »

C'est toutefois le traité théodoricien *De substantiis spiritualibus et corporibus futurae resurrectionis* qui contient le plus de fois le terme « *maneries* » et qui l'emploie autant avec le complément « *rerum* » qu'avec celui de « *entium* ».

[Pour une étude plus détaillée de ce terme, on se reportera à l'article de Dragos Calma, « Maneries », dans I. Atucha, D. Calma, C. König - Pralong, I. Zavattero (eds.), *Mots médiévaux offerts à Ruedi Imbach*, Turnhout, Brepols, 2011, p. 433-444.]

Note 5 : Lumen gloriae

Il s'agit, là aussi, d'une expression technique utilisée d'abord par Albert le Grand et Thomas d'Aquin.

Albert fait remonter ce concept à Denys en l'assimilant à la théophanie dionysienne. (*Cf.* Albert le Grand, *Quaestio de visione Dei in patria*, ed. prima Col., t. 25 /2, 1993, p. 99. *Cf.* aussi J. P. Torrell, « La vision de Dieu « per essentiam » selon saint Thomas d'Aquin », *Etudes thomasiennes, Etudes revues et augmentées*, Paris, Vrin, 2000, p. 177-197 et plus particulièrement, p. 186-187.) Cette notion, déjà élaborée chez Albert le Grand comme on vient de le mentionner, est véritablement conceptualisée chez Thomas d'Aquin. Elle désigne chez lui une lumière increée qui élève l'intelligence humaine à Dieu et la rend apte à voir Dieu par essence : « Il faut donc conclure que pour voir l'essence de Dieu une certaine similitude est requise du côté de la faculté de voir, à savoir la lumière de gloire qui confère à l'intellect la capacité de voir Dieu. (…) » (Thomas d'Aquin, *Somme théologique*, I, q. 12, a. 2. trad. J. P. Torrell, « La vision de Dieu « per essentiam » selon Thomas d'Aquin, *op. cit.*, p. 186). Elle est requise en raison même de la nature de l'intellect humain. Dans tout acte de connaissance, selon la tradition aristotélicienne, l'intellect a besoin d'une similitude qui lui permette d'appréhender l'objet visé : « Pour qu'il y ait vision, soit sensible, soit intelligible, deux choses sont requises : la faculté de voir et l'union de la chose vue avec cette faculté. Il ne peut en effet y avoir vision en acte, sans que la chose vue ne soit de quelque manière dans le sujet voyant. Quand il s'agit de réalités corporelles, il est manifeste que la chose vue ne peut être dans le sujet voyant par son essence, mais seulement par une similitude. C'est la représentation de la pierre, non sa substance, qui est dans l'œil, et c'est par cette similitude que se fait la vision en acte. » (Thomas d'Aquin, *Somme théologique*, I, q. 12, a. 2. trad. J. P. Torrell, « La vision de Dieu « per essentiam » selon Thomas d'Aquin, *op. cit.*, p. 184.) Toute connaissance intellectuelle est donc médiatisée par une espèce. Or, dans le cas de Dieu, il semble qu'il ne puisse y avoir d'espèce créée puisqu'aucune similitude créée ne peut représenter l'être suprême increé : « L'essence divine est quelque chose d'illimité, contenant en soi suréminemment tout ce qui peut être signifié ou compris par l'intellect d'une créature. Or, une telle réalité ne peut d'aucune manière être représentée par une image créée ; car toute forme créée est déterminée et répond à une notion particulière, comme la sagesse, la puissance, l'existence même, ou quelque chose de semblable. Donc, affirmer que Dieu est vu au moyen de sa ressemblance en nous, ce serait affirmer qu'on ne voit pas son essence, ce qui est

erroné. » (Thomas d'Aquin, *Somme Théologique*, I, q. 12, a. 2, rép). Ainsi, si l'intellect créé arrive à voir Dieu par essence, c'est par une disposition surnaturelle qui la met au niveau de Dieu. Cette disposition est la lumière de gloire.

De quelle sorte cette disposition est-elle ? Elle se résume à trois qualifications selon J. P. Torrell (*art.cit.*, p. 187-188) :

– C'est une lumière créée puisqu'elle est un don de Dieu et que tout ce qui vient de Dieu est créé.

– Elle agit à la manière d'un habitus, c'est-à-dire d'une surqualification d'une faculté, de manière innée ou acquise à la suite d'une répétition, lui permettant d'agir dans un domaine précis avec spontanéité et précision. Cela signifie ainsi qu'elle est une qualité acquise, mise en œuvre dans l'exercice de vision de Dieu.

– Elle est « déiforme ».

Elle est donc le medium, l'intermédiaire nécessaire à l'acte de vision de Dieu et permet d'expliquer qu'un intellect fini puisse accéder à Dieu.

BIBLIOGRAPHIE SOMMAIRE

Autour du traité *De la vision béatifique*

BECCARISI, A., « Johannes Picardi de Lichtenberg. Un exemple de thomisme dans l'horizon culturel allemand. », *Deutsche Thomisten des 14. Jahrhunderts : Lektüren, Aneignungsstrategien, Divergenzen /Thomistes allemands du XIVe siècle : lectures, stratégies d'appropriation, divergences*. Hrsg. von / Éd. par Maarten J.F.M. Hoenen, Ruedi Imbach, Catherine König-Pralong, *Freiburger Zeitschrift für Philosophie und Theologie*, 57/2, 2010, p. 286-302

– « Johannes Picardi von Lichtenberg, Dietrich von Freiberg und Meister Eckhart : Eine Debatte in Deutschland um 1308 », dans A. Speer, D. Wirmer (éds), *1308 : eine Topographie historischer Gleichzeitigkeit* (= Miscellanea Mediaevalia 35) Berlin-New York, W. de Gruyter, 2010, p. 516 - 537.

BOULNOIS, O., *Au-delà de l'image. Une archéologie du visuel au Moyen Âge, V-XVIe siècle*, « Des travaux », Paris, Le Seuil, 2008, p. 290-301.

BRAY, N., « L'*Opus Ior* di Giordano di Quedlinburg come documento delle discussioni posteckhartiane », dans M.C. Pacheco, J. F. Meirinhos (éd.), *Intellect et imagination dans la Philosophie Médiévale / Intellect and Imagination in Medieval Philosophy / Intellecto e imaginação na Filosofia Medieval. Actes du XIe Congrès International de Philosophie Médiévale de la Société Internationale pour l'Etude de la Philosophie Médiévale (S.I.E.P.M.), Porto, du 26 au 31 Août,* (Rencontres de philosophie médiévale, 11) Brepols Publishers, Turnhout, Brepols, 2006 ; vol. III, p. 1575-1586.

CALMA, D., « La connaissance réflexive de l'intellect agent. Le premier averroïsme et Dietrich de Freiberg. » *in* J. Biard, D. Calma et R. Imbach (éd.), *Recherches sur Dietrich de Freiberg*, Turnhout, Brepols, 2009, p. 63 -105.

FLASCH, K., « Einleitung », *in* DIETRICH VON FREIBERG, *Opera omnia*, ed. coor. K. Flasch, Hamburg, Meiner, t. 1, 1977, p. IX-XXVI.

– « Procedere ut imago : das Hervorgehen des Intellekts aus seinem göttlichen Grund bei Meister Dietrich, Meister Eckhart und Berthold von Moosburg », *Abendländische Mystik im Mittelalter*, Stuttgart, Metzler, 1986, p. 125-134.

– « Converti ut imago – Rückkehr als Bild : Eine Studie zur Theorie des Intellekts bei Dietrich von Freiberg und Meister Eckhart », *Freiburger Zeitschrift für Philosophie und Theologie*, XLV (1998), p. 130-150.

– *Dietrich von Freiberg. Philosophie, Theologie, Naturforschung um 1300*, Frankfurt, V. Klostermann, 2007, p. 209-252.

IREMADZE, T., *Konzeptionen des Denkens im Neuplatonismus : zur Rezeption der proklischen Philosophie im deutschen und georgischen Mittelalter : Dietrich von Freiberg, Berthold von Moosburg, Joane Petrizi*, Bochumer Studien zur Philosophie, Bd. 40, Amsterdam-Philadelphia, B.R. Grüner, 2004.

LIBERA, A. DE, *Introduction à la mystique rhénane. D'Albert le Grand à Maître Eckhart*, Paris, O.E.I.L, 1984, p. 171-195. [*La Mystique rhénane. D'Albert le Grand à Maître Eckhart*, Paris, Le Seuil, 1994, p. 171-195]

– « D'Averroès en Augustin. Intellect et cogitative selon Dietrich de Freiberg. » *in* J. Biard, D. Calma et R. Imbach (éd.), *Recherches sur Dietrich de Freiberg*, Turnhout, Brepols, 2009, p. 15-62.

MOJSISCH, B., *Die Theorie des Intellekts bei Dietrich von Freiberg*, Hamburg, Meiner, (« Dietrich von Freiberg Opera omnia, Beiheft 1 »), 1977.

– « La psychologie philosophique d'Albert le Grand et la théorie de l'intellect de Dietrich de Freiberg. Essai de comparaison », *Archives de Philosophie*, 43 (1980), p. 675-693.

– « Sein als Bewußt – Sein. Die Bedeutung des ens conceptionale bei Dietrich von Freiberg », *Von Meister Dietrich zu Meister Eckhart*, hrsg. von K. Flasch, (Beihefte zum Corpus Philosophorum Teutonicorum Medii Aevi, Beih. 2), Hamburg, Meiner, 1984, p. 95-105.

– « The theory of Intellectual Construction in Theodoric of Freiberg », *Bochumer Philosophisches Jahrbuch für Antike und Mittelalter*, 1997.2, p. 69-79.

– « Konstruktive Intellektualität. Dietrich von Freiberg und seine neue Intellekttheorie », *in* J.A. Aertsen, A. Speer (éd.), *Geistesleben im 13. Jahrhundert*, Berlin-New York, W. de Gruyter, 2000, p. 68-78.

– « Dietrich von Freiberg – ein origineller Rezipient der Mens – und Cogitatio-Theorie Augustins », in *Gott und sein Bild. Augustins De Trinitate im Spiegel gegenwärtiger Forschung*, hrsg. von J. Brachtendorf, Paderborn-München-Wien-Zürich, Schöningh, 2000, p. 241-248.

– « Die Theorie des Bewußtseins (ens conceptionale) bei Dietrich von Freiberg. Aristoteles-Rezeption und Aristoteles-Transformation im 13. Jhdt. », *Per perscrutationem philosophicam. Neue Perspektiven der mittelalterlichen Forschung. Loris Sturlese zum 60. Geburtstag gewidmet*, hrsg. von A. Beccarisi, R. Imbach, P. Porro, (Corpus Philosophorum Teutonicorum Medii Aevi, Beiheft 4), Hamburg, Meiner, 2008, p. 142-155.

ROBIN, A.S., « L'antithomisme de Dietrich de Freiberg dans le *De Visione beatifica* », *in* J. Biard, D. Calma et R. Imbach (éd.), *Recherches sur Dietrich de Freiberg*, Turnhout, Brepols, 2009, p. 165-191.

SACCON, A., « Beatitudine e intelletto nei testi tedeschi del XIV secolo », *La Felicità nel Medioevo, atti del convegno della Società italiana per lo studio del*

pensiero medievale (S.I.S.P.M.), Milano, 12-13 Settembre 2003, a cura di M. Bettetini e F. D. Paparella, (Fédération Internationale des Instituts d'Etudes médiévales, textes et études du Moyen Âge, 31), Louvain-la-Neuve, 2005, p. 425-445 et plus particulièrement, p. 435-440.

STURLESE, L., « Alle origini della mistica speculativa tedesca. Antichi testi su Teodorico di Freiberg », *Medioevo*, 3 (1997), p. 21-87.

– « Hat Meister Eckhart Dietrich von Freiberg gelesen ? Die Lehre vom Bild und von den göttlichen Vollkommenheiten in Eckharts *Expositio libri Genesis* und Dietrichs *De Visione beatifica* », *Recherches sur Dietrich de Freiberg*, J. Biard, D. Calma et R. Imbach (éd.), Turnhout, Brepols, 2009, p. 193-219.

TROTTMANN, C., *La vision béatifique : des disputes scolastiques à sa définition par Benoît XII*, « Bibliothèque des Ecoles françaises d'Athènes et de Rome », Rome-Paris, École française de Rome -De Boccard, 1995.

WINKLER, N., « Dietrich von Freiberg und Meister Eckhart in der Kontroverse mit Thomas von Aquin. Intellektnatur und Gnade in der Schrift *Von der wirkenden und der vermögenden Vernunft*, die Eckhart von Gründig zugeschrieben wird », *Dietrich von Freiberg, neue Perspektiven seiner Philosophie, Theologie und Naturwissenschaft*, Freiberger Symposion : 10-13. März 1997, K.H. Kandler, B. Mojsisch, F.B. Stammkötter (éd.), Amsterdam-Philadelphia, B.R. Grüner, 1999 (Bochumer Studien zur Philosophie ; Bd. 28), p. 188-266 et plus particulièrement p. 225-266 pour la traduction de ce traité.

Autres études relatives à Dietrich de Freiberg

[Cette bibliographie vient compléter celle donnée dans le tome 1 des *Œuvres choisies* de Dietrich de Freiberg, p. 209-212. Ne sont donc mentionnées que les études nouvelles.]

BIARD J., CALMA, D. et IMBACH, R. (éd.), *Recherches sur Dietrich de Freiberg*, Turnhout, Brepols, 2009.

CALMA, D., *Le poids de la citation. Etude sur les sources arabes et grecques dans l'œuvre de Dietrich de Freiberg*, Fribourg, Academic Press, 2010.

COLLI, A., *Tracce agostiniane nell'opera di Teodorico di Freiberg*, Genova, Marietti, 2010.

– *L'origine delle realta predicamentali* / Teodorico di Freiberg ; introduzione, traduzione, note e apparati di Andrea Colli, Milano, Bompiani, 2010.

KÖNIG-PRALONG, C., Dietrich de Freiberg, *Œuvres choisies, vol. I : Substances, quidités et accidents*, textes latins traduits et annotés par Catherine König-Pralong, avec la collaboration de Ruedi Imbach, Introduction de Kurt Flasch, Paris, Vrin, (Bibliothèque des textes philosophiques), 2008.

INDEX AUCTORITATUM

INDEX AUCTORITATUM ALLATARUM A MAGISTRO THEODORICO

INDEX AUCTORITATUM ALLATARUM AB EDITORIBUS ET TRANSLATORIBUS

INDEX RERUM

INDEX NOMINUM

DE VISIONE BEATIFICA

INTRODUCTION, NOTES COMPLÉMENTAIRES ET NOTES DE TRADUCTION

TABLES DES MATIÈRES

ACHEVÉ D'IMPRIMER
EN JUILLET 2012
PAR L'IMPRIMERIE
DE LA MANUTENTION
A MAYENNE
FRANCE
N°932390X

Dépot légal : 2e trimestre 2012